U0930675

中国石油企业协会
中国石油大学中国油气产业发展研究中心

中国油气产业发展分析与展望报告蓝皮书

(2015–2016)

彭元正　董秀成　主编

中国石化出版社
HTTP://WWW.SINOPEC-PRESS.COM

图书在版编目(CIP)数据

中国油气产业发展分析与展望报告蓝皮书 / 彭元正，董秀成主编．—北京：中国石化出版社，2016.3
ISBN 978-7-5114-3877-5

Ⅰ．①中…　Ⅱ．①彭…　②董…　Ⅲ．①石油工业-经济发展-研究报告-中国　②天然气工业-经济发展-研究报告-中国　Ⅳ．①F426.22

中国版本图书馆 CIP 数据核字(2016)第 040788 号

中国石化出版社出版发行
地址：北京市东城区安定门外大街 58 号
邮编：100011　电话：(010)84271850
读者服务部电话：(010)84289974
http://www.sinopec-press.com
E-mail：press@sinopec.com
北京科信印刷有限公司印刷
全国各地新华书店经销
*
787×1092 毫米 16 开本 21 印张 353 千字
2016 年 3 月第 1 版　2016 年 3 月第 1 次印刷
定价：198.80 元

《中国油气产业发展分析与展望报告蓝皮书》
（2015—2016）
编　委　会

前　言

人类社会进入工业文明以来，油气产业在全球范围内得到迅速发展，油气成为世界经济和社会发展的主体能源，成为支撑人类社会工业文明的重要基础和全球经济发展的血液，在国际经济、政治和军事领域发挥着越来越重要的作用。在当今世界，世界各国，无论是发达国家还是发展中国家，都无一例外地高度重视本国油气产业发展，都在根据世界能源发展形势和本国国情制定油气产业发展战略和政策，都在迎接国际政治和经济环境变化对油气产业发展带来的机会和挑战。

对于任何一个国家来说，油气产业发展有其自身的现实特征与理论逻辑，在日益复杂变幻的油气产业发展环境中，各个国家都需要围绕着本国的油气产业发展历史阶段、现状、问题、趋势、理念和价值观等进行系统分析和整体审视。一方面，油气产业正在面临人类历史上前所未有的外部环境变化，无论从经济、社会、生态、环境、政治、外交、军事、文化、交通和家庭等各个层面，都可以感受到油气产业正在承受着各种压力、影响和冲击；另一方面，油气产业发展并非孤立，而是存在着诸多利益攸关者，关系到许多相关产业乃至整体经济和社会的发展，正在日益引起国际组织、政府部门、相关产业、相关企业、广大消费者、社会公众、非政府组织、媒体和学术界等高度关注。目前，油气产业发展已经成为中国国民经济发展和社会进步的重大议题，与中国全面建设和谐社会目标和实施全面协调可持续发展战略息息相关。

《中国油气产业发展分析与展望报告蓝皮书》是目前中国公开出版的唯一一部全面分析和研究中国油气产业发展现状和趋势展望的蓝皮书，它由中国石油企业协会和中国石油大学中国油气产业发展研究中心合作共同完成，按年度向全社会公开出版发行。蓝皮书共分五大部分：国际篇、国内篇、合作篇、专题篇和附件。国际篇，主要分析国外宏观外部环境对中国油气产业发展的影响，包括国际政治环境对中国油气产业发展的影响、国际经济环境对中国油气产业发展的影响、全球油气产业发展分析与展望等；国内篇，从产业整体发展角度重点分析中国油气产业发展现状和趋势展望，包括中国宏观经济环境对中国油气产业发展的影响、中国油气市场发展分析与展望、中国油气勘探产业发展分析与展望、中国油气开发产业发展分析与展望、中国油气炼制与化工产业发展分析与展望、中国油气管道产业发展分析与展望；合作篇，主要包括中国油气产业国际合作分析与展望、中国油气产业对外贸易分析与展望等；专题篇，与国际篇、国内篇和合作篇等部分形成补充关系，主要从专题角度分析油气产业发展的相关问题，每个专题形成一篇独立的文章；附件，主要包括按时间顺序编写的全年油气产业发展大事记和一些国内外油气产业发展的数据信息。

蓝皮书不是一般意义上的年鉴，更不以大块文字和数据图表堆积为主，而是以年度分析和来年展望为基本特征。国际篇、国内篇、合作篇和专题篇具有很强的相关性和互补性，但各部分在编写上独立成篇成文，因此读者可以根据需要和兴趣分别阅读。附件，主要是大事记和辅助数据资料，供读者在阅读时参考。蓝皮书以文字分析为主，辅以必要数据和图表，文字描述力求言简意赅，分析和展望力求强调逻辑性、高度性、概括性和权威性，分析结论力求对相关部门和油气企业实际工作具有指导性。蓝皮书作者主要来自中国石油企业协会、中国石油大学中国油气产业发展研究中心、中国石油化工集团公司经济技术研究院、中国石油化工集团公司勘探开发研究院、中国海洋石油总公司经济研究院等单位，作者团队长期从事油气产业发展研究，具有国内一流专业水准和专业基础。作者团队本着促进中国油气产业发展的良好愿望，除从产业发展整体上分析外，还对有关产业热点问题坦率提出看法和观点，希望引起社会关注和讨论。作者团队努力进行全面、系统和深入研究，试图得出有助于读者全面了解中国油气产业发展的正确结论，这正是作者团队追求的目标，也是其义务和责任。蓝皮书具有较强的可信度、一定的权威性和较好的时效性，对于理论研究者和实际工作者都具有一定的参考价值。

蓝皮书编写分工如下：国际篇，国际政治环境对中国油气产业发展的影响（曾叶丽、徐晓涵、董嘉佳），国际经济环境对中国油气产业发展的影响（曾叶丽、赵航、董嘉佳），世界油气产业发展分析与展望（高建、常勇、刘贵贤、张绮）；国内篇，中国宏观经济及油气产业政策分析与展望（尹强、皮光林），中国油气市场发展分析与展望（张海霞、李玥、常宇倩、曹博研），中国油气勘探产业发展分析与展望（刘贵贤、宋岑、孔朝阳），中国油气开发产业分析与展望（杨航、孔朝阳），中国油气工程技术服务产业分析与展望（孙梅、蒋金玲、张颢泷、胡冰、尹欣玥），中国炼化产业分析与展望（孙梅、周梦昱、赵春雨、翟萌、陈丽清），中国油气管道产业发展分析与展望（张琦、孔朝阳）；合作篇，中国油气国际合作分析与展望（张琼、董聪），中国对外油气贸易发展分析与展望（曾叶丽、宋奕萱、张晓静）；专题篇，中国油气矿权管理体制和市场机制研究（董秀成），跨太平洋伙伴关系协议（TPP）对亚太地区能源格局的影响（马郑玮、叶卢娴、吴君凤），“一带一路”战略下中国油气产业发展的形势分析及对策研究（赵起凤、徐诗、马郑玮），“十三五”节能减排约束条件下中国油气产业发展环境分析（刘力、梁赟玲），“互联网+”模式下中国石油企业的战略选择（李明、郭杰、罗依婷），中国天然气消费结构转变及对策研究（董康银、孙仁金、李慧），中国天然气价格改革趋势及对策研究（张海霞、胡微立、董康银、孙仁金、刘毅军），成品油价格市场化改革探讨（张海霞、常宇倩），中国油气产业勘探权招标改革研究（李明、宁晓丽），低油价对石油物探行业的影响及应对策略（周涛、牟春英、郝文元、冯连勇），低油价下中国页岩气发展对策研究（张海霞、曹博研），中国社会资本参与页岩气开发现状及对策（董康银、孙仁金、李慧、张亚青），中国页岩气开发环境问题及对策（宋岑、刘鹏鸽、孙仁金、徐博、冯连勇），石油企业环境保护问题现状与应对措施（李明、刘力），中国综合性油气技术服务公司研发管理优化研究（董康银、刘鹏鸽、孙仁金），从市场化趋势看地方炼油企业发展（郦白珂、孙仁金、苟永平），基于国家能源安全的海外油气管道战略研究（曹峰、郦白珂、孙仁金、张宝生），中国战略石油储备释放价格机制研究（周仲兵），关于中国原油加工贸易的思考（张海霞、李玥），中国进口原油使用权放开之挑战与机遇（李明、李宜洁）；附件部分的收集和整理工作（郭杰、董聪）。

彭元正、董秀成统领了蓝皮书架构设计并负责组织全书编撰；董秀成负责蓝皮书最终统撰与核定；严绪朝、王子康、连建家、徐孚、王琳、孙仁金、刘毅军等参与书稿修改和审定工作。

编委会

2016 年 3 月 10 日

目 录

国 际 篇

国 内 篇

合　作　篇

专　题　篇

附　　件

国 际 篇

2015 年全球 GDP 增长 3.3%，与 2014 年增幅一样。其中发展中国家 GDP 增长率约为 4.4%，较 2014 年的 4.7%有所下滑；发达国家 GDP 增长率为 1.8%，较 2014 年的 1.4%有所上升。世界石油消费相对 2014 年大幅增长 170 万桶/日，达到 9440 万桶/日。其中，美国石油消费平和增长，日本和欧洲石油需求连续萎缩，中国石油消费仍然维持增长态势。

供应方面，世界石油供应较 2014 年大幅增长 260 万桶/日，达到 9610 万桶/日。其中，石油输出国组织(OPEC)产量增长 130 万桶/日。北美地区的增产对于非石油输出国组织产出的增加贡献最多，紧接着是拉丁美洲地区国家。与之对应，受利比亚和阿尔及利亚产量下降、沙特减产以及伊朗制裁的影响，石油输出国组织石油产量却在小幅下降。

持续性低油价将会影响未来数年的全球油气勘探开发投资，自 2014 年年中以来油价持续低迷，未来数年内的油气勘探开发投资很可能将低于 2015 年前十年的平均水平。2015 年全球油气探明储量基本保持稳定，欧佩克国家的石油储量也基本维持在 2014 年的 12060 亿桶，占全球石油储量的 73%。

2015 年，受油气市场供需、金融、地缘政治等因素影响，WTI 价格和布伦特价格经历了先震荡上升，后急剧下降的波动过程。其中，WTI 价格由 2015 年 7 月 22 日的 104.59 美元/桶下跌到 12 月 22 日的 55.25 美元/桶，跌幅高达 47.17%；布伦特价格由 2015 年 7 月 22 日的 106.48 美元/桶下跌到 12 月 22 日的 58.32 美元/桶，跌幅达到 45.23%。

展望 2016 年，全球经济复苏形势仍不明朗，尤其是中国、巴西和俄罗斯等主要新兴经济体经济增长的放缓将会制约全球石油需求的增长。与此同时，以沙特为首的欧佩克成员国石油供应的稳定和美国页岩气革命的持续繁荣都将进一步导致原油供应过剩。全球石油供过于求将致使 2016 年国际油价总体维持低迷。

国际政治环境对中国油气产业发展的影响

2015 年国际政治环境复杂多变。中国继续推行"一带一路"战略，极大地推动了亚太区域能源市场一体化，使亚欧非各国联系更加紧密，互利合作迈向新的历史高度，同时也为中国油气行业的发展带来了新机遇。中东、北非动荡局势依旧，叙利亚、埃及等国家的动乱不仅给本国带来严重的灾难，而且大量难民逃往欧洲，给欧洲带来了规模空前的难民危机，引发欧洲局势的紧张。俄乌问题持续发酵，OPEC 与美国等大国在油气市场进行博弈，伊朗核问题解决等政治因素推动 2015 年油价持续刷新最低位。在油价持续低迷的背景下，2015 年国际政治环境给全球油气产业带来了诸多问题，也给中国油气产业的发展带来很多外部性风险，但同时也蕴藏着诸多发展的机遇。

一、2015 年国际政治环境分析及展望

（一）中国"一带一路"战略继续推进

2015 年 3 月，中国政府特制定并发布《推动共建丝绸之路经济带和 21 世纪海上丝绸之路的愿景与行动》，随后国家主席习近平出访了亚欧多国，旨在推进实施"一带一路"，以新的形式使亚欧非各国联系更加紧密，互利合作迈向新的历史高度。2015 年 4 月 20 日至 21 日，习近平对巴基斯坦进行为期两天的国事访问。在访巴期间，双方达成了多项协议，愿共建"中巴经济走廊"，这是中国 2015 年 3 月公布"一带一路"行动计划之后出访的第一个国家。4 月 22 日上午，习近平出席亚非领导人会议并发表题为《弘扬万隆精神 推进合作共赢》的讲话，表示各国应该大力弘扬万隆精神，推动构建以合作共赢为核心的新型国际关系，加强亚非合作。5 月 7 日至 12 日，习近平出席在莫斯科举行的纪念卫国战争胜利 70 周年庆典，并访问哈萨克斯坦、俄罗斯和白俄罗斯，此次访问开启了新一轮落实"一带一路"、共创未来的和平发展之旅。10 月 19 日至 23 日，习近平对英国进行国事访问，"一带一路"问题更是得到重点关注，英国首相卡梅伦对这一行动表示支持，并愿意积极参加。习近平对多国进行访问，旨在希望更多的国家加入"一带一路"战略，互惠互利，推动亚太区域一体化建设。

2015 年 9 月 3 日，在中国举行的纪念中国人民抗日战争暨世界反法西斯战争胜利 70 周年阅兵上，习近平主席宣布裁军 30 万人，也表明中国坚持走和平、发展、合作的发展道路，始终奉行防御性的国防政策，在积极推动"一带一路"战略的同时，始终是维护世界和平和地区稳定的坚定力量。

(二) 中国加强国际合作进行海外反腐

2015 年中国政府继续保持反腐高压态势。2015 年 2 月 17 日，十二届全国政协副主席苏荣涉嫌受贿罪被最高检立案侦查；6 月 11 日，十七届中共中央政治局委员、常委周永康犯受贿、滥用职权、故意泄露国家秘密罪被判处无期徒刑；7 月 20 日，十二届全国政协副主席令计划涉嫌受贿罪被立案侦查。从 2015 年 4 月开始，国际追逃追赃启动"天网"行动，以实现"抓捕一批腐败分子，清理一批违规证照，打击一批地下钱庄，追缴一批涉案资产，劝返一批外逃人员"，并且针对 100 名涉嫌犯罪的外逃国家工作人员、重要腐败案件涉案人等发出"百人红色通缉令"。由公安部牵头开展的"猎狐 2015"则作为"天网"行动的一个专项行动，缉捕外逃职务犯罪嫌疑人和腐败案件重要涉案人。海外反腐已成为反腐的"第二战场"。

(三) IS 恐怖袭击引发全球局势紧张

2015 年恐怖武装"伊斯兰国"(以下简称"IS")发动了针对多国的恐怖袭击。2015 年 4 月 17 日，IS 武装攻占伊拉克安巴尔省首府拉马迪，至少 500 人在交火中丧生。2015 年 10 月 31 日，一架由埃及沙姆沙伊赫飞往俄罗斯圣彼得堡的俄罗斯客机在西奈半岛中部坠毁，机上 217 名乘客和 7 名机组人员全部遇难；2015 年 11 月 18 日，IS 在其宣传网站发布多张自制炸弹照片，宣称使用照片中的炸弹袭击俄客机，致使客机坠毁，为的是报复俄罗斯在叙利亚空袭行动。2015 年 11 月 13 日晚，法国巴黎发生一系列恐怖袭击事件，在半个小时中，巴黎共有 6 处地点遭遇自杀式爆炸和持枪袭击，造成至少 132 人死亡，300 多人受伤，法国本土和科西嘉岛进入紧急状态；2015 年 11 月 14 日，IS 宣称对发生在巴黎的系列袭击案负责。此次恐怖袭击是法国四十年来最严重的恐怖袭击，显示出极端主义势力对法国等欧洲国家的国家安全构成的巨大威胁。2015 年 11 月 18 日，中国公民樊京辉被伊斯兰极端组织绑架并残忍杀害，引起中国乃至全世界人民的强烈谴责。IS 的一系列恐怖主义活动成为全球最不稳定的因素之一。

(四) 伊朗核问题达成全面协议

2015 年 7 月 14 日，经过多年艰苦谈判，伊朗核问题最后阶段谈判终于达成历史性的全面协议。2015 年 7 月 20 日，联合国安理会通过决议，支持伊朗核问题的协议。这意味着长达 10 年的伊朗制裁将被取消。伊核问题六国、欧盟和伊朗在维也纳达成伊核问题全面协议，使这场持续 13 年之久的国际争端最终得到了圆满的政治解决。伊朗作为拥有丰富石油和天然气资源的中东大国，经济发展潜力巨大。制裁一旦解除，有助于缓解伊朗面临的经济压力，使其成为全球重要的新兴市场。对于伊朗而言，伊朗与西方将开展正常交往，更多外资将进入伊朗，从而推动伊朗经济发展，人民过上更好的生活；对中东地区来讲，伊朗核协议大大降低了因为伊核问题爆发战争的可能性，有利于维护中东稳定；对整个世界来讲，国际核不扩散机制得以巩固和加强，有利于世界的和平与稳定。

（五）欧洲难民危机给多国带来不稳定因素

2015 年夏天以来，欧洲难民危机持续发酵。经地中海进入欧洲的难民人数连续刷新历史纪录，联合国难民署预计将突破 40 万人。难民来源广布，从叙利亚、利比亚到阿富汗，从乌克兰、巴尔干半岛到厄立特里亚，遍及欧亚非三洲；难民身份也很复杂，包括战争难民、政治难民和经济难民。难民规模已经严重超过欧洲各国的预估和收容能力，随着欧盟收容难民的首登陆国负责制失效，欧盟多国应对失策致使其陷入政治纷争、社会动荡、文化对立的困局。尽管随后德国、法国和西班牙等主要难民接纳国纷纷表态支持新的配额政策，但是难民的涌入对各接纳国造成了额外的政府财政负担，挤占本土民众的就业岗位，甚至拖累欧洲经济复苏的速度。

二、2015 年国际政治环境对全球油气产业的影响

（一）“一带一路”战略继续推动亚太能源市场一体化

2015 年中国对“一带一路”战略的推动继续促进亚太区域能源市场一体化的建设。在东北亚，俄罗斯和蒙古能源丰富，中国能源需求巨大，中国与俄罗斯和蒙古已经开展了诸多能源合作，未来可在天然气、煤炭、新能源、电力等诸多领域加强合作。由于蒙古没有出海港口，矿产品出口面临诸多困难，“一带一路”战略的实施，为中蒙双方的能源合作提供了条件。东南亚地区人口众多，油气资源丰富，但是单个地区的能源体系均比较薄弱。中国华南地区工业基础好，但能源资源较为贫乏，西南地区、湄公河流域和缅甸水能资源丰富，但是基础设施条件较差；马来西亚、印度尼西亚、文莱虽然油气资源丰富，但是没有良好、配套的工业体系。如果这一地区能以中国华南地区为龙头，辅以其他地区丰富的能源资源，将会大大推动区域经济的发展。中国西部、中亚、西亚地区能源资源丰富，但是经济基础尚不完善。“一带一路”计划为连接中亚、东亚、西亚、南亚

的能源资源与消费市场，形成新的区域性能源市场提供了难得的机遇。这一南北、东西走向的十字形能源通道一旦形成，将大大促进该地区的经济与社会发展，有效开发区域内丰富的能源资源，为能源生产国和消费国提供一个选择更为灵活的市场，而不是仅仅通过单一管线形成固定的供给关系。中国实施"一带一路"战略可以加强亚洲各国之间的经济联系，推动区域经济融合，实现共同发展，为世界经济发展提供新机遇。

（二）OPEC 维持高产打压国际油价

2015 年国际油价保持低位和 OPEC 维持产量密不可分。尽管 OPEC 中利比亚和尼日利亚等部分国家受当地局势影响产量受到负面影响，但产量位列第一、第二的沙特和伊拉克两国继续增产导致了 OPEC 的原油供应量增至每日约 3160 万桶。沙特原油产量自 2015 年 3 月起便逐月刷新历史新高，6 月产量已增至 1045 万桶，为 1989 年以来的最高水平。伊拉克 2015 年 6 月原油日均产出 318. 7 万桶，其日均产出增量远超沙特的 15 万桶，当月总产量达 438. 8 万桶，刷新历史高点，推升 OPEC 当月原油日均产量攀升至 3213. 4 万桶。作为 OPEC 第二大产油国，伊拉克为 OPEC 当月产出总增量做出了一多半的贡献。因沙特、伊拉克、阿尔及利亚和尼日利亚产出变动，2015 年 5 月总产出向下修正 18. 9 万桶，为 3139 万桶/日 。2015 年油价一跌再跌，OPEC 并没有通过减产来支撑油价。

OPEC 石油不减产的理由，归结起来有三点：第一，美国页岩油气产业的蓬勃发展，已经使得美国成为可以实现能源独立的国家，因此美国对中东能源的依赖程度大大下降，或者说美国页岩油气严重威胁到 OPEC 在全球能源供需体系中的地位；第二，中国与俄罗斯及中亚国家进一步加强能源合作，日韩也与俄罗斯在远东能源供应方面扩大合作基础，中东能源的东亚传统大客户面临流失风险；第三，OPEC 成员中的伊朗、伊拉克、利比亚、委内瑞拉、尼日利亚等几个国家，或因制裁、或因战乱、或因内耗，均不同程度地要靠能源出口收益维持经济，因此，当 OPEC 整体做出减产保价的决议后，这些国家可能会偷偷加大生产、换取外汇。因此，在当前油价大幅下跌的情况下，OPEC 依然维持较高的产量，以保持在全球的市场份额。

（三）美国解除原油出口禁令将对国际油气地缘政治产生深远影响

2015 年 12 月 18 日，美国国会批准解除美国 1975 年出台的《能源政策和节能法》对原油出口的禁令。1975 年《能源政策和节能法》出台背景在于石油危机后，美国国内石油价格飞涨，为了保护国内油气资源和维护市场秩序，美国开始了长达 40 年极其严格的原油出口禁令。随着美国页岩气革命和能源独立，美国油气产量增长迅速，解除原油出口禁令将继续推动美国油气产量，增加美国国内就业，从而进一步的推动美国经济复苏。

解除原油出口禁令对于全球油气市场的影响则更加深远。短期来看，油价持续低位震荡并不利于美国原油大规模出口。但是长远来看，作为美国能源独立的后续效应，原油出口会对国际油气市场至少带来以下影响：第一，美国进口油气数量及重要程度会极大降低，全球油气市场在美国国家战略层面的地位会进行相应调整，从而影响全球油气市场，比如美国对于国际油气运输主干线维护方面的投入有可能会降低；第二，美国出口油气至欧洲和亚太地区，会打破这些区域的市场结构，从而从战略层面影响这些国家的能源战略；第三，美国国内油气价格将通过贸易影响到目的国/地区，从而在区域油气市场上，特别是议价能力较弱的亚太市场的冲击将会是巨大的。因此，此次美国解除原油出口禁令的意义将可能在未来得到更充分的体现。

（四）俄罗斯对西方强硬态度推动其远东能源合作战略

2015 年，俄罗斯在复杂的国际政治局势中继续保持强硬态度。首先，2014 年的乌克兰危机在 2015 年继续发酵。在乌克兰问题上，俄罗斯不允许在独联体范围内“去俄罗斯化”的强硬立场继续体现，俄罗斯与美国及欧洲各国的和平局面彻底打破，该区域地缘政治博弈结果的不确定性导致了持续区域局势震荡。第二，在对待叙利亚国内伊斯兰国（IS）恐怖武装的问题上，俄罗斯对叙利亚进行了持续的空中轰炸。2015 年 10 月 31 日，俄罗斯 Kolavia 航空公司一架空客 A321 客机坠落在埃及，机上 200 多人全部遇难，伊斯兰国也宣称对此事负责。但是这并没有改变俄罗斯的强硬态度，随后俄罗斯多次出动苏—34 轰炸机对叙利亚边境伊斯兰国进行石油产品运输的液罐车辆进行轰炸，以切断伊斯兰国的经济来源。俄罗斯和 IS 的斗争持续加剧。第三，俄罗斯宣布对俄罗斯五大贸易伙伴之一的土耳其实施大规模制裁，以抗议 2015 年 11 月 24 日被土耳其空军击落的俄罗斯苏—24“击剑手”战斗轰炸机。俄罗斯与乌克兰、叙利亚及土耳其等国的明争暗斗很大程度上都潜伏着俄美、俄欧政治博弈的影子。2015 年德国对俄态度悄然转变后，俄罗斯与西方各国的关系变得更加艰难。

以此同时，作为金砖国家和上海合作组织轮值主席国，俄罗斯积极推动与亚太各国的外交活动，试图借助传统能源出口方式维持国内经济政局稳定。俄罗斯通过加强与中国、日本、韩国等周边国家的能源合作不仅在一定程度上振兴了俄罗斯经济，而且加强了与东北亚乃至世界经济的联系。

（五）伊朗核问题解决对国际原油市场产生影响

首先，伊朗核问题的解决有望促进伊朗原油产量和出口量。随着 2015 年伊朗核问题的解决，伊朗方面已要求所有油田增产，且如果市场有需求，伊朗能恢复到制裁前的原油产量，即400万桶/日的水平。目前伊朗的原油的日均产量为280万桶，长期的制裁已使得伊朗石油日出口量减半至仅有100万桶，制裁前出口量为250万桶/日。出口制裁解除，该国可以立即每天增加50万桶原油出口，六个月后则可以再增加出口50万桶/日。

第二，伊朗对外石油合作会加强。在油价持续低迷背景下，俄罗斯和伊朗正加紧能源和经济合作，挑战沙特全球能源市场的重要地位。伊朗和俄罗斯长久以来有紧密的经济合作，2015年夏天伊核六方协议签署后，莫斯科和德黑兰加紧签署一系列能源和战略协议。2015年10月，俄罗斯国有天然气公司(Gazprom)与伊朗达成了一份天然气互换协议，并在考虑另一份类似的石油互换协议。2015年7月，国际社会原则上解除对伊朗制裁后，俄罗斯加快与伊朗的政治经济合作。

此外，伊朗核问题解决将增强伊朗对国际油价的影响。伊朗是世界上最主要的石油大国之一，扼守全球重要的石油运输要道，世界上近40%的石油以及数量可观的天然气由此输往全球各地，对全球石油供应具有重要的战略影响。伊朗核问题达成协议，撤销针对伊朗的经济制裁，则将意味着大量的新原油将会进入市场。伊朗石油出口解禁，原油市场的供应将更加充裕，供给过剩或再度加重。伊朗石油行业制裁解禁将成为一股拖动油价下行的新力量。达成协议后伊朗恢复石油出口的速度，也将与其对油价构成的压力息息相关。

三、2015年国际政治环境对中国油气产业发展的影响

(一) 亚太区域贸易联盟博弈影响中国油气战略推进

2015年10月5日，跨太平洋伙伴关系协定(TPP)取得实质性突破，美国、日本和其他10个泛太平洋国家就TPP达成一致。从规模上来看，目前TPP的成员包括12个亚太地区国家，人口规模达到8亿，GDP规模约为30万美元，占到世界经济的40%。尤其是作为世界上第一大和第三大经济体的美国、日本包含其中。中国被排除在该组织外，可能会导致贸易数额大大减少，因为加上制造成本、商务成本、关税成本等，中国的商品价格不可能和TPP体系内的商品相竞争，这样一来，中国的贸易顺差可能会大打折扣，也必然影响到中国油气战略的实施。

为了应对TPP对中国的对外贸易的影响，在“一带一路”战略推动下，中国积极发展与周边各国的贸易合作。2015年12月20日，《中韩自贸协定》和《中澳

自贸协定》正式生效，双方超过90%的产品实现零关税，中韩自贸协定和中澳自贸协定的达成拉动了经济增长，共同有力地推进亚太经济一体化的进程。2015年12月25日，亚洲基础设施投资银行正式成立，有效弥补亚洲地区基础设施建设的资金缺口，大大促进了亚洲国家经济发展与区域经济一体化，对加强亚太地区能源合作具有重要的战略意义。

（二）中国“一带一路”战略和俄远东能源战略改变中国未来油气进口格局

“一带一路”是新时期中国深化对外合作的新的战略构想，旨在通过进一步加强与沿途各国的深入合作和互联互通，着力打造中新经济走廊、新亚欧大陆桥经济走廊和中伊土经济走廊等，最终实现区域发展和共同繁荣的目标。作为世界最大的能源消费国，中国每年要从世界各地进口大量能源资源特别是油气资源，能源安全问题突出；此外，中国还面临着海外油气资源获取难度增大、原油定价话语权薄弱等问题，与中国能源大国的地位极不相称。实施“一带一路”战略，加强与沿途国家的能源合作，将为这些问题的解决提供新思路。同时，这也意味着中国能源对外合作将从被动应对向主动作为转变，从一对一的单点合作向一对多的整体协同转变，从而为中国油气行业的发展带来了新机遇。

俄罗斯远东能源战略推行为解决中国油气进口问题提供了新的机会。2015年6月29日，中俄东线中国段开工。中俄东线天然气管道中国段从黑龙江省黑河市开发区北部10公里处入境，途径黑龙江、吉林、内蒙古、辽宁、河北、天津、山东、江苏止于上海，共穿越了9省市区。根据规划，中俄天然气项目中国段拟新建管道3170公里，利用已建管道1800公里，并配套建设地下储气库5座。2015年10月29日，中俄原油管道漠大线通过竣工验收，中国又一条年输量千万吨级原油管道正式投入生产。中国相关公司还中标了俄罗斯石油公司“马加丹一号”和“利祥斯基”两个区块钻探工作，“南海九号”半潜式钻机2016年将赴鄂霍次克海域作业。这些都标志着中俄能源合作正迈向更高水平，形成了贸易、勘探、炼化、装备各领域并进，合资、合作、股权并购模式多样，国企、民企互补推进的全方位、深层次合作格局。

（三）天然气战略推动中国油气流通体制改革

中国积极推进天然气战略进行清洁能源替代，并积极开展国际合作。在中俄天然气合作领域，由近几年来发展数据可知，俄罗斯国内天然气需求增长极其缓慢。而油气产量上升空间却十分巨大，拥有如此丰富的天然气资源量，而在中国的天然气消费中，进口是一个不可忽视的关键来源。因为中国天然气远景储量虽多，却大部分没有明确勘探清楚，开采成本也相当高；仅仅依靠国内天然气，不仅数量不足，而且价格较高，将进而抬高下游产业成本，削弱中国制造业成本竞争力。正因为如此，中国天然气消费增长的结果是短短几年之内就跃居世界第三大天然气进口国，仅次于日本、韩国；中俄天然气战略合作未来将给中国日益增长的天然气需求提供了一个重要气源，对保障中国的能源安全具有不容忽视的战略意义。

中国天然气战略进展顺利，推动国内油气流通体制改革。2015 年 2 月 16 日，国家发改委发布了《国家发展改革委关于进口原油使用管理有关问题的通知》，将允许符合条件的地方炼油厂在淘汰一定规模落后产能或建设一定规模储气设施的前提下使用进口原油，意味着油气改革“破垄断”提速，地方炼油厂呼吁已久的油源问题将逐步得到解决。2015 年 5 月 27 日，国家发改委公布《关于山东东明石化集团有限公司进口原油使用评估情况的公示》，初步确认山东东明石化集团有限公司可使用进口原油 750 万吨/年。而东明石化也成为首家获得进口原油使用权的地方炼油企业。国家放开进口原油使用资质，将为包括东明石化在内的民营炼油企业提供新的、重大的历史发展机遇。

油气体制改革虽已推进多年，但结果并不尽如人意，尤其是垄断程度最高的上游领域一直以来难有松动，制约了整个改革的实际效果。目前国内原油进口分为国营和非国营贸易，前者主要集中在中石化、中石油、中海油、中化集团和珠海振戎等 5 家国有企业，而获得后者资质的企业虽有 20 余家，但长期以来进口原油只能用于中石油和中石化的炼厂加工。此次东明石化首获进口原油使用权，标志着国内石油行业向市场化加深迈出了有力的一步。但值得注意的是发改委此次公布文件所放开的是原油进口使用权，并非原油进口权，所以地方炼厂在进口环节，仍需通过中联油、中联化、中海油、中化集团、珠海振戎等五家企业代理进口。再加上原油采购周期长和目前价格波动剧烈，地方炼油厂可能很难成规模并且持续地采购进口原油，要真正实现油气市场全面放开还有待时日。

（四）中国加入 SDR 推动国际能源人民币结算

2015 年 8 月 1 日，央行发布境内原油期货交易跨境结算管理工作公告，规定境内原油期货交易以人民币计价、结算。目前中国是世界最大的石油消费国，但长期以来均为进口国的身份。国际石油价格对国内经济的影响非常大，但中国在当中没有话语权。中国长期以来因为在原油市场上无法定价，故而不得不参照美国原油期货市场的定价并以美元用作石油贸易的结算。但现在中国已经是全球原油进口最大的国家，因而希望借助自己强大购买力来对油价产生影响，而且不少产油国也不希望使用美元，比如俄罗斯和伊朗等国。并且人民币币值也比较稳定，不少国家也将人民币作为储备货币。因此必须建立一个强大的资本市场，自行决定价格，尤其是在决定经济发展的大宗商品上。国内原油期货使用人民币结算，便会有更多人来使用人民币，愿意持有人民币，人民币汇率就会更加稳定，对人民币的国际化自然是利好。反过来，如果人民币国际化发展顺利，也会对中国原油争夺定价权和话语权争夺起到帮助。2015 年 12 月 1 日，IMF 正式宣布，人民币 2016 年 10 月 1 日加入 SDR，这是中国经济融入全球金融体系的重要里程碑。

人民币结算也推动俄罗斯成中国最大原油供应国。2015 年 5 月，中国从俄罗斯进口了 392 万吨石油，相当于 92.7 万桶/日，超过沙特阿拉伯的 305 万吨。俄罗斯也随之取代沙特成为 5 月中国的最大石油供应国。6 月，俄罗斯天然气工业石油公司以人民币结算的方式向中国供应大约 100 万吨石油。这 100 万吨石油应该是目前中俄贸易中最大一笔本币结算交易。从人民币国际化的角度来说，以人民币方式来结算两国贸易确实大有裨益。中俄之间的石油天然气贸易一直以来都比较稳定，中俄央行之间也早就签署了双边本币互换协议，而且俄罗斯政府也一直在推动石油天然气贸易放弃使用美元结算的办法。众所周知，一直以来国际石油贸易都是以美元来结算，这实际上对巩固美元的霸权地位很有作用。但是自乌克兰危机以来，美欧开始对俄罗斯进行制裁，俄罗斯一直希望通过弃用美元来作为反对西方制裁的一种手段。所以说，人民币结算大大推动了中俄能源贸易的发展。

（五）中美能源合作加快中国能源转型升级

2015 年 6 月 24 日，第七轮中美战略与经济对话在华盛顿闭幕。中美双方就加强气候变化与能源合作达成共识。中美两国一共确定了 13 个领域的合作，已有 8 个领域开展了 30 多个合作项目，这些项目都已取得一定积极进展。双方同意就页岩气、核能、清洁能源和碳捕集、利用和封存以及绿色贸易等新领域加强合作。

众所周知，气候变化与能源合作作为可持续发展的重中之重，是一种注重长远发展的经济增长模式，它不仅成为了世界各国经济与社会发展的国家战略，更是我们共同的责任和使命。尤其是金融危机后，确保经济持续增长以及实现经济与环境的协调发展，是当前各主要国家迫切需要考虑和应对的重大议题。低碳发展、绿色增长和能源转型，正成为各国共识和努力方向。当前，中国正处于经济高速增长期，对能源需求呈现出大数量、高质量、多种类的态势。总体上看，随着中国国民经济持续、快速发展，能源供需矛盾日益加剧。同时，经济增长伴随的环境污染问题也日益严重，成为需要面对的长期问题。中国经济增长带来能源需求增大，原因有很多，有经济增长方式的原因，有经济发展的阶段不同的原因，还有国际产业结构转移的原因，这些都造成了经济粗放增长，带来的能源需求越来越大。中国能源消费的增长速度很快，前几年能源消费增长速度甚至还超过了 GDP 的增长速度。现在中国在短时间内国内能源供应紧张，这就增加了对国际的需求。这里有能源安全的问题，还有一个能源供应的问题。美国和中国是最大的能源消费国，也是最大的两个温室气体排放国，中美两国的共同行动，对世界的能源以及气候的变化将产生巨大的影响。

国际经济环境对中国油气产业发展的影响

2015 年尽管各国经济前景有相当大的差异，几乎所有国家的近期经济增长率都已下调。不确定性和复杂的因素正在对全球经济增长产生不利影响，世界经济面临比几个月前更为明显的下行风险。2015 年全球经济增长为 3.1%，与 2015 年 7 月《世界经济展望》的预测相比，下调了 0.2 个百分点，比 2014 年低 0.3 个百分点。2015 年发达经济体的增长将有所回升，新兴市场和发展中经济体的增长继续放缓。预计一些发达经济体特别是美国和加拿大 2016 年的经济增长将有所增强，2016 年全球经济增长将提高至 3.6%。具体而言，发达经济体的经济增长在 2015 年相较于 2014 年有所增加。美国和英国复苏最快，欧元区由于债务危机以及希腊退欧等因素其复苏前景并不被看好，日本则由于其宽松的货币政策对经济增长效用的减弱，其复苏难以达到预期(表 1)。2016 年预计全球经济依然会处于复苏阶段，各国也在积极寻找新的经济增长点，但在复苏的同时各国也要加强对潜在风险的监控。

表 1　2014~2016 年世界经济增长态势　　单位:%

	2014	2015	2016(P)
世界经济	3.4	3.1	3.4
发达国家	1.8	1.9	2.1
美　国	2.4	2.5	2.6
欧元区	0.9	1.5	1.6
日　本	0.9	0.6	1.0
新兴市场和发展中国家	4.6	4.0	4.3

数据来源：IMF，World Economic Outlook。

一、2015 年国际宏观经济环境分析及展望

总的来看，2015 年世界经济仍处于温和复苏阶段，世界主要经济体经济形势将略好于 2014 年。若美国经济强势持续、欧元区和日本政策调整奏效、新兴经济体的主动降速和调整在可控范围内没有酿成新的风险，世界经济复苏加快的可能性将增大。但若结构性矛盾持续，如政府债务负担加重、制造业生产率继续

下降，加上油价一直在低位震荡，发达经济体货币政策差异性矛盾的负面影响凸显，世界经济复苏进程将更为艰难。随着欧日以及其他经济体推出的宽松措施，以及原油价格的持续下跌对全球经济的总体利好，这些因素都将可能支撑经济增长的加快。

（一）亚洲各主要国家均处于不同的复苏阶段

对于中国目前的经济形势来说，经济依然处于合理区间运行，但目前经济增长依然面临着下行的压力，造成这样的局面的原因有几大因素：(1)中国经济已经出现了周期性下行，面临结构性调整。在结构方面，中国再想像过去一样靠高投资来带动经济增长的时代已经结束。投资规模已经达到 51 万亿元，受到国内市场空间的约束，如果还是想通过扩大投资规模来带动经济增长是难以实现的。还有产业结构调整，制造业规模发展得过大，存在严重的产能过剩，虽然 2015 年的国际贸易需求有所回暖，但并不能从根本上解决当前存在的问题；(2)国内消费增长缓慢。消费占 GDP 的比重有了微弱上升，投资的比重出现下降苗头。但是，与同等发展水平国家相比，投资占 GDP 比重依然偏高，居民消费占 GDP 比重太低；(3)落后产能淘汰后，接续产业成长缓慢，导致经济增长乏力。随着产业结构调整，淘汰原来落后的产能是相对容易的，并且是能够快速淘汰的，但是新兴产业的建立与改造则需要一定的时间来缓冲，这就造成了中国经济增长放缓的现象。

而亚洲其他国家则表现各异。日本为了刺激经济，实现预期通胀和增长目标，将在宏观政策上继续实行超宽松量化货币政策，在宏观政策上也表现为“放松”。这些宽松的货币政策，曾经使日本经济有所好转。但是随着宽松货币政策对经济提振效果继续减弱其政策的负面影响将进一步显现。日本依赖日元贬值推动经济增长不具可持续性，日元继续贬值空间有限且难以发挥作用；同时过大的货币规模容易引发通货膨胀，加大经济复苏的不确定性。不断累积的政府债务已成为日本财政的沉重负担。对于韩国，其经济增长主要由其出口状况决定，因此 2015 年有一定程度的上升。东南亚五国的经济仍然会保持稳定的增长，随着国内政局的稳定，消费投资的增长以及外部需求的增强。东南亚五国在 2015 年可能会有更强劲的增长。其他亚洲发展中国家也将有良好的经济表现，因为其参与的国际市场规模较小，受国际经济环境变化的影响也较小。

（二）北美洲部分国家复苏形势被看好

1. 美国经济复苏被普遍看好

2015 年美国复苏形势明确。首先，美国国内就业状况得到进一步改善，失业率已在 2015 年下半年降至 5%左右，回归到正常失业范围；第二，随着就业状况的改善，2015 年美国居民可支配收入继续增加，对未来收入的预期也趋于乐观，这将有利于消费水平的增加，从而进一步拉动经济增长速度；第三，美国当前房地产市场持续向好，银行借贷意愿有所上升，根据美联储 2015 年的调查，美国部分大银行放松了住房抵押贷款审核标准，刺激居民收入更多的用于住房消费。此外，美国制造业也在持续恢复，2015 年 12 月美联储宣布升息，更被看做是美国经济复苏及走强的标识。

2. 加拿大经济步入衰退期

根据加拿大统计局 2015 年 9 月 1 号公布的数据显示，加拿大经济第二季度年化 GDP 下降 0. 5%，正式进入衰退期。按照公认的标准，一个国家 GDP 连续两个季度下降即进入技术上的衰退期。加拿大进入 2015 年以来经济急转直下。2015 年前 5 个月，加拿大 GDP 都是负增长，至 6 月出现回升，增长 5%，但这点增长不足以扭转第二季度 GDP 总体下跌趋势。并且随着国际油价的暴跌，加拿大已经沦为油价暴跌的受害者，自 2009 年以来经济首次滑入衰退。这一次由于石油价格等资源类出口衰减，以及全球性的经济放缓，对于依赖出口的国家还是产生了较大的影响。2015 年下半年由于持续走低的油价，以及充满不确定性的前景，加拿大经济情况依然难以好转，且经济面临二次衰退，总的来看加拿大的经济复苏难以达到预期。

（三）欧盟经济复苏处于缓慢爬坡阶段

作为全球第二大经济体，欧元区增长乏力是影响全球经济前景的一个主要原因。欧债危机的诸多遗留问题尚未消化，如多个国家采取的财政紧缩政策导致这些国家内部需求不足，失业率居高不下。2015 年，居高不下的失业率影响欧洲消费信心，低通胀率令通货紧缩风险阴影不散。欧洲经济尽管正逐步走出危机，但复苏乏力，挣扎在衰退边缘。欧盟政策制定者为挽颓势，出台了相关政策，如欧盟委员会 3150 亿的欧元投资计划，欧洲央行逐渐加码的宽松货币政策等。不确定因素将导致政策效果有限，欧洲经济在未来一年仍难言乐观。

欧洲经济低增长状况或将拖累全球经济，因为欧元区需求减少既对新兴经济体造成影响，同时也将影响到正在寻求经济复苏的美国。欧洲经济主要风险来自于四方面：（1）通缩风险；（2）目前看来无法走出危机的事实；（3）高失业率；（4）沉重的债务负担。以上这些因素可能会造成欧元区物价呈缓慢下降的趋势，这样欧洲很可能面临长期性经济停滞的风险。并且，由于欧元区存在统一的货币政策，而无统一的财政政策，如果各成员国政府不做更多的努力，仅仅依靠欧央行能否达到预期还存在很大的不确定性。只有在欧洲经济企稳回升后，全球经济才会真正进入到整体扩张的时期。

(四) 新兴经济体与发展中国家经济增长继续放缓

2015 年，新兴市场和发展中国家经济增速仍将延续放缓势头。作为全球经济增长的重要动力，且在原油价格走低和美国经济复苏等因素的推动下，亚洲经济持续增长得以保持。根据 IMF 的数据，新兴市场和发展中经济体经济增长 2015 年、2016 年将分别为 4.0%、4.5%。其经济增长连续第五年放缓是由多个因素共同作用的结果，主要原因包括石油出口国增长减弱；中国经济增速减缓，对大宗商品密集型投资的依赖下降；信贷和投资繁荣之后的调整以及其他大宗商品出口国在出口价格下跌后增速减弱。但新兴经济体国家内部经济动能强弱不一，以中国和印度为例这两个国家在全球经济复苏乏力的情况下依然实现了增长，而俄罗斯此前由于一系列政治事件以及外部大环境的共同作用，导致了该国经济萎靡。巴西由于其制造业的大幅下滑，经济预期也趋于恶化。这一情况导致了新兴经济体国家内部分化趋于明显。

(五) 中东北非经济增长不如预期

受国际油价持续低迷及欧元区需求不振等消极因素的影响，2015 年中东北非地区及阿联酋经济增长低于预期。根据 IMF2015 年中东以及北非地区的研究报告指出，2015 年中东北非地区经济增长率为 3.3%，较 2014 年 3.9%的预测数字下降了 0.6%。对 2016 年增长率的预测从 2014 年的 4.1%下调为目前的 3.6%。同时相比本地区其他国家，海合会国家商品出口所受到的冲击会相对较小，这主要是因为海合会有良好的财政基础作缓冲。并且对于阿联酋国家的经济增长前景也并不被看。虽然石油出口国都希望油价的下跌不会对财政支出造成严重影响，但对于那些财政储备不足且无有效的财政和货币政策的国家而言，来自预算和汇率的压力会非常明显，很可能出现更严重的通货膨胀和货币的进一步贬值。

(六) 拉丁美洲复苏程度十分有限

国际原油价格和大宗产品价格持续下滑，中国等主要经济体经济增长放缓以及美联储加息可能带来国际金融波动，都将进一步增加依靠资源、原料和农产品出口创收的拉美国家未来的经济风险。2015 年，委内瑞拉、墨西哥、哥伦比亚和厄瓜多尔等拉美产油大国严重受到国际油价下跌的影响，其中委内瑞拉是该地区受油价影响最为严重的国家。同时，委内瑞拉的高通胀、国内因缺乏外汇而导致的日常用品供应紧张以及不安定的社会形势，将增加未来该国的经济风险，并有可能使其经济出现严重倒退。厄瓜多尔政府紧缩开支的措施已见成效，缓解了

财政恶化，一定程度上抵消了低油价给经济发展带来的冲击。如果未来大宗产品价格没有止跌回升，那么拉美各国的财政赤字将继续走高，经济复苏比较艰难。

二、2015 年国际宏观经济对全球油气产业的影响分析

2015 年的全球经济在充满希望的同也伴随着潜在的风险。2015 年上半年世界经济保持着复苏的势头，新兴市场与发展中国家的经济增长依然可观，中国经济增长放缓，但更加平稳，石油消费增速放缓，天然气消费增长也低于预期。2015 年下半年全球经济的变化，依然对全球的油气产业产生较大的影响。

（一）多方面因素造成全球油价持续走低的局面

当前国际油价的持续下跌是多方面的原因共同造成的。随着全球经济复苏的疲软以及进出口贸易的萎靡，特别是新兴经济体例如中国对原油需求的减少以及石油出口国家保持原油的高产出都是造成现在国际油价持续下跌的因素。

（1）亚洲的需求减少。虽然美国在增加其油气的产量，并且沙特等石油国家也没有减产，但是由于全球经济衰退让亚洲国家的石油需求低于预期，过剩的能源并不能被完全消费。而且亚洲各国政府也削减了对能源的补贴。这导致汽油、柴油和其他日常燃料的成本上升，使需求进一步萎缩，而亚洲地区很大程度上决定了全球石油市场的未来。

（2）美国的石油产量在增长。美国石油产量的大幅增长正让这个全球最大的石油消费国变成一个主要的石油生产国，由于开采技术的革新，在页岩中的石油和天然气储备得以开采，并且由于美国油气产量开采的增加，更会进一步造成国际市场上油气供应量大于需求量。

（3）沙特为了保持市场份额维持产量。沙特是一个主要的产油大国，每天的产油量为 1000 万桶，该国在石油市场上有着巨大的影响力。为了避免自己的客户被美国生产者和其他竞争者抢走，沙特会维持它的石油产量，这是在油价攀升之前保持市场份额不变的一种战略。石油输出国组织中其他国家反对沙特的这一战略。比如，委内瑞拉更希望减产而不是让自己的石油降价。

当然 2015 年的油价持续下跌不可排除有相关的国际政治因素的存在，但归根结底是全球经济复苏的疲软对油价下跌提供了更大的可能性，就目前的经济情况以及各原油生产国的应对情况来看，低油价的局面还会持续下去。

（二）美联储加息冲击国际油气市场

2015 年 12 月 16 日，在为期两天的货币政策会议结束后，美联储联邦公开市场委员会（FOMC）宣布次日起上调利率 0.25 个百分点至 0.25%～0.5%之间，并

将视经济的表现来调整策略。这标志着世界第一大经济体始于 2006 年的宽松货币政策迈向终点。随着美国经济复苏的提速，美国经济前景越来越明朗，房地产产业，制造业等都有所回暖，并且美国失业率也基本下降到正常范围，这都显示了美国经济复苏的强势。根据往年美联储加息的经验来看，加息在短期内可能不会造成美元指数和美元的强势上涨，但在长期来看最终还是会导致美元指数的上升，美元走强。

美联储加息是美国经济强势复苏的标志，但是美元走强会对全球油气市场形成巨大冲击。首先，美元走强会促使其他国家货币相对走弱，冲击各国汇率体系，造成其他币种的离岸资产贬值，从而冲击各国增速放缓或复苏缓慢的国内经济影响需求；第二，油气买卖大部分通过美元进行结算的，美元走强会使美国以外的其他国家购买以美元作为结算单位的大宗商品交易时会增加成本，对本来就疲软的全球油气需求造成负面冲击；第三，油气价格的相对提高会，在目前石油供给充足需求低迷的情况下，进一步造成油价下行的压力；第四，人民币新近加入 SDR 体系，美元走强使人民币贬值的市场预期被逐渐强化，并带动了一批周边国家和新兴经济体国家货币贬值预期，这对于刚刚加入 SDR 的人民币作为国际原油结算货币的进程起到了较大的市场阻碍作用。

（三）全球经济疲软促使各大石油公司减少投资

随着全球经济复苏的疲软以及需求的低迷导致的油价下跌，各大国际石油能源公司为保证资金流动、避免债务增加。2015 年 10 月，康菲石油由于第三季度亏损高于预期而缩减了支出计划，将运营成本预期从 89 亿美元下调到 82 亿美元，以应对日益下跌的油价；康菲石油预计 2016 年资本支出为 77 亿美元，与该公司下调后的 2015 年资本支出相比减少 25%。雪佛龙延期公布 2016 年预算正在评估 2015 年的资本与开采计划，可能近期将公布开支预算。雪佛龙石油公司正在评估 2015 年的资本与开采计划，可能近期将公布开支预算。一直以来，雪佛龙每年 12 月公布下一年预算，此次延期是因为要继续观察油价走势，而雪佛龙公司也在 2015 年将预算大幅消减 24%，计划 2016 年在全球支出 266 亿美元，其中大部分支出将用于国际油气勘探和生产项目。

2015 年这些石油公司之所以会采取资产消减计划，主要原因还是油价的萎靡，在看不到油价在未来短期有上升的趋势时，各大石油公司均在石油产业上缩减投资，严格执行成本控制。一方面因为油价下跌导致的公司营业收入的减少不得不缩小投资规模，另一方面这些大石油公司在石油产业上节约的成本可以转移到其他盈利性较为稳定以及风险小的资产上，从而避免当前油价下跌所带来的风险。

（四）全球经济形势增强了油气行业对新能源行业的比较优势

以美国页岩气革命为代表的新能源产业曾经因为清技术革命或是得到了各国政府的补贴而迅速发展，但是随着2015年全球经济复苏乏力，以及由此引发的油气需求降低及价格低位震荡，传统能源的竞争力日渐显现，这都对新能源产业造成了一定的影响。油价持续下跌对如页岩油、煤制油、生物燃料等也产生了较大的冲击，在汽车去汽油化的进程中，生物燃料是曾经非常被寄予厚望的一种，生物燃料指由有机物组成或者制成的燃料。近年来，生物柴油产业正在迅速发展，美国、加拿大、巴西、日本、印度、中国等国家都在积极发展这项产业，但与常规柴油相比，生物柴油的的成本要更高，当油价下跌时这些燃料要很保持正常的产量就要吃进更多的补贴，这些燃料与石油在交通领域直接竞争，而过去又多靠政府支持，所以成本上优势不大，生物质能燃料受到油价降低的影响也较大。长远来看，传统能源强势回归及新能源行业发展受阻对于清洁能源更新换代及全球环境要求是不利的。

三、2015年国际经济环境对中国油气行业的影响分析

随着经济全球化进程的加快，中国经济融入世界经济的程度也越来越高，中国经济与国际经济的相互影响也变得越来越大。2015年全球经济依然处于复苏阶段。每个地区都在努力寻求新的并且有效的经济增长点，通过新的经济增长点将经济带出低谷，中国从2013年开始也逐步进入了经济增长的调整期。虽然中国经济的增长在慢慢放缓，但是却更加稳定，中国当前正处于产业结构优化，调整的关键时期，内生动力正在增强，在国际，国内宏观经济共同影响下，2015年中国的油气产业也发生了各方面的变化。

（一）全球经济增速放缓降低国内油气需求增速

全球经济增速放缓与中国经济增速放缓互为影响，导致国内油气需求增速放缓。在全球经济增速放缓的情况下，2015年全年中国石油需求量超过5亿吨，同比增长3%；石油进口增速有所下降，石油消费对外依存度将首次突破60%；2015年中国天然气表观消费量将达到2000亿立方米，同比增长9.3%，天然气进口量为650亿立方米，同比增长10.2%，增速略低于2014年。而国内油气需求增速放缓原因是全球贸易需求的疲软，经济大环境的低迷所造成的国内经济增速的放缓，这会使得中国经济对油气消费的拉动作用不断减弱，从而导致国内油气需求增速降低。

（二）雾霾问题推动政府加快新能源改革

新兴经济体在经济发展中的环境问题越来越受到国际关注，同时，中国国内

严重的雾霾问题也已经成为中国经济发展的重要障碍。治理空气污染和促进清洁能源更新换代已经成为不可回避的问题，中国也在积极采用一系列措施，例如推动工业燃料的更新换代，通过尾号限制汽车出行量，加大对电动汽车产业的扶持和推广，推进天然气供暖替代燃煤供暖等。

从推动能源改革的措施上看，主要有两个方面。一方面是抑制化石能源消费。由国家财政部和国家税务局在 2015 年 1 月联合发布关于增加成品油消费税的通知，可以看出这一措施会使得中国国内的成品油消费量得到抑制，而发改委针对这一问题，也在 2015 年 12 月做出了延缓油价价格调整的决定。以上这些措施都旨在控制中国成品油的消费量以培育新能源市场。另一方面是推动以天然气为主的清洁能源消费。国家在政策面继续推动天然气消费量的增加，通过加快推进能源价格市场化，推进电力和天然气等能源价格改革，促进市场主体多元化竞争，稳妥处理和逐步减少交叉补贴，还原能源商品属性使电力和天然气在能源结构中的比例增加，同时天然气安全问题也被逐步重视。

（三）人民币贬值加大了中国油气采购及海外业务成本

由于美国经济强势复苏，而中国经济增速放缓，人民币已经有了贬值的压力。虽然人民币贬值对中国的出口有着较大的促进作用，但是对中国的进口却受到了明显的抑制。对于中国炼油企业来说，人民币贬值使炼油成本增加，利润缩水。人民币贬值也打击了地炼企业对炼油原料采购的积极性，由于进口成本的增加，对于原本低迷的国内成品油市场也造成了一定的冲击。

此外，在油气改革政策利好的情况下，有不少民营企业将重点放在了收购海外油气资产上，2014 年有超过 10 家民营上市公司涉足海外油气资产，但是 2015 年由于人民币的贬值，使得对海外油气资产的投资成本增加，虽然油价的低迷可以抵消一部分冲击，但总体而言人民币贬值带来的成本增加会影响国内油气企业的发展。

（四）低油价对中国油气体制改革和油气企业带来影响

当国际油价处于高位运行时，中国商储行业是有利润动机来储备原油的，但是随着油价的持续走低，商储行业利润不断下降，从而导致原油商储的储备量不断减少。同时由于国家战略部署高价买进的原油和 LNG 也使得部分企业面临着价格承压，由于原油价格持续走低，之前高价买进的油气不得不降低价格出售，甚至有一部分企业面临着卖不出原油的尴尬局面，这会使得相当一部分企业的利润缩水或者亏损。对于中国战略原油储备来说，油价的萎靡对于中国来说无疑是巨大的利好，中国是全球最大原油进口国，较低的原油价格是中国增加战略原油储备的好时机。根据统计，中国战略原油储备距离 90 天的储备目标还是有一定的距离，油价的持续低迷对于给中国的的战略原油储备提供了良好的契机。虽然油价的低迷对中国战略原油储备来说是利好的，可当前中国原油储备的提速却面临着中国仓储能力不足的尴尬。

长时间以来能源成本一直是中国能源体制和能源价格改革面临的主要障碍，低油价则为国内油气市场化改革提供了契机。由于历史原因，中国能源价格受到管制，政府运用成本加成原则来制定能源价格。以中国民营油气企业为例，由于政策法规等方面的限制，民营企业资本以及其他社会资本难以进入油气勘探开发市场。由于原油使用权的限制，非国营贸易实际上很难有所发展。几大石油公司在成本和其他方面都有着很大的优势，这在一定程度上压缩了其他企业参与油气行业的空间。但是随着中国逐渐对原油进口配额的开放和油价的持续下跌，这显然对民营企业进入行业提供了更多的机会，油价下跌导致进入行业的成本下降，其他相关油气服务行业的门槛也相应降低。有利于打破中国油气市场结构单一和行业存在壁垒的问题。总的来说，油价维持低位运行为中国油气体制的改革创造了条件。随着改革进程的不断深化，其对中国油气行业改革的助力作用会日益显现。

世界油气产业发展分析与展望

2015 年是世界油气市场急剧变动的一年。世界油气储量首次下降，新发现的石油和天然气资源持续增加。受国际市场原油价格持续低迷影响，2015 勘探开发投资减少，部分热点地区勘探活动尤为活跃。世界油气产量继续增长，以北美为代表的部分地区产量均创了历史记录。由于世界各主要经济体复苏乏力，油气消费萎靡不振，世界石油市场整体呈现供强需弱的局面。

一、世界油气储量首次下降

(一)全球石油探明储量小幅下降

BP 发布的数据显示，截至 2015 年年初，全球已探明石油储量为 17001 亿桶，较 2014 年减少 9 亿桶，是自 2009 年以来的首次下降。俄罗斯、赤道几内亚和挪威已探明石油储量调降幅度最大，分别有 18 亿桶、6 亿桶和 5 亿桶的下降。BP 调降上述国家探明石油储量，原因是多方面的。首先，是考虑到俄罗斯、挪威等国老油田开发时间长、储量的耗竭严重；其次，对上述国家探明储量的调降还权衡了技术因素和统计口径变更等因素。

此外，BP 还上调了部分国家探明储量预估。储量上调的国家主要是欧佩克国家，显示了这些国家良好的储量潜力。储量增加国家主要来自中东，包括沙特、卡塔尔和阿曼。巴西是非欧佩克成员中探明石油储量出现增长的国家，储量增长近 6 亿桶，至 162 亿桶。近年来，由于技术进步，巴西深水油气资源储量获得了更多的证实。

(二)欧佩克国家依然拥有占世界最大份额的探明石油储量

世界范围内，欧佩克国家的已探明石油储量一直占据总储量的 70%左右。BP 发布的数据显示，2015 年，欧佩克国家已探明石油储量占世界总量的 71.6%，与 2014 年(71.9%)同比有所下降。2015 年欧佩克国家的探明石油储量增长至 12165 亿桶，较 2014 年小幅增加 16 亿桶。其中，委内瑞拉探明石油储量达到 2983 亿桶，石油探明储量居欧佩克国家榜首；沙特阿拉伯探明石油储量增加 11 亿桶，至 2670 亿桶，增幅最高；伊朗、伊拉克、科威特和阿联酋探明石油储量基本维持不变；卡塔尔石油储量增长 6 亿桶，至 257 亿桶；此外，一些非洲地区欧佩克成员国，如利比亚、尼日利亚、安哥拉、阿尔及利亚等国的探明石油储量基本上与 2014 年持平。

（三）世界天然气探明储量微增

2015 年，世界天然气探明储量微增 6000 亿立方米至 187.1 万亿立方米。增加主要来自俄罗斯、阿塞拜疆和美国等国家。其中俄罗斯和阿塞拜疆储量增加最多，均相比 2014 年增加 3000 亿立方米；美国天然气探明储量有 2000 亿立方米的增长。与此对应，BP 下调了其他部分国家的探明储量。中东产气国储量下调最多，海湾液化天然气出口大国卡塔尔储量下调近 2000 亿立方米；其他地区天然气产出国，如挪威也有近 1000 亿立方米的探明储量调减。

二、世界油气勘探开发投资减少

（一）低油价影响油气勘探开发投资

美国能源信息署（EIA）年中发布的年度能源展望报告中称，持续性低油价将会影响未来数年的油气勘探开发投资。考虑到石油价格自 2014 年年中以来持续低迷，石油价格又和油气勘探开发投资有直接关系，未来数年内的油气勘探开发投资很可能将低于 2015 年前十年的平均水平。

石油生产是一个资本密集型行业，需要管理现存资产、评估项目前景，在项目投产之前，通常需要在前期花费大量资金在项目的勘探、评估和开发上。在 1981~1982 年，在原油价格大幅提高后，投资蜂拥而入石油行业，以 2014 年美元计价，总计有超过 1000 亿美元资金。从 2003 年到 2014 年，勘探开发投资从 560 亿美元/年上涨到 1580 亿美元，这期间原油价格从 34.53 美元/桶上涨到 87.39 美元/桶，期间一度突 100 美元/桶。由此可见，石油价格与勘探开发投资呈正相关的关系。

美国能源信息署的报告中将 2020 年原油价格设定为 70 美元/桶（GDP 平减指数调整后价格），研究结果显示，2015~2020 年年度油气勘探开发投资将低于 2005~2014 年投资周期平均水平 1220 亿美元。

（二）非常规油气勘探开发面临挑战

以页岩油气为代表的北美能源革命，正在面临挑战。从 2014 年 7 月以来，西得克萨斯中质油和布伦特原油价格下跌 60%，直接在经济上消除了操作成本更高的页岩和深水油气项目的可能性。自从 2008 年世界金融危机爆发以来，页岩油气革命使美国大为收益，带动了就业，降低了制造业成本，吸引了外国投资，为美国消费者带了更多的实惠。根据美国石油协会（American Petroleum Insititute）的报告，自 2009 年到 2011 年，能源行业至少创造了 600000 个工作岗位，2011 年就带来了占全美劳工报酬总数的 6.3%的薪资。在石油价格低落之前，原预估页岩革命对美国 GDP 的影响将在未来的 10 年内翻一倍，从 2012 年的 2840 亿美元到 2025 年的 5330 亿美元。

分析称，如果原油价格跌至 65 美元/桶下并且持续一段时间，将会影响到页岩油的生产。截至 2015 年 11 月，国际油价已经低至 40 美元水平，且有进一步下跌的趋势。而作为一个垄断组织的欧佩克，面对油价跌势，态度相当明确——要市场份额、不减产，其与页岩油厂商一较高下决心可见一斑。巴克莱银行预测，持续的低油价将会使美国页岩油商大幅削减投资预算。Continental Resources 是一家代表性的页岩油厂商，决定减少 2015 年预算 12 个百分点。此外，美国的页岩油商还在不断改进水力压裂技术，以求减少成本。目前在 Bakken、North Dakota、Eagle Ford 这些地区的页岩区块，页岩油开采成本大约在 50~65 美元/桶之间，仍然大幅高于现在的国际油价。在可预见的时间内，非常规石油勘探开发将会面临严峻挑战。

（三）油气勘探技术不断进步，新的资源不断被发现

2015 年 11 月 2 日，BP 发布技术展望报告称，由于油气勘探技术的进步，世界将不再陷入耗尽能源的风险之中，油气资源的大量发现有助于帮助人类实现能源资源的低碳化。超级计算机技术、机器人技术和油田化学技术的发展使得新的油气资源不断被发现，到 2050 年世界范围内可获得的油气资源将会翻一翻。现在看来，能源资源非常丰富，现阶段耗光资源的担心被消除。如果仅仅应用当前水平的最新勘探科技，可获取的化石资源从现在的 2.9 万亿桶，上升到 4.8 万亿桶至 2050 年，几乎是 2050 年预计的能源需求的 2 倍。而更进一步的技术进步将使得化石能源数量上升到 7.5 万亿桶。此外，勘探技术进步减少了钻探勘探井的数量，节省了资金，减轻了对环境的破坏。报告还称，从现在直到 2035 年以后，由于自身的能源强度高，液体燃料将继续成为交通部门的主导燃料。

三、世界油气产量继续增长，但增速回落

2015 年，世界石油产量继续增长。全年液态烃类生产产出在 9499 万桶/日的水平。欧佩克 2015 年 11 月发布的报告预计，全年非石油输出国组织产量将增长 132 万桶/日，平均达到 5699 万桶/日。北美地区石油产出的增产较多，但受致密油产出减少影响较大。尽管国际油价不断下挫，欧佩克国家并未减产，欧佩克全

年原油产量达到 3184.8 万桶/日，较 2014 年增加 107.8 万桶/日。

（一）低油价重挫非常规油气生产

2014 年美国和加拿大石油产出增长了近 200 万桶/日，创下了非欧佩克成员国的增产记录。其中所增产石油主要来自页岩、致密区块以及油砂等非常规油气生产。然而 2015 年 5 月以来，数据显示北美非常规油气生产增长动力不再，开始出现下降趋势。

持续低迷的石油价格导致美国页岩油生产商开始收缩业务。美国页岩油钻探商不得不削减开支、解雇用工，以应对石油价格下降。考虑到伴随着稳定的低油价，股权投资者还会更加谨慎，部分限制页岩油钻探商维持运营的流动资金。数据显示，北美最新钻探的致密油油井数目正在下降，正常运作的钻井平台数目也已经下降了一半。此外，致密油油井数量下降的同时，油井初期投资、运营和维护的投入也巨额减少，未来 3 到 5 年内这些油井产量将下降到初始产量的 20%。非常规油气生产萎缩的趋势在 2015 年下半年和 2016 年上半年还将加速。

（二）俄罗斯石油产量创后苏联时代记录

欧佩克预计，2015 年，俄罗斯石油生产将达到 1080 万桶/日，相较 2014 年小幅增产 4 万桶/日。2015 年 12 月份，俄罗斯石油产量达到后苏联时代的新高，月同比增加 2 万桶/天，达到 1091 万桶/天。增加产量主要来自 Gazprom、Bashneft 和 PSA operators 等企业，Lukoil 和 Rosneft 公司石油产量减少，幅度有 10 万桶/日。

尽管目前来看俄罗斯财政部有意推动提高石油出口税收，但相关的税制改革计划尚未获得国会批准，原油出口税率还维持在目前的 42%。如果将来这个石油出口税制计划得以实施，石油公司将会多支付 20 亿~30 亿美元的税款，石油生产预计将会有 10 万~20 万桶/日的减产。

（三）美国石油产量到达峰值后开始回调

最新的数据显示，除了 Permian 盆地原油产出还在继续成长外，美国原油产出在 2015 年 4 月份达到 960 万桶/日的峰值后，开始逐步回落，11 月份原油产出下降至 932 万桶/日。根据截至 11 月底的最新数据，达到 1394 万桶/日的高位。美国石油产出，尤其是致密油的产出，反映了评估期内建立在钻机数量和完井活动基础上的一种石油价格的预期，价格长期维持低位，产出就很难维持。

2015 年 8 月份，德克萨斯州原油产出环比减少 27000 桶/日，减产主要来自 Eagle Ford 区块。据 Texas Rail Road Commission 的最新数据，Eagle Ford 区块的原油产出减少 66000 桶/日，至 120 万桶/日。这一区域内的已完钻但尚未最终完工的油井数量一直在减少，反映了新的钻井活动在不断萎缩。在 2014 年第二季度达到峰值 200 个后，2015 年整个第三季度，新完钻但未完工的油井数量不断下降，现在已经回落至个位数。在 Eagle Ford 区块发生的这一情况说明，中小的独立石油公司为了获得维持运营所需的现金流，不得不将资源投入生产性油井，减少新钻探油井。同样的趋势在 North Dakota 区块也可以观察到。North Dakota 区块在 2015 年 8 月份产量环比下降 2 万桶/日，至 118 万桶/日。

四、世界石油消费继续成长，但增幅有限

欧佩克 2016 年 2 月末发布月度石油市场报告，预计世界石油消费跟 2014 年相比，增长 154 万桶/日，达到 9296 万桶/日。石油消费的增张主要来自于美国、欧洲、中国和其他亚洲地区经济体。以上这些经济体经济表现好于预期，尤其在 2015 年第三季度石油消费成长较快。

(一) 美国石油消费温和增长

根据 2015 年 1 月~11 月和 12 月前几周的数据，全年美国石油消费同比温和增长 2%，增幅为 30 万桶/日。汽油和航空煤油消费得益于较低的价格，呈现强劲增长态势，其中汽油消费平均增长 20 万桶/日，在全部石油产品消费中占据最高比例。馏分油消费呈现下降趋势，2015 年 7 月份的最新数据显示馏分油月度消费和 2014 年同期持平。2015 年，剩余燃料油消费水平较 2014 年有所降低。

在 2015 年，美国石油消费将主要受到道路交通汽油消费情况和燃料价格水平两种因素影响。2015 年下半年以来，汽油消费好于市场预期，为 2016 年的石油消费设定了一个较高的基准线。美国石油消费风险主要来自于两方面，上行风险主要来自预期的经济增长水平和道路交通部门的石油消费情况，下行风险主要来自燃料替代以及车辆燃油效率等因素。

(二) 欧洲石油消费需求复苏

最新公布数据显示，欧洲石油消费开始出现正向增长，欧佩克预计全年欧洲地区石油消费将增长 24 万桶/日。其中 2015 年 11 月份石油消费强劲增长。这一地区所有的主要国家的石油消费水平都呈现正增长态势。根据最新 2015 年 1~8 月份的数据，欧洲四架马车(德法英意)石油消费水平同比增长 1.7%，使得总消费量达到 670 万桶/日。在所有种类的石油产品中，柴油、航空煤油、液化石油气和剩余燃料油消费量都在成长，而与 2014 年同期相比，汽油消费数量则相对持平。

欧佩克对于 2015 年欧洲地区石油消费的预期持谨慎乐观的态度，不断更新

的数据显示欧洲石油消费正在持续复苏之中。然而对于全年总体预期，将受到欧洲国家内部针对石油使用与替代的高税收政策影响。预期的经济成长、较低的历史消费量和低燃料价格水平，有助于石油消费的增长；而这一地区内很多国家所实行的高税收政策则抵消了潜在的正向影响。

（三）中国石油消费稳定增长

中国石油消费继续稳定增长。尽管中国经济活动逐步放缓，但并没有影响到石油消费。最新数据显示，2015 年 9 月份与经济活动展开直接相关的柴油消费增幅降低，而其他的石油产品消费继续快速增加。2015 年 9 月份中国石油消费增长了 49 万桶/日，与 8 月消费增幅相同，全部石油产品消费达到 1090 万桶/日。

汽油消费持续增长，最新数据显示 9 月份汽油消费增长 20 万桶/日，与 2014 年同比增加 8%。汽车销售扭转了上半年以来不断下降的趋势。据中国汽车工业协会的统计，2015 年 9 月份汽车销售量达到 180 万辆，同比增长 3%，其中 SUV 销售增速最快。2015 年 1 月至 9 月，乘用车销量累计达到 1455 万辆，与 2014 年同比下降 7%，但 SUV 销量增长了接近 50%，多用途汽车 MPV 销量也有 8%的增加。

鉴于对化工工业和交通运输行业前景的看好，欧佩克预估 2015 年全年中国的石油消费将增加 37 万桶/日。

（四）日本石油需求维持萎缩态势

日本石油需求连续萎缩，最新数据显示，2015 年 1~7 月石油消费同比收缩，8 月份才呈现正增长。2015 年 7 月份数据显示汽油和石脑油消费量大幅增加，增幅分别为 5%和 12%。而用于直接燃烧和发电的原油消费则维持年初以来的减弱趋势，并且剧烈减少，减幅达 62000 桶/日。这主要是因为天然气和煤炭的替代。预计随着日本仙台地方政府重启新的核电机组，日本石油消费需求还将进一步萎缩。

最新的车辆销售数据显示，2015 年 8 月份的新车销售量同比降低 2%，连续第八个月下降。新车销售量的下降预示不乐观的经济前景。2015 年，由于面临不确定的经济增长前景，欧佩克预期日本石油消费将维持萎缩态势。

五、世界石油价格维持低位区间振荡格局

（一）石油价格在 45 美元到 55 美元区间内振荡

2015 年，受经济、金融、地缘政治等因素影响，WTI 价格和布伦特价格经历了先下降后平缓波动的震荡过程。2015 年第一季度，WTI 均价为 48.5 美元/

桶，较 2014 年第一季度 WTI 均价 98.5 美元/桶呈暴跌状态；2015 年第一季度布伦特均价为 53.9 美元/桶，较 2014 年第一季度布伦特均价 107.8 美元/桶下跌情况同样剧烈。第二季度，受全球经济形势复苏以及地缘政局不稳定等影响，国际油价整体呈现平缓波动上升态势，布伦特油价由 2015 年 4 月初 55.73 美元/桶到 6 月末 59.03 美元/桶。2015 年 7 月底以来，国际原油价格在较低水平略有波动，波动区间较小，总体呈波动下降趋势。其中，WTI 价格在 12 月为 37.2 美元/桶，跟 2015 年 7 月的 50.9 美元/桶相比，波动幅度较大，下降的幅度较小为 26.9%；布伦特价格由 7 月的 56.5 美元/桶相继下降到 12 月的 38.0 美元/桶，五个月的下降幅度为 32.8%。

（二）原油市场供应宽松和全球经济疲软仍是油价处于低价的主要原因

原油市场供应宽松。OPEC 最大产油国沙特，原油产量居高不下，其中 2015 年 4 月原油产量为 1009.5 万桶/日，创出近 30 年来的新高。伊拉克和利比亚原油产量也处于增加趋势。在俄罗斯和 OPEC 产油国在欧洲的份额之争愈演愈烈之际，伊拉克正在超越沙特阿拉伯成为欧洲市场的第二大石油供应国。IEA 指出，自 2014 年年中以来，伊拉克的总石油出口在 2015 年 11 月已增加约 40%，至每日逾 300 万桶，2015 年 7 月和 8 月每日向欧洲出口 100 万桶原油，从而使其在欧洲的市场份额提高至 17%，超过了沙特的份额。同时，OPEC 内部成员国的原油市场份额争夺战打响，后期原油市场供应充足。

世界经济环境对油价起较大的支撑作用，经济疲软是致使油价走低的主要原因之一。2015 年全球及主要国家的经济处于一个缓慢的回复过程。受经济增长放缓影响，美国原油进口萎缩速度加快，中国原油需求量增速放缓。

（三）美国页岩油气产业发展和全球原油库存增加助国际油价持续走低

随着美国页岩油气产业发展，美国已成为全球最大的油气生产国，天然气产量超过了俄罗斯，石油产量正在赶超沙特。美国在 2014 年和 2015 年的原油供应量分别为 20.09 百万桶/日和 20.56 百万桶/日。美国原油供应量上升、沙特等欧佩克国家的不减产造成全球层面的石油供应增长，而同一时期世界经济增长乏力，石油需求疲软，由此造成石油供大于求，过剩导致油价下行。

国际能源署（IEA）发布的最新月报显示，全球原油库存升至 30 亿桶。当地缘政治冲突或是其他原因导致原油供应意外而中断原油的正常供应时，原油库存的增加，可以起到缓冲的作用，从而让油价持续走低。另外，原油库存的增加会使油价的复苏时期滞后，延缓油价的回升时间，助力油价持续走低。

六、世界石油炼制产业的竞争格局进一步深化

近年来，世界炼油工业在重组和调整中稳步发展，资源国及新兴市场地区新建和扩建炼厂项目继续推进。随着中东地区炼油工业的进一步发展壮大和西欧地区炼油工业的进一步调整，两者的炼油能力差距逐渐缩小，世界炼油工业逐渐形成亚太、北美、西欧和中东“四分天下”的新格局。2015 年全球炼油能力达到 44.74 亿吨/年，新增炼油能力约 7740.0 万吨/年。在炼油商排名中，埃克森美孚公司炼油能力虽然有所下降，但仍以 2.7328 亿吨/年的炼油能力蝉联榜首。中石化和壳牌分列全球第 2 位和第 3 位，炼油能力分别达到 2.662 亿吨/年、2.0923 亿吨/年。中石油跃居全球第 4 位，炼油能力达到 1.887 亿吨/年。

（一）亚洲：加紧调整过剩产能

由于 2015 年经济增长趋缓，亚洲地区柴油需求下降，随着亚洲和中东地区的新炼厂投产，该地区出现柴油过剩问题。由于目前不能大量出口过剩柴油，亚洲地区一些炼油商降低炼厂负荷，力争赢得微薄的利润。日本和韩国炼油商运营困难，日本炼油商继续关停落后装置，韩国炼油商不得不考虑部分停产以降低炼厂负荷，其平均开工率下降到 80%左右。

由于亚洲地区多家新建的超大型炼厂的运营成本具有明显优势，跨国石油公司正在调整或削减澳大利亚炼油业务，该国 7 座炼厂中的 3 座预计将陆续关闭或停运；BP 正将炼油能力为 10.2 万桶/日的布尔沃岛炼厂逐渐停产，预计到 2016 年年中将转型；2015 年 7 月，壳牌将炼油能力为 12 万桶/日的吉朗炼油厂出售给了瑞士维多集团；2015 年 10 月，加德士公司把其悉尼的 Kurnell 炼厂转变为进口成品油集散基地。

在亚洲一些国家炼油业调整的同时，除中国以外，印度和越南等国仍继续扩大炼油能力。2015 年，印度巴拉特石油计划将旗下两家炼油厂产能扩大近一倍，此前包括印度石油公司和印度斯坦石油在内的印度国有炼油商，以及包括龙树石油在内的私营炼油商正在计划或已经开始实施大规模的炼油扩能和升级项目。预计到 2016 年，印度的炼油能力将从目前的 2.15 亿吨/年增至 2.65 亿吨/年。

越南正努力发展炼油和石化业务，6 个正在计划建设、总成本逾 500 亿美元的大型项目将使越南新增 6600 万吨/年的炼油能力。越南国油已开始计划投资 30 亿美元与俄气合作，将榕桔炼厂扩能 1000 万吨/年。预计到 2020 年，越南将由炼油产品净进口国转变为净出口国，并成为亚洲主要油品出口国之一。

（二）欧洲：推进炼油结构调整，炼油毛利升至历史新高

欧洲炼油工业受产能过剩、油品结构性矛盾、原油及加工成本居高不下等因

素的影响，处境艰难，将继续进行结构调整。自 2009 年以来，欧洲地区已关闭 22 座炼油厂，相当于减少了 230 万桶/日的炼油能力；同时，还有 15~20 座炼厂被石油巨头出售给了独立交易商或投资者。该地区炼厂将面临具有原料和炼厂燃料优势的美国炼油商、中东新建大型炼厂及俄罗斯炼油商的激烈竞争。

从欧洲各地炼厂的情况看，欧洲炼油中心鹿特丹和安特卫普的一些炼厂借助其规模和地理位置的优势，近年来投资进行了旨在提高产品收率和价值的技术改造，如一些能通过管道输送原油的欧洲内陆炼厂，若能满足当地市场的油品需求，可适当运行其中有一定吸引力的炼厂；但那些没有大量转化能力、需用低成本原油得到高收率的轻质油品且不能吸引当地市场用户的炼厂就只能关闭，因为其根本无法与外来进口油品竞争。BP 和壳牌已决定放弃在欧洲地区的炼厂及炼油能力，使道达尔一跃成为欧洲最大的炼油商，该公司在西欧地区拥有 174.2 万桶/日的炼油能力，占其全球炼油能力的 85%。同时，道达尔公司 2015 年 10 月 16 日表示，第三季度欧洲炼油毛利升至历史新高。三季度欧洲炼油毛利指标(ERMI)升至 54.8 美元/吨，比二季度 54.1 美元/吨有所上升。据道达尔网站可获得的数据显示，54.8 美元/吨的炼油毛利创下自 2003 年开始记录该数据以来的最高水平。

(三) 美国：炼油业迎来新发展

受益于致密油(尤其是页岩油)产量的快速增长，美国国内原油供应量大幅增加且价格较为低廉，美国炼油商从中受益，炼油毛利得到明显改善，油品出口大幅增加。一些独立炼油商重新开始扩充炼油能力且着力于转变加工策略，美国炼油业由此迎来新的发展。

受益于低成本原料，美国炼油产品出口具有很强的优势，在欧洲、南美地区乃至距离更远的亚洲市场都极具竞争力。美国新增原油大部分为轻质油，可用较为简单、建设成本较低的炼油装置加工。由此，美国炼油业开始了新一轮扩能热潮，预计 2015 年底美国将至少新增炼油能力 31 万桶/日。此外，还有一些产能为两万桶/日左右的较小规模炼油项目在计划或推进中。因此，新增炼油能力可能超过 50 万桶/日，这相当于美国现有炼油能力的 2.8%。

(四) 中东：继续扩大炼油能力

尽管一些项目延期，但中东地区的炼油能力仍将快速增长，沙特、卡塔尔、阿联酋和伊朗纷纷建设新炼厂。

卡塔尔正在现有炼油能力为 14.6 万桶/日的 Ras Laffan-Ⅰ(LR1)凝析油炼厂附近建炼油能力为 14.6 万桶/日的 Ras Laffan-II(LR2)炼厂，预计 2016 年年中可投产，将加工北方油田的凝析油并生产符合欧洲标准的产品。沙特阿美石油计划在今后10年内投资1000多亿美元用于发展炼油工业。伊朗预计在2015~2016年初约有36万桶/日的产能投产，可能使伊朗从汽油进口国变为出口国。阿联酋阿布扎比炼油公司的鲁韦斯炼厂扩建工程将于2015年年底建成，将新增炼油能力2075万吨/年。科威特正斥资310亿美元对其现有的Mina Abdullah和艾哈迈迪炼厂进行燃料清洁化改造，打造中东地区最大的低硫燃料生产国，并正在建设中东地区最大的加工能力达3075万吨/年的Al-Zour炼厂。可以预见，未来中东地区炼油能力还将持续增长，清洁燃料生产能力也将大幅提高。

七、2016年世界油气产业发展展望

（一）经济前景持续低迷影响石油需求

受全球各方地域国家不同影响，2016年全球经济前景或将持续低迷。根据欧佩克发布的《世界石油展望》，2016年全球GDP增长预测为3.4%。预测2016经合组织经济增长为2.1%，和2015年相应月份没有发生改变。然而，在新兴的经济体和发展中的经济体中仍然存在挑战。预测中国、印度、巴西和俄罗斯在2016年经济增长分别为6.4%、7.6%、-0.5%和0.6%。虽然2016年中国和印度的增长预测基本维持不变，但对巴西和俄罗斯的增长预测已经下调。2016年由于经合组织和印度拥有一定的上涨空间，或将导致更高的全球经济增长，然而众多不确定因素的依然存在，让这种经济增长可能性变得不确定。更重要的是，2015年中国的经济增长速率快速下降，俄罗斯和巴西的经济衰退趋势，将对2016年造成持续的滞后影响。此外，欧元区经济的脆弱性依然存在，美国经济在2016年的增长趋势还不太明显。日本将对财政进行收缩管理，同时对经济进行刺激，预测在2016年其经济形势会有好转趋势。地缘政治问题，及其潜在对实体经济也会影响全球经济恢复。

受全球经济持续低迷的影响，世界石油需求增长放缓。根据欧佩克发布的《世界石油展望》，2016年的相对预测总量为94.11百万桶/日，相对于2015年的增长率为1.35%。从季度上来看，根据欧佩克发布的《世界石油展望》，预测2016年第一季度世界原油需求为93.28百万桶/日，第二、第三、第四季度世界原油需求分别为93.32百万桶/日、94.65百万桶/日、95.17百万桶/日。从地域上来看，2015年经合组织所有成员国的原油需求总量为46.17百万桶/日，2016年相应的需求总量为46.32，增长率为0.31%；2015年中国的原油需求总量为10.84百万桶/日，2016年相应的需求总量为11.14百万桶/日，增长率为

2.80%；2015年中东所有成员国的原油需求总量为8.34百万桶/日，2016年相应的需求总量为0.21百万桶/日，增长率为2.25%；2015年前苏联所有成员国的原油需求总量为4.55百万桶/日，2016年相应的需求总量为4.60百万桶/日，增长率为1.14%。

(二) 世界原油总体供应相对过剩

受世界经济前景低迷的影响，世界原油供应国控制原油的供给，然而受众多因素影响，预测2016年原油的总供应依然会相对过剩。根据欧佩克发布的《世界石油展望》，预测2016年非欧佩克原油供应量超过2015年0.13百万桶/日，平均达到57.11百万桶/日。这个预测结果是在原来的预测基础上向下调整了0.29百万桶/日，这个预测调整主要是考虑到美国和加拿大在2015年的原油产出结余转移到2016年。这个预测调整的另一方面因素是考虑到一些国家生产预测的下调和2016年的一些能源合作项目的取消或推迟。

当然，2015年经济增长疲软态势或将延续至2016年，所以预测在部分地区，2016年的原油生产将会进一步收缩。其中，经合组织和前苏联的原油生产供应在2016年将会分别减少0.04百万桶/日和0.16百万桶/日。从地域上看，经合组织中美国、欧洲国家、中东国家和非洲国家在2016年减产0.03百万桶/日，然而，预测前苏联国家的生产在2016年将会减少0.16百万桶/日。其他地域，如经合组织亚洲国家、中国、拉丁美洲和其他亚洲国家在2016年将成为非欧佩克原油产量增量增长的主要贡献者，增长分别为0.02百万桶/日、0.02百万桶/日、0.04百万桶/日和0.06百万桶/日。从季度的角度看，非经合组织原油供应在2016年四季度分别为56.99百万桶/日、56.87百万桶/日、56.94百万桶/日和57.64百万桶/日。

(三) 世界原油供需趋于平衡，助于油价平稳调整

虽然2016年世界原油需求上升缓慢，供给持续缓慢增加，但相较于2015年，原油供需趋于平衡，有助于油价平稳调整。根据欧佩克发布的《世界石油展望》预测，在2016年对欧佩克原油需求有了0.5百万桶/日的向上修正，和2015年相应的月份持平。世界原油的总需求由2015年的92.86百万桶/日上升为2016年的94.11百万桶/日，世界原油需求出现小幅度上升。非欧佩克原油总供应，由2015年的63.25百万桶/日上升到2016年的63.29百万桶/日。

在全球原油市场的高度不稳定性情况下，EIA在能源展望中调低了原油价格的预期。另外，在新兴市场的经济快速增长，供应量的持续增长，全球原油库存的增加，伊朗原油进入世界原油市场的可能都会对价格预测产生重要影响。预测

2016 年 WTI 原油价格为 54 美元/桶，相比于 2015 年的原油价格 48.7 美元/桶，提升 9.8%。

（四）2016 年油气勘探开发支出或将持续下滑

经济不景气，原油需求增长缓慢，油气的开采扩张放缓，所以预测 2016 年关于油气产业的勘探开发支出持续下滑。据巴克莱报告指出，全球油气勘探开发支出在 2016 年将会减少 3%~8%，这是自 1986 年以来最大的一次油气勘探开发支出下滑。巴克莱指出，以前，几乎每次当某一年勘探开发支出下滑，其下一年的勘探开发支出就会增加 10%左右，然而在 2015 年的勘探开发支出下降后，2016 年的勘探开发支出不大可能增加。巴克莱指出，通过初步计算，北美在 2015 年的勘探开发支出出现 35%下降，而 2016 年预测会出现下跌 10%~15%。从区域来看，中东地区将成为唯一的增长区域，预测 2016 年增长为 6%，同时拉丁美洲预测将下降 9%，其他区域（俄罗斯/亚洲/非洲/欧洲）将下降 20%到 25%。由于利率不断降低、油气合作项目的取消和钻井平台延期交付，境外支出预计到 2016 年将下降 20%~25%。大型石油公司放慢了开支速度，预计在 2016 年，减少的境外钻井支出中，国际石油公司约占 30%。

（五）全球油气行业 2016 年兼并收购将加速

北美地区 2016 年并购市场的焦点仍集中在致密油和页岩气等非常规油气资源上。致密油方面，受前期套期保值等金融避险手段影响，2016 年产量预期下降，部分石油公司将面临较大压力，可能出售部分优质资产。页岩气方面，尽管亨利中心基准气价处于历史低位，但相比国际油价波动较小，且技术进步使生产成本持续降低，优质页岩气区块仍具吸引力，特别是部分为 LNG 出口提供天然气资源的页岩气开发项目等。

拉美地区 2016 年并购市场的热点主要是巴西、阿根廷和墨西哥。其中，巴西政府在加大打击能源领域腐败力度，并实施油气监管改革，允许私营资本和境外资本参与经营国内油气资源勘探开发活动，因此预计巴西丰富的海上油气资源将成为部分国际石油公司和国家石油公司并购的优先选择。阿根廷国家石油公司计划未来出让 Vaca Muerta 盆地部分资产，该区域被认为拥有北美地区以外储量最大的致密油分布。墨西哥上半年起逐步开放国内油气招标区块，未来也可能发生部分并购活动。

非洲地区 2016 年并购市场仍将保持活跃。受治安和基础设施老旧等不利因素影响，尼日尔河三角洲地区将迎来较大规模的资产剥离活动，道达尔、图洛石油等已明确表示，计划出售在该区域的资产。在莫桑比克，埃尼石油和阿纳达科石油公司计划出售10%～20%的LNG项目权益，埃克森美孚则计划购入部分海上油气资产。在坦桑尼亚，挪威国家石油公司计划出售65%的Block 2区块权益。

2016年中小规模的并购活动是中国国家石油公司聚焦的目标，但也不排除大规模或超大规模的并购。此外，其他亚洲国家石油公司如马来西亚国家石油、印度国家石油公司等也将继续在国际市场进行并购活动。在当前油价水平下，上述公司充裕的资本和走出海外的强烈意愿，都支持其在2016年的买方市场实现油气资产并购。

（六）全球炼油产业收缩

2016年全球炼油产业将大幅收缩。能源安全分析公司（ESAI）最新报告指出，2016年年底之前全球炼油产能关闭将超过100万桶/日。欧洲和亚洲炼油利润低迷将令一些边缘性的业务面临更大压力，政府政策的不断变化已经令亚洲和俄罗斯更多的炼油产能处于被迫关闭的风险中。ESAI表示，欧洲炼油商已经计划在2016年年底前关闭32万桶/日的炼油产能。前苏联国家的炼油商们计划关闭28万桶/日的炼油能力。中国台湾、澳大利亚和日本炼油商计划关闭42万桶/日的炼油能力。报告同时指出，由于近来沙特新建的两座合资炼油厂已投入运营，沙特阿美正计划关闭8.8万桶/日的吉达炼油厂。ESAI表示，以上宣布关闭的炼油产能合计达到110万桶/日。

除了上述宣布的即将关闭的炼油产能外，日本、中国和俄罗斯政策的变化将令另外高达70万桶/日的炼油产能处于2016年年底前被迫关闭的风险之中。比如，中国出台的新原油进口配额政策将令24万桶/日的炼油能力处于关闭的风险之中。由于俄罗斯改变成品油出口关税政策，炼油商在国际市场价格变化中受到的保护性措施减少，俄罗斯有16万桶/日的炼油能力也处于关闭的风险中。根据日本经济产业省（METI）出台的新监管指令，2017年3月份之前，日本将迎来新一轮炼油产能关闭。预计在2017年3月最后期限前，日本有高达30万桶/日的炼油产能处于关闭的风险之中。

国　内　篇

中国2015年GDP增幅为6.9%，CPI涨幅为1.4%。中国宏观经济进一步放缓，油气市场需求低迷，2015年全年原油表观消费量为5.18亿吨，同比增长5.8%，但全年天然气表观消费量180.6亿立方米，同比增长8.9%，同时，中国原油和天然产量增速也有所放缓，全年生产原油共2.13亿吨，同比增长1.8%，天然气产量约1350亿立方米，同比增长约5.6%，中国油气供应形势依然紧张，油气生产企业着眼资源可持续性，加大油气勘探力度，2015年实现油气动用储量替代率89%。下游方面，2015年底中国炼油总能力达到5.03亿吨/年，是仅次于美国的全球第二大炼油国；2015年中国成品油产量达3.377亿吨，同比增长6.6%，油气管道方面，2015年中国建成原油管道2.07万千米，成品油管道2.11万千米，新增天然气管道2700千米。展望2016年，中国经济下行压力依旧很大，油气市场改革平稳推进，预计原油进口量稳定增长，原油价格或有小幅回升；成品油供需趋于稳定增长，新能源不断发展，传统汽柴油市场份额继续被挤占；天然气消费增速放缓，产量与进口量平稳提升，天然气价格或将下降。

中国宏观经济及油气产业政策分析与展望

2015年中国经济继续处在“三期叠加”的关键阶段。产能过剩和资源错配的矛盾依然严重，制度因素和环境因素对中国经济增长的制约越来越强，而且推动经济增长的“三驾马车”：消费、投资以及出口增长依旧乏力，中国宏观经济增速进一步放缓。2015年，在宏观调控政策方面，政府紧紧围绕“稳增长、调结构”的调控方向，继续实施积极的财政政策和稳健的货币政策。2015年，在油气政策方面，政府进一步推动了油气市场化改革，推进天然气价格改革，规范非常规油气开采，推行节能环保政策。

一、2015年中国宏观经济运行概要

根据国家统计局发布的数据，2015年中国全年国内生产总值（GDP）为676708亿元，按可比价格计算，同比增长6.9%。全年宏观经济运行主要情况如下：

（一）国内生产总值增速进一步放缓

2015年，中国改革进入“深水区”、产业结构调整仍处于攻坚阶段，旧的增长动力已经不足，新的增长动力还未形成，经济延续了2011年以来的总体下滑态势。2015年中国宏观经济增速进一步放缓，GDP增速为6.9%，比2014年降低0.4个百分点，分季度来看，第一季度同比增长7.0%，第二季度增长7.0%，第三季度增长6.9%，第四季度增长6.9%。

（二）物价总水平涨幅继续回落

2015年中国居民消费价格水平总体稳定。CPI同比上涨1.4%。其中，城市CPI同比上涨1.5%，农村上涨1.3%；居民消费价格八大类主要数据，食品价格上涨2.3%，烟酒及用品价格上涨2.1%，衣着价格上涨2.7%，家庭设备用品及服务价格上涨1.0%，医疗保健及个人用品价格上涨2.0%，交通和通信价格下降1.7%，娱乐教育文化用品及服务价格上涨1.4%，居住价格上涨0.7%。在食品价格中，粮食价格上涨2.0%，油脂价格下降3.2%，猪肉价格上涨9.5%，鲜菜价格上涨7.4%，2015年1月份CPI同比上涨0.8%，创下了5年来新低。

2015 年大宗商品价格依旧低位徘徊，加之部分工业行业产能过剩严重，工业产品成本下降以及供给过剩，抑制工业品价格水平，工业生产领域价格持续处于下降通道。2015 年工业生产者出厂价格(PPI)降幅进一步扩大，同比下降 6.1%。其中，生产资料工业生产者出厂价格指数同比下降 7.6%，影响全国工业生产者出厂价格总水平下降约 5.8 个百分点，资料工业生产者出厂价格指数同比下降 0.4%，影响全国工业生产者出厂价格总水平下降约 0.1 个百分点。PPI 月度同比已连续 44 个月下降，CPI 和 PPI 明显分化、差幅进一步扩大(图 1)。

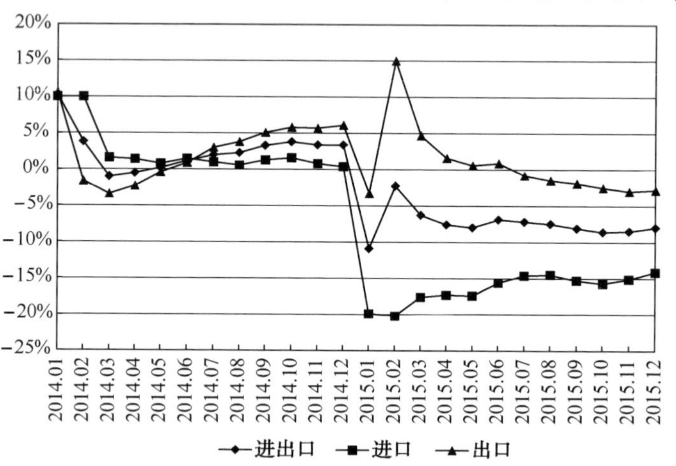

图 1　2014~2015 年 CPI 和 PPI 同比增长情况

数据来源：国家统计局

(三) 城乡居民收入保持稳定增长

国家统计局发布的数据显示，2015 年居民收入继续增加，全年全国居民人均可支配收入 21966 元，比上年名义增长 8.9%，扣除价格因素实际增长 7.4%。按常住地分，城镇居民人均可支配收入 31195 元，比上年增长 8.2%，扣除价格因素实际增长 6.6%；农村居民人均可支配收入 11422 元，比上年增长 8.9%，扣除价格因素实际增长 7.5%。城乡居民人均收入倍差 2.73，比上年缩小 0.02。全国居民人均可支配收入中位数 19281 元，比上年名义增长 9.7%。2015 年城乡居民收入差距进一步缩小，全国居民收入基尼系数为 0.462。

(四) 全国固定资产投资增速大幅回落

2015 年，全国固定资产投资完成额为(不含农户)551590 亿元，同比增长 10%，扣除价格因素实际增长 12.0%，实际增速比 2014 年回落 2.9 个百分点。其中，国有控股投资 178.933 亿元，增长 10.9%；民间投资 354.007 亿元，增长

10.1%，占全部投资的比重为64.2%，分产业看，第一产业投资75.561亿元。比上年增长31.8%；第二产业投资224.090亿元，增长8.0%；第三产业投资311.939亿元，增长10.6%。从到位资金看全年到位资金573.789亿元，比上年增长7.7%。其中，国家预算资金增长15.6%，国内货款下降5.8%，自筹资金增长9.5%，利用外资下降29.6%。全年新开工项目计划总投资408.084亿元，比上年增长5.5%。

（五）进出口总值回落

2015年中国进出口总额24.58万亿元，同比下降7.0%。其中，出口14.14万亿元，同比下降1.8%；进口10.44万亿元，下降13.2%；实现贸易顺差3.70万亿元，扩大57.45%(图2)。

2015年中国一般贸易进出口13.29万亿元，降低6.5%，占进出口总值的54.1%。较2014年降低了1.2个百分点。其中，出口7.56万亿元，占出口总值的53.47%；进口5.73万亿元，占进口总值的54.83%，一般贸易项下顺差1.83万亿元，而2014年同期为贸易逆差0.57万亿元。2015年中国加工贸易进出口7.73万亿元，较2014年降低了10.6%。

在与主要贸易伙伴双边贸易中，中国对欧盟、美国和东盟进出口保持增长。2015年中欧双边贸易总值3.51万亿元，较2014年降低了7.1%。中美双边贸易总值为3.47万亿元，增长1.8%。中国与东盟双边贸易总值为2.93万亿元，微降0.68%。中日双边贸易总值为1.73亿元，同比降低9.9%。

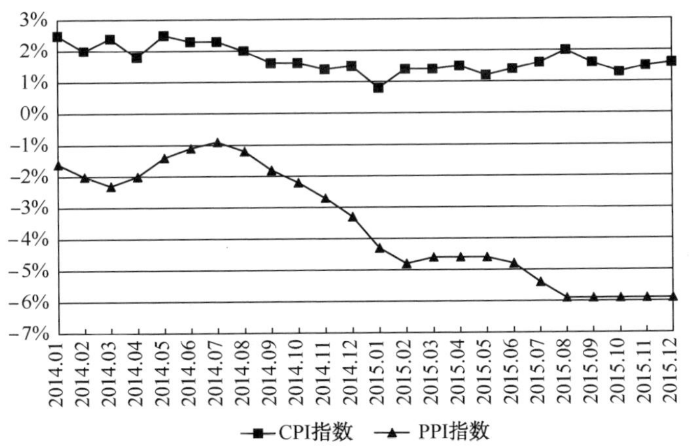

图2　2014~2015年中国进出口累计同比增速

数据来源：国家统计局

（六）产业结构进一步优化

近年来，结构调整一直贯穿经济发展主线，在产业更趋优化、发展更注重质量和效益的同时，也催生了经济增长新亮点。在 2013 年第三产业占比首超第二产业后，连续两年延续了这一增长势头，第三产业在 GDP 中所占比重进一步扩大。2015 年，第三产业累计增加值 341567 亿元，占 GDP 的比重为 50.5%，比 2014 年提高了 2.4 个百分点；第二产业累计增加 274278 亿元，占 GDP 比重为 40.5%，比上年增长 8.3%；第一产业增加值 60863 亿元，比上年增长 3.9%。而且 2015 年中国消费拉动力也明显增强。这反映出中国经济结构正发生新变化，经济增长从以往更加依赖工业和投资，逐步转向更加依靠服务业和消费。

二、2015 年中国主要油气产业政策

根据《石油化学工业"十二五"发展规划》的既定目标，结合中国当前油气产业改革的具体情况，2015 年国家相关部门出台了一系列的油气产业政策。2015 年中国针对油气产业而出台的政策主要着力在以下五个方面；一是油气市场准入政策，二是能源价格市场化改革政策，三是油气交易市场建设政策，四是非常规油气资源开发政策，五是油气产业节能环保政策。这些政策的出台，对中国油气产业市场化改革产生了极大地促进作用。

（一）油气市场准入政策

1. 规范进口原油使用资质

2015 年 2 月 9 日，国家发展改革委发布《关于进口原油使用管理有关问题的通知》，该通知旨在规范有序确定新增进口原油使用企业及用油数量，促进炼油行业淘汰落后、结构调整及产业升级。通知中规定新增用油企业用油数量依据淘汰自有或兼并重组的落后装置能力、建设储气设施规模的一定比例确定，但上限不超过本企业符合条件的常减压装置设计加工能力总和。

该通知同样对新增用油企业提出了以下几点要求：第一，拥有一套及以上单系列设计原油加工能力大于 200 万吨/年（不含）的常减压装置；第二，炼油（单位）综合能耗小于 66 千克标油/吨、单位能量因数能耗不超过 11.5 千克标油/（吨 · 能量因数）、加工损失率小于 0.6%、吨油新鲜水耗量小于 0.5 吨、原油储罐容量符合有关要求；第三，具备完善的产品质量控制制度，成品油等炼油产品符合申请时企业所在地施行的国家或地方最新标准；第四，具备与加工能力、原油品质等相匹配的环境保护设施和事故应急防范设施且运转正常，污染物排放符合国家或地方标准及总量控制要求，编制并报备突发环境事件应急预案，近三

年未发生较大及以上突发环境事件；第五，具备完善的安全生产管理制度和良好的历史安全纪录，近三年未发生较大及以上安全生产事故，通过危险化学品从业单位安全生产标准化达标评审；第六，具备完善的消防安全管理制度，近三年未发生较大及以上火灾事故，建筑和设施符合国家消防技术标准，依法建立与生产、储存规模和危险性相适应的专职或志愿消防队，依据标准配备人员、车辆及装备；第七，淘汰本企业所有设计原油加工能力 200 万吨/年(含)以下常减压装置。

2. 减少非行政许可审批

2015 年 5 月 10 日，国务院发布《关于取消非行政许可审批事项的决定》(以下简称《决定》)。《决定》中涉及油气领域的一共有 11 项，其中被取消的非行政许可审批事项 9 个，调整为政府内部审批的事项 2 个。被取消的非行政许可审批事项包括：合同能源管理项目财政奖励资金审批，天然气商品量分配计划审批，矿产资源综合利用示范基地确定和矿产资源综合利用示范基地建设总体规划审查批准，探矿权、采矿权协议出让申请审批，矿业权设置方案审批或备案核准，设立、变更或者撤销国家规划矿区，对国民经济具有重要价值的矿区审批，矿业权价款评估备案核准。调整为政府内部审批的事项包括：省级能源发展规划审批，涉及全国布局、总量控制及跨省输送的区域性能源综合发展规划审批。

3. 促进上游投资主体多元化

2015 年 7 月 7 日，国土资源部发布《新疆石油天然气勘查区块招标出让项目(2015)公告》(以下简称《招标公告》)。本次共有 6 个油气勘查区块面向社会公开招标，有望结束油气勘查开采领域长期由国有石油公司专营的局面。本次招标出让勘查区块的勘查许可证有效期为 3 年 3 个月，从勘查许可证有效期开始之日起算，前 3 年为勘查期，后 3 个月为考核期。中标人承诺的勘查工作量应在勘查期内完成，招标人在考核期内对中标人履行承诺情况进行考核。《招标公告》指出投标人必须为独立法人，不得以联合体申请，而且还必须符合以下条件：在中华人民共和国境内(不含港澳台)注册、最终绝对控股股东或最终实际控制人为境内主体、净资产人民币壹拾亿元(10 亿元)以上的内资公司，具有良好的财务状况和健全的财务会计制度，能够独立承担民事责任。

(二) 能源价格市场化改革政策

1. 推行能源价格机制改革

2015 年 10 月 12 日，国务院发布《关于推进价格机制改革的若干意见》(以下简称《意见》)。《意见》指出推进价格机制改革必须坚持市场决定、放管结合、改革创新、稳慎推进四项原则。而且该《意见》对加快推进能源价格市场化做了特别说明：按照"管住中间、放开两头"总体思路，推进天然气等能源价格改革，促进市场主体多元化竞争，稳妥处理和逐步减少交叉补贴，还原能源商品属性；择机放开成品油价格，尽快全面理顺天然气价格，加快放开天然气气源和销售价格，建立主要由市场决定能源价格的机制；按照"准许成本加合理收益"原则，合理制定天然气管网输配价格。

2. 推进非居民用天然气价改

根据深化资源性产品价格改革的总体要求，为逐步理顺天然气价格，保障天然气市场供应，促进节能减排，提高资源利用效率，国家发改委就非居民用气出台相应的指导性政策。

2015 年 2 月 26 日，国家发展改革委发布《关于理顺非居民用天然气价格的通知》(以下简称《通知》)。该《通知》提出，根据 2014 年下半年以来燃料油和液化石油气等可替代能源价格变化情况，按照现行天然气价格机制，增量气最高门站价格每千立方米降低 440 元，存量气最高门站价格每千立方米提高 40 元(广东、广西、海南、重庆、四川按与全国衔接的原则安排)，实现价格并轨，理顺非居民用天然气价格；《通知》中同样提到，放开天然气直供用户(化肥企业除外)用气门站价格，由供需双方协商定价，进行市场化改革试点。

2015 年 11 月 18 日，国家发展改革委发布《关于降低非居民用天然气门站价格并进一步推进价格市场化改革的通知》。该通知旨在降低非居民用天然气门站价格，并进一步推进价格市场化改革。通知中提到将非居民用气(化肥企业除外)最高门站价格每千立方米降低 700 元；将非居民用气由最高门站价格管理改为基准门站价格管理，降低后的最高门站价格水平作为基准门站价格，供需双方可以基准门站价格为基础，在上浮 20%、下浮不限的范围内协商确定具体门站价格，方案实施时门站价格暂不上浮，自 2016 年 11 月 20 日起允许上浮。

(三) 油气交易市场建设政策

1. 成立上海石油天然气交易中心

2015 年 1 月 5 日，上海市政府公布，上海市政府同意由新华中融投资有限公司等 10 家企业出资组建上海石油天然气交易中心。建立天然气现货交易中心既是进一步发挥市场在资源配置当中的决定作用，推动石油天然气市场化定价的重大举措，也是加快能源改革，实现国家能源战略的重要组成部分，对提升中国在国际石油天然气地位，保障未来国家能源安全至关重要。

上海石油天然气交易中心将规范管理、专业运作，透明交易，不断探索创模式、新方法、新手段，尽快形成交易规模，尽早发现并确立公允的中国天然气价格。目前，交易中心的交易模式包括现货挂牌（协商）和现货竞价两种，交易气源主要包括：放开的直供用户用气，增量用气以及已经市场化定价的液化天然气、煤制气、煤层气、页岩气等。

2. 境内原油期货交易跨境结算

2015年7月24日，中国人民银行发布公告，对境内原油期货交易跨境结算做出具体规定，包括境内原油期货交易以人民币计价、结算，境外交易者、境外经纪机构人民币期货结算账户的资金不得用于期货交易以外的其他用途等。

公告规定：期货交易所应通过在期货保证金指定存管银行开立的人民币专用结算账户，为具有结算资格的期货公司或者其他机构提供境内原油期货交易结算服务，具有结算资格的期货公司或者其他机构应通过在存管银行开立的人民币保证金专用账户，为境外交易者、境外经纪机构提供境内原油期货交易结算服务；境外交易者、境外经纪机构人民币期货结算账户的资金按照活期存款利率计息，在境内实行专户存放和封闭管理，不得用于期货交易以外的其他用途，境外交易者、境外经纪机构可以直接使用外汇作为保证金，外汇保证金结汇后方可用于境内原油期货资金结算。

（四）非常规油气资源开发政策

1. 推进煤层气产业发展

2015年2月3日，国家能源局发布《煤层气勘探开发行动计划》（以下简称《计划》），明确了2015年及“十三五”时期中国煤层气产业发展指导思想、目标、布局、主要任务和保障措施。《计划》提出中国煤层气产业发展目标为：到2020年，中国将新增煤层气探明地质储量1万亿立方米；煤层气（煤矿瓦斯）抽采量力争达到400亿立方米，其中地面开发200亿立方米，基本全部利用，煤矿瓦斯抽采200亿立方米，利用率60%以上；建成3~4个煤层气产业化基地，重点煤矿区基本形成煤层气与煤矿瓦斯共采格局。

《计划》从煤层气（煤矿瓦斯）的勘探、开发、抽采利用、输送利用以及科技创新五个方面明确了今后一段时期中国煤层气（煤矿瓦斯）开发利用的重点任务。为确保发展目标和任务顺利完成，实现煤层气产业跨越式发展，《计划》还有针对性的提出了四条保障措施：一是强化行业指导和管理，二是落实完善扶持政策，三是加大勘探开发投入，四是完善资源协调开发机制。

2. 推进页岩气产业发展

2015年4月17日，财政部、国家能源局发布《关于页岩气开发利用财政补贴政策的通知》(以下简称《通知》)。《通知》明确规定了中国在“十三五”期间对页岩气开发利用的财政补贴标准以及补贴方式。补贴标准：2016~2018 年的补贴标准为 0.3 元/立方米；2019~2020 年补贴标准为 0.2 元/立方米。财政部、国家能源局将根据产业发展、技术进步、成本变化等因素适时调整补贴政策。

补贴资金按照先预拨，后清算的方式拨付。每年 3 月底前，页岩气开发利用企业向项目所在地财政部门和能源主管部门提出本年度页岩气开采计划和开发利用数量，并提供上年度资金清算报告以及录井、岩芯分析数据、测井、压裂施工数据、压后监测数据和试采数据等勘探资料；项目所在地财政部门和能源部门审核后逐级上报至财政部和国家能源局。国家能源局和财政部对地方上报的材料进行复审，财政部根据复审结果拨付上年度清算资金和本年度预拨资金。

(五) 油气产业节能环保政策

1. 加快油品质量升级

2015 年 5 月 7 日，国家发展改革委等七部委联合印发《加快成品油质量升级工作方案》(以下简称《方案》)。根据《方案》，中国将参考国际先进标准并结合中国实际，加快油品标准制修订步伐，完善标准体系。2015 年 6 月底前发布新的普通柴油强制性国家标准；尽快发布第五阶段车用乙醇汽油标准(E10)、车用乙醇汽油调合组分油及生物柴油调合燃料(B5)标准；尽快修订出台船用燃料油强制性国家标准，力争 2015 年年底前发布。

该《方案》明确提出了以下几条具体推进措施：一是将 2016 年 1 月起供应国五标准车用汽柴油的区域，从原定的京津冀、长三角、珠三角等区域内重点城市扩大到整个东部地区 11 个省市全境；二是将全国供应国五标准车用汽柴油的时间由原定的 2018 年 1 月，提前至 2017 年 1 月；三是从 2017 年 7 月和 2018 年 1 月起，在全国全面供应国四、国五标准普通柴油。

2. 推行节能环保

2015 年 1 月 1 日新《中华人民共和国环境保护法》正式实施，为了解决旧环保法对新环境问题适用过程中的问题，新环保法作了多方面的重大修改。相较于旧环保法，新环保法主要有以下五大亮点：一是在环境污染严重时，相关部门将会发布预警信息提醒市民并启动应急措施；二是对生态脆弱敏感地区划定生态保护区，严格保护；三是扩大了公益诉讼的主体范围，更多的环保公益组织将可以对破坏环境的行为提起诉讼；四是加大了处罚力度，罚款将按日累计处罚，不设上限；五是明确了政府的监管义务，并规定了对政府不作为的处罚措施。

2015 年 4 月 4 日，国务院办公厅发布《关于加强节能标准化工作的意见》(以下简称《意见》)。《意见》明确了“创新工作机制”“完善标准体系”“强化标准实施”三个方面的重点工作，要求创新节能标准化管理机制，健全节能标准体系，强化节能标准实施与监督，有效支撑国家节能减排和产业结构升级。《意见》提出中国节能标准化工作的目标为：到 2020 年，建成指标先进、符合国情的节能标准体系，主要高耗能行业实现能耗限额标准全覆盖，80%以上的能效指标达到国际先进水平，标准国际化水平明显提升。《意见》中同样提到：在探索能效标杆转化机制问题上，摒弃高能效产品和企业的意图明确，行业“领跑者”的水平将成为准入指标。

2015 年 8 月 29 日，十二届全国人大常委会第十六次会议表决通过了修订后的《中华人民共和国大气污染防治法》(以下简称《大气污染防治法》)。修订后的《大气污染防治法》共设八章 129 条，除总则、法律责任和附则外，分别对大气污染防治标准和限期达标规划、大气污染防治的监督管理、大气污染防治措施、重点区域大气污染联合防治等内容作了规定。新的《大气污染防治法》主要有以下四个方面的进步：第一是以改善大气环境质量为目标，强化了地方政府的责任，加强了对地方政府的监督；第二是坚持源头治理，从推动转变经济发展方式，优化产业结构、调整能源结构的角度完善相关的制度；第三是抓主要矛盾，解决突出问题；第四是加大了处罚的力度。

三、2016 年中国宏观经济及油气产业政策展望

(一) 2016 年中国宏观经济展望

1. 经济增速继续下降

2016 年是“十三五”规划的开局之年，中国经济正处于“爬坡过坎”的关键时期，经济下行压力依旧很大。目前中国房地产行业已经面临供给过剩、内在需求疲弱的结构性拐点，工业和采矿业的过剩产能和无效企业也将面临清理退出；此外，鉴于目前国际经济环境，外需也难以明显改善。2016 年中国政府不大可能出台新一轮强刺激，而稳增长措施只会部分抵消经济下行压力，预计 2016 年 GDP 增长速度在 6.5%左右。

2. 物价水平仍将走低

在经济增速运行缓中趋稳的背景下，有效需求不足，国际大宗商品价格下滑，以及内生性收缩等因素的作用下，物价总水平缺乏显著上升动力，宏观经济整体通缩的压力大幅度上扬，工业领域的通货紧缩问题向深层次迈进。由于经济增长动能不足，预计 2016 年 CPI 将维持低位，PPI 则继续保持通缩态势。2016

年 CPI 预计将为 1.5%，PPI 则将继续保持负增长。

3. 投资增速进一步降低

工业投资、房地产投资以及政府主导的基建投资是推动中国投资增长的三大关键因素。鉴于目前中国产能严重过剩，2016 年工业投资好转的可能性很低；房地产市场总体处于供大于求阶段，结构也在加剧分化，行业长期拐点已经到来了，预计 2016 年房地产投资增速将低于 3%；2015 年中国基建投资规模将近 14 万亿元，在如此大的基数下，即使财政政策将赤字率进一步放松，也很难支撑基建投资持续高速增长。因此，预期 2016 年中国投资增速可能跌破 10%。

4. 中国金融改革将呈现新格局

"十三五"规划给出了中国金融改革的清晰框架，监管框架的变革、人民币国际化和人民币成为硬通货都是"十三五"期间金融变革的应有之果，但实体经济要实现去产能化、战略转移和实现新兴产业的崛起仍然艰难；同时，以亚投行、"一带一路"战略和人民币国际化为核心的金融开放布局，比国内金融改革市场化、私有化的阻力可能小一些。因此中国金融改革将呈现金融改革快于实体经济转型的节奏、金融对外开放和国际化快于对内开放和市场化的新格局。

（二）2016 年中国油气产业政策展望

1. 油气体制改革方案有望推出

2015 年 5 月 18 日，国务院批转发改委《关于 2015 年深化经济体制改革重点工作的意见》时强调，要研究提出石油天然气体制改革总体方案，在全产业链各环节放宽准入。石油天然气改革指导意见有望在 2016 年出台，该改革指导意见主要涉及到石油天然气上、中、下游各领域的市场准入和价格放开，明确了中国油气产业市场化改革的具体方向。

2. 油气矿权管理体制改革将有新进展

油气是重要的战略资源，关系国计民生。积极推动中国油气矿权管理体制和市场机制改革，是中国能源革命的重要内容，有利于确保国家油气供应安全，有利于建立和完善适合中国国情的油气市场经济体系。目前中国的矿权管理体制不利于勘查、开采工作的统一规划、合理布局以及油气资源的合理开发利用，随着中国油气产业市场化改革的不断深入，2016 年中国油气矿权管理体制改革将有新进展。

3. 中国原油期货有望上市

2015 年 8 月底，上海国际能源交易中心就交易、结算、交割、风险控制管理等 4 个业务规则和原油期货标准合约向社会公开征求意见。到目前为止，相关的交易规则和细则已全部对市场公开征求完毕，原油期货有关的配套政策已全部出齐，中国原油期货各项工作已经准备就绪，此后将正式上市，跻身世界原油期货行列，将更好的推动中国与全球原油市场的发展。

4. 天然气管网改革将进一步深化

随着国企改革顶层设计方案的出炉，新一轮石油天然气体制改革也正拉开序幕。天然气管网分离改革，符合油气体制行业改革的大方向，也是重点内容之一。管网分开将有利于打破石油石化行业的一体化垄断，增强行业的竞争力，改变现有的格局。目前天然气管网独立已经成为共识，相关部门正在研究分步实施还是一步实施，2016 年天然气管网改革将会取得新进展。

5. 油气价格改革继续深化

天然气价格市场化的改革是一个缓慢的过程，首先是推行居民的阶梯气价，当阶梯气价在全国各城市全面推广后，再解决存量气和增量气两种价格的并轨，最后解决工业用气和居民用气的价格并轨。目前中国已经实现居民的阶梯气价，2015 年国家又出台相应政策对非居民用气（存量气和增量气）价格进行调整，存量气和增量气两种价格实现并轨，2016 年非居民用气价格管制将进一步放开，天然气价格市场化改革有望取得新进展。

与天然气定价相比，中国成品油定价市场化步伐远远走在了前列。从 2008 年启动成品油定价机制市场化改革以来，中国成品油定价机制市场化程度越来越高，但从根本上说成品油一直处于政府定价范畴，还未真正的市场化。随着油气改革的逐步深入，中国有望在 2016 年放开成品油价格。

中国油气市场分析与展望

2015 年国内外宏观经济运行不景气，油气市场需求低迷，原油进口量和加工量继续增加，同时原油价格持续走低；成品油市场供给大于需求，并且过剩加剧，国内成品油价随国际原油价格出现“六连跌”的局势；天然气供需由紧渐松，市场化改革取得重大进展。展望 2016 年，受国际市场、政治环境的影响，中国原油进口量将进一步加大，进口来源也更加多元化，原油价格或有小幅回升；成品油质量升级进程加速，价改方向明确，改革机制将进一步深化；天然气消费增长趋缓，非常规油气发展不容乐观。

一、2015 年中国原油市场发展分析与展望

2015 年全年国内原油产量 21331 万吨，较 2014 年同期上涨 1.8%，产量保持稳定；全年原油进口量 33550 万吨，较 2014 年同期上涨 8.8%，进口原油依存度持续攀升；全年原油加工量 47869 万吨，较 2014 年同期上涨 3.5%(图 3)。预计 2016 年随着中国经济结构调整、新能源发展以及节能降耗的力度进一步加大，原油进口量和加工量将继续增加，原油消费量增速将放缓，原油进口来源将更加多元化，原油价格或有小幅回升。

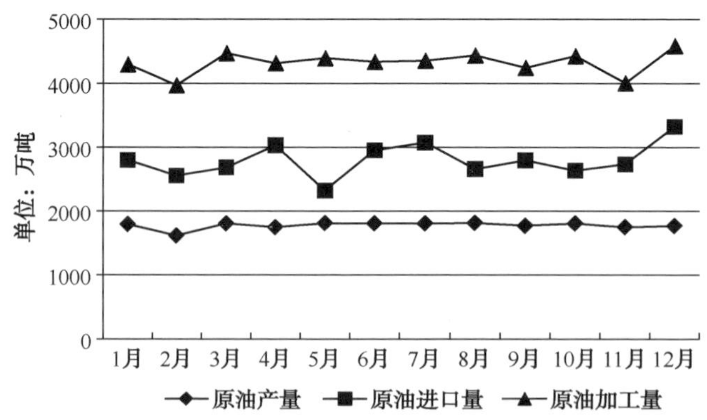

图 3 2015 年中国原油产量、进口量和加工量趋势图

数据来源：国家统计局

（一）2015年中国原油市场发展分析

1. 国内原油产量稳定增长

国家统计局数据显示，中国2015年原油产量21331万吨，较2014年同期上升1.8%。2015年第一季度原油产量5224万吨，二季度产量5375万吨，三季度产量5391万吨，四季度产量5333万吨，四个季度的产量都保持在5200万吨以上并表现出稳定增长的趋势。

2. 原油进口量继续增加

尽管近年来中国经济增速放缓，但中国的经济体量在不断扩大，各个产业对石油的需求也是上升的。2015年的原油价格延续了2014年的跌势，在油价下跌而原油供应充足的有利条件下，中国继续加大了原油进口量以增强原油储备。国家海关总署数据显示，2015年全年累计原油进口量达3.355亿吨，同比上升8.8%；全年累计原油出口量达287万吨，原油净进口达33263万吨。

2015年前三个季度原油进口量共计2.48亿吨，比2014年同期增长8.8%；进口总额6452.4亿，同比下降40.8%。中国自2014年下半年开始大幅进口原油作为战略储备，而且中国的石油进口操作非常灵活，因此根据油价高低变动所形成的采购数据会时高时低。从图3可以看出5月份进口量相对较低，一方面是炼厂检修，另一方面是这个月的油价有所回升因此相应降低了采购量。6月份位于青岛的二期原油战略储备库开始注油，原油进口量有了明显增加。2015年下半年开放的2000万~3000万吨进口原油使用权成为了原油进口的新动力。

3. 原油进口地来源多元化

中国原油进口来源地广泛，涉及包括中东地区、东南亚、西非、南北美、地中海地区在内的六大洲50多个国家。此前，中国原油进口国的前三位一直为沙特阿拉伯、安哥拉、俄罗斯。这一状态在2015年5月被打破了，5月中国从俄罗斯进口原油392万吨，俄罗斯取代沙特阿拉伯成为中国最大原油进口国。一方面是因为西方制裁政策的影响，另一方面是因为俄罗斯接受人民币作为中俄两国石油贸易的结算货币，但是俄罗斯能否在中长期成为中国最大原油进口国尚不确定。截至2015年底，向中国出口原油的主要国家依次是沙特阿拉伯、安哥拉、俄罗斯联邦、阿曼、伊拉克和伊朗等6个国家，占进口总量的68%。

4. 国内原油需求旺盛

国家统计局数据显示，2015年中国原油加工量47869万吨，较2014年同期增长3.5%。2015年全年累计原油表观消费量呈现出持续增长的趋势，高达54300万吨，同比增长4.4%。原油加工量的增长主要来自于进口原油，由于国内原油供应低于实际需求，原油对外依存度持续走高。2015 年中国原油对外依存度达 60. 6%。

5. 原油价格持续走低

2015 年上半年油价延续了 2014 下半年以来的跌势，下半年基本呈现震荡走弱的趋势。需求方面，全球经济在 2015 年恢复的幅度低于预期，尤其是中国经济增速放缓和欧元区经济停滞不前导致了对大宗商品需求量的下降。但同期铁矿石、铝、铜等价格下跌幅度一般在 10%~20%，原油价格下跌达 50%(图 4)。原因主要来自于供给方面的冲击，首先是美国页岩气生产技术取得突破性进展使得页岩油产量规模达到了显著水平。其次，随着伊拉克、利比亚等传统产油国地缘政治危机得到缓解，OPEC 原油恢复正常供给。总体来看，在全球需求不足的情况下，原油生产仍不断增长、供求不平衡是导致原油价格下跌的最主要原因。

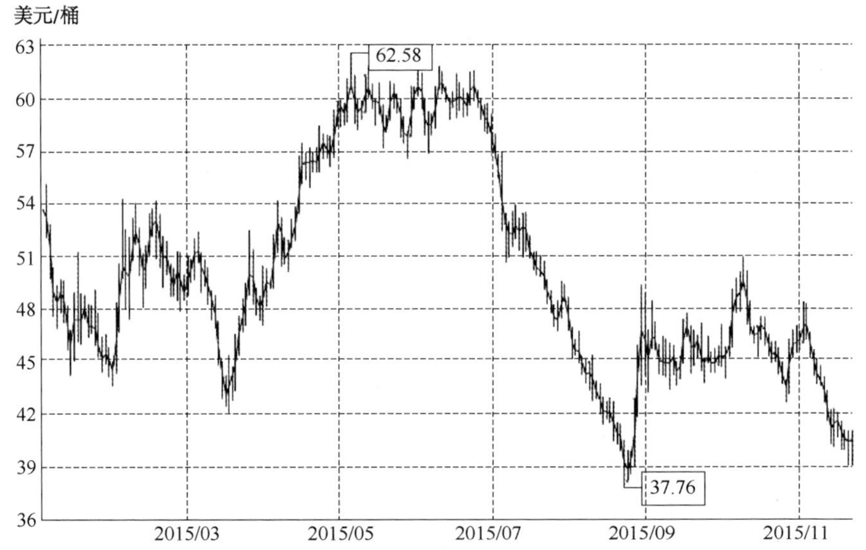

图 4　2015 年原油价格走势图

数据来源：国家统计局

6. 国内原油市场主体业绩下滑

中国三大国有石油公司中，中石油和中海油以上游为主，其盈利主要来自于勘探和生产，中石化在中游的资源优势更加明显，在炼化板块占比最多。2015 年国际油价的持续低迷，使“三桶油”的业绩都受到了影响。2015 年 1~9 月，中石油净利润为 305. 98 亿元，同比下降 68. 14%；中石化净利润为 270. 3 亿元，同比下降 47. 82%；中海油 2015 年上半年净利润同比下降了 56. 14%。

总体来说，三大国有石油公司的勘探与开发板块业绩下滑幅度最大，主要是因为2015年国内外宏观经济运行不景气、内外需求低迷，持续走低的石油价格又进一步压缩了石油企业盈利空间。炼油和化工板块成为了利润的主要增长点。

（二）2016年中国原油市场展望

1. 原油进口量稳定增长

美国由于页岩气革命一跃成为能源生产大国，供需两极的变化决定了世界能源格局的调整正在发生。2015年4月中国原油进口达每日740万桶，超越美国成为全球最大原油进口国。美国和中国在原油进口方面正处于此消彼长的状态，这自然就加速了中国超越美国成为全球最大原油进口国的步伐。中国汽车和民航业发展迅速，汽油和航空煤油需求量逐年稳定增长，即使各类替代燃料发展迅速，航煤石油产品仍然是主力军。因此可以预计中国原油缺口会越来越大，进口量会保持稳定增长。

2. 进口来源更加多元化

随着伊朗原油出口解禁、巴西有望大幅提高原油产量以及美国页岩气产业的持续发展，2016年中国原油进口国排名或出现一定程度的变动。2015年沙特阿拉伯和主要OPEC成员国对中国出现了惜售现象，在5、6月份拒绝了中国进口更多原油的请求，可能原因有国内需求量增加以及对于中国原油储备战略的防备。未来随着国际经济、政治环境的变化，不确定性也会加大，为了保证原油供应的安全，降低由于原油供应受限给中国经济带来的风险，预计2016年中国进口原油的来源会更加多元化。

3. 国内原油需求增速放缓

中国经济的增速近年来显著回落，2015年中国GDP增速放缓至7%左右，2016年市场预计可能进一步下滑至6.5%左右。在经济增速放缓的大环境下，中国原油需求增速也难以继续提升。随着新能源的发展，可代替石油的新型清洁能源会越来越广泛使用，这将在一定程度上放缓原油需求增速。中国现有大油田开发多数已到中后期，受现有装备和勘探技术制约，产量大幅提高空间不大。预计2016年国内原油供给将保持小幅增长。

4. 原油价格或有小幅回升

当前低廉的油价有助于降低全球整体的通货膨胀水平，从而使得央行能将宽松的货币政策延续下去，这对全球经济的复苏有益。另外，美国、欧洲及发展中国家的经济改革也会在2016年体现出一定的成果。预计2016年全球对原油的需求水平将有增长的趋势。

在供给方面，美国页岩气厂商以及 OPEC 国家是否减产将对 2016 年的原油价格产生重要影响。当前的低油价虽然可以在短期内促进美国国内消费并在一定程度上打压俄罗斯，但持续时间过长将不利于美国整体经济的发展。特别是底油价下页岩气厂商将无法维持长期生产，页岩气的技术创新也会受到压制，美国实现长期能源完全供给的进度可能被拖慢。另外，如果油价持续低迷，OPEC 国家必然面临政府支出减少和居民福利水平的全面下降，从中长期来看此局面是各国政府都难以承受的。因此 2016 年原油供给降低的可能性较大，由此也会使原油价格有一定程度的回升。

二、2015 年中国成品油市场发展分析与展望

2015 年全年国内成品油产量 33770. 1 万吨，较 2014 年同期上涨 6. 6%，产量保持平稳上升；全年成品油进口量 2990 万吨，较 2014 年同期上涨 0. 3%；全年成品油出口量 3675 万吨，较 2014 年同期上涨 21. 8%。2015 年年初，国内成品油批发价格随国际油价触底后，震荡上行，但中国国内成品油整体购销气氛仍然较为冷淡，行情表现依旧疲软，并且成品油市场供给过剩局面加剧，成品油价格一直处于低位震荡状态。同 2014 年相比，成品油价格波动较大，出现成品油进口增长而出口减缓的情况。展望 2016 年，成品油质量升级进程加速，产业结构进一步优化。中国成品油价改方向明确，改革机制将进一步深化，国内成品油价格也将逐渐趋于更加合理的水平，且成品油定价机制将不断完善。

(一) 2015 年中国成品油市场特点

1. 成品油生产供给充裕，增长平稳

由图 5 可以看出，2015 年中国成品油产量比较充裕，供给平稳增长。小幅度波动主要受汽油产量和柴油产量的影响，其中柴油产量的影响最大。成品油产量增速延续分化格局，但累计产量增速均有所上升。其中，成品油产量为 33770. 1 万吨，增长 6. 6%，一、二、三、四季度分别增长 4. 2%、5. 0%、4. 7%和 2. 8%；分品种看，汽油 12103. 6 万吨，增长 9. 7%，柴油 18007. 9 万吨，增长 2. 1%。成品油产量中柴油所占比重最大，因此受其影响也最为显著(图 5)。通过分析可知，成品油供应量随炼油产能建设而快速增加，2015 年国内共计有 15 个左右的新建及改扩建炼厂项目在推进，此外还有 15 个左右的规划炼油项目，产能扩大带动成品油产量的上升。

2. 成品油出口放缓，进口增加

全年成品油进口量 2990 万吨，下降 0. 3%；出口量 3615 万吨，增长 21. 8%。

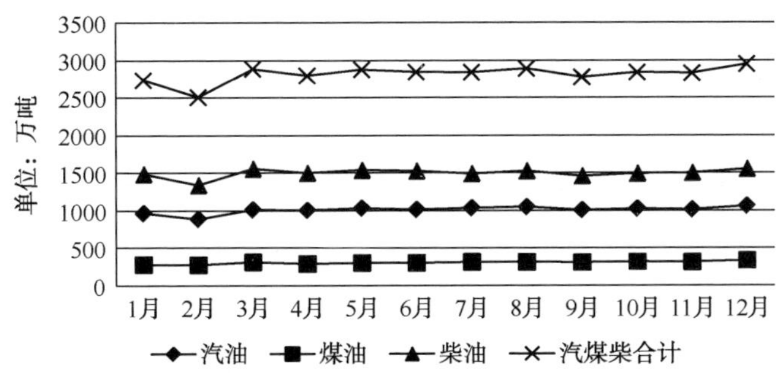

图 5　2015 年成品油产量趋势图

数据来源：国家统计局

和 2014 年相比，2015 年以来成品油出口放缓，而进口不断增加。从图 6 可以看出自从 2015 年 4 月份成品油进口量都超过了出口量，出现净进口的情况。其原因主要由于：经济增速放缓，2015 年一季度 GDP 增速为 7%，在降准、降息、增加基础设施投资等政策刺激下，二季度保住了 7%的增长。三季度 GDP 增速为 6.9%，四季度为 6.8%。

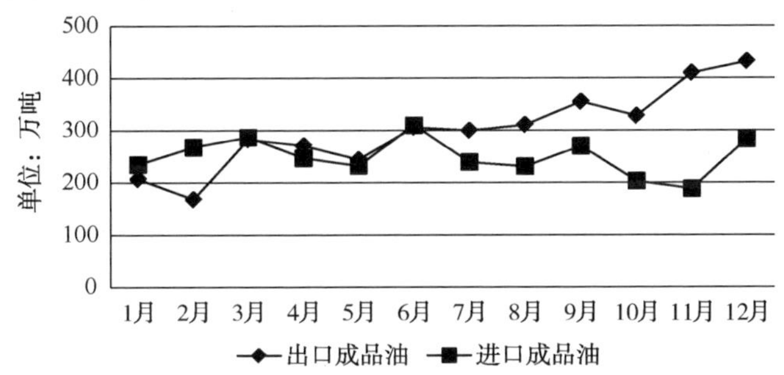

图 6　2015 年成品油进出口量趋势图

数据来源：中国海关总署

3. 成品油供大于求，过剩加剧

2015 年，随着国内汽车保有量的不断增长，国内汽油需求将继续稳步提升。而柴油方面，国内经济形势不佳，工业生产随之减速，物流行业表现不景气，导致柴油消费量增长受限。由于非民营原油进口权和进口原油使用权的放开，未来国内成品油供应量将随炼油产能建设而快速增加。2015 年成品油表观消费量 27616 万吨，增长 1.2%，其中汽油 11272.2 万吨，增长 7.0%，柴油 16643.4 万吨，下降 3.7%。2015 年上半年成品油产量远远超过了消费量，其中炼厂、贸易商以及下游加油站，都面临着产品积压、销路困难的局势。9 月末，成品油库存环比减少 152 万吨，同比增长 149 万吨，处于较高水平。成品油市场供过于求导致国内市场的成品油价格波动不断，震荡下行。

4. 地炼企业获进口原油使用权，迎来新发展机遇

获得进口原油的使用资质，意味着企业可以以自主采购的身份，参与国际原油市场的竞价。此前，中国进口的原油只能用于中石油和中石化的炼油厂加工。进口原油使用权的逐步放开，地炼企业受到的原油供应体制制约消除，地炼无油可炼的局面将被改变。获得进口原油使用权也将推动地炼企业的产业升级，提升产品标准，迈向深加工和精加工的产业发展新路径。

5. 价格低位震荡，波动频繁

2015 年，国际原油价格处于波动不断的状态，这直接影响了国内成品油价格，使成品油油价震荡下行。具体来看，2015 年汽柴油价格调整状况如表 2 所示。

表 2　2015 年汽柴油价格调整情况表

时间	详　　情
2015 年 12 月 29 日	汽柴油价调价搁浅
2015 年 12 月 15 日	汽柴油价调价搁浅
2015 年 12 月 1 日	汽油下调 145 元/吨，柴油下调 140 元/吨
2015 年 11 月 17 日	汽油下调 85 元/吨，柴油下调 80 元/吨
2015 年 11 月 3 日	汽柴油均下调 125 元/吨
2015 年 10 月 20 日	汽柴油均上调 50 元/吨
2015 年 9 月 30 日	汽柴油价调价搁浅
2015 年 9 月 16 日	汽油上调 90 元/吨，柴油上调 90 元/吨
2015 年 9 月 1 日	汽油下调 125 元/吨，柴油下调 120 元/吨
2015 年 8 月 18 日	汽油下调 210 元/吨，柴油下调 205 元/吨
2015 年 8 月 4 日	汽油下调 220 元/吨，柴油下调 215 元/吨
2015 年 7 月 21 日	汽柴油均下调 265 元/吨
2015 年 7 月 7 日	汽油下调 95 元/吨，柴油下调 90 元/吨
2015 年 6 月 23 日	汽柴油价调价搁浅
2015 年 6 月 8 日	汽油下调 110 元/吨，柴油下调 105 元/吨
2015 年 5 月 25 日	汽柴油价调价搁浅
2015 年 5 月 11 日	汽油上调 255 元/吨，柴油上调 245 元/吨
2015 年 4 月 24 日	汽油上调 300 元/吨，柴油上调 285 元/吨
2015 年 4 月 10 日	汽油上调 120 元/吨，柴油上调 115 元/吨
2015 年 3 月 26 日	汽油下调 240 元/吨，柴油下调 230 元/吨
2015 年 3 月 12 日	汽柴油价调价搁浅
2015 年 2 月 27 日	汽油上调 390 元/吨，柴油上调 375 元/吨
2015 年 2 月 9 日	汽油上调 290 元/吨，柴油上调 280 元/吨
2015 年 1 月 26 日	汽油下调 365 元/吨，柴油下调 350 元/吨
2015 年 1 月 12 日	汽油下调 180 元/吨，柴油下调 230 元/吨

数据来源：中华人民共和国国家发展和改革委员会。

2015 年，中国成品油价格共经过 25 次调整，其中，涨价 7 次，降价 12 次，

搁浅6次。国内成品油油价的频繁波动主要是由国际和国内两个方面决定的。从国际方面看，首先原油供大于求，国际能源署的数据显示，2015年全球原油需求达到9420万桶/日，较2014年增长了160万桶左右，但这一需求仍然无法平衡持续失衡的供求关系，而且美国原油库存增加等不利消息面不断重磅打压市场氛围；其次，随页岩油气革命的成功，美国实现能源独立，从而使得全球原油供应能力增强；最后，欧美国际原油期货呈现涨少跌多态势，市场利空消息弥漫，市场做多信心不断下降。从国内方面看，首先，2013年出台的成品油价格机制方案使得中国油价调整频繁的状态变为常态，成品油定价将更多由油气企业根据市场供需变化及国际油价波动进行调整，政府对油价的控制作用将减弱；其次，2015年非民营原油进口权和进口原油使用权的放开，国内成品油供应量将随炼油产能建设而快速增加导致中国成品油产能扩大，供给处于充裕的状态。此外，中国经济发展速度减缓，中国进入成品油过剩时代，供过于求，价格下跌。

成品油价格在2015年上半年成品油价格经过"五涨四降三搁浅"后呈现出频繁波动的态势，主要受国际国内各种因素交互作用的影响。成品油价格的上涨，会导致物流运输等相关机构成本和居民生活成本增加，成品油需求量出现较大幅收缩；成品油价格的下降则起相反作用，会使得企业生产成本降低和居民日常生活开支减少，同时也会导致炼油企业受到挤压，效益降低。长久以来，"跌"似乎已经成为国际油市的代名词，自2015年6月份以来，国际原油在供应过剩等因素的持续打压下，油价延续震荡下行，并经历了二次探底走势，导致国内成品油再次开启连跌模式，国内成品油市频繁进入连跌模式，2015年年内的"六连跌"后，9月16日上调国内汽柴油价，国内油价年内六连跌后首次上涨。但由于国际市场缺乏利好支撑，短期上行乏力，成品油价格下跌或将持续。2015年成品油价格调整的情况如图7所示。

（二）2016年中国成品油市场发展展望

1. 成品油供需趋于稳定增长

国际方面，在欧佩克及非欧佩克主产国稳步生产、甚至是增产的情况下，供应面持续宽裕。而全球经济走向不佳，能源需求及需求前景仍不理想，供应过剩依旧是未来一段时间影响国际油价走势的最大利空因素。国内供给方面，非民营原油进口权和进口原油使用权放开，炼油产能进一步建设将使得国内成品油产能扩大，供给将会趋于长期稳定增长态势，保障国内生产生活用油需求。国内需求方面，随着经济增速的放缓，以及能源结构性调整等多方面的因素影响，成品油

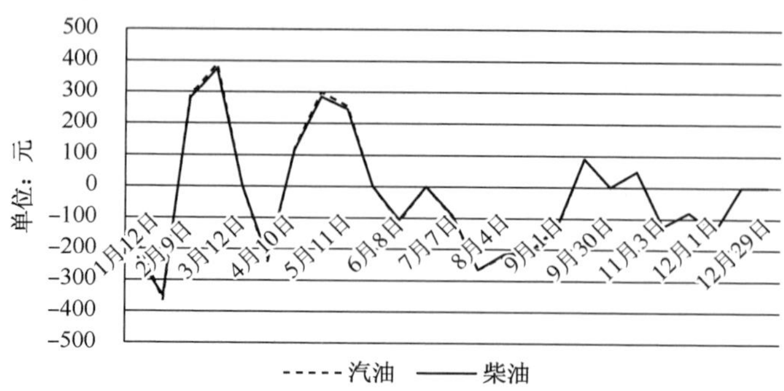

图 7　2015 年成品油价格调整趋势图

数据来源：中华人民共和国国家发展和改革委员会

需求增长速度将减慢，但是由于国内工业用油需求和民用乘用车数量的提升，以及航空用煤油量的稳定增长都将拉动中国国内成品油需求的稳定提升。从供给和需求两个方面来看，中国 2016 年成品油市场会趋于稳定增长状态。

2. 成品油价改方向明确，改革机制进一步深化

经过 2013 年的价格改革，成品价格改革市场化方面有所进步，但目前的调价机制还不能做到完全反映市场变化，在公平性、透明化、定价权方面也仍然有所欠缺。2015 年中共中央国务院发布了《关于推进价格机制改革的若干意见》，明确要进一步朝着市场化方向改革，并且明确提出择机放开国内成品油价格。国家重新修订《中央定价目录》，大幅缩减定价范围，并且新目录将于 2016 年 1 月 1 日起施行。将价格改革和简政放权的成果以目录的形式固定下来，《中央定价目录》落实后，政府在目录之外将无定价权。而定价项目中并未提及成品油，因此，在明确成品油市场化改革方向之下，中国将会随着具体情况进行进一步的深化改革，未来成品油价格将逐步实现市场化。

3. 成品油质量升级进程加速，产业结构进一步优化

一方面，按照国务院确定的油品质量升级时间表，国内油品质量升级进程不断加速，山东作为全国地方炼厂集中省份，在全国炼油行业中起着重要作用。2015 年山东省实行国四柴油标准，要求山东地炼厂家改进产品质量。相关地炼企业进行装置升级改造，虽然部分炼厂具备生产国四标准成品油的能力，但仍有部分炼厂无法按时生产国标成品油，其中无力进行装置升级改造的炼厂将面临被市场淘汰的风险。另一方面，自从 2014 年消费税改革以来，国家明确了具备成品油生产资质企业资格的企业可以依法抵扣消费税，从而将调油企业和没有成品油生产许可证明的地炼企业排除在外，国家进一步以税收政策调控对落后的炼油

产能进行淘汰，调整产业结构，改善产能过剩局面，保障正规成品油生产企业的生存空间和利润。

4. 新能源不断发展，传统汽柴油市场份额继续被挤占

在国内环境问题日益突出的现状下，节能环保和油品质量升级是中国将要着眼解决的问题之一。中国提出要推进能源生产和消费革命，由国务院办公厅印发的《能源发展战略行动计划(2014~2020年)》指出，中国在能源生产上要"立足国内""着力增强能源供应能力"，非常规油气勘探开发日益受到重视。尽管当前的低油价时期令火热经年的页岩油气开发进入"寒冬"，但是"页岩革命"仍然代表着油气产业的未来。从政策规划角度来看，中国高度重视非常规油气开发。目前国家已经制定了诸多扶持政策，《全国矿产资源规划(2008~2015年)》指出，要积极推进油砂、油页岩等非常规能源矿产的勘查开发利用；《国家中长期科学和技术发展规划纲要(2006~2020年)》指出，重点开发复杂环境与岩性地层类油气资源勘探技术；国家发改委《关于保障天然气稳定供应长效机制的意见》表明，中国将加大对天然气尤其是页岩气等非常规油气资源的政策扶持力度。因此，随着国内环境保护力度不断加强，国家鼓励新兴清洁能源发展，替代新能源将进一步挤占传统汽柴油市场份额。

三、2015年中国天然气市场发展分析与展望

2015年中国天然气表观消费量1932万亿立方米，同比增长5.7%，增幅较2014年有所下降。国内天然气产量保持增长势头，达到1350亿立方米，同比增长5.6%。天然气进口量达到614亿立方米，同比增长6.3%，对外依存度达到30.97%。

中国有30%的天然气来自境外进口，消费市场中约20%属于居民消费用气。为稳步推进天然气价格改革，中国区分了非居民用气和居民用气。其中，非居民用气采取增量气和存量气分步推进的策略，建立了与可替代能源挂钩的联动机制，2015年4月份已经完全实现改革的预期目标。居民用气方面则建立起了居民阶梯用气价格制度。目前，国家发改委已经在上海建立了天然气交易中心；页岩气、煤制气价格已经放开，放开价格的气量占到40%；大用户直接交易也在有序推进。预计2016年天然气产量与进口量平稳上升，消费增长趋缓，非常规天然气发展不容乐观，天然气市场化改革将持续推进。

(一) 2015年中国天然气市场发展分析

1. 产量与进口量增速放缓

2015年天然气总产量达1350亿立方米，比2014年同期增加5.6%，增速趋缓。

月度产量总体平稳其中，一、四季度供应相对较高，呈现季节性供气用气特点。

第一季度，天然气产量 352 亿立方米，同比增长 6.8%；进口量 160 亿立方米，增加 16.5%；天然气消费量 502 亿立方米，增长 4.8%。上半年，天然气产量 656 亿立方米，同比增长 3.8%；进口量 293 亿立方米，增长 3.5%；消费量 906 亿立方米，增长 2.1%。下半年，天然气产量 694 亿立方米；进口量 321 亿立方米；消费量 1026 亿立方米。全年天然气产量 1350 亿立方米，同比增长 5.6%；进口量 614 亿立方米，增长 6.3%；消费量 1932 亿立方米，增长 5.7%(图 8)。

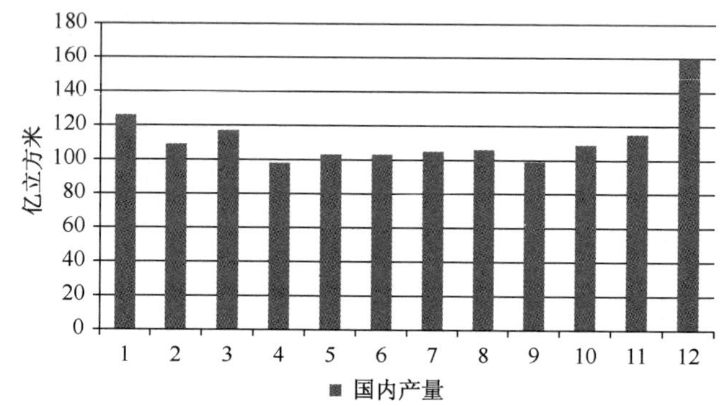

图 8　2015 年国内月度天然气产量

数据来源：中华人民共和国国家发展和改革委员会

进口量与 2014 年相比降低 6.3%，对外依存度与 2014 年的 32.2% 相比略有下降，对外依存度(进口量)季节变化明显(图 9)。截至 6 月底，2015 年中国累计进口液化天然气 951 万吨，同比降低 3.89%。按进口总量排名，液化天然气主要来源国分别为澳大利亚、卡塔尔、马来西亚、印度尼西亚。累计进口管道天然

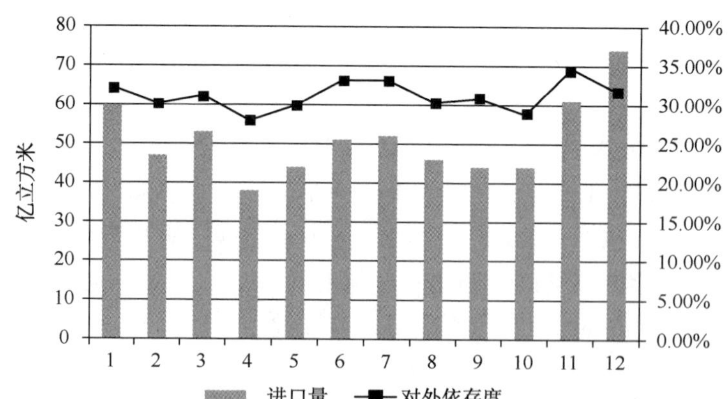

图 9　2015 年国内月度天然气进口量与对外依存度

数据来源：中华人民共和国国家发展和改革委员会

气 1237 万立方米，同比增长 14.82%。按进口总量排名，管道气主要来源国分别为土库曼斯坦、缅甸、乌兹别克斯坦、哈萨克斯坦。

2. 市场供需总体由紧渐松

经济发展、城镇化推进、环境保护和能源结构调整等因素拉动中国天然气需求快速增长，特别是受治理雾霾影响，全国多个省份加快煤改气进程，导致全国天然气需求量大幅增长。但是，随着中国经济增长的放缓，天然气价格改革方案的进一步推进，天然气消费量增速减慢。此外，作为天然气的替代性燃料，LPG、燃料油以及柴油的价格都与原油价格紧密挂钩。油价下降促使这些替代能源的价格大幅下降，天然气在终端市场上的价格优势已不明显，下游需求受到明显抑制。全年累计天然气表观消费量 1932 亿立方米，同比，增长 5.7%。2015 年供应量为 1350 亿立方米(图 10)。天然气面临供应过剩的可能性，市场整体由紧渐松。

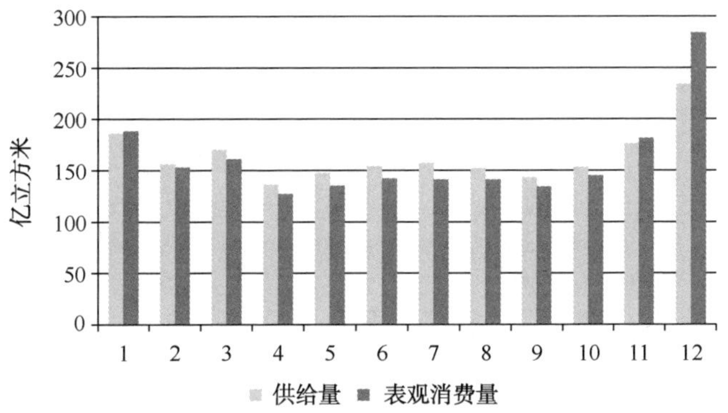

图 10　2015 年国内月度天然气供给量与表观消费量

数据来源：中华人民共和国国家发展和改革委员会

3. 市场多元化趋势日益明显

继民企之后，外企也加入了天然气领域的竞争，使“三桶油”迎来了新的竞争者。新加坡金鹰集团旗下的南京太平洋天然气贸易有限公司成为首个以外企身份完成进口 LNG 的企业，这预示着国内天然气市场有进一步放开的趋势，未来会有更多企业进入天然气上游领域。相较于石油、煤炭等行业，天然气是比较新的市场，因此容易走在改革前列。

目前，中国正在形成国产常规气、非常规气、煤制气、进口 LNG、进口管道气等多元化的供气来源和“西气东输、北气南下、海气登陆、就近供应”的供气格局，已形成西气东输一线、西气东输二线、陕京线系统、川气东送，以及忠武线等为骨干管道，兰银复线、淮武线、冀宁线为联络线的全国性基干管网，实现了四大气区与环渤海、长三角、东南沿海三大主力市场的链接。

4. 市场化改革取得突破性进展

2015 年 1 月 5 日，新华中融投资有限公司等 10 家企业出资组建了上海石油天然气交易中心，中石油下属西南油气田公司于 10 月 29 日实现天然气首笔线上交易，以顺利推进天然气市场化改革，引导放开价格的天然气进入市场交易。2015 年 2 月 28 日，国家发展和改革委员会发布了《关于理顺非居民用气价格的通知》，完成了存量气与增量气价格并轨的既定目标，同时试点放开非居民直供用气门站价格，并于 2015 年 4 月 1 日开始实施。各省增量气最高门站价格每立方米下降 0.44 元，存量气最高门站价格每立方米上调 0.04 元，这也是国内天然气价格改革中，首次大幅下调天然气价格。目前，天然气价格放开的比重已经达到 40%。表 3 列示了 2011~2015 年中国主要天然气改革政策。

表 3　2011~2015 年天然气改革政策

时间	政　　策
2015 年	新疆气田勘查公开招标启动
	上海石油天然气交易中心试运行
	《关于理顺非居民用天然气价格的通知》，存量气增量气并轨、试点放开直供用户用气门站价格
2014 年	《油气管网设施公平开放监管办法（试行）》《天然气基础设施建设与运营管理办法》：要求基础设施拥有者向第三方开放
	《关于调整非居民用天然气价格的通知》：根据油气价格调整非居民天然气门站价格
	筹建上海石油天然气交易中心
2013 年	《关于调整天然气价格的通知》，全国范围推行“净回值法”制定天然气门站价格
2012 年	《天然气利用政策》
2011 年	《关于在广东省、广西自治区 开展天然气价格形成机制改革试点的通知》，在广东、广西试点“净回值法”

数据来源：中华人民共和国国家发展和改革委员会。

（二）2016 年中国天然气发展展望

2016 年是“十三五”规划的起始年，国务院《能源战略发展行动计划（2014~2020）》提出实施绿色低碳战略，加强供气设施建设，扩大天然气进口，有序拓展天然气城镇燃气应用。到 2020 年，天然气在一次能源消费中的比重提高到 10%

以上；形成进口通道、主要生产区和消费区相连接的全国天然气主干管网，天然气主干管道里程达到12万千米以上。

1. 天然气消费增速放缓

一方面宏观经济增长放缓，很多用气行业面临着效益下滑、产能过剩等问题，不仅投资更换燃气设备存在困难，而且对用气成本的波动更加敏感，导致用户煤改气、油改气的意愿大幅减弱。另一方面国际原油价格持续低迷，作为石油替代能源的天然气，资源过剩风险凸显。此外，受冬季气温偏暖、价格水平相对较高、替代能源快速发展、国内电力体制改革等多种因素影响，中国天然气市场首次由“以产定销”转变为“以销定产”的模式，油气消费缺乏新亮点，特别是包括中国在内的亚洲油气增长缓慢，产业发展面临严峻挑战。

2. 天然气产量与进口量平稳提升

“十三五”期间，天然气预计实现总规模在3750亿~4300亿立方米。其中常规天然气供应将保持平稳增长，按照常规天然气产量年均增加60亿~80亿立方米计算，2020年全国常规天然气产量为1650亿~1750亿立方米。页岩气和煤层气预计实现规模400亿~600亿立方米。煤制气规划产能2500亿立方米/年左右，由于建设过程中环境约束和水资源约束越来越严厉，预计实现规模300亿~500亿立方米/年。据国家发改委预计，2016年天然气进口在700亿立方米以上。

3. 天然气价格或将下降

2015年11月3日发布的《中共中央关于制定国民经济和社会发展第十三个五年规划的建议》指出，要减少政府对价格形成的干预，全面放开竞争性领域商品和服务价格，放开电力、石油、天然气、交通运输、电信等领域竞争性环节价格。受国际原油价格下降、经济增长放缓等影响，天然气供大于求的局面已经基本形成，国内气价下调势在必行。天然气价格并轨的实现，为推进天然气价格市场化奠定了基础。中国积极调整进口能源结构，有意控制进口能源价格，也显示了国内天然气价格仍存在下调空间。随着市场的不断放开以及居民用气阶梯价格制度的全面建立，下游用户议价能力不断提高，加上直供用气可以由上下游自行商量价格，事实上部分地区和行业的天然气价格已在下降。

4. 非常规天然气发展不容乐观

油气的降价，有利于天然气下游产业的发展，对天然气工业、发电、车船交通、城市燃气等企业都将形成一定利好，但对上游生产开采尤其是非常规天然气的开采来说将造成一定冲击。非常规天然气开采本身面临矿权重叠、技术要求高、补贴下降等诸多情况，油价下跌使得石油产业盈利减少，降低了其对非常规能源的投资力度，不利于括煤层气、致密气、页岩气等非常规能源的技术开发与能源开采。

5. 天然气产业改革继续推进

国务院批转发改委的《关于 2015 年深化经济体制改革重点工作意见》指出，要研究提出石油天然气体制改革总体方案，在全产业链各环节放宽准入。政策层面来说，《油气管网设施公平开放监管办法(试行)》，天然气价格调整等政策已经陆续出台，可以看出近几年天然气市场改革步伐的不断加快。

当前中国天然气市场体系正处发育期和成长期。政策性因素对于市场影响很大，如：强化矿业权管理，严格探矿权退出机制；建立矿业权交易市场，促进矿业权流转；引导投资主体多元化，鼓励民间资本通过合资合作方式开发非常规油气及难动用储量，支持地方与企业的合资合作；设立风险勘探基金，拓展新区新领域勘探，寻找战略接替；加大在致密气等非常规资源开发方面的科技投入，通过差别化财税政策，激励致密气加快发展；坚持政策激励，持续推动页岩气煤层气加快发展等。

在能源结构转型的宏观环境之下，国家为了治理大气污染、减少雾霾天气，必将制定举措以促进清洁能源的使用，在应对替代能源低价的同时或为天然气产业发展带来新的契机。

中国油气勘探产业发展分析与展望

在“油气并举，稳住东部，加快西部勘探开发”的总体思路下，2015 年中国油气勘探成果明显，其中在陕北姬塬发现中国第一个亿吨级大型致密油田——新安边油田。同时技术上也获得飞速的发展，海底电磁采集站等技术成果极大促进中国勘探产业的发展。截至 2015 年 12 月 24 日，中国石油 2015 年新增石油探明地质储量连续 10 年超过 6 亿吨，新增天然气探明地质储量连续 9 年超过 4000 亿立方米，探明油气地质储量当量连续 9 年超过 10 亿吨。

一、2015 年中国油气勘探产业勘探成果

（一）陆上常规油气资源勘探成果

1. 中东部地区油气资源勘探取得重要进展

华北油气分公司 2015 年度在油气勘探方面取得了两项重大突破。一是杭锦旗区块十里加汗区带形成了 6000 亿立方米规模储量阵地。十里加汗西部盒 1 气藏落实含气面积 290. 67 平方千米，预计提交控制储量 652. 20 亿立方米；在区带东部苏布尔嘎目标区落实盒 1 气藏含气面积 396. 37 平方千米，预计提交预测储量 735. 71 亿立方米，同时扩大了山 2 气藏含气范围，落实含气面积 496 平方千米，圈闭资源量 568 亿立方米；二是杭锦旗区块什股壕圈闭通过预探进一步扩大了含气范围，展现了一个千亿立方米储量阵地。

东营凹陷南坡地层油藏勘探的再次突破，表现出该区地层油藏良好的勘探前景。胜利油田东营凹陷南坡草桥北坡草 328 井钻探成功，该井在馆陶组、沙河街组系钻遇多套油气显示。2015 年 1 月，王 955 井完钻，分别在沙二段、沙四段上、沙四段下和孔店组钻遇多套良好油气显示，测井解释油层厚度 14 层，累积厚度 73. 6 米，试油峰值日产油 10. 25 立方米。随后完钻的王 956 井分别在沙四段上、孔店组和中生界钻遇多套良好油气显示，测井解释油层累积厚度 32. 4 米。2015 年 7 月，草 328 井完钻，完钻井深 1350 米，多套油层钻遇油气显示。其中馆陶组测井解释油层 1 层，厚 5 米；沙一段测井解释油层 1 层，厚 2. 6 米；沙三段测井解释油层 2 层，厚 7. 4 米；沙四段测井解释油水同层 1 层，厚 5. 2 米。

江苏油田2015年度在苏北盆地高邮凹陷的黄X162井和黄X164井的试油中，分别试获日产5.5立方米和11.2立方米的工业油流。黄X162、黄X164井是江苏油田2015年在隐蔽油气藏勘探领域继曹X65井之后又取得成功的两口关键井。高邮深凹黄珏东北部的黄X162井，射开戴二段油层测试，日产油5.5立方米以上，不含水；同在黄珏东北部的黄X164井，射开戴一段油层测试，三开抽汲，日产油11.2立方米，不含水。黄X162井和黄X164井的相继成功，拓展了该区的勘探层系，盘活了整个黄珏东500万储量资源的勘探。自“十五”以来，高邮凹陷隐蔽油气藏的累计探明储量为2492.17万吨，探井成功率高达75%。

在长庆油田2015年新开探井中，2口井试油日产80吨以上，1口井日产70吨以上，3口井日产60吨以上。长庆油田针对盆地致密碳酸盐岩、盆地东部岩屑砂岩致密气层，不同区块、不同层系致密油层以及复杂油水层等情况，差异性推广应用水力喷砂射孔分段压裂、混合水体积压裂以及组合控缝高工艺等不同增产技术，已成功探井得21井层达到日产20吨和10万立方米的高产油气流，单井产量实现稳步提高。落实高产富集区的同时，加大对新层系及侏罗系高效油藏的勘探力度，长庆油田在2015年发现长3以上及侏罗系高效油藏8个，为有效支撑油田生产发挥了重要作用。

河南油田2015年度新增控制储量1133万吨，完成计划的103%，新增预测储量1239万吨，完成计划的103%。已评价的29口探井中有15口发现油层，钻探成功率51.7%。河南油田在沙湾组、白垩系取得新发现，新增控制加预测储量共1486万吨；南阳凹陷深化复杂断块评价勘探取得新进展，马店地区新增控制储量518万吨；泌阳凹陷北部斜坡复杂断块精细勘探取得新进展，王集地区新增预测储量368万吨。

2. 西部地区油气勘探进一步加快、深化

2015年度西北油田勘探获得一系列成果。在塔河深层部署的塔深301井在鹰山组下段获得油气新发现，初期日产原油50吨，落实圈闭面积113平方千米、资源量4840万吨；同时，部署的塔深3-1井、塔深3-2X井初期日产原油分别为59吨和68吨。塔河油田在于奇西地区奥陶系开展的油气勘探工作取得新进展，部署的于奇西2井在奥陶系鹰山组录井获良好油气显示，共获油迹显示2.87米、荧光显示4.77米和弱含气显示5.00米。同时，该井在奥陶系鹰山组目的层地质取芯见良好的裂缝溶洞型储集体特征，并且裂缝面见黑色原油外渗，活跃的油气显示和储层发育特征展示出该地区奥陶系良好的油气充注和勘探潜力，开拓了于奇西奥陶系油气勘探的新局面。

2015年西南油气分公司，在彭州1井取得重大突破之后，相继在鸭深1井和羊深1井雷口坡组测试获得高产工业气流，日产量分别达到48.5万立方米和60.3万立方米，实现鸭子河构造和石羊场构造的新发现，扩大了川西海相油气勘探成果，展示了龙门山前带广阔的勘探前景。元坝气田试采区全面投产，滚动区产能建设快速推进。试采区投产13口井，平均单井日产量50万立方米，形成净化气产能10.4亿立方米/年。该公司应用勘探开发新工艺、新技术，优化方案，确保油气田勘探进度和开发质量，上半年就已经落实商业开发储量39.2亿立方米，新建产能11.3亿立方米。

青海油田2015年度新增石油、天然气三级储量油气当量超过2亿吨。2015年青海油田累计实现探明石油地质储量6106万吨，天然气42.95亿立方米，超出计划探明储量的227%。在英西深层勘探中，部署的狮41井、42和43井均见工业油流，日均产油26吨。尤其是狮38井，当日喷油近1000吨；扎哈泉常规油勘探，发现四套含油层系，该地区的立体勘探实现新扩展；在天然气勘探方面，实现了东坪、牛东气田的新扩展，展示了阿尔金山前东段巨大的勘探潜力；冷东地区勘探深浅兼顾，在牛东和冷湖5号高点落实天然气地质储量200亿立方米。

胜利油田2015年度在准噶尔盆地腹部的重点探井董701井试油获得日产43.7立方米轻质工业油流。针对头屯河组完井试油5毫米油嘴放喷，折算日产油43.7立方米，折算日产气29664立方米。董701井成功，明确了准噶尔盆地中部4区块增储目标，标志着胜利油田在准噶尔盆地腹部地区油气勘探获新突破，展现了腹部探区的良好的勘探潜力。

（二）陆上非常规油气资源勘探情况进展

1. 非常规气勘探情况进展

（1）页岩气勘探情况进展

涪陵页岩气田焦石坝区块新增探明储量2739亿立方米。涪陵页岩气田二期产建重点评价井——焦页69-2HF井，在水平段A、B靶点埋深均大于3500米，稳定井口压力15.5兆帕下，试获14.6万方/天工业气流。焦页69-2HF井实现页岩气深层突破，基本落实了江东区块资源和产能。涪陵页岩气田探明储量增至3806亿立方米，成为继北美之外的全球第二大页岩气田。

（2）煤层气勘探情况进展

泸州煤层气勘探开发取得阶段性成果。泸州古叙矿区煤层气勘探开发处于基础研究和参数井施工、试验井排采阶段。在矿区煤矿井下瓦斯抽采利用的基础上，引进四川省煤田地质局在矿区内开展了古蔺县大村煤层气项目地面排采试验，部署了四川省第一个煤层气先导性开发试验井组。该井组由 DC-1 井、DC-2 井、DCMT-3 井三口煤层气生产试验井组成。该井组已完成了钻井、注入压降测试、测井、固井、射孔、压裂工程及排采工程，获得了较全面的数据，为下步开发资源提供可靠的基础技术参数。该井组的 3 口井已正常产气，单井日产气量在 530 立方米至 1650 立方米，最高达 2000 立方米，累计采气 135 万立方米。

2. 非常规油勘探情况进展

2015 年，在沙河街组四段杜家台油层碳酸盐岩致密油储层雷 99 井，压裂试油喜获高产工业油流，用 3 毫米油嘴试产，日产油 19.2 吨，累计生产原油 93 吨。这是继雷 88 井获 53.8 吨高产油流后，在雷家地区致密油领域获得的又一口高产油流井。

2015 年三塘湖致密油增储上产的首口百吨井，吐哈油田三塘湖盆地条湖组致密油水平井芦 104H 井日产原油 112 吨。日产油达到 112 吨。芦 104H 井实现百吨高产，进一步扩展了二叠系条湖组致密油的含油范围和储量规模，夯实了三塘湖致密油的建产基础。

长庆油田在陕北姬塬发现中国第一个亿吨级大型致密油田——新安边油田，提交致密油探明地质储量 1 亿吨。长庆油田在试验区共完钻水平井 366 口，投产水平井 332 口，日产原油 2235 吨，盆地致密油累计建成产能突破 100 万吨，年生产能力达到 70 万吨。

（三）海上油气资源勘探成果

中国首个深水自营气田，陵水 17-2 气田天然气探明储量规模超千亿方，为大型气田。陵水 17-2 气田距海南岛 150 千米，其构造位于南海琼东南盆地深水区的陵水凹陷，平均作业水深 1500 米，为超深水气田。陵水 17-2 气田是中国首个自营深水超千亿方大气田，气田状况良好，采收率甚至高于一些陆上气田，它的成功发现对中国未来在深海领域发现大型油气田具有重要的指导作用，意味着中国常规油气田的勘探开发依然具有很大潜力。

曹妃甸 6-4 含油构造评价获得成功，证实为中型油田。曹妃甸 6-4 构造位于渤海西部海域石臼坨凸起西段，平均水深约 20 米。发现井曹妃甸 6-4-1 共钻遇约 180 米厚的油层，完钻井深约 3100 米。该井所产原油为轻质油，经测试平均日产量约 5750 桶。该井创渤西勘探区单井累计油层厚度、单层厚度及古近系碎屑岩测试产能的最高记录。曹妃甸 6-4 构造的评价成功，是渤海西部海域油气勘探多年来的重大突破，也为类似地区油气勘探提供了指导，同时也为渤海海域的“增储上产”提供了有效油气资源保障。

二、2015 年中国油气勘探技术发展分析

依靠科技创新，中国石油石化行业已经取得了显著成果。随着勘探开发行业走向更加偏远和复杂的领域，行业发展对新技术的依赖程度将进一步提高。2015 年，中国在油气勘探领域取得一系列成果，范围涉及陆上油气资源、海上油气资源、常规油气资源、非常规油气资源等各个领域，极大地促进了中国油气产业的发展。

（一）陆上油气勘探技术发展分析

1. 非地震技术助力基岩油气藏勘探

2015 年 3 月东方物探综合物化探处承担的柴达木盆地冷湖—苏干湖地区 CEMP 项目顺利通过处理解释成果验收。这一项目的完满收官标志着东方物探非地震勘探技术在基岩油气藏勘探中发挥重要作用。基岩油气藏是储集在变质岩、火成岩及下古生代岩层的油气藏，其油气藏储层具有新生古储、成藏期早、运移方式多等特征。由于基岩油气藏埋深，地质构造复杂，需要用非常规的方法进行勘探。柴达木盆地冷湖—苏干湖地区 CEMP 项目是青海油田部署的针对基岩油气藏勘探开发的项目。东方物探采用三维物性反演、插值切割、剥层、重磁电联合反演等先进处理技术，进行重磁电综合解释。项目验收专家组一致认为，这个项目以岩石密度差、磁性差、电性差为主要依据，通过对研究区基底岩石密度和磁化率统计来分析基底的重力场和磁力场的变化规律，结合能够反映基底结构和岩性的重磁电资料进行综合分析，解释成果可信度较高，为柴北缘西段下一步勘探部署提供了指导作用。

2. 二维三分量地震勘探技术的应用发展

山西煤炭物探测绘院首次将二维三分量地震勘探技术应用于煤层气、页岩气参数井项目中，并取得良好的效果。二维三分量地震勘探采用纵波激发，三分量检波器接收 P 波和 S 波。

通过利用二维三分量地震勘探技术研究煤层及页岩层裂隙发育情况及相关的弹性参数，可以更准确地预测煤层气、页岩气富集规律及富集区块。二维三分量地震勘探技术，较之常规的二维地震勘探技术，可解决单纯纵波不能解决的岩性识别问题。通过对采集方法的探讨，广安构造二维三分量资料采集获得了较好的效果，为后期研究该地区的地下地质特征提供了依据。二维三分量地震勘探技术的广泛利用，有利于煤层气、页岩气等新能源产业进一步发展。

3. 智能工程录井预警系统

塔里木油田自主研发的智能工程录井预警系统在所有综合录井仪上安装使

用，利用“慧眼”对钻井各项参数24小时监控，实现工程事故复杂预报及时率100%，监控异常准确率由86%上升到91.9%。技术人员结合生产实际，通过将X射线元素录井技术引入地质录井，在现场进行实时的跟踪评价，准确地进行岩屑定名、层位划分，破解6000米地下碳酸盐岩“葫芦串”识别和巨厚盐膏层卡取等油气勘探大难题，交出油气显示发现率100%的成绩单。其中克深S8-11井，在缺失标志层的情形下，借助精准的录井卡层技术，准确卡准中完井深，最终获得高产油气流。该油田已形成超深层盐底卡层技术，智能工程录井预警技术，超深、复杂井录井解释与评价技术等一系列具有塔里木特色的核心录井技术，成为稳油增气的重要利器。

4. 钻井技术发展

中石油塔里木油田围绕钻井提速提效，展开山前地区钻井工程技术攻关。与中石油休斯敦技术研究中心联合研发的个性化高抗研磨性PDC钻头，在天然气高产区——克深8-11井目的层完成实验。对比区块同层位进口钻头平均指标，单只钻头进尺提高33%，机械钻速提高31%。新技术的创新提高单井产量，同时超深井得到高效开发。克拉苏气田油井平均深度6937米，是中国东部油田井深的2倍多，且地质构造特殊。另外，在中国最大的沙漠油田哈得作业区，塔里木油田首次在哈得4-48-2H井的侧钻作业中采用旋转地质导向技术。相较常规定向作业，新技术缩短作业时间25天，定向段平均机械钻速每小时8.26米，为常规定向作业的3~5倍，降低作业成本250万元。

（二）海上油气勘探技术发展分析

1. 深水工程勘察船技术成效显著

中船集团针对海洋油气勘探面临的深水工程地质钻井、物探调查、海洋工程支撑服务等综合需求开展攻关，取得重大成果：一是研究出船型总体布置、耐波性提升、振动和噪声预防控制等关键技术，满足深海勘探对于船舶的特殊要求；二是研制出特种勘察设备、动力定位和电力推进系统等关键装备，为工程勘探提供了必要保证；三是开发出特种勘探设备装船工艺和自动化集成关键技术，解决了深海勘探特种船型的设计建造难题。中船集团应用该成果，建造了满足3000米深水工程要求的勘探船，自交付以来，累计航行20余航次，航程4000多海里，参加了东海油田开发工程勘察会战、南海深水工程勘察科研等重要项目。该型船舶设备设施和功能配备齐全，故障率低，操控性强，稳定性好，定位和续航能力突出，有效支撑了中国深水油气开发，使相关油气勘探开采企业获得了良好的经济效益。

2. 海上宽频地震技术

中海油研发成功海上宽频地震技术。中海油所属中海油服物探事业部数据处理解释中心承担的《宽频地震资料处理技术研究与应用》课题以满票通过了总公司专家组验收，海上宽频处理技术完全拥有了自主知识产权，中海油成为全球第三个拥有海上宽频地震技术的企业。随着勘探程度的不断提高，海上勘探目标逐渐向复杂构造油气藏、隐蔽油气藏和深层构造油气藏过渡，常规技术取得的勘探资料已越来越难以满足海上精细化勘探的要求。海上宽频地震技术作为地震勘探领域的一次重大革新，成为国际上最近几年发展最快、最热的勘探技术。该技术通过对采集、处理、解释等勘探环节的研究与创新，可以获得高分辨率勘探数据。研究成功的鬼波衰减技术、波场延拓时差校正技术，经过多次实际资料测试，达到国际先进水平，填补了国内海上宽频技术的空白。该项目的实施将带来直接经济效益 3000 万元，同时有力促进物探事业部开展更加广泛的宽频采集、处理作业。

3. 海底电磁采集站(OBEM)助海洋油气勘探或提效一倍

2015 年 6 月，李予国团队研发的海底电磁采集站(OBEM)在中国南部海域成功完成 4000 米级海底大地电磁数据采集试验。中国海洋大学研制的海底电磁采集站(OBEM)成功完成 4000 米海试，标志着中国海洋大学海洋电磁探测技术与装备研制取得重大突破性进展，填补了中国在这一方面的空白，使中国海洋电磁装备研制达到国际先进水平，成为继美国、德国和日本之后 第四个有能力在水深超过 3000 米以上海域进行海洋电磁场测量和研究的国家。该技术如果成功运用于海洋油气勘探领域，勘探效率将提高一倍，节省的勘探资金将以亿元计。

三、2016 年中国油气勘探产业展望

(一) 总体思路

石油勘探开发方面，按照“稳定东部、发展西部、拓展海上”的战略方针，继续坚持把资源勘探放在首位，加大勘探投资力度，坚持规模效益，突出预探和风险勘探，致力于发现更大规模储量和优质储量。在加强东部地区成熟盆地精细勘探的同时，进一步加强西部新区勘探突破的部署研究与论证，加大近海勘探开发力度，努力寻找含油新领域、新层系和新油田，增加石油储量。在进一步巩固现有油田生产的同时，加快鄂尔多斯、新疆和海上等三大石油生产基地建设。

天然气勘探开发方面，加大勘探开发投入，加快建成鄂尔多斯、四川、塔里木、海上四个大气区，建设形成四大天然气供应基地。同时，加大资金投入，依

靠科技创新，大力开发致密气、煤层气、页岩气等非常规天然气，有序开展可燃冰开采试验，为成为重要战略接替资源做准备。加大科技投入，促进技术创新。加强非常规天然气勘探开发技术攻关，特别是实验测试、水平井、压裂增产等关键技术工艺的研发，实现环境友好的经济开发。

（二）勘探投资主体多元化

随着新疆石油天然气勘探区块招标的进行，中国油气矿权改革不断加深，油气勘探主体向多元化趋势发展。

新疆试点就是要打破四大国有石油公司专营局面，引入竞争，让投资主体多元化，这有利于国家油气资源开发。2015 年新疆油田勘探招标，国土资源部对投标企业要求是“在中华人民共和国境内（不含港澳台）注册、最终绝对控股股东或最终实际控制人为境内主体、净资产人民币壹拾亿元（10 亿元）以上的内资公司”，除现有四大生产商中石化、中石油、中海油和延长石油外，包括国企和民企在内的其他内资企业也可以平等竞争。

新疆试点为上游改革积累经验，油气勘探权在 2016 年或将进一步放开。从新疆石油天然气勘探区块招标情况看，虽有个别区块条件不成熟，总体来说质量较好。2016 年新一轮招标时，预计会进一步完善区块资料，提高区块质量。2016 年非常规油气勘探权或将进一步放开。中国的非常规油气资源发展不足，吸引更多投资必将促进其发展。

（三）政策展望

1. 非常规油气资源的勘探将进一步加快

国家能源局发布《煤层气勘探开发行动计划》（以下简称《计划》），明确 2015 年及“十三五”时期中国煤层气产业发展指导思想、目标、布局、主要任务和保障措施。

《计划》提出，到 2020 年，中国将新增煤层气探明地质储量 1 万亿立方米；煤层气（煤矿瓦斯）抽采量力争达到 400 亿立方米，其中地面开发 200 亿立方米，基本全部利用，煤矿瓦斯抽采 200 亿立方米，利用率 60% 以上；建成 3～4 个煤层气产业化基地，重点煤矿区基本形成煤层气与煤矿瓦斯共采格局。

《计划》明确了今后一段时期中国煤层气（煤矿瓦斯）开发利用的重点任务。一是分区域分层次开展勘探，加快沁水盆地和鄂尔多斯盆地东缘勘探，推进新疆、云贵等地区勘探，加强煤矿区资源综合勘查，形成规模探明储量；二是加快煤层气地面开发，建成沁水盆地和鄂尔多斯盆地东缘产业化基地，在准噶尔、鄂尔多斯等地区建设一批示范工程，突破低煤阶、深部煤层等复杂地质条件煤层气开发，大幅提高煤层气产量；三是加强煤矿瓦斯规模化抽采，建设一批抽采利用规模化矿区和瓦斯治理示范矿井，全面推进瓦斯先抽后采、抽采达标；四是完善利用基础设施，根据资源分布和市场需求，统筹建设区域性输气管道，因地制宜建设一批压缩、液化站，推广低浓度瓦斯发电；五是强化科技创新，开展煤层气富集规律等基础理论研究，加快煤层气勘探开发关键技术装备研发，发布一批行业重要标准规范。

为确保发展目标和任务顺利完成，实现煤层气产业跨越式发展，《计划》针对性的提出了四条保障措施。一是强化行业发展指导管理，加强煤矿瓦斯防治机构建设，发布实施煤层气开发利用管理办法，强化事中事后监管；二是出台完善扶持政策，严格落实煤层气市场定价机制，研究提高煤层气开发财政补贴标准，制定低浓度瓦斯利用鼓励政策，督促天然气基础设施公平开放；三是加大勘探开发投入，继续安排中央预算内投资支持煤层气(煤矿瓦斯)开发利用，研究提高煤层气最低勘查投入标准，鼓励社会资本参与勘探开发和基础设施建设；四是完善资源协调开发机制，推进山西省煤层气和煤炭资源管理试点工作，优化煤层气、煤炭资源勘查开发布局和时序，妥善解决矿业权重叠问题。

致密油是为现实的接替资源。致密油具有资源潜力大、分布范围广等优点。初步统计，中国地质资源量超过200亿吨。据国土资源部新一轮油气资源评价显示，在中国的可采石油资源中，致密油约占2/5。2015年诞生了中国第一个亿吨级大型致密油田——新安边油田。站在全球角度来看，致密油与页岩气已经成为改变全球供应格局的生力军。在美国，致密油以年增40%以上速度快速发展，2014年，产量达到2.09亿吨，约占总产量36%，使其实现“能源独立”有了底气。

2. 海洋油气资源勘探将进一步推进

2015年8月，国务院印发《全国海洋主体功能区规划》(下称《规划》)，以进一步优化海洋空间开发格局，预期在2016年海洋油气资源勘探将得到进一步推进发展。

中国支持深远海油气资源勘探开发。《规划》提出，鼓励引导社会资本合理开发海洋资源。支持深远海油气资源勘探开发，加强深水核心技术装备研发及配套能力建设。《规划》将中国专属经济区和大陆架及其他管辖海域划分为重点开发区域和限制开发区域。在重点开发区域中的资源勘探开发区，按照加快推进资源勘探与评估，加强深海开采技术研发和成套装备能力建设的原则，选择油气资源开采前景较好的海域，稳妥开展勘探、开采工作。加快开发研制深海及远程开采储运成套装备。加强天然气水合物等矿产资源调查评价、勘探开发科研工作。

确定海洋油气储近用远。针对《规划》明确表示的2020年中国将形成储近用远的海洋油气资源开发格局的目标，这主要是考虑到近海水质的问题，如果勘探时发生油气泄漏，会极大增加海水负荷。预示着2016年海洋油气利用的发展方向，将是进一步加强近海资源的勘探，同时加快深水区和远海开发，提高储备周转与区际调配能力，如此才能实现海洋产业的可持续发展。

海上油气的勘探和开发正成为中国原油产量上升的主力。近10年来，中国新增石油产量的53%来自海洋，2014年更是达到85%，海上油气的勘探和开发正成为中国原油产量上升的主力。据道格拉斯—威斯伍德公司的预测：未来5年，全球海洋油气工业将投资1890亿美元在遍及全球的海洋上建立15000个油气勘探和开采井，全球海上浮式生产设备市场规模约1000亿美元。全球石油产量已经连续几年保持每天8500万桶左右，未来几年不会有太大的增长。中国海洋油气70%藏于深海，深海开采技术的突破将成为海洋油气开发长期战略的关键因素。渤海海湾近海油田开发已经初具规模，而深海油田基本还处于未勘探阶段。面积只有7.7万平方千米、平均水深仅18米的渤海海湾油田已经被大片开发。南海海域盆地群石油地质资源量在230亿至300亿吨之间，天然气总地质资源量约为16万亿立方米，占国内油气总资源量超过30%，其中一半以上蕴藏于深水区域。

中国海洋石油勘探开发开启的“超深水”时代。一般来说，海水深度大于300米以上为深水，大于1500米以上为超深水，深水海域已成全球油气资源的重要接替区。但由于深海地质条件复杂，油气勘探开发技术难度和投入巨大。此前全球深水油气勘探一直被少数国际大石油公司垄断。中国海上油气勘探开发主要集中于水深小于300米的浅海。作为中国首个深水自营气田，陵水17-2大气田的开发将加快中国南海大气区建设，将开启中国海洋石油勘探开发的“超深水”时代。

3. 油气探采矿权将进一步放开

中国油气勘采体制改革破冰，新疆5个油气勘查区块国内公开招标，预期2016年油气探采矿权将进一步放开，有利于加大油气勘查开采的投入。国土资源部宣布进行新疆石油天然气勘探区块招标，出让6个勘察区块（布尔津、塔城盆地裕民、伊犁盆地巩留、塔里木盆地柯坪北、塔里木盆地喀什疏勒、敦煌盆地罗布泊东南），承诺勘察量多的企业将中标，勘探周期为3年。参与招标的企业的条件为：国内企业、净资产规模为10亿，转入开发期后应在新疆注册。此前，

中国石油天然气上游勘探开发市场较为封闭，常规油气勘探仅有中石油、中石化、中海油和延长石油 4 家国有石油公司具有申请资质。在 2015 年油气勘查开采体制改革的经验基础上，预期 2016 年的油气勘探体制改革将会进一步放开市场、更加注重平等准入原则，逐渐走向全面深化油气勘探开采体制改革。全面深化的油气勘探体制改革必将加大油气勘查开采的投入，激发市场活力，促进油气产业的发展。

中国油气开发产业发展分析与展望

2015年中国国内油气产量均创历史新高。中国国内原油产量约2.15亿吨，比上年增长约1.7%，增速较2014年有所放缓。天然气产量约为1350亿立方米，比上年增长约5.6%，其中，常规天然气产量约1134亿立方米；煤层气产量约171亿立方米；页岩气产量约45亿立方米。

2015年，在三大石油集团公司中，中石油油气产量最大，生产原油约1.19亿吨，生产天然气约955亿立方米，中石化生产原油约4905万吨，生产天然气约208.1亿立方米；中海油生产原油约4397万吨，生产天然气约121亿立方米。

一、2015年中国油气开发产业发展分析

(一) 常规油气产能建设情况

1. 陆上原油产能建设情况

2015年，中国境内原油产量稳中有升，东部老油区产量保持平稳，中西部产量持续增长，充分践行了中国"稳定东部、发展西部"的石油战略。西部油气资源开发能力显著增强，将逐步形成西部接替东部的格局。

(1) 西部地区。

以中国石油天然气集团公司(以下简称中石油)的长庆油田、新疆油田、塔里木油田、吐哈油田和中国石油化工集团公司(以下简称中石化)的西北石油分公司为代表的西部油气田开发公司，在2015年针对油田开发现状，大力推广技术创新，同时加强新区产能建设，均实现历史最高原油产量。

长庆油田，连续六年油气当量递增500万吨，2015年实现年油气当量5480万吨，其中，原油产量2481万吨，同比减少24万吨。面对油气开采难度大、投入成本高、油田老系统维护费用大及低油价给企业带来的巨大压力，长庆油田认真分析成本现状，在提质增效工作中，提高单位成本的产能建设量，坚持优选富集区、优选井型和布井方式的原则，通过"打责任井、打高产井"，为原油增产稳产提供强力支撑。2015年，长庆油田各采油采气厂新投井单井产量普遍高于往年。截至2015年11月3日，长庆油田在陕北地区已完钻井220口、完试井

170 口，获工业油流井达到 128 口，日产 20 吨以上的高产井达到 50 余口，成为拉动西部油气发展快车的“车头”。

新疆油田，2015 年新建产能 2788 万吨，同比增长 82 万吨，截至 2015 年 10 月，实现新井产量 82 万吨。2015 年年底，新疆油田编制并出台的涉及恢复长停井产能、严控产能建设投资、优化产能工程设计、挖潜闲置设备，以及进攻性增产措施等共计六大类 86 项措施的“开源节流、降本增效”工作实施方案，已有 14 项完结、5 项进展超前、67 项正常进行，提质增效、增收节支成效显著。其中，通过油藏评价与滚动勘探发现的红 153 井区二叠系夏子街组 2452 万吨石油控制储量，已进行开发试验，单井日均稳产 30 吨左右，累计产油 7 万多吨，是近几年中石油发现的效益最好的区块之一。

塔里木油田，2015 年油气当量产量达到 2500 万吨。2015 年，塔里木油田加大长关井治理力度，共治理油井 45 口，增油 4.8 万吨。面对新井产量吃紧、老井稳产艰难的困境，塔里木油田把增产增效的关键点放在深挖长关井潜力上，分批实施长关井复产计划。与此同时，塔里木油田持续加强对一藏一策差异化研究，精准有效指导 6 口新井的钻进，保障 2015 年塔里木油田原油产量和探明储量任务的完成。塔里木跃满区块是塔里木哈拉哈塘油田发现的第七个区块，潜力大、前景好。在其首轮部署的 10 口井中，已有 7 口井获高产、1 口井正在试油、2 口井正钻进，累计产油超过 10 万吨，日产油 500 吨，成为塔里木油田在碳酸盐岩油藏上产增储重要的新生力量。

吐哈油田，2015 年新建产能 212.5 万吨，同比增长 12.5 万吨。面对国际油价持续走低带来的严峻生产经营形势，吐哈油田开发系统坚持以经济效益为中心，努力实现效益增产。工程技术研究院、井下公司等相关单位因地制宜，给老井开“小灶”，采取“一井一策”，把压裂从工程效果向地质效果转变。全面推行单井措施效益评价，提高措施有效率。吐哈油田因油水井进行措施前，精细剩余油研究，优选措施井层，严格实施单井效益评价，实现投入产出比最大化；措施过程中，根据油水井增产潜力大小，持续优化上修顺序及工序，提高产量贡献率；油水井措施后，继续进行单井效益评价，为选井提供经验，同时以单井增效结果作为奖励发放依据。

青海油田，2015 年新建产能 223 万吨，同比增长 3 万吨。近年来，青海油田实施对尕斯油田科技增油的研究力度，精细编制开发方案，分析油藏特性，以“注水稳油”为本，在此基础上进一步证实了游园沟老区勘探开发的潜力。从 2014 年开始，青海油田采油一厂围绕尕斯油田周边，优选潜力区进行滚动勘探开发，在游园沟找到了新的地质储量，扩展了采油面积。截至 2015 年 8 月 20 日，已累计采油 590 吨。根据中石油青海油田公司的规划，到 2017 年，青海油田的天然气年产量将达到 90 亿立方米，原油产量将达到 300 万吨，油气总当量达到 1000 万吨以上。

西北油田分公司，2015 年生产原油 703 万吨。面对“低效经营、产量递减”的生产经营态势，西北油田采油一厂采油管理二区制定“一抓一强一抢”工作思路，打响“夯实老井产量、精细措施挖潜、加快新井投产”攻坚战，使得该区完成日产原油 1378 吨，确保了年度原油产量稳中有升。其中，西达里亚片区油井多为“老龄”井，出现了产量递减、后备资源接替不足、措施挖潜难度大，稳产基础十分薄弱的新常态。对此，该区从精细油藏管理出发，加大地质分析论证力度，充分优化措施方案，精心做好剩余油挖潜工作。截止 2015 年 10 月份该区累计增油 45737 吨，措施有效率达到 95%，实现日增油 345 吨，有效弥补了老井产量递减的不足。

（2）东部地区。

东部地区以大庆油田、辽河油田、胜利油田为代表的中东部油气田开发公司在 2015 年针对油田开发的现状，启动老油田的二次开发，利用技术创新提高油气采收率，实现油田平稳生产。

大庆油田，在原油 5000 万吨稳产 27 年、4000 万吨稳产 12 年后，原油资源变得稀缺，开采成本越来越大。为保证实现 2020 年油气当量 4000 万吨稳产的核心目标，大庆油田工业化推广了三元复合驱油技术。三元复合驱油技术要比最基础的水驱采收率提高 20%，将成为“十三五”期间大庆油田的主导开发技术。2015 年，大庆油田利用三次采油技术的产油量保持在 1000 万吨以上，占到大庆油田总产量的四分之一。预计新增可采储量 3000 万吨以上。此外，更加先进的二氧化碳驱油技术、泡沫复合驱油技术、微生物采油技术都还正在研究阶段。

辽河油田，2015 年全年实现生产原油 1037 万吨，实现 29 年稳产千万吨以上。2015 年上半年，辽河油田共复产长停井 434 口，恢复日产油能力 982 吨。辽河油田将长停井治理恢复与重大开发试验、注水专项治理、产能建设、勘探增储工作有机结合，以提升现有油气资源利用率、提高油井开井率为目标，有步骤、分批次地开展长停井综合治理工程。锦 45 块蒸汽驱 2015 年新转扩大区与 2013 年扩大区相比，共少钻新井和侧钻井 14 口，多利用老井 32 口，地面工艺投资减少 1703 万元。截至 9 月 27 日，辽河油田累计投产 11 个平台新井 21 口，产油 2135 万吨。

胜利油田，2015 年全年生产原油 3980 万吨，连续 19 年稳产在 3000 万吨原油以上。其中，孤岛采油厂采油五区地质技术人员在“发展聚驱、促增稠油、精细水驱”的总体思路下，注重科学开发，精细开发，效益开发，在稠油、聚驱、水驱三个方面狠下功夫，不断增强老油田发展后劲，进一步夯实上产基础。

华北油田，在新发现储量劣质化趋势加剧的情况下，华北油田开发评价系统瞄准“产能建设到位率、自然递减率、采收率”等关键指标，坚持预探发现提早介入，实施评价建产一体化，抓好新区目标优选、老区综合治理，重点打好“肃宁—大王庄、二连阿南凹陷”等 6 个富油气区带整体再评价“攻坚战”。截至 8 月 10 日，华北油田 6 个富油区带再评价工作取得佳绩，新增探明储量上千万吨，新建产能 30 余万吨。此外，华北油田开发系统人员继续深化蠡县斜坡、河西务和大王庄油田整体评价，取得初步成效。

2. 陆上天然气产能建设情况

2015 年，中国境内天然气产量稳定增长。其中西部地区天然气产量增长明显，为全国天然气产量持续增长做出重要的贡献。

长庆油田，通过持续在苏里格、神木等气田应用大井组、水平井和压裂改造技术，2015 年共生产天然气 375 亿立方米，比上年下降 1.7%，产量规模居中石油首位，为中国天然气平稳供应做出巨大贡献。其中，苏里格气田勘探面积 5 万平方千米，总资源量为 5.1 万亿立方米以上，是目前中国陆上最大的整装气田。储量规模的不断扩大，为气田快速上产奠定了坚实的物质基础。针对苏里格气田“低渗、低压、低丰度”开发难题，长庆油田调整发展战略，通过重点攻关、先导示范，引领各合作方依靠“运行机制创新、观念认识创新、技术集成创新”，创建了苏里格气田 5+1 合作开发新模式进行合作开发，形成十二项开发配套技术，解决了苏里格气田规模开发的问题。

塔里木油田，“十二五”期间共生产天然气 1056 亿立方米。塔里木油田 2013 年首次年产突破 200 亿立方米，年产量与公司外输供气之初的 3.51 亿相比增加近 57 倍，年均增加 22 亿立方米，这为塔里木“十二五”稳油增气奠定了基础，更为保障西气东输及南疆五地州生产生活用气提供了充足资源。2015 年，塔里木油田产气量瞄准 244 亿立方米新目标，前 8 个月已完成的产气量，相当于 1260.8 万吨以上油气当量，这是塔里木依靠精细研究和科研攻关得来的金钥匙，已开启“十三五”末期上产 400 亿立方米之门，为长期稳定供气增添了底气。

吐哈油田，2015 年共生产天然气 9.1 亿立方米，外输气量 8.6 亿立方米，实现 94.2%产量外输增供的生产格局。红台是吐哈油田重要气源地，2015 年产天然气2.4亿立方米。2015年10月14号，红台2-112井、红台2-113井分别获得日产天然气12万立方米、原油7.9吨和天然气5.4万立方米、原油3吨的油气流。与此同时，这个区块9月下旬投产的红台2-111井和红台2-X9井，也分别获得日产3.8万立方米和4.4万立方米的天然气。这些井获得高产油气流，有效推动了吐哈油田天然气产量快速上升，为完成全年生产任务、保证冬季天然气供应创造了有利条件。

3. 海上油气产能建设情况

2015年中国海上油气产量基本与2014年持平，油气净产量同比大幅增长13.5%，达到600百万桶油当量，主要来自渤海和南海东部新投产项目的贡献，而在2014年中海油净产量约为432百万桶油当量。其中，中国海域产量同比上升19.1%，达156百万桶油当量；海外产量同比上升4.4%，达83.9百万桶油当量。

中海油于年内投产的7个项目中，锦州9-3油田综合调整、渤中28/34油田群综合调整、垦利10-1油田、东方1-1气田一期调整及旅大10-1油田综合调整项目已成功投产。多个新项目比计划提前投产，费用低于预算。其他2个新项目也在顺利推进。公司已建成包括深水旗舰“海洋石油981”在内的各类深水平台船舶57艘，其中达到3000米作业水深的深海装备有7艘。这些装备分别担负从地球物理勘探、地质勘察、钻井作业、海底铺管、物资保障等不同职能。中国深水装备梯队的建成，将有效保障中国深海油气资源开发。

4. 海外油气产能建设情况

2015年，中国海外油气业务深入开展开源节流降本增效活动，顺利推进深化改革和各项经营管理工作，在权益投资比2014年同期明显下降的情况下，实现油气产量稳中有升，主要生产经营指标完成情况良好。截至2015年6月底，海外油气业务新增原油可采储量完成年度计划8.9%；实现油气当量权益产量3735.3万吨，完成计划55.3%，比上年同期增长18.6%。

2015年全年，中石油海外油气合作亮点不断。面对国际油价持续下跌的严峻挑战，中石油海外油气业务主动适应新常态，制定“全面开源节流降本增效”工作实施方案，实施效益优先、低成本发展、差异化管理、创新驱动等“四大策略”“八大举措”，通过合同复议降低采办成本、减员增效控制人工成本和管理费用、开展生产作业效益评价提高生产效益，实现主要成本指标全面下降目标。其中，伊拉克哈法亚项目三期工程30项EPC合同中10项已授标；中亚天然气管道哈南线工程巴佐伊压气站开工建设；中缅天然气管道(缅甸段)分输站全部投用；

中缅原油管道境外段工程在马德岛港举行预投产仪式，首艘30万吨油轮进港并向原油罐区注油。

（二）非常规油气产能建设情况

非常规油气资源与常规油气资源相比，其成藏机理、储集状态、分布规律及勘探开发方法等方面存在着很大差异性，开发难度大，投资费用高。当前，对中国非常规油气开发形势总的判断是：资源十分丰富，是中国禀赋不佳的常规油气的重要补充；勘探开发虽处于起步阶段，但前景初显端倪，若大规模开发将对世界地缘政治和经济格局产生深远影响；开发过程中仍存在诸多问题，影响非常规油气产业发展的进程。目前，中国投入或即将投入工业化勘探开发的非常规油气资源主要有以下几类。

1. 非常规天然气产能建设情况

（1）页岩气。

2015年，中国的页岩气勘探开发已经展开，并在四川盆地海相、鄂尔多斯盆地陆相相继取得突破。中国，成为继美国、加拿大之后的第三个实现页岩气商业性开发的国家。截至2015年8月底，中国首个大型页岩气田——中石化涪陵页岩气田已开钻253口，完钻204口，压裂投产142口 。单井平均日产32.72万立方米，最高59.1万立方米；总日产超过1200万立方米，累计产气25亿立方米 ；已建成年产能50亿立方米。涪陵页岩气田已经成为全球除北美之外最大的页岩气田。中石油也正加快推进页岩气勘探开发步伐。从2010年钻成中国第一口页岩气井威201井开始，截至2015年9月下旬，中石油西南油气田公司组织完成二维1498千米，三维651平方千米；开钻井167口，完钻井144口，完成井67口；获气井66口，累计获测试产量692.42万立方米/日；投入试采井71口，累产页岩气8.01亿立方米。中石油长宁和威远页岩气田，长宁201-YS108井区已完钻井67口，正钻井61口，平均测试日产量14.3万立方米；威远202井区已 完钻井25口，正钻井14口，平均测试日产量16.73万立方米。延长石油在鄂尔多斯盆地岩气勘探取得突破，形成页岩气产区。柳评177、云页2等多口井获得页岩气流，显示出良好的勘探开发前景，已完钻页岩气井59口，其中直井50口、丛式井3口、水平井6口。

（2）致密气。

2015年，中国致密气产量达到405亿立方米，约占全国天然气总产量的30%。致密气开发已经进入规模发展期，经过10年左右快速发展，将进入产量高峰期。目前，中国陆上致密砂岩气资源量为23.78万亿立方米，其中鄂尔多斯、四川和塔里木这三大盆地致密砂岩气资源占90%。中国已经在鄂尔多斯、四川盆地实现了致密气的工业开发利用，但资源转化和动用程度低。位于鄂尔多斯盆地的长庆油田，为解决致密砂岩气开发重大工程技术瓶颈，与国内7家单位开展了联合攻关，形成了以水平井多段分压和直井连续多层分压为核心的致密气藏多层多段压裂关键技术，大幅提高了资源动用程度。随着水平井改造技术的突破，水平井两大主体压裂技术应用规模快速增长。截至2015年底，其所属的苏里格气田水平井投产324口，占总井数的6%，日产能力1580×10^4立方米，占整个气田的30.3%，实现了苏里格气田开发方式由直井向水平井的转变，水平井规模应用大幅提高致密气整体开发效益。

(3) 煤层气。

目前中国初步实现煤层气规模产业化，但开发基地局限在山西沁水盆地南部和鄂尔多斯盆地东缘的少数地区，规模依然偏小，尚未形成全国开发局面。近年来，中联煤、中石油、中石化、晋煤集团等加大了煤层气勘探开发投入，煤层气产业快速发展，煤层气抽采量与利用量都有大幅度增长。2015年全年，全国煤层气抽采量180亿立方米，利用量86亿立方米。其中，地面煤层气产量44亿立方米，利用量38亿立方米。井下煤矿瓦斯抽采量138亿立方米，利用量38.48亿立方米。由于煤层气赋存和采出的机理更复杂，开发工艺和技术要求更高。目前油气界对煤层气的认识和掌握程度还不够，使其勘探开发成本明显偏高。根据中国石油大学煤层气研究中心张遂安的统计，中国建设1亿立方米煤层气产能需4.5亿元，而常规气只需约1亿元。加之煤层气矿权管理较为混乱，当前中国煤层气发展较为缓慢。

2. 非常规石油产能建设情况

目前中国非常规石油开发尚处起步阶段，大由于致密油气资源潜力大，储层条件相对好于源内油气资源(煤层气、页岩气等)，开采相对比较容易，因而是最现实的非常规石油资源。

2015年中国致密油产量大幅增加。在致密油勘探取得重大成果的基础上，2015年长庆油田加大致密油开发试验力度。从2011年开始，先后建立3个致密油水平井体积压裂试验区和3个致密油规模开发试验区，致密油单井产量显著提高。2015年，在陇东地区西233区和庄183区，长庆油田运用“水平井+体积压裂”技术，完成致密油水平井试验井20口，每口井均达到高产。2015年10月16日，吐哈油田的三塘湖盆地条湖组致密油水平井芦104H井实现日产原油112吨，并成为三塘湖致密油增储上产的首口百吨井。芦104H井实现百吨高产，进一步扩展了二叠系条湖组致密油的含油范围和储量规模，夯实了三塘湖致密油的建产基础，对三塘湖油田增储上产具有重要意义。

（三）2015 年油气开发技术进步分析

2015 年，中国油气新技术不断涌现，推动了油气田开发向着高效节能、经济环保的方向发展，在提高采收率技术、压裂技术、重油和油砂开采技术、人工举升技术、微生物驱油技术等方面取得了新进展：

1. 提高采收率技术

随着常规原油产量的下降，提高采收率技术一直是各大油田获得产量的主要途径。由胜利油田勘探开发研究院承担完成的聚合物驱后油藏井网调整非均相复合驱提高采收率技术等 4 项股份公司科研成果顺利通过中石化专家组鉴定，其中 3 项研究成果达到国际领先水平。该四项成果不仅取得多项理论技术突破，而且均推广应用于现场，效果显著。聚合物驱后油藏井网调整非均相复合驱提高采收率技术已提高孤岛中一区馆 3 单元采收率 6.2 个百分点；深层砂砾岩体油藏开发关键技术成功实现了深层砂砾岩有效动用，累计增油近 220 万吨；胜坨油田特高含水后期主导开发调整技术的应用，提高了胜坨油田 10 个单元采收率 3 个百分点，近三年累计增油 22.84 万吨；二元驱后油藏低张力泡沫驱油体系及数值模拟技术则在胜坨油田先导试验中数模预测提高采收率 10 个百分点，增油 13.6 万吨。

2. 压裂技术

随着非常规油气资源的快速开发和环保意识的增强，对压裂技术提出了更苛刻的要求，同时推动压裂技术向更高效、环保、低成本、准确、更大规模的 方向发展。2015 年，华北分公司在定北区块累计压裂水平井 6 口，施工成功率均达 100%，这表明定北区块盒 1 储层压裂施工成功率低这一难题已初步被攻克。华北分公司工程院技术人员在总结定北前期压裂施工经验的基础上，参考相邻油田成功案例，对压裂设计进行了全面优化，从源头保证施工顺利。将施工排量在原来的基础上提高 22%，通过更大的排量造出更宽的裂缝，降低支撑剂进入难度。其次，在保证裂缝导流能力满足储层需要的前提下，优化支撑剂，利用更小粒径的支撑剂减少裂缝内堵塞的可能。最后，将最高砂比由 35%降低至 30%、砂比递增台阶由 6%减少至 4%，保证支撑剂平稳加入，降低压力波动风险。

3. 重油和油砂开采技术

重油和油砂资源量十分巨大，但黏度高不易流动，杂质含量高，开发过程中使用大量水资源，还要履行其环保责任。2015 年，以中石油勘探开发研究院为主力的项目科研团队在多介质复合蒸汽驱/SAGD、火驱前缘调控、超稠油化学降黏、再生泡沫油、溶剂辅助SAGD等方面取得了重要进展，并在辽河油田等现场开展了多介质复合蒸汽驱、N2辅助SAGD的试验，改善开发效果显著，预计提高采收率10个百分点以上，具有广阔的应用前景。建立火烧氧化放热研究方法，完善了火烧氧化反应动力学研究方法、地下燃烧状态识别方法以及面积火驱前缘调控技术，并在新疆红浅火驱先导试验得到应用，气油比由2900下降到2300；创新“水包油”化学降黏技术评价与模拟方法，活性大分子涂层降黏剂工业产品化学降黏辅助蒸汽吞吐试验增产效果显著，研制超声在线掺混化学降黏工业设备初步具备管道集输现场试验条件。

二、2016年中国油气开发产业展望

（一）总体思路

根据国家“十三五”规划的指导思想，2016年油气开发产业总体发展思路是提高陆上原油产量，巩固老油田，开发新油田，加大低品位资源开发利用力度。同时开展页岩气和海洋油气勘探开发“大会战”。从重点开发区块看，除海上资源开发外，塔里木、长庆、柴达木、川渝等中西部地区是未来勘探开发的重点。

1. 石油开发总体思路

稳定东部老油田产量。以松辽盆地、渤海湾盆地为重点，深化精细勘探开发，积极发展先进采油技术，努力增储挖潜，提高原油采收率，保持产量基本稳定。实现西部增储上产。以塔里木盆地、鄂尔多斯盆地、准噶尔盆地、柴达木盆地为重点，加大油气资源勘探开发力度，推广应用先进技术，努力探明更多优质储量，提高石油产量。加大羌塘盆地等新区油气地质调查研究和勘探开发技术攻关力度，拓展新的储量和产量增长区域。

加快海洋石油开发。按照以近养远、远近结合，自主开发与对外合作并举的方针，加强渤海、东海和南海等海域近海油气勘探开发，加强南海深水油气勘探开发形势跟踪分析，积极推进深海对外招标和合作，尽快突破深海采油技术和装备自主制造能力，大力提升海洋油气产量。

大力支持低品位资源开发。开展低品位资源开发示范工程建设，鼓励难动用储量和濒临枯竭油田的开发及市场化转让，支持采用技术服务、工程总承包等方式开发低品位资源。

2. 天然气开发总体思路

根据国务院颁发的《能源发展战略行动计划(2014~2020年)》，2016年天然

气开发产业按照陆地与海域并举、常规与非常规并重的原则，加快常规天然气增储上产，尽快突破非常规天然气发展瓶颈，促进天然气储量产量快速增长。

加快常规天然气勘探开发。以四川盆地、鄂尔多斯盆地、塔里木盆地和南海为重点，加强西部低品位、东部深层、海域深水三大领域科技攻关，加大勘探开发力度，力争获得大突破、大发现，努力建设8个年产量百亿立方米级以上的大型天然气生产基地。到2020年，累计新增常规天然气探明地质储量5.5万亿立方米，年产常规天然气1850亿立方米。

重点突破页岩气和煤层气开发。加强页岩气地质调查研究，加快“工厂化”“成套化”技术研发和应用，探索形成先进适用的页岩气勘探开发技术模式和商业模式，培育自主创新和装备制造能力。着力提高四川长宁—威远、重庆涪陵、云南昭通、陕西延安等国家级示范区储量和产量规模，同时争取在湘鄂、云贵和苏皖等地区实现突破。到2020年，页岩气产量力争超过300亿立方米。以沁水盆地、鄂尔多斯盆地东缘为重点，加大支持力度，加快煤层气勘探开采步伐。到2020年，煤层气产量力争达到300亿立方米。

积极推进天然气水合物资源勘查与评价。加大天然气水合物勘探开发技术攻关力度，培育具有自主知识产权的核心技术，积极推进试采工程。

（二）开发投入

2016年中石油油气开发部分的预计支出约为人民币634亿元；中石化勘探开发部分预计支出人民币312亿元；中海油勘探开发部分预计支出人民币522亿元。

（三）2016年油气产量预测

原油产量方面，2016年中石油的国内产量预计将超过11810万吨，中石化将达到5150万吨，中海油将达到4950吨。

天然气产量方面，2016年中石油的国内产量预计将超过960亿立方米，中石化将超过215亿立方米，中海油将达到126亿立方米。

（四）政策展望

1.“一带一路”赋予油气开发领域众多发展机遇

随着国内石油和天然气的供应和需求之间矛盾的不断增长，寻求油气国际合作已经成为中国油气安全供给的重要方式。“一带一路”战略的全面实施，将推动中国与沿线国家开展油气合作，不仅可以扩大油气来源，稳定供给量，而且可以实现运输通道的多元化，降低对马六甲海峡油气运输通道的依赖度，提高进口油气资源供给的安全系数。

中国与“一带一路”沿线国家油气战略合作存在长期互补性优势。“一带一路”国家油气合作是中国油气供给保障的重要补充。2015 年中国进口原油 3. 28 亿吨，进口天然气 324 亿立方米，“一带一路”国家是主要资源地。在“一带一路”油气合作中，不仅要利用好资源优势，更要发挥好技术优势。因为油气勘探开发具有高投资、高技术、高风险的特点，参与国际竞争更需要先进技术做后盾。同时，各国油气藏地质特征及勘探开发状况不同，需要创新高效的适应技术。

2. 提高天然气开采技术，降低天然气开采成本

2015 年全国天然气消费量约为 1920 亿立方米，与“十二五”规划的 2300 亿立方米的目标相去甚远。而提高天然气消费量，扩大利用规模，资源供应是根本，在降低开采成本的基础上尽可能增加天然气资源供应又是基础。为此，国家层面须通过国家重大科技专项、科技支撑计划等，加大对天然气深水、深层、非常规勘探开发相关技术研究的支持力度，加快关键技术装备的研发；加强国际合作和交流，鼓励中国企业及科研院所与国外研究机构、行业领先企业开展关键技术联合研究，吸收借鉴国外先进成熟技术，通过科技进步带动天然气产量增长和成本下滑。

3. 继续加大对页岩气开发的政策扶持力度

2015 年 6 月，财政部、国家能源局联合印发《关于页岩气开发利用财政补贴政策的通知》，明确在“十三五”期间，中央财政将继续实施页岩气补贴政策，对已经开采利用、自备测量页岩气利用量设备的企业给予直接补贴，并对补贴额度做出相应调整，以进一步引导产业发展。毋庸置疑，在优化国家能源使用结构，节能减排，建设节约型、环境友好型社会的大背景下，从“十三五”乃至更长远的视野来看，中国页岩气产业将具有广阔的发展前景，但页岩气行业的可持续发展是个需要长远看待的命题，任重而道远。

虽然中国页岩气勘探开发取得了阶段性成果，但要实现全面突破，尚有诸多困难和问题亟待解决。主要体现在四点：第一，中国页岩气虽然资源潜力大，但富集规律不清，这将会影响可采资源的进一步落实；第二，已有勘探突破仅限于局部，离真正突破还有不小的距离；第三，页岩气技术装备国产化和核心技术有待进一步突破；第四，页岩气单井成本居高。

4. 海洋油气政策加码，油气资源开发将成重点扶持领域

国务院于 2015 年 8 月发布的《全国海洋主体功能区规划》，要求进一步提高海洋资源开发能力，实施海洋强国战略。海洋油气资源作为海洋经济的重要组成

部分，将是政策重点扶持领域，规划提出要合理确定不同海域主体功能，科学谋划海洋开发，调整开发内容，提高开发能力和效率，支持深远海油气资源勘探开发、海洋工程装备制造等产业发展，并提供政策保障。

对于海洋油气资源开发，规划表示加快推进资源勘探与评估，加强深海开采技术研发和成套装备能力建设，选择油气资源开采前景较好的海域，稳妥开展勘探、开采工作。加快开发研制深海及远程开采储运成套装备。加强天然气水合物等矿产资源调查评价、勘探开发科研工作。

中国油气工程技术服务产业分析与展望

2015 年，中国油气工程技术服务市场形势严峻，竞争激烈，企业整体盈利能力大幅下降，各企业逐步推进内部经营管理机制的改革，采取并购重组的方式实现资源互补，不断加强国内外合作，同时提高技术创新能力，进行页岩气的勘探开发，以应对低油价局势的挑战。虽然企业在各方面都得到了一定程度的发展，但仍面临低油价、供给侧改革、公司的国际化和多元化发展有待提高，内部管理机制改革等挑战。在重重挑战下，2016 年在工程技术服务行业内整合重组、公司内部结构优化、战略管理和管理机制深入改革、技术与研发实力进一步巩固以及多元化发展的推进方面仍有多方面的发展契机。

一、2015 年中国油气工程技术服务市场分析

(一) 行业亏损规模扩大，企业业绩大幅下滑

2015 年国际原油价格持续走低，油公司大幅削减勘探开发投资，量价齐跌，市场形势严峻，行业亏损规模扩大，企业利润大幅下滑。

石化油服(中石化石油工程技术服务公司)、仁智股份、通源石油、安东石油和石化机械等多家企业亏损，其中 2015 年刚上市的石化油服前三季度物探、钻井、测录井服务、特种作业服务和工程建设 5 个业务板块收入同比下降了 21.4%~50.2%，亏损高达 205989 万元；仁智油服 2015 年前三季度实现营业收入 13926.64 万元，较上年同期下降 53.88%，归属上市公司股东的净利润 -7274.16 万元,较上年同期下降 287.14%；通源公司 2015 年前三季度实现营业收入 41775.97 万元，同比下降 42.36%，净利润 - 1.86 亿元，同比下降了 172.22%；安东石油上半年实现收入 86154.0 万元，较 2014 年同期下降 22.6%，亏损人民币 7608.9 万元，较 2014 年同期减少人民币 337%；石化机械前三季度实现营业收入 345694.92 万元，较上年同期下降 36.16%，亏损 5450.19 万元，较上年同期下降 128.40%。油价持续低迷是企业业绩持续下滑的主要原因，除此之外石化油服化纤业务的置出、通源石油国内客户的相对集中和油田生产作业计划季节性、仁智油服国内客户的相对集中和安东石油巨额财务费用都是导致其亏损的重要原因。

中海油服、海油工程、神开股份和杰瑞股份等企业虽然实现盈利，但盈利水平相比 2014 年同期均有较大幅度的下降。中海油服 2015 年前三季度收入为人民币 1799650 万元，同比下降 27.5%，集团的净利润为人民币 128980 万元，较 2014 年同期人民币 656900 万元下降了 80.4%；海油工程 2015 年第三季度实现营业收入 1012900 万元，净利润 19859.6 万元，同比减少 517800 万元，下降 33.83%。民营企业的业绩情况同样不容乐观。2015 年年初到第三季度末，神开股份获取营业收入 44628.03 万元，较 2014 年同期下降 11.2%，实现净利润 3428.12 万人民币，较 2014 年同期下降 37.7 个百分点；杰瑞股份上半年度实现营业收入 122699.2 万元，同比减少 44.98%，净利润 10124.0 万元，同比减少 84.30%。从年报上来看神开股份在本年度的盈利受益于海外市场布局以及非常规油气技术的开发；杰瑞股份收到上年度部分理财产品利息收入，本期列报口径调整，增长较大的投资收益可能是其保持盈利的原因之一。

（二）企业经营管理机制改革不断深化

2015 年，为了应对油价寒冬，各工程技术服务企业相关举措逐渐出台。石化油服着力推进内部资源优化整合，优化生产组织运行，强化全员目标成本管理，做好安全环保和风险管控工作，石化油服 2015 年上半年共减员 2700 人，实现降本减费人民币 4.5 亿元；安东石油继续推进非常规、一体化和国际化战略，全面抓住国内老油田利用非常规技术进行传统区域开发的项目机会，在非常规能源开发项目上凸显优势；在海外，大力推进国际化战略，效果显著。

（三）行业内重组步伐加速，多家公司抱团取暖应对油价寒冬

2015 年，国际原油价格不断下跌，油气工程技术服务行业受到较大冲击。面对疲软的石油市场，多家公司抱团取暖，采取并购重组的方式，应对低油价寒冬。行业内重组主要体现为石化油服上市、江钻股份更名和通源石油逆势收购等。

2015 年 3 月，中石化石油工程技术服务股份有限公司借助“仪征化纤”上市平台进行重大资产重组，更新股票名称为“石化油服”，该重组完成了中石化改革调整的重大部署，有效提高了资源利用效率。

民营企业同样采取了并购重组的方式应对油价低迷。江钻股份公司实现对中石化石油工程机械有限公司的控股之后，公司名称变更为中石化石油机械股份有限公司，简称石化机械。通源石油逆势收购北京波特光盛 70%的股权、大庆永晨石油 55%的股权，实现对美国石油服务公司 Cutters 及安德森公司的控股，完成了中美市场的基础战略布局，初步形成了完备的全油服产业链条。

总之，油气工程技术服务企业并购重组的举措提高了业务匹配性和互补性，有利于各方在市场开拓、客户资源共享等方面充分发挥协同效应，同时进一步提升和优化企业的专业油气一体化服务能力，完善企业产业链。

(四) 技术与装备实力不断提高，自发研发实现突破

技术创新是工程技术服务企业的核心竞争力，运用技术优势巩固和开拓市场，抵御油价冲击成为油气工程技术服务公司应对行业寒冬的重要战略之一。2015 年，国内各家油气工程技术服务公司在钻井、测井、生产加工和环保节能等各方面都实现了装备及技术突破，自主研发的技术装备在国际市场中得到高度认可。

在技术方面，中石油渤海钻探的水力泵排液联作技术，在滩海公司大斜度井张海 28-36 井中应用成功；冀东油田勘察设计研究院自主研发的油气管道测绘软件已在 4 个重点项目使用，累计使用 200 余次。中海油服超深水固井技术取得新突破，EZFLOW 储层钻开液在渤海应用成功，产油效果显著。海洋工程自主研发的“弓弦”技术和水下安全隔离系统及相关技术打破了国外垄断，边际气田水下生产系统关键技术取得成功。仁智油服自主研发的重晶石粉技术为推动油田技术发展做出了重要贡献。

在装备方面，中石油渤海钻探的安全环保高效排液装置成功应用 35 井次，试油周期缩短 40%、单井降本 15.5 万元、漏失量低于 1%，获得了国家实用新型专利授权。中海油服的 ELIS 测井设备均以完善的技术、高效的服务和较低的成本积极推进海外市场的开拓。神开公司自主研发的 HH 级高抗硫井口装置及采油（气）树填补了国内空白，打破了国外垄断，提升了国内研发和生产高端石油装备的能力。杰瑞股份自主研发的全球最大功率压裂车——阿波罗 4500 型涡轮压裂车成功上井作业，顺利完成两口油井的压裂增产服务，同时其另一热解吸附设备也搭载了目前全球最先进的污染废弃物处理技术，石化机械成功研制国内首台深水水下采油树样机。

(五) 国内外合作进一步加强，市场竞争力得到提升

面对持续低迷的油气市场环境，油气工程技术服务公司逐步扩大合作范围，拓展海外市场，增强竞争力。

在与国内企业的合作中，杰瑞股份和安东石油表现较为突出。杰瑞股份与民生能源签署天然气全产业链深度合作的战略协议，同时还与中海油在 EPC 工程总包、海上工程装备模块制造、油气田开发废弃物处理业务等领域开展全方位合作。与此同时，安东石油抓住国企改革的机会，发挥其在非常规油气技术方面的

优势，承接了国有石油公司剥离出来的优质业务，巩固了与国有石油公司的战略合作伙伴关系。

在与国外企业的合作中，油气工程技术服务公司集中优势，加快海外市场的拓展速度。石化油服在全球勘探开发工作量锐减的情况下，在沙特、科威特的井筒工程业务实现了逆势发展，与该地区的合作效果显著。杰瑞股份与美国霍尼韦尔 UOP 公司和 Primus 公司正式开启全球市场合作，在天然气处理工程技术的应用实践方面建立了全方位的长期战略联盟关系，还与世界知名压缩机制造商 Ariel 合作，强化了杰瑞在气体压缩市场的竞争优势。另外，杰瑞股份与英国 Plexus 公司开展了战略合作，共同拓展高端海工市场，为世界海洋油气开发提供安全可靠的解决方案。安东油服发挥自身优势，抓住中东地区和南美地区的市场机会，在国际合作方面实现了新的突破。神开股份与科威特国家钻井公司签订了在防喷器领域的战略合作协议，提升了其在中东市场的知名度及市场覆盖率。仁智油服通过与哈萨克斯坦达拉普石油服务公司签署合作协议共同开展油气田技术服务，更好地开拓了中亚市场。

（六）页岩气开发仍具潜力，相关技术与装备研发取得新成果

中国页岩气资源丰富，但由于其地质埋藏深、地质结构复杂等特点，使得国内页岩气开采的技术难度和投入成本都较高。2015 年，各工程技术服务公司都将主要精力放在应对市场寒冬上，放缓了对页岩气开发的进程，但在页岩气开发技术和装备上仍然取得了新成果。

技术方面，渤海钻探自主研发的新型压裂技术——水力泵排液联作技术在滩海公司大斜度井张海 28-36 井的应用中取得明显成果。装备方面，神开公司自主研发掌握的适用页岩气开采的高性能井口装备以及石油机械自主研发设计的包括“井工厂”钻井装备、大型储层改造装备、大容量连续油管装备、带压作业装备等在中石化重庆涪陵页岩气田得到了应用，涪陵页岩气田也在下半年实现日产气能力突破千万方，由杰瑞股份参与建造的中国首座页岩气 LNG 液化工厂正式进入运营阶段，中国的页岩气商业开发已经取得了阶段性成果。

综上所述，2015 年，油气工程技术服务市场形势严峻，竞争激烈，企业整体盈利能力大幅下降。各企业逐步推进内部经营管理机制的改革，采取并购重组的方式实现资源互补，不断加强国内外合作，同时提高技术创新能力，进行页岩气的勘探开发，以应对低油价局势的挑战。

二、2015 年中国主要油气工程技术服务企业经营现状

2015 年，中国油气工程技术服务公司面对油价持续下跌等阻碍，纷纷加强

自身研发能力，变革管理机制，继续开拓市场，困境中谋发展。为了更加具体的分析中国油气工程技术服务的行业现状，下面介绍中石油、中石化、中海油工程技术服务板块及在A股上市且主营业务为工程技术服务的神开股份、杰瑞股份、安东油服、仁智油服、通源石油和石化机械2015年的发展情况。

（一）三大石油集团工程技术服务板块

1. 中石油工程技术服务板块

2015年，中石油工程技术服务板块通过强化技术和管理创新，在市场开拓方面、技术研发方面和技术装备方面均有一定程度的发展。

在市场开拓方面，中石油工程技术服务板块推行“保增长，走出去”的战略。其中，渤海钻探以“保安全、保增长、保利润、保工资”作为目标，加快企业创新，寻求新的利润增长点，保障效益增长；冀东油田机械公司调整产业链布局，加强顶层设计，形成专业化的产品研发、生产、服务阵营，让企业走出国门。

在技术研发方面，中石油工程技术取得了显著业绩。在美国海洋技术大会上，中石油钻井院研制的钻井节能提速导航仪首次获得第45届“E&P工程创新奖”。渤海钻探井下技术服务公司自主研发的水力泵排液联作技术，在滩海公司大斜度井张海28-36井中应用成功，为大港油田大斜度井作业提供了强有力的技术支撑。在技术装备方面，中石油工程技术服务在钻井、测井和试油等板块均有了突飞猛进的发展。钻井板块，由渤海钻探第一钻井公司海南项目部50611钻井队承钻的美5-5ax井顺利交井，并且刷新这个区块钻井周期、建井周期、机械钻速、钻机月速等10项高指标。测井板块，美5-5ax井的核磁测井作业刷新了该区域单井油层总厚度纪录，充分体现了核磁仪器高精度性能在识别低阻油层方面的优越性；与此同时，“三电两声一核磁”成像测井系列技术在长庆油田进一步推广，而核磁共振、电成像、阵列声波、阵列感应等高附加值成像测井工作量较2014年同期有明显增长。试油板块，渤海钻探井下作业公司自主研发的安全环保高效排液装置在华北油田各采油厂成功应用35井次，试油周期缩短40%、单井降本15.5万元、漏失量低于1%，实现了安全、环保、高效、密闭抽汲，这一装置还获得了两项国家实用新型专利授权。

2. 中石化工程技术服务板块

中国石化仪征化纤股份有限公司发布公告于2015年3月31日在上交所举行股票更名仪式，更新股票简称为“石化油服”，其市值超过1000亿元。至此，中石化石油工程借助仪征化纤上市平台进行的重大资产重组顺利完成。石化油服拥有地球物理、钻井工程、测录井、井下特种作业和工程建设五大业务板块，涵盖从勘探、钻井、完井、油气生产、油气集输到弃井的全产业链，是中国较大的石油工程与油田技术综合服务商之一。

在经营业绩方面，截至2015年9月30日止9个月，受工作量和服务价格双重下降的影响，石化油服合并营业额为人民币3658078万元，比上年同期的人民币6255943万元减少41.53%。归属于本公司股东的净亏损为人民币205989万元，基本每股亏损人民币0.149元，2014年同期归属于本公司股东的净亏损为人民币34189万元，基本每股亏损人民币0.022元。本年年初到9月份，净亏损205989万元。

在国内外合作方面，石化油服在油公司大幅压减投资的情况下积极应对“市场寒冬”，全力以赴开拓市场、强化项目管理，沙特、科威特井筒工程业务实现了逆势发展，沙特分公司成长为沙特阿美公司最大的石油工程承包商，完成合同额3亿美元，比2014年同期增加7600万美元；科威特分公司井筒工程业务规模持续扩大，累计完成合同额7亿美元。同时，中石化南京工程公司海外业务经过10年的发展，累计执行合同总额30多亿美元，实现了产值、效益同步增长。

在页岩气开发方面，中国石化宣布涪陵页岩气田钻井总数突破百万米，日产气能力突破千万方，页岩气商业开发取得阶段性成果，石化油服页岩气开发品牌初步形成。2015年9月18日，部署在焦石坝南部复杂构造区的重点页岩气探井焦页8井，试获日产页岩气20.8万立方米，取得了重大突破，进一步扩大了涪陵页岩气田的规模。2015年10月16日，涪陵页岩气田焦石坝区块新增探明储量2739亿立方米。到目前为止，中国首个大型页岩气田——涪陵页岩气田探明储量增加到3806亿立方米，含气面积扩大到383.54平方千米，成为全球除北美之外最大的页岩气田。

3. 中海油工程技术服务板块

(1) 中海油服。

中海油服是亚洲最具规模的综合型油田服务供应商，服务贯穿海上石油及天然气勘探，开发及生产的各个阶段。集团主要有物探勘察服务、钻井服务、油田技术服务及船舶服务。

在经营业绩方面，集团大型装备的使用率和服务价格有所下降，2015年前三季度的营业收入为人民币17996.5百万元，同比下降27.5%。前三季度集团的净利润为人民币1289.8百万元，较2014年同期人民币6569.4百万元下降了80.4%。

在市场开拓方面，集团多措并举，深入挖潜，及时调整经营策略，努力降低经营及管理成本。通过调配两艘地震采集船前往境外作业，开拓国际市场，弥补国内市场不足。

在技术研发方面，面对行业下行压力，中海油服继续稳步推进技术研发，其自主研发的旋转导向钻井系统 Welleader 和随钻测井系统 Drilog 两项技术圆满完成 5 口井作业，第一次完成海上复杂三维水平井着陆作业并获得了海上作业服务卡，使集团成为国内第一家和全球第四家同时拥有这两项技术的公司，集团在国际高端油田技术服务市场的竞争能力明显提升；其自主研发 EZFLOW 储层钻开液在渤海应用成功，产油效果显著；钻井中途油气层测试仪(EFDT)超大探针、异向推靠解卡两项研究新成果也完成测试并投入商业应用，标志着集团在解决低孔低渗油气藏储层测压取样、控制作业风险等技术方面取得重要进展；此外，其自主研发的阵列侧向测井仪完成了工程样机研制和实井测试，在伊拉克也首次自主完成水平井连续油管(CTU)酸化施工。

从业务板块结构来看，2015 年前三季度钻井板块，钻井平台作业 8878 天，同比减少 1419 天，下降了 13.8%。其中，自升式钻井平台作业 6987 天，同比减少 612 天；可用天使用率同比下降 19.6 个百分点至 77.4%；船舶板块，自有船队共作业 18004 天，同比增加 238 天，主要是新增船舶带来的作业量增加，其中外租船舶本期运营 10730 天，同比减少 2016 天。物探与勘察服务板块，二维采集业务作业量平稳，同比增长 1.7%；三维采集业务及二维、三维数据处理业务受行业景气度下滑影响作业量有所下降，其中，三维采集业务同比下降 39.7%，二维数据处理业务同比下降 19.8%，三维数据处理业务同比下降 6.7%。

(2) 海油工程。

海油工程是目前中国唯一集海洋石油、天然气开发工程设计、陆地制造和海上安装、调试、维修以及液化天然气、炼化工程为一体的规模大、实力强的大型工程总承包公司。

在经营业绩方面，2015 年第三季度，受全球经济疲弱和油气供给持续过剩等因素影响，前三季度公司实现国内外市场承揽额 41.35 亿元，营业收入 101.29 亿元，净利润 19.86 亿元，同比减少 51.78 亿元，下降 33.83%。

在市场开拓方面，第三季度公司海油工程 18 个海上油气田开发项目和 6 个陆上建造项目成功运营，澳洲 Ichthys LNG、挪威 NyhamaNa、壳牌文莱 BSP、锦州 25-1/25-1 南油气田 II 期开发工程等 6 个项目完工，2 座导管架、9 座组块的海上安装和 51 千米的海管铺设完成，涠洲项目 12 座结构物海上安装提前收官，江苏响水海上升压站项目主结构完成封顶，俄罗斯 Yamal 项目首列 12 个模块全

部进入总装阶段。

在成本控制方面，公司持续推进技术创新，助力降本增效。新型 T 型牺牲阳极成功应用于蓬莱 19-9 项目，能节约相应成本超过 50%，同时通过在厂房车间和船舶上大力使用国产化配件、自主维修保养设备、库存材料优化再利用等措施全面降低成本，挖掘增效潜力。

在技术研发方面，海油工程目前正在努力攻关深水浮式平台系统、深水海管及立管、水下系统等深水产品关键设计技术，并启动了南海某项目深水张力腿(TLP)平台设计研究，深水平台设计进入实质实施阶段此外，AUT(全自动超声波检测)系统双金属复合管检验领域取得重大进展，达到国际先进水平。

(二) 其他主要油气工程技术服务企业

1. 神开公司

上海神开石油化工装备股份有限公司是以研发、制造石油化工仪器装备为主营业务的上市企业，是中石油的一级供应网络成员，也是中石化和中海油的网络采购供应商。近年来，神开公司在境内的主要油田建立了完整的销售网点，为神开公司在境内的销售提供了强大的网络支持，神开公司产品目前已直接或间接出口至 50 余个国家和地区，境外销售网络初具规模。

在经营业绩方面，2015 年年初到第三季度末，神开股份获得营业收入 4. 46 亿元，较 2014 年同期下降 11. 2%，实现净利润 3420 万人民币，较 2014 年同期下降 37. 7%。公司第三季度实现收入 1. 01 亿元，较 2014 年同期下降 35. 7%，该季度亏损 219 万元，归属于母公司所有者的净利润较 2014 年同期的 1972 万元下滑了 1. 11%。

在市场开拓方面，神开公司抓住国土资源部主攻页岩气、加强北方新区新层系、探索羌塘新区，加强砂岩型铀矿和开展漳州干热岩资源勘查示范的市场机会，井口产品批量中标中石化页岩气项目。此外，神开股份俄罗斯分公司正式宣告成立，神开公司还与科威特国家钻井公司签订了在防喷器领域的战略合作协议，其在中东市场的知名度及市场覆盖率得以提升。

在技术装备方面，神开股份多次作为国内重要的石油装备制造商参展。在第十五届中国国际石油石化技术装备展览会上，DMS 综合录井仪、LWD 无线随钻测量仪和油品分析仪器等多款高新技术产品充分展现了神开公司的品牌实力。在第 46 届美国石油技术展览会上，13⅝″5000psi 环形及双闸板防喷器、剪切闸板总成、FKQ480-5 远程控制设备、3Q04 氢焰色谱仪等产品，展示了神开从石油勘探开发上游到石油产品加工下游完善的产品配套能力。

在技术研发方面，神开公司自主研发的高性能井口装备关键技术在中石化重庆涪陵页岩气井口装置项目中得到应用，其自主研发的HH级高抗硫井口装置及采油(气)树，打破了国外垄断，技术达到国际领先水平，为高含硫油(气)田的开采提供了有力的安全保障，提升了国内研发和生产高端石油装备的能力。

2. 杰瑞股份

杰瑞股份是一家以油田工程设备和钻完井设备的制造、维修及其配件的销售，油田工程的建设和石油工程技术服务的提供为主营业务的油气服务公司。

在经营业绩方面，杰瑞股份2015年前三季度实现营业收入190479.71万元，比上年同期下降47.31%，归属于上市公司股东净利润12468.47万元，比上年同期下降87.99%，公司在2015年成熟传统业务的下滑超过50%，新布局的业务下滑较少，有增长的业务尚不明显，从目前的趋势上看，国际市场上新布局的业务发展潜力较大。

在国内外市场开拓方面，由于2015年油气投资萎缩，服务市场缩水，杰瑞股份做出了战略调整，收缩油田专用设备制造板块和油田工程技术服务板块，扩充了油气工程建设板块，延展了海洋工程板块和油气勘探板块，在多个国家发展了战略合作伙伴关系，以坚定的国际化来支撑杰瑞未来的发展。另外，杰瑞股份全新的O2O互联平台在烟台总部正式上线，是目前国内首个面向全球的O2O油气装备平台，有利于中国装备制造企业拓展全球油气市场。

在技术装备方面，杰瑞股份于2015年成功开发了含油废弃物处理一体化解决方案，其研发的热解吸附设备运用目前全球最先进的污染废弃物处理技术，实现了油田含油废弃物固相、液相的高效分离。压裂液自动混配车在新疆区块的成功应用，大幅提升了中国油田开发的精细化程度和持续性作业能力。目前，杰瑞装备与技术服务已辐射全球60余个国家和地区。

在团队建设、人才吸引方面，杰瑞股份做出了员工队伍的优化调整，推出员工持股计划和二次激励，从而促进公司对领军人才的引进，为各产业板块提供人力保障。另外，杰瑞股份还赞助举办了“中国研究生石油装备创新设计大赛”，激发了石油高校石油装备领域的科技创新潜能，有利于公司引进科技人才。

3. 安东石油

安东石油是中国领先的民营一体化油田技术服务公司，资产规模近60亿人民币，是专业从事油田技术服务的、持续快速发展的、最具活力的高新技术企业。公司业务涵盖油井技术服务、钻井技术服务、采油技术服务、基地支持服务及其他技术服务等领域，是中石油、中石化、中海油三大国有油田技术服务力量的有力补充。

在经营业绩方面，安东石油2015年上半年实现收入人民币861.5百万元，较2014年同期下降人民币250.9百万元，降幅为22.6%；2015年上半年的经营利润为人民币32.5百万元，较2014年同期减少人民币80.8%，亏损人民币7608.9万元，较2014年同期减少人民币337%。2015年上半年的经营利润率为3.8%，比2014年同期的15.2%下降11.4个百分点。

在战略方面，受益于非常规及一体化产品战略，安东石油全面抓住老油田利用非常规技术进行传统区域开发的项目机会，在非常规能源开发项目上凸显优势，持续获得相关订单。此外，公司还持续推进国际化战略，抓住中东市场机会，加强与当地油公司及国际油公司的合作，持续获得长期稳定的市场订单。公司还提出并全面推行轻资产战略与国际化战略，把技术能力建设作为核心关键，将设备利用率提升到新的水平，充分发挥现有产能利用率。

在市场开拓方面，安东石油抓住国家“一带一路”政策带来中亚、非洲市场的机会，海外的订单数量持续增长，为埃塞俄比亚某油气项目提供技术服务，签订了为期两年、合计金额约2亿元人民币的合同；公司还中标伊拉克中部油气田老井恢复生产项目，合同价值估计在1800万美元；此外，与国际油公司客户签署修完井大包项目合同，合同金额为1.4亿美元。安东石油在扩展海外市场的同时，还承接国有石油公司剥离出的优质业务，巩固和拓展国内市场。2015年，安东石油中标鄂尔多斯苏里格地区提供水平井裸眼分段压裂年度服务的项目，服务价值约4700万元人民币；6月，公司中标提供致密油开发技术服务，为中国西北部的两个钻井项目提供水平钻井和压裂一体化技术服务，合同价值估计大约在850万美元。

在人力资源优化方面，2015年，安东石油员工总数减少25%，并将继续加大人员优化精简力度，安东石油上半年员工总数已减少逾1000名，该项措施的实施为安东石油节约人力成本约1.9亿人民币。

4. 仁智油服

仁智油服是主要从事油气田行业相关技术服务及石化产品的生产与销售的民营石油服务公司。

在经营业绩方面，2015年前三季度，仁智油服实现营业收入13926.64万元，较上年同期下降53.88%；营业利润-5964.68万元，较上年同期下降194.63%；利润总额-6129.61万元，较上年同期下降216.61%；归属上市公司股东的净利润-7274.16万元，较上年同期下降287.14%。

在市场开拓方面，仁智油服与哈萨克斯坦达拉普石油服务公司签署了为期 5 年的《战略合作框架协议》，打开了中亚市场，其中 177 井的顺利完钻，标志着仁智油服与达拉普公司的合作取得了阶段性成果。

在技术研发方面，仁智油服为解决元坝气田开发的技术难题，加大了科研投入和技术创新，得出了一系列科技创新成果，展示了公司在技术创新方面的雄厚实力，为元坝气田开发的顺利进行作出了重要贡献。另外，仁智油服自主研发的重晶石粉技术得到了广泛应用，保证了钻井工程的安全性能，推动了油田技术的发展。

5. 通源石油

西安通源石油科技股份有限公司多年来在油田增产领域，由一家专业从事复合射孔研发、生产、销售与服务的公司，发展成为可为油田客户提供多种一体化服务的上市企业。

在经营业绩方面，公司 2015 年前三季度实现营业收入 41775. 97 万元，同比下降 42. 36%；归属上市公司股东的净利润-1860. 28 万元，同比下降 172. 22%。同时，第三季度实现单季度盈利 901. 63 万元，环比 2015 年半年度将实现减亏。

在市场开拓方面，公司通过在国内收购北京波特光盛 70%的股份和永晨石油 55%的股份，实现对美国石油服务公司 Cutters 和美国安德森公司的控股，初步完成了中美市场的战略布局。在石油行业相对低迷的时期，为渡过难关，实现技术、市场、产业链的升级和规模提升，通源石油加速开展行业内的垂直整合，收购行业内优势企业，公司业务由单一射孔业务转向全产业链，综合服务一体化程度加强，公司的业务竞争力得以提升。

在技术研发方面，通源石油的爆燃压裂增产工艺被列为中海油“十二五”重点增产工艺手段之一，为公司爆燃压裂工艺在中国海上油田的推广奠定了良好基础。2015 年，通源石油获得了“陕西省技术创新示范企业”称号。

6. 石化机械

中石化石油机械股份有限公司原名称为江汉石油钻头股份有限公司，2015 年 7 月，江钻股份发布关于变更公司名称、证券简称、注册资本以及经营范围的公告，证券简称由“江钻股份”变更为“石化机械”，证券代码仍为 000852。

在经营业绩方面，石化机械前三季度实现营业收入 345694. 92 万元，较上年同期下降 36. 16%；营业利润为-625029 万元，与上年同期相比，下降了 129. 8%；前三季度共亏损 5450. 19 万元，较上年同期下降 128. 40%。

在国内外市场开拓方面，石化机械加强了对页岩气开发装备的研究，以满足涪陵页岩气田的开发需要，同时也为中国石油开发装备进军国际市场提供有力保障。在海外市场营销体系建设方面，石化机械的五家下属单位共同参加了第46届海洋石油技术展览会，实现了公司在海外市场宣传投入，扩大了公司在行业内的影响，提升了公司在世界范围内的知名度。

在技术装备方面，石化机械研制的深水水下采油树作为深海油气田开发的必备装置，为中国高端装备制造业打破国际垄断、实现自主研发，起到了良好的示范效应。另外，超高压大功率油气压裂装备的研制及集群化应用获得国家科技进步二等奖，石化机械井下动力钻具分公司按照“加快产能建设，做好2016年产能建设规划，适应市场需求”的工作要求，制定了产能建设推进的工作计划，对原有的生产线进行了优化调整，完成了国产转子铣、进口抛光机、数控管车等关键设备的安装、调试、生产工作。

综上所述，中石油、中石化、中海油工程技术服务板块和神开股份、杰瑞股份、安东油服、仁智油服、通源石油和石化机械等公司在2015年都纷纷采取措施应对“油价寒冬”，石油工程技术服务公司在市场开拓、成本控制、技术研发和技术装备、国内外合作、页岩气开发及内部改革与管理和人力资源优化等方面都取得了一定成果。

三、2015年中国油气工程技术服务产业面临的挑战

2015年，中国的油气工程技术服务企业虽然在各方面都得到了一定程度的发展，但仍面临诸多挑战。其中，低油价是国际石油行业的共同难题。此外，供给侧改革又给中国油气工程技术服务行业提出了新的要求。公司的国际化和多元化发展有待进一步推进，内部管理机制改革也举步维艰，同时，页岩气开发仍需进一步发展。

（一）国际油价低位运行带来挑战

随着国际油价的持续下跌，国内外油公司投资普遍减少和放缓，油公司大幅减少勘探开发投资、严控成本的转型趋势和部分开发项目推迟或暂停使得油气工程技术服务公司面临量价齐跌的困境。原油价格的低位水平给油公司的发展带来严重影响，由此也将直接对油气工程技术服务企业的经营业绩造成巨大冲击。而本轮油价下跌的恢复需要时间,，随着残酷的行业淘汰和产能的逐渐下降，行业的下一个景气周期仍需时日。

（二）供给侧改革对国内油气市场提出新要求

在油价低迷的当下，平衡油气市场的供求关系成为影响国内乃至国际成品油

价格的最终归宿。2015 年 11 月，国家提出的“供给侧改革”为国内油气市场的调整提供了方向，该项改革指出“在适度扩大总需求的同时，着力加强供给侧结构性改革，着力提高供给体系质量和效率，增强经济持续增长动力”。但在目前以需求为导向的市场氛围下，如何成功落实供给侧的转型和改革成为所有油气领域公司面临的又一大挑战。在石油服务工程技术服务领域中，供给侧改革的核心内容是工程技术服务水平与一体化服务程度的提高。在当前局势下，油气工程技术服务公司会积极调整产业结构，关注油公司需求，以提供更为先进和完善的技术和一体化服务为核心发展目标，不断增强竞争力。

（三）企业国际化和多元化发展有待进一步推进

面对严峻的市场环境，选择国际化、多元化发展将是企业可持续经营的重要保证。国际一流的油气工程技术服务公司都具有多元化的市场格局，其国际业务收入通常都在 50%以上，且早已完成从本土公司向国际化公司的转型。目前，中国石油工程技术服务板块、石化油服和中海油服和海外业务收入占比都在 30%以下，而国内市场规模在 5000 亿元以上，其中接近 85%的市场份额都掌握在国有企业手中，民营企业虽多达 1000 家，但在国内油气市场领域发展空间较小，只能在夹缝中生存。因此，在面临油价大跌、行业亟待重新洗牌的境况下，拓展海外市场，整合资源，寻求发展，通过并购获得核心技术，或合并后上市融资，将是保证自身生命力的一个选择。另外，油气工程技术服务公司选择国际化和多元化发展将能有效避免内部资源缺乏带来的业务链及专业知识技能不完善等问题，能够提高公司的综合一体化程度，降低经营风险，使运作更加灵活。

（四）管理机制改革举步维艰

2015 年上半年，国际四大工程技术服务行业巨头斯伦贝谢、哈里伯顿、贝克休斯和威德福分别裁员约 9000 人、10000 人、13000 人、10100 人，占员工总数的 8%、13%、21%、18%，大幅度削减了人工成本，增强了企业的抗风险能力。相对于国际一流公司，国内企业面临的危机和风险或将更加严峻。中石油于 2008 年对油气工程技术服务板块进行业务整合和专业化重组，但整合后仍然采用分级行政职能管理模式，未能确立该板块的独立人格，难以摆脱“以有限权利，承担无限责任”的局面，还面临着冗员多、机制死、历史包袱沉的问题。由于管理机制的弊病，缺乏竞争与活力，中石油克服原有的思维惰性、路径依赖和利益纠缠，推动企业转型发展变得极其艰难。中石化的油气工程技术服务板块在 2015 年登陆资本市场，是中石化市场化改革迈出的重要一步，其内部结构有了很大的变化。然而长期以来，管理分散，缺少统筹优化，投资效益低下的局面一时难以彻底改变，中石化的管理机制改革仍然存在较大的压力。

（五）页岩气开发仍处于初步阶段，技术攻关和能源体制是主要限制因素

中国页岩气资源分布不均，其复杂的地质埋藏条件和地质结构也决定了其较高的开采难度、技术需求和投入成本。同时，出于环保的考虑和水资源的限制，页岩气的水利压裂技术也一直没有实现明显突破。此外，中国现阶段在页岩气开发上仍处于初级阶段，开发经验相对缺乏，基础设施也不完善，能源机制相对滞后，市场的激励作用难以发挥。各石油工程技术公司在进行页岩气开发时，除了关注商机和效益外，也需要重点关注水污染和甲烷泄露等环境问题。

四、2016 年中国油气工程技术服务产业展望

2016 年的石油行业发展形势依然严峻，面对市场寒冬，中国油气工程技术服务公司也积极采取各项措施应对挑战。技术研发依旧是各技术服务公司的战略核心，除此之外，公司内部重组与外部合作的持续推进也将为油气工程技术服务行业的生存和发展提供助力。

（一）行业重组和公司结构优化将给企业带来新契机

行业重组和公司结构优化，是 2015 年油气技术服务行业转型的一大亮点。国际油气工程技术服务公司在 2014 年就开始了重组并购的步伐，哈里伯顿公司以现金加股票的形式合并收购竞争对手贝克休斯公司，标志着新一轮的油气工程技术服务公司整合大潮已经开始。中国油气工程技术服务公司会积极在世界范围内寻找与本公司业务协同互补性强、具有领先地位的专业技术公司实施并购，优化业务组合，提高技术竞争力，实现资产结构、业务结构的双转型。随着国内三大石油集团混合所有制改革的不断深入，以市场化替代行政化的趋势愈加明显，社会对能源行业节能减排的要求更加严格。中石化工程技术服务板块上市和通源石油逆势收购等包括国有成分与民营企业在内的重组和改革表明，通过行业内重组扩展服务领域，优化企业公司结构，形成完备的业务链条，重新整合行业资源，实现国有企业与民营企业协同发展，将在未来几年内帮助中国油气工程技术服务公司渡过难关。

（二）战略和管理机制的深化改革将带来新机遇

中石油和中石化两大集团油气工程技术服务业务的发展转型和深化改革将从战略和管理机制方面给企业未来的发展带来新机遇。

战略方面，“一体化”贯通整个业务链，是增强企业竞争优势的核心要素，其对企业市场关键需求要素的识别能力、资源配置能力和技术装备能力要求较

高，是构建一体化服务能力的重要支柱。国内油气工程技术服务公司必须紧抓客户对整体业务服务承包的需求，注重构建一体化服务能力优势，通过延伸业务链，采用定制一体化服务模式创造出适合中国企业的发展战略。

管理机制方面，改革的核心表现在管理体制和管理手段两个层面。在管理体制上，逐步实现从“多头管理”的行政化管理向“市场独立主体”的现代公司治理转型，以市场化代替行政化。行政化的管理方式造成了国内油气工程技术服务公司管理构架复杂，决策流程漫长，部门内耗严重，运营效率底下等痼疾。向市场化转型，就意味着应当赋予油气工程技术服务公司独立的“市场人格”，通过混合所有制改革等路径，实现股权多元化，建立健全公司法人治理结构，加快油气工程技术服务公司实现“自主经营、自负盈亏、自我约束、自担风险、自我发展”；在管理手段上，逐步加快从粗放管理向精益管理的转型，以精益化代替粗放化。油气工程技术服务公司必须从理念上、体制上、方法上强力推进精益管理，降低管理成本，提高管理效率，保障公司在市场困境中独善其身并持续发展。

（三）技术实力和市场研发战略将进一步巩固和调整

2015 年国内油气工程技术服务领域在技术、装备的研发和革新方面都有所突破，自主研发的技术和装备一定程度上为国内公司争取了竞争优势，但都有待进一步的工程检验，以实现技术的完善和大规模的应用；此外，各公司在技术研发时，需要制定更为完善的成本控制策略缩减成本，提高技术的效益性。从企业内部来说，各公司需要在内部管理体制中增加更为高效的竞争体系和用人机制，从而吸引国内外更多优秀的科研人才资源；从企业外部来说，各工程技术服务公司间的合作有待提高，技术共享、资源合理分配和战略合作可以为国内公司国际竞争力的提高提供新思路；同时，在国内体制改革的大环境下，行业领域内积极加强技术资源共享，也可以活跃市场竞争机制，利于技术创新。

（四）继续推进多元化发展，加强油气工程技术服务公司与油公司的合作

多元化是市场竞争的产物，也是目前油气工程技术服务公司发展的必经之路，其含义包括跨领域、跨行业发展，将业务范围逐渐由提供单一技术服务向提供综合技术服务转变。近年来，国际油气工程技术服务业务依然有较大发展空间，国内公司进军国际市场已成为必然，因此企业会努力抓住市场机遇，主动开展国际合作，理顺海外业务发展体系，提高国际化经营管理水平，增强海外项目的风险管控能力，加快国际化人才的培养，推进自身的国际化进程。

与此同时，油公司与工程技术服务公司的合作也将日益密切。其合作方式主

要有四种：一是标准、单项服务；二是作业保证和质量控制服务；三是联盟合作；四是综合一体化服务。目前市场情况下，双方通过合作联手集约资源、优化资源，调整和优化产量结构，可以相互扶持，共同走出市场“冰河期”。

综上所述，油气工程技术服务公司在重重挑战下，仍有多方面的发展契机，包括行业内整合重组、公司内部结构优化、战略管理和管理机制深入改革、技术与研发实力进一步巩固以及多元化发展的推进，这些是国内油气工程技术服务公司发展的机会，也是其在油价寒冬中前进的方向。

中国炼化产业分析与展望

2015 年炼化产业发展盈利能力小幅回升、转型速度显著加快、装备全面升级、合资合作深化、环保、节能和安全等方面投入力度加大，但炼化产业依旧面临产能过剩、油品升级带来的地炼企业竞争压力、技术装备水平亟待提高以及环保压力倒逼地炼竞争格局变化的重重挑战，但随着国家相关政策的出台，炼化产业将得到进一步整合，炼化技术与装备水平将持续提升，节能减排和安全环保工作也会得到进一步推进。

一、2015 年中国炼化产业发展状况

受全球经济增速放缓的影响，中国经济下行压力较大，在原油价格和成品油价格持续暴跌以及产业需求低迷、产业成本居高不下的综合作用下，炼化产业经济效益增速放缓。据 2015 年国家统计局数据显示，中国国内石油表观消费量 5.43 亿吨，同比增长 4.82%。其中，原油表观消费量 5.18 亿吨，同比增长 5.8%，对外依存度 59.4%；天然气表观消费量 1806 亿立方米，同比增长 8.9%，对外依存度 31.7%；成品油表观消费量约为 3.02 亿吨，同比增长 5.6%。其中汽油表观消费量 1.05 亿吨，同比增长 12.6%；柴油表观消费量 1.73 亿吨，同比增长 1.9%；合成树脂表观消费量 101 万吨，同比增长 5%；乙烯表观消费量 2000 万吨，同比增长 7%；烧碱表观消费量 3180 万吨，同比增长 8%。

2015 年中国炼油产业原油加工量 5.03 亿吨，同比增长 5.3%。其中生产汽油 1.1 亿吨，生产柴油 1.76 亿吨，生产煤油 0.3 亿吨，成品油生产总量合计达到 3.17 亿吨，比 2014 年增长 7.1%。2015 年化工产业增加值同比增长 9.3%，增幅同比减缓 1.1 个百分点。主要产品中，乙烯产量 1.715 万吨，同比增长 1.6%；初级形态的塑料产量 7691 万吨，同比增长 10.5%；合成橡胶产量 517 万吨，同比下降 3.3%；合成纤维产量 4487 万吨，同比增长 13.4%；烧碱产量 3028 万吨，同比下降 1.4%；纯碱产量 2592 万吨，同比增长 3.1%。化肥产量 7627 万吨，同比增长 7.3%；其中，氮肥、磷肥产量分别增长 6.3% 和 211.4%，钾肥产量增长 8.3%；农药产量 374 万吨，同比增长 2.2%；橡胶轮胎外胎产量 92516 万条，同比下降 4%；电石产量 2483 万吨，同比增长 1.4%。

（一）炼化产业盈利能力小幅提升

根据国家统计局数据显示，2015 年中国炼化产业主营业务收入为 11.8 万亿元，与 2014 年相比降低 3.89%；其中，炼油业同比下降 16.3%，降幅较大。炼化产业的总营业成本占收入比重 84.38%，同比上下降了 2.73%，并呈加快之势。2015 年炼化产业利润总额减少，出现两年来的首次下降，全产业累计实现利润总额 5207.2 亿元，同比增长 22.69%；其中，炼油业利润总额 648.6 亿元，增幅 566.6%，化工产业利润总额 4558.6 亿元，增长 9.93%，比 2014 年回落 72.83 个百分点，下滑幅度较大。炼油业主营业务收入的利润率仅为 1.9%，化学工业主营业务收入的利润率也只有 5.43%，均较 2014 年有所下滑，分别比全国规模工业平均主营业务收入利润率降低 4.01%和 0.48%，差距比较明显。

炼化产业整体经济增速放缓以及油价持续下跌也对三大石油公司的经营业绩起到了不同程度的影响。其中，中石油 2015 年前三季度净利润 305.95 亿元，同比下降 68.10%；炼油与化工板块经营亏损人民币 118.14 亿元，比 2014 年同期经营亏损人民币 87.55 亿元，减亏人民币 205.69 亿元；其中，炼油业务扭亏为盈，实现经营利润 16.61 亿元，化工业务经营收益 13.98 亿元。中石化 2015 年实现净利润约 258.48 亿元，同比下降约 49.49%；其中，炼油板块实现经营收益人民币 149.05 亿元，同比增长 34.30%；化工板块经营亏损达人民币 150.08 亿元。中海油油气销售收入约为 1167.45 亿元，同比下降近 33.43%。

（二）炼化产业布局进一步优化

目前中国炼化产业布局分散、局部地区重复建设严重和多头管控等问题严重。为了改进产业布局，2015 年 5 月国家发展和改革委员会印发了《关于做好〈石化产业规划布局方案〉贯彻落实工作的通知》，该通知从加强舆论宣传引导、维护区域社会稳定、简化项目审批程度、强化项目全程监管和建立纵横协管体系等方面做出具体要求，试图通过政策为企业松绑，改善企业外部环境，优化产业布局。在国家炼化产业政策的指导下，2015 年 5 月首届石化基地建设发展研讨会召开，上海化工区、大连长兴岛、河北曹妃甸、江苏连云港、浙江宁波、福建古雷和广东大亚湾等 7 家化工园区分享建设经验，努力加快中国炼化格局集中化进程。继 2014 年中石化、中石油公布混改计划后，2015 年 8 月，中海油审议通过《总公司炼化产业优化整合方案》，计划成立一个年产能 3300 万吨的炼化公司，各个炼化企业试图通过产业布局的优化，提升企业持续发展能力。

（三）企业采取各种措施缓解产能过剩局面

近年来国内炼油厂急剧扩张，市场需求相对疲软，导致石油产品生产过剩。

2015 年炼化产业通过优化产品结构和降低原油库存等途径来缓解产能过剩问题。在优化产品结构方面，中石油吉林石化公司调整生产结构，通过提高差异化和高端化产品比例，在化解产能过剩问题的同时培育出新的效益增长点；中石化北海炼化有限责任公司增加汽油、聚丙烯和车用柴油等高价值产品的产量和收率。在降低原油库存方面，天津石化采取原油采购与消耗均衡的低库存策略，并按照原油进厂规模受季节周期性影响的特点，科学控制原油库存水平，在降低库存成本的同时，加快消耗过剩产能。虽然产能过剩的局面很难缓解，但各公司努力将对未来的发展产生持续影响。

（四）油品质量升级提速

随着雾霾问题日益严峻，油品质量升级的提速也提上日程，国家相继出台了一系列相关政策加速推进油品质量升级。2015 年 5 月 7 日，国家发改委等部门联合印发《加快成品油质量升级工作方案》，指出中国应加快成品油质量升级，提前实施国Ⅴ标准，加速国Ⅵ标准的制定和启动。该文件确定了油品标准，国Ⅴ标准与国Ⅳ标准相比，硫含量从不大于 50ppm 大幅降低为不大于 10ppm，同时还确定了车用汽柴油和普通柴油相关标准的具体实施时间：2016 年 1 月 1 日起，国Ⅴ标准车用汽柴油供应要覆盖东部北京、天津和上海等 11 个省市，东部重点城市供应符合国Ⅳ标准硫含量的普通柴油；2017 年 1 月 1 日起，全国供应符合国Ⅴ标准车用汽柴油；2017 年 7 月 1 日起，全国供应国Ⅳ标准普通柴油；2018 年 1 月 1 日起，全国供应符合国Ⅴ标准硫含量的普通柴油。为了更好的监督油品升级工作，国家能源局 2015 年 10 月 28 日在广东启动大气污染防治成品油质量升级专项驻点监管工作，大气污染防治成品油质量升级专项监管全面展开，计划于 2016 年 1 月完成。

炼化企业在国家政策和新标准的推动下，制定了一系列措施加速提升油品质量。2015 年 6 月 2 日，中石油和中石化为响应油品质量升级，同日发布了油品升级“路线图”，计划投资数百亿加快完成国Ⅴ标准升级并提前布局国Ⅵ标准升级项目。在时间规划方面，中石油计划逐步进行油品质量升级，在目前已正式供应国Ⅴ标准车用柴油的基础上，自 6 月起，在华北石化等 9 个企业实施 10 项国Ⅴ标准升级改造项目；同时要求在 2015 年内，力求 13 家企业全面具备国Ⅴ标准汽柴油的生产能力。中石化在目前已向北京、上海等 7 省市提前供应国Ⅴ标准油品的基础上，要求集团所属炼厂比国家规定早 3 个月完成升级项目，同时在 6 家企业提前布局 13 个升级国Ⅵ标准的项目。在技术装置升级方面，中石油自主研发了一系列国Ⅴ标准汽油质量升级主体技术，通过使用自主开发的催化汽油选择性加氢脱硫技术，中石油庆阳石化公司汽油硫含量从 108mg/kg 降到 10mg/kg 以下，达到国Ⅴ标准。中石化将实施 33 个国Ⅴ标准油品升级项目，其中汽油升级涉及 11 个项目，包括对齐鲁石化等企业进行升级改造，新建 7 套 S-zorb 装置，4 套汽油加氢装置完善改造；柴油升级涉及 22 个项目，包括天津石化等 16 家企业 19 套柴油加氢装置新增第二反应器、新建 1 套柴油加氢装置等。国家产业政策的出台和企业油品质量升级的举措将使得油品质量升级加速。

（五）国营进口权扩大，地炼进口经营权逐步放开

扩大国营进口权是 2015 年国有企业体制改革中的重点。为了更好地发挥市场在资源配置中的决定性作用，建立规范的市场主体，中石油在市场化改革上积极探索，选定辽河油田和吉林油田为扩大企业经营自主权试点单位，将投资成本、储量产量指标、施工队伍和物资采购权等 7 项经营自主权下放，并制定了 5 项相关支持政策，两个油田均取得了产量增加、成本降低和效益提升的良好效果，辽河油田上半年生产原油 514. 9 万吨，超额完成半年生产任务；吉林油田比年初计划超产 6. 3 万吨，经济效益指标明显好转。

放开地炼进口经营权是 2015 年炼化产业体制改革的又一项措施。过去国有企业控制进口油源，较高的进口原油资质要求，扼杀了民营企业进口原油的可能，中国放开原油进口相关权限后，大多数民营企业都能满足资质申请条件，不需要再通过中联化和中联油等五家国营进口单位代理进口。这一措施增进了地炼炼油原料的多元化，拓宽了地炼原料油获取渠道，有利于地炼的良性发展。目前已有东明石化、盘锦北沥、宝塔石化、亚通石化、垦利石化和利津石化等 6 家地炼企业获得非国营贸易进口资质，累计获批原油进口额度达 3474 万吨。恒源、清源、神驰和万通等多家地炼均提出了申请，处于等待专家组现场审核阶段，未来地炼在获取进口原油使用权和原油进口权方面依然大有作为。

（六）技术装备建设体系逐渐完善

2015 年炼化产业在战略转型、油品升级、自主创新和装备出口等方面推动了技术装备建设体系的完善。在战略转型方面，炼化装备企业探索以“产品+服务”为主体的制造之路，2015 年渤海装备石油机械厂在玉门油田推广了洗井清蜡一体化服务，中成机械公司在长庆油田和大港油田等市场全力推进注水泵一体化服务；在油品升级方面炼化装备企业重点关注脱硫加氢装置的持续改进，2015 年，中石油庆阳石化公司 30 万吨/年液化气深度脱硫醇—超重力法碱液循环再生工业装置通过生产标定，大连西太平洋公司固定床渣油加氢催化剂（PHR 系列）和锦西石化年 120 万吨催化汽油加氢深度脱硫装置开车成功。中石化茂名石化第

二套150万吨/年催化汽油吸附脱硫装置和上海石化热电部2号脱硫环保装置开车成功。中海油THDS-Ⅱ型柴油加氢精制剂(硫化型)在中捷石化30万吨/年柴油加氢装置上开车成功。在自主创新方面，2015年，中石油辽阳石化公司完成了“年10万吨PETG共聚酯工业化试验项目”，形成了中石油两段加氢工艺生产PETG共聚酯的独有技术。中石化长岭炼化完成了卸车系统的真空改造，不仅减少油耗，还省去了罐车洗车流程，提高了工作效率。在装备出口方面，2015年，中石油在第15届中国国际石油石化技术装备展览会上，推出21项具有自主知识产权和国际先进水平的装备制造新产品，展示了中石油从“制造”向“智造”转变的风采和实力。

（七）坚持合资合作战略，合作模式不断创新

2015年炼化企业坚持合资合作战略，围绕主营业务和战略布局，通过拓展合作领域、深化合作内容和创新合作模式等途径，与各类资本开展全方位务实合作。中石油在上游未动用储量、管道资产整合和炼销贸一体化等方面开展多个合资合作专项改革。作为国有重要骨干企业，中石油全面深化企业改革。中石油克拉玛依石化有限责任公司于7月份正式挂牌运营，是中石油和新疆维吾尔族自治区重点推进的合资合作项目。中石化炼化工程公司于2015年4月份与全球领先电气工程集团ABB签订战略合作框架协议，建立全球战略合作伙伴关系，双方发挥各自优势，统一资源，共同开拓国内外石油化工市场。中石化炼化工程公司与开山股份有限公司于2015年6月份签署《节能服务合作协议》，基于双方在石油化工产业“低能级能源回收利用”的技术开发优势及市场应用优势，计划共同完成“低能级能源回收利用技术”在石油化工产业的工业应用推广。

（八）多项环保和节能减排政策出台效果显著，安全关注程度明显提高

2015年政府和炼优企业提升了对环保的关注力度，通过政策发布和结构调整改革推动环保工作的实施。供给侧改革的提出加快了炼化产业落后产能的淘汰，对炼化产业资源的高效利用及污染的防治有促进作用。发改委相应供给侧改革方案暂缓调整国内成品油价格，旨在充分发挥成品油价格的杠杆作用，促进资源的节约，防治大气污染。中石油于2015年6月2日发布了《中国石油绿色发展报告》，该报告集中展示了中石油在环保和可持续发展方面的做法及其成果。中石化成立了首家石化环保领域子公司——节能环保工程公司，为中石化节能环保政策研究、规划编制和技术进步等方面提供支撑。

与此同时，国家推行多项节能减排政策，企业加大节能减排投入力度，效果显著。环保部审议并通过了《石油炼制工业污染物排放标准》和《石油化学工业污

染物排放标准》等节能减排标准，这些标准的提出规范了企业的排污行为。发改委将择机放开成品油价格，这一措施有利于油品资源的合理化配置，减少出现“油荒”的体制因素，降低炼制加工和物流营销成本，促进企业节能减排。中石油在节能减排政策的指导下，在生产中实行“十大减排工程”等措施，研发减排技术，重点开展“中国石油低碳关键技术研究”和“二氧化碳捕集”等系列技术成果的应用，2015 年实现减少二氧化碳排放增量 2.5 亿吨，完成了等效二氧化碳排放强度比 2005 年减少 25%的目标。

此外，安全事故频发引起社会广泛关注，企业通过流程再造和隐患排查保证安全生产。天津港“8·12”特别重大火灾爆炸事故的发生，再度将化工安全问题提升到全社会关注的高度。中石油下属炼化企业积极开展安全生产保障工作，辽阳石化烯烃厂连续 4 年在烯烃生产线实施大型炼化企业危险作业受控管理流程再造，收效颇丰；抚顺石化合洗厂从“重质量、守红线、控风险”三面入手，定期开展部室联查和车间自查等检查活动，提升现场安全监管能力；兰州石化公司橡胶厂全面开展隐患大排查，突出抓好“危化品储存环境监控、库存量优化、分类存放”三道防线升级管理，确保危化品的管理及使用有效受控。

综上所述，2015 年炼化产业发展盈利能力小幅回升、转型速度显著加快、装备全面升级、合资合作深化、环保、节能和安全等方面投入力度加大，但炼化产业依旧面临着一些问题与挑战，为保障炼化产业的持续改进和良性发展，政府和企业需要给予给多的关注。

二、2015 年中国炼化产业面临问题

为了应对经济增速放缓以及油价持续下跌的影响，中国炼化产业实行了优化产业布局、加速促进油品升级、推动技术装备建设以及拓展合作领域等措施，但仍面临着产能过剩、部分地方炼厂受到冲击、装备技术存在不足以及环保压力加大等问题。

（一）炼化产业产能过剩现象依旧严峻

产能过剩是困扰炼化产业多年的难题，2015 年中国炼化产业产能过剩问题依旧严峻。根据卓创资讯最新统计，2015 年中国炼油一次产能达到 7.23 亿吨，参照以能源消费为基准发达国家开工率不低于 78%的临界点计算，中国炼油产能的需要量为 4.74 亿吨，过剩的产能为 2.49 亿吨，过剩率高达 50%。根据隆众咨询最新统计，2015 年 1 月份至 10 月份，中国成品油产量 27970.4 万吨，而表观消费量仅 26386.7 万吨，其中汽油过剩量 428.3 万吨，柴油过剩 488.3 万吨，煤

油过剩667.1万吨。产能过剩和库存成本的提高使炼化企业的盈利受到挤压，经营风险增大，随着炼化产业的发展，产品结构逐步优化，库存水平合理调整，产能过剩的局面得到一定程度的缓解，但真正解决产能过剩问题任重道远。在供给侧改革思路的引导下，炼化产业产能问题将被推升至新高度，未来为化解产能过剩问题，落后产能退出机制将是发展趋势。

(二) 油品升级步伐加快，部分地方炼厂受到冲击

油品升级需要投入大量的资金和技术，但许多地方炼厂装置落后，在生产能力和资金链方面存在较大问题，难以跟上油品升级的步伐。例如，山东地炼生产能力落后，目前以生产国Ⅳ标准汽油为主，可生产国Ⅴ标准汽油的厂家仅有13家左右，占地炼厂家的22%；而柴油质量升级则较慢，可生产国Ⅴ标准柴油仅有4家。而由于产能过剩加剧，地方炼厂炼油利润一直处于盈亏平衡点附近，在这种情况下，地方炼厂响应油品升级，投入大量资金升级技术装置变得更加艰难，炼化产业的低迷会进一步加剧地方炼厂的淘汰。

(三) 设备技术水平有待提升、装备“走出去”能力有待加强

目前，中国炼化企业的技术与国际先进水平相比仍存在较大差距。虽然石油和化工设备的国产化率已达到85%以上，但在关键技术和设备上依然存在瓶颈，由于国产设备的连续稳定性低于进口设备，企业的安全生产及后期维护受到比较大的影响；而产品的研发周期过长，研发能力受限，成套大型设备和高端产品设计和制造能力缺乏，核心关键部件、核心技术和装备主机配套设备依然受制于国外。与此同时由于中国炼化装备制造企业与国外工程公司联系不紧密，致使国内不了解国外所需装备的具体规格，炼化装备质量与国外企业的要求有一定差距而难以打入海外市场，设备出口额占企业销售额的比重相对较小，这也使得真正能“走出去”的装备炼化企业较少。

(四) 企业环保压力加大，地炼竞争格局变化

炼化产业是传统的高能耗、高污染产业，其污染防治与生态保护一直受到社会高度重视。国家密集出台了新《环境保护法》、“气十条”、“水十条”及石油炼制工业和石油化学工业污染排放新标准等法律法规，环保政策导向已由污染物总量控制转为环境质量改善，对企业环保工作提出了更高要求。新出台的环保法增加了信息公开和公众参与的相关条例，强化了政府和相关部门在环境改善中的责任，强调了企业在环境污染治理中的责任，同时加大了处罚力度，增加了企业的违法成本。在逐步加大的环保压力下，一直在夹缝中生存的地炼企业或将面临生死存亡的境况。由于油品升级和环保减排力度的增加，炼化企业环保成本提高，

炼化企业的利润空间被压缩。同时，由于地炼企业规模较小，升级条件和设施较弱，这意味着地炼企业需要巨额的投资来进行技术改造，巨额的改造成本将对地炼企业产生冲击。如何在重重压力下维持自己的竞争优势，如何在新一轮的地炼企业洗牌中脱颖而出，是地炼企业亟待解决的问题。

综上所述，在2015年中，中国炼化产业正面临产能过剩、油品升级带来的地炼企业竞争压力、技术装备水平亟待提高以及环保压力倒逼地炼竞争格局变化的重重挑战，这些挑战将成为未来炼化企业能否发展的关键。

三、2016年中国炼化产业的展望

持续下降的油价和炼化产业的产能过剩将继续影响中国炼化产业的发展，但随着国家相关政策的出台，炼化产业将得到进一步整合，炼化技术与装备水平将持续提升，节能减排和安全环保工作也会得到进一步推进。

（一）炼化产业盈利能力有限

受国际油价、产能过剩和国家新政策标准的影响，2016年中国炼化产业盈利能力有限。2015年10月15日，国家发改委发布《中共中央国务院关于推进价格机制改革的若干意见》，择机放开成品油价格，推进能源价格市场化，此举有利于油品资源的合理化配置，但也会加剧炼化产业竞争，国内炼化产业利润空间可能下降。新《环保法》和油品升级提速，使得炼化企业需要投入大量资金与技术，回收成本周期较长，这将对2016年炼化企业的利润造成冲击，多种因素共同影响下，2016年炼化产业盈利能力有限。

（二）改革将使未来炼化产业呈现新格局

由国家发改委、能源局牵头制定的《石油天然气体制改革总体方案》目前已并上报国务院。其正式稿的具体内容虽尚未公布，但改革必将围绕石油天然气的内涵进行相关体制的重构，也将使未来中国石化产业呈现新格局。该方案从政府与市场、政府与国家石油公司和国家油气资源收入与国民福利的关系入手构建以市场主导的油气资源配置体制和油气收入的国民共享和代际分享机制的同时，完善政企治理和收入分配机制，希冀要通过改革，建立一个“效率为基(础)、兼顾安全、(收入)国民共享”的石油天然气体制。

（三）炼化产业落后产能将被逐步淘汰

2015年政府相继发布放开原油进口权、提升油品质量标准和实施供给侧改革等相关政策，促进炼化产业淘汰落后产能。2015年是炼化产业加速淘汰落后产能的开端，未来落后炼化企业和装置将被逐步淘汰，产业集中度将进一步提升。2015 年 2 月，国家发改委下发《关于进口原油使用管理有关问题的通知》，允许符合条件的地炼企业在淘汰一定规模落后产能或设备设施的前提下使用进口原油。这一政策使得炼厂努力淘汰落后产能，很大程度上推进了成品油市场去产能化以及环保升级的过程，落后装置即将逐步被新型节能保环装置替代，与此同时原油进口权的放开也将使部分民营炼化企业开工率上升。2015 年 5 月，国家发改委等部门联合印发《加快成品油质量升级工作方案》，指出中国应加快升级成品油质量，提前实施国Ⅴ标准，提速制定并启动国Ⅵ标准。提升成品油质量标准需要升级产能的保障支撑，所以加快油品质量升级的政策要求将促使炼化产业淘汰落后产能、购置先进产能。2015 年 10 月，国家首次提出供给侧改革，明确了从供给侧入手的结构性改革方案，引导过剩产能供给侧减量和结构改良，达到与需求侧相适应的新水平，从而实现总体价格平稳，促进企业盈利能力提升。供给侧改革将促进成品油供求均衡、优化成品油供给水平和淘汰炼化落后产能与装置，推动炼化产业发展。上述政策的提出将促使未来小型炼化产能关停并转，提升作业效率和产品质量，也可以通过兼并重组来整合资源，从而达到提高生产效率、资源利用最大化和效益最佳化的目的。

（四）创新将是炼化产业的关注重点

技术和管理上的创新将是中国未来炼化产业的主要关注点。2015 年 5 月国务院印发的《中国制造 2025》规定了中国制造业未来的发展方向，突破性地把创新驱动列为指导思想之首。文件指出需要创建有利于创新的制度环境，研发一批关键共性技术，促进制造业的数字化和智能化，推动跨领域和跨产业的协同创新。2015 年 6 月亚洲炼油和石化科技大会也总结出科技创新能力不足是中国炼化产业向国际高水平跃升的限制条件，肯定创新在炼化产业发展中的关键作用。2015 年 7 月国务院发布的《关于积极推进“互联网+”行动的指导意见》，将推进炼化产业与能源互联网进行结合，建立能源数据综合服务平台和区域综合能源系统，带动炼化产业从生产制造向服务制造迈进。2015 年 11 月发布的“十三五”规划展望在未来的五年内，炼化产业以提高质量和效益为目标，以创新为主要驱动力，加快结构调整，着力向产业价值链高端延伸，再次强调创新的驱动效应。在上述政策的指引下，中国炼化产业将会全力解决技术难题、研发创新成果，在烷基化、芳构化、加氢裂化、催化重整等核心关键技术方面协同技术攻关，推进炼化一体化工艺装置升级改造，与此同时云计算、大数据、物联网等数字化技术的应用也将成为未来炼化企业的发展方向。

（五）炼化装备走出国门、向高端化发展

国内产能过剩使得炼化产业的经营举步维艰，“走出国门，布局海外”成为众多装备制造企业打破经营困局的首选。《关于推进国际产能和装备制造合作的指导意见》指出，在炼化装备方面，中国将加大与发展中国家的合作力度，尤其是以那些合作意愿强烈、与中国现状契合度高、合作基础以及条件好的国家为合作对象。此外，中国还将积极拓展发达国家市场，争取早日实现“以点带面、逐步扩展”这一规划。大力推进炼化装备合作，有助于推动国内产业转型升级，随着“一带一路”战略的实施，装备制造企业“走出去”有了更加便利的条件。

中国炼化产业在核心装备和核心技术方面发展进入瓶颈，高端化成为发展新趋势。《中国制造 2025》规划的提出为高端装备制造业带来了历史发展的新机遇，高端装备制造业是以高新技术为驱动，为整个产业链带来高附加值和独特竞争力的战略性新兴产业，是推动制造业转型升级的关键。大力培育炼化装备的高端化，有助于炼化企业提高自身核心竞争力，抢占未来科技和经济发展的制高点；有助于中国加快经济发展方式转变步伐，实现由制造业大国向制造业强国转变的战略规划。

（六）低碳环保将成为产业发展趋势

由于以往排污费的惩罚力度不足，国家将出台环境保护税法，以税抵费加大对排污企业的惩罚力度，该项政策的出台将引导炼化企业迈向低碳环保的绿色发展模式。2015 年 6 月 10 日国家国务院法制办、税务总局、环境保护部起草了《中华人民共和国环境保护税法（征求意见稿）》向社会广泛征求意见，环保税法的最大特点是将排污收费改为征收环保税，强调“污染者付费”和“污染者担责”的原则。炼化产业被列入“重点监控（排污）纳税人”之列，环保法和环境保护税法的出台必将倒逼炼化企业转型升级，迫使炼化企业不得不增加环境保护投资，加快油品质量和技术的升级速度，低碳环保将成为产业发展趋势。与此同时，巴黎时间 2015 年 12 月 12 日《联合国气候变化框架公约》196 个缔约方一致同意通过《巴黎协定》，29 条《巴黎协定》将为 2020 年后全球应对气候变化行动作出具体安排，巴黎协定不仅包含了中国对全球治理的新贡献，也为中国发展模式的转变带来了新机遇。

综上所述，2016 年炼化产业将继续面临油价波动，产能过剩和竞争激烈等问题，但中国各项改革措施的实施，将促进新的产业格局的形成，为炼化产业提供更多机遇。

中国油气管道产业发展分析与展望

2015年，中国油气管道建设持续保持稳定发展。截止目前，中国陆上油气管道总里程超过12万千米，覆盖31省市和特别行政区，近10亿人受益，标志着中国油气骨干官网格局基本形成。经过两轮国产化重大科技专项攻关，中国油气管道关键设备国产化率已达到90%，节约投资达20%以上。尽管自2014年下半年以来受国际油价低迷影响，国内油气管道建设速度相对放缓，但随着“一带一路”战略、鼓励基建投资政策及国企深化改革等一些积极因素的效果逐步显现，国内油气管道建设有望提速，并更趋完善。

一、2015年中国油气管道产业发展分析

（一）国内管线建设状况

1. 原油、成品油管道建设稳步推进

2015年11月12日，日照港岚山港区30万吨级原油码头管道扩建工程通过竣工验收。该工程位于日照港岚山港区中作业区，建设一个30万吨级原油泊位及相应配套管道设施，设计年通过能力1850万吨。截至2015年11月，岚山港区已建成两个30万吨级原油码头，年总通过能力达3850万吨。该工程建成可缓解内地原油供应不足，促进腹地经济发展、进一步巩固和提高日照港在国家能源运输体系中的重要作用。

仪长原油管道复线仪征至九江段开工。仪征长岭原油管道复线工程仪征至九江段长560千米，由中国石化管道储运公司投资建设。管道直径为864毫米，设计最大运行压力8.5兆帕，设计年输油量2000万吨。仪长复线建成后，仪长线的原油将由依靠港口驳船运输改为直接通过管道运输，可大幅提升仪长线输油能力，进一步缓解长江中下游地区用油压力。

新东（营）辛（店）原油管道投产成功。老管道停用并申请报废，新管道“接棒”继续承担向齐鲁石化输送原油的任务。新管道彻底消除了老管道的安全隐患，并增加了向齐鲁石化的输油量，年输油能力将由目前的300万吨提升至800万吨以上。作为中石化第一条职能化管道，新东辛特有的原油管道特有的智能系统为管道安全提供了保障。

2015 年 3 月 24 日，由中国石化投资 23.5 亿元、历时 2 年多建成的江苏苏北成品油管道各项设备实施指标运行良好，全线正式投入运行，实现了江苏除沿海 3 地市外其他 10 地市成品油管道全覆盖，标志着江苏现代化成品油管输体系全面建立。江苏成品油管道(苏北)工程由管道工程和配套油库工程组成，全长 618 千米，管线年设计总输量 545 万吨，包括扬子—泰州、扬子—新沂两条干线和淮安—盐城支线。配套油库总库容共计约 45 万立方米，包括南京玉带油库等 4 座改扩建油库和泰州溱湖油库等 3 座新建油库。其中，南京玉带油库库容 23 万立方米，是江苏省最大的成品油管道周转库，除连通苏北管道外，还通过穿江管道连接苏南成品油管道，且具备双向输送功能。

浙江诸暨—桐庐成品油管道及配套油库工程进展顺利，已完成管沟回填 50%，扫线 80%。2015 年 6 月成品油管道工程主体已完成，年底具备通油条件；2016 年底桐庐油库建成，诸暨—桐庐管道工程将全线投入使用。目前，中石化在浙江已建成镇杭、金嘉湖、甬绍金衢三条成品油长输管线，管道全长 800 千米。

2. 天然气管道建设快速发展

河南将新增天然气管道。2015 年 5 月 13 日，“中原—开封”输气管道工程河南濮阳段开始进行施工。该项工程是连接中原油田及榆济线向河南供气的主要管道，全长 221.5 千米，设计年输气量为 30 亿立方米。项目建成后，对优化濮阳、开封、兰考、郑州及沿线地区能源结构，推进地方节能减排，改善大气环境质量，促进区域经济发展等都具有着重要作用。

如东—海门—崇明岛天然气气管道长江定向钻穿越施工。这项工程北起江都—如东管道二期工程如东分输清管站，南至上海市崇明岛，线路全长 89.5 千米，管径 610 毫米，管线出海门分输站后穿越长江到达崇明岛。该工程建成后，可以满足上海市及江苏省对天然气日益增长的需要，并可与上海市天然气管网连通，成为中石油向上海市供应天然气的第三战略通道。此次管径 610 毫米、长度 3500 米的管道穿越施工，创造了世界管道穿越的新纪录。

西气东输供港天然气造福香港。2015 年前三季度广州通过西气东输项目共输港天然气 10.84 亿标方，同比增长 3.6 倍，货值约 6.66 亿美元。供港天然气由广州检验检疫局全面负责其品质和数量的检验监管。据该局统计数据显示，从 2012 年年底试供气至 2015 年第三季度已安全输港合格天然气 15.29 亿标方，货值达到 12.14 亿美元，安全质量事故为零。

(二) 国际管线运营和建设情况

1. 中俄东线天然气管道境内开工

中俄双方曾于2014年5月上海亚信峰会期间签署了《中俄东线天然气购销合同》，合同期为30年。双方约定，2018年俄罗斯开始通过中俄东线向中国供气，供气量逐年增长，最终达到每年380亿立方米。

2015年6月29日，管道中国境内段开工仪式在北京、莫斯科和黑河施工现场三地通过视频方式举行。根据初步设计，中俄东线天然气管道国内段起自黑龙江黑河市，途经黑龙江、吉林、内蒙古、辽宁、河北、天津、山东、江苏和上海9个省区市，止于上海市。为合理安排项目建设周期，中俄东线天然气管道国内段分为北段(黑龙江黑河—吉林长岭干线及长岭—长春支线)、中段(吉林长岭—河北永清)、南段(河北永清—上海)，分别核准和建设。

2. 中巴石油管道开始建设

中国将承建伊朗到巴基斯坦天然气管道的巴方境内一段，项目预计总投资额达20亿美元。2015年4月伊朗曾与美国及其他世界强国之间就伊核问题达成框架协议使伊朗到巴基斯坦天然气管道项目重启迎来曙光，中国石油天然气管道局将承建该项目的巴方境内一段，预计项目投资额为15亿~18亿美元，若将瓜达尔的一个天然气出口终端项目囊括在内，总投资额将达20亿美元，项目建设期2年，项目协议已于2015年4月中旬签署。一旦最终协议落地，欧美将撤销对伊朗实施的能源出口禁令，中东地区油气管道建设将迎来转折。

3. 中缅天然气管道投入使用

2015年4月7日11时，中缅天然气管道(缅甸段)当达分输站向缅甸境内的敏建门站开阀输气。至此，包括皎漂、仁安羌、曼德勒三个分输站在内，这条管道按照合作协议所设定的四个缅甸分输站已全部投入使用，每年可为缅甸供应天然气4.73亿立方米。

中缅油气管道是中国西南方的能源进口战略通道，其中天然气管道干线全长2520千米，原油管道和天然气管道均起于缅甸西海岸的皎漂市，从云南瑞丽58号界碑进入中国境内。中缅原油管道设计年输量2200万吨，天然气管道年输天然气120亿立方米，并于2013年开始向中国国内供气。中缅天然气管道干线在缅甸段境内的长度达793千米，当达分输站位于中缅天然气管道中部。当达至敏建分输管线全长21千米，一期计划每年分输天然气2亿立方米，主要用户是曼德勒省敏建发电厂。随着分输工程的投用，敏建发电厂即将投产。发电厂一期发电量约10万千瓦，包括缅甸第二大钢铁厂在内的企业及数十万缅甸民众将从中受益。截至目前，中缅天然气管道(缅甸段)已在缅甸输送天然气2亿立方米，成为当地电力供应、工业发展的能源保障。

4. 中亚天然气管道安全运行

中亚天然气管道西起土库曼斯坦和乌兹别克斯坦边境，穿越乌兹别克斯坦中部和哈萨克斯坦南部地区，经新疆霍尔果斯口岸入境，全长1833千米，截至2015年11月已实现A、B、C三线并行，入境后与国内西气东输二线、三线管道相连，年输送能力达到550亿标方。中亚天然气管道在推动中国与中亚国家间的能源合作、建设丝绸之路经济带中的战略地位日益凸显，它的安全平稳运行对保障国内的天然气供应和调整中国的能源结构都具有十分重要的意义。为持续增强战略通道的保障能力，中石油中亚管道公司创立“建运并举”的国际化管理体系，与联检部门进行密切协作，从根本上践行着“快速优质建设，安全平稳运行”的管理理念，实现了这条能源大动脉的建设、运行、安全和管理的高质量、高水平。

(三) 油气管网改革取得突破

《石油天然气体制改革改革建议》已经形成并上报，2016年前有望正式公布。新一轮油气总体改革的思路涉及石油天然气上中下游各领域的市场准入和价格放开，其中核心是上游放开和管网分离。

“管网分离”意味着未来三大石油公司占有的输油管网和输气管网或将被剥离成独立的油气输送公司。这需要体制理念上的转变，把中石油、中石化两大公司从纵向一体化管理引导向资本项管理。随着上下游的逐步放开，像码头等公共设施要向第三方开放，实现独立核算，这些是下一步改革配置市场资源的关键。目前，随着国企混改启动，中石油、中石化的内部改革重组也在逐步跟进。中石化已经完成销售公司重组，原油管道业务也已成立专业化子公司，为进一步改革做铺垫。

(四) 油气管道技术进步显著

1. 深埋天然气管道精确探测技术研究成效显著

为保障天然气管道安全运行，探寻深埋天然气管道精确探测的方法势在必行。2015年5月浙江省杭州市城乡建设设计院有限公司开展了针对天然气管道周边第三方施工的安全咨询评估工作，通过评估增强了第三方建设单位、设计、施工及当地政府部门对管道安全风险的认识，建立了安全施工监督机制，对减少事故的发生发挥了极为显著的作用。通过对深埋天然气管道探测方法准确性、可靠性的研究，在实践中探索以人工地震波法(如瑞雷波法、地震映像法)、磁梯度法、孔中雷达法为主的综合探测方法，实现深埋管道平面位置与埋深的精确定位，切实保障了管线运行安全。这对做好安全咨询评估工作，确定地下管道的准确位置至关重要。

2. 西二线管道高压输气技术研究成果通过验收

2015 年 6 月 30 日，中石油集团科技管理部在北京组织召开中国石油股份公司重大科技专项“西气东输二线工程关键技术研究(二期)”专家验收会。西气东输二线工程是中国第一条大规模采用 X80 高钢级、大口径、高压输气管道。经过持续攻关，专项取得 6 大系列成果、43 项特色技术、25 类产品、6 种重大装备、17 套软件、89 项标准、126 项专利及 95 项专有技术，实现 X80 钢级钢管及管件、20 兆瓦级高速直联电驱压缩机组、30 兆瓦级燃驱压缩机组及高压大口径全焊接球阀、油气管道 SCADA 系统软件等重大管材、装备、软件的国产化、自主化和替代化，形成高钢级管道施工和运行管理集成配套技术，建设和完善三个国家级和三个集团公司级科研条件平台，培养了一支高水平的研发团队，取得良好的社会和经济效益。其中，X80 钢级钢管应用 400 多万吨，20MW 级电驱压缩机组、高压大口径全焊接球阀等重大装备实现规模应用，彻底摆脱国外垄断，节约直接投资 200 多亿元。

3. 天然气管线运行保障技术研究成果初现

截至 2015 年 10 月中石油管道公司已掌握高寒地区大口径、高钢级、高压力、高输量输气管道建设与运行技术，完成管道中心线及弯曲应变内检测技术、输气管道站场降噪装置定制技术的推广应用，并推动国产化输油泵机组、调压阀、泄压阀、变频器在庆铁四线等油气管道应用。仅管道中心线及弯曲应变内检测技术推广应用一项，就节约检测及数据分析费 221 万元。实现输油泵机组、调节阀和泄压阀国产化。这项成果已应用于西二线、西三线等重大油气管道工程建设，创造直接经济效益 15. 8 亿元。18 台国产泵机组在鞍大线、抚锦线推广应用，节约采购成本 1000 多万元。管道公司通过优化稠油常温混输工艺，为日东管道增输 43 万吨，创效 2537 万元；将低温输送 0 号柴油技术应用于吉长管道，增输油品 8 万吨，增收 770 万元；将加降凝剂综合处理输油工艺应用于长呼原油管道，降低成本 76 万元。

4. 煤层气管道非穿越开挖技术成功运用

2015 年 6 月 1 日，晋煤集团煤层气管道工程首次成功运用非开挖穿越技术，在吕梁地区沙曲区块至下峁芝站安装了 600 米长的地下穿越主管线，经近半年试运行。各项指标均达到设计要求。沙曲区块至下峁芝压缩站主管线全长 3000 米，将有近1000米可以采用该工艺，工期可缩短一个月。届时，煤层气输送能力将达到10万立方米，已完成的主管线可为下岨芝压缩站每天提供近2万立方米的煤层气。非开挖穿越技术是指通过导向、定向钻进等手段在地表极小部分开挖的情况下，敷设、更换和修复各种地下管线的施工新技术，易于调整铺设方向和深埋管线，使管线绕过地下障碍物，有效解决管道不开挖敷设的难题。同时，该工艺的实施还可减施工协调难度，节约施工时间，提高管线施工效率。

二、2016年中国油气管道产业发展展望

当前，中国油气管道建设处于黄金机遇期。未来一段时间中国石油企业将规划建设多条油气管线，政府和企业将持续推动管道设备国产化研制和应用，带动装备制造行业发展，提升竞争力，促进相关产业转型升级。同时，结合"一带一路"战略，中国油气管道将不断推进标准国际化，增进与国际标准组织的交流合作，提升标准化主导能力。按国有企业深化改革的要求，油气管道产业也将面临如何改革的话题。由于油气业务受资源可获性的条件影响较大，即有其特殊性，不能将油气管道简单与其他产业改革相提并论。其改革必须服从于国家能源发展战略，必须遵循石油行业发展规律和基本特点必须坚持问题导向，突出重要领域和关键环节，切实解决好制约油气管道行业发展的体制机制性障碍。

（一）油气管道国产化率将进一步提高

随着中国管道建设的快速发展，实现油气管道关键设备国产化的必要性日益迫切。油气管道关键设备国产化既是国家的要求，也是输油气企业降低建设和运营成本的需要。当前中国油气管道装备国产化工作依然面临着许多挑战，受国家能源局委托，中国机械工业联合会和中国石油天然气集团公司在北京举行油气管道关键设备国产化联合研发启动会，标志着油气管道关键设备国产化研究进入实质启动阶段。关键设备国产化后，至少会带来三大优势：一是缩短供货周期，保证工程进度；二是产品售后服务响应及时，一旦发生故障，可在最短时间内修复；三是可以显著降低建设成本、运行成本，从而有利于稳定能源价格。到"十三五"末，中国要进一步提高实现油气管道装备国产化率，形成自己的装备国产化知识体系。

（二）"一带一路"助推能源通道建设，油气管网设备需求有望激增

受益"一带一路"和国内需求叠加影响，油气管道相关公司业绩将开始逐步回升。另据环保部网站近日披露，总投资1590亿元的中石化新粤浙管道，于2015年4月10日至23日完成了环保部环评公示，后续开工进程将提速。随着国

内重大能源通道建设的推进，以及“一带一路”战略助推，油气管道的需求量将迎来加速释放期。

在稳增长的倒逼下，国家发改委提出的七大工程包建设将提速，油气管网作为重要组成部分，有望获得先发优势。环保部网站公示，中石化新粤浙管道环评公示已完成，为后续招标建设做好铺垫。从将要或正在启动的工程来看，中石化主导的新粤浙管线，总投资 1590 亿元，预计拉动主干线管道需求量为 420 多万吨，支线加城市管网的需求量是主干线的 4 倍至 7 倍。西气东输四线工程总投资 360 亿元，已开展前期工作，预计拉动油气管线用钢量 100 多万吨。参与大型招标体系中的企业仅 10 余家，总体产能为 700 万吨左右，供需结构相对平衡。

（三）管道互联互通进一步推进

能源合作作为“一带一路”战略的重要组成部分，在互联互通建设中将发挥重要作用，也给国内油气管网设备企业带来新增市场空间。目前中国原油、天然气进口比例分别接近 60%、30%，为对接油气进口，已基本形成东北、西北、西南和沿海四大能源进口通道。同时，为将进口油气和新疆、内蒙等自产气输送至各个城市，又启动了西气东输一线、二线、三线以及陕京线等工程，西气东输四线也在规划中。在中俄、中巴等重大能源工程的推动下，中国油气管网设备迎来走出去机遇。

预计，在中石化新粤浙管线、中俄天然气管线等重大工程的推动下，国内油气管材设备需求迎来新机遇。中石化主导的新粤浙管线，总投资 1590 亿元，预计拉动主干线管道需求量为 420 多万吨，支线加城市管网的需求量是主干线的 4 倍至 7 倍。西气东输四线工程总投资 360 亿元，目前已开展前期工作，预计拉动油气管线用钢量 100 多万吨。中俄长输管线开工，将会需要大量高端油气管道，将大大提高油气管道市场的景气度，利好管材等油气设备市场。另外，油气改革的加速，民营资本有望在油气工程建设招标中，获得更多的市场份额。

根据“十二五”规划，中国 2011～2015 年计划新增油气管网总里程为 7.34 万千米，但由于种种原因，截至目前完成不足 4 万千米。考虑在建与即将建成的项目，后期还有约 2 万多公里的规划目标需要调整。目前中国油气管网的覆盖程度与发达国家相比还有很多差距，网络化是未来管道建设的主要趋势。与此同时，在油气管网的建设中，关键设备与技术对管网建设有着重要的推动作用。

（四）“互联网+”与“四化”管道建设

“互联网+”模式的应用越来越普遍。“互联网+”，就是“互联网+各个传统行业”，但并不是简单的相加，而是利用信息通信技术及互联网平台，让互联网与

传统行业进行深度融合，创造新的发展生态。“四化”即“数字化”“智能化”“信息化”“效能化”，追求的是将管道工程建设与以云计算、物联网、大数据为代表的新一代信息技术的深入融合和创新，从而带动中国油气管道建设和运行向更加安全、智能、高效的方向发展。

目前，随着世界工业的升级发展，作为世界五大运输方式之一的管道运输，正朝着智能化方向发展。“四化”管道追求的是将大数据、云计算、物联网等先进的信息技术融入管道工程建设中，从而建设能够自动运行、预警、决策的智能管道。“四化”管道定义了中国油气管道的发展方向。未来，管理人员可以通过管道建设时录入的数据，随时调出管道的三维图形，使敷设在地下的管网显性化。同时，智能系统对管道的运行情况实时监控并作出合理分析判断，使管道运行更加高效、节能、安全和环保。

(五) 油气改革方案落地后油气管道或独立上市

随着国企改革的不断深入，管道可能独立出来，组建独立的管道公司。管网公司独立，一定程度上会削弱石油公司上下游一体化的优势，但另一方面能够促使油气源多元化和定价市场化，推动产业发展，反过来促进管道的建设和投资。对于油气行业中小公司而言，上游新进入的天然气供应商不用担心天然气生产出来销售不出去，下游城市燃气商能够获得更加稳定的气源供应，消费者则有望因气源多样化、气价市场化而享受到天然气价格进一步降低的福利。

剥离的管道公司可能作为一家公众上市公司，财务指标将更加透明，治理结构将更加科学，接受公众监督，投融资渠道将进一步拓宽。而现有的长输管网已经在上市公司中，不能直接进行划拨，需要进行现金购买。如果仍然以上市公司为平台，国家就可以避免大比例的现金支出，实现股权独立。

合 作 篇

2015年，中国的油气海外合作亮点频闪。中石油在全球30多个国家运营90多个油气合作项目，伊拉克哈法亚项目三期工程30项EPC合同中10项已授标；中亚天然气管道哈南线工程巴佐伊压气站开工建设；中缅天然气管道(缅甸段)分输站全部投用；中缅原油管道境外段工程在马德岛港举行预投产仪式，首艘30万吨油轮进港并向原油罐区注油，海外油气业务新增原油可采储量完成年度计划58.9%；实现油气当量权益产量3735.3万吨，完成计划55.3%，比上年同期增长18.6%。中石化在全球27个国家执行53个油气投资合作项目，遍布非洲、美洲、中东、俄罗斯、中亚和亚太六大油气区；并与俄石油联合开发俄两油气田，购两公司49%股权。中海油全球战略布局基本完成，国际化运营能力不断增强，公司海外资产占比达39.0%，海外收入占比达50.5%，海外油气产量占比达42.3%。中海油始终坚持“合作共赢”的原则，不断扩大国际能源合作，在“走出去”的同时，通过“引进来”加大对外合作力度，迄今已与21个国家和地区的79个石油公司签订206个对外合作合同。

截至12月底，中国海外油气业务新增原油可采储量完成年度计划58.9%；实现油气当量权益产量3735.3万吨。

中国海外油气业务主动适应新常态，面对国际油价持续下跌的严峻挑战，制定“全面开源节流降本增效工作实施方案”，实施效益优先、低成本发展、差异化管理、创新驱动等“四大策略”“八大举措”，通过合同复议降低采办成本、减员增效控制人工成本和管理费用、开展生产作业效益评价提高生产效益，实现主要成本指标全面下降目标。同时以降本增效为中心，海外油气业务立足油田“二次开发”，继续推动“三大工程”，有效减缓老油田产量递减，提高合同期内采收率，努力实现增产增效。海外勘探向高效储量发现倾斜，油气滚动勘探取得多点新发现。结合项目最低义务工作量、勘探期及勘探延期等情况，勘探部署向可快速动用、快速建产的区块倾斜，对高地质风险项目放缓勘探节奏，调减勘探投资计划。

中国油气国际合作分析与展望

2015年中国企业海外油气权益产量增长较为缓慢，突破了1.5亿吨。其中，中石油油气权益产量达到约7300万吨；中石化油气权益产量超过4000万吨；中海油油气权益产量达到2350万吨，其他石油公司油气权益产量约1350万吨。从世界范围看，国际油气价格下行压力增大，全球能源市场处在一个大调整时期，能源技术、能源市场、能源资源政策正在发生重大改革，进行能源转型与革命成为了各国普遍的做法，非常规油气国际合作异军突起。

国际能源格局和地缘政治格局发生的深刻变化，使中国的油气国际合作面临巨大的机遇和挑战。一方面，中国石油企业扩大和加深油气合作面临难得的战略机遇。首先，地缘政治格局变化带来战略环境转变。其次，非常规油气发展正在改变世界油气供应格局。最后，美国能源独立和欧洲需求多元化正改变全球油气贸易格局。此外，乌克兰危机以及中俄油气合作的加快推进，也推动了欧洲能源的多元化进程。未来，欧洲将加大从中东和北非地区的能源进口，增加对阿塞拜疆和中亚国家的上游投资和管道建设。另一方面，"一带一路"的油气合作仍然面临着地缘博弈加剧、政治风险突出、合作政策收紧、开发难度加大等严峻挑战。因此在"一带一路"重大战略构想指引下，需紧紧抓住全球油气格局变化和地缘政治格局调整的战略机遇，以各国战略利益为切入点，以油气合作为先导，打造能源合作升级版，促进各国共同发展。

一、2015年中国油气产业国际合作概况

2015年，全球油气地缘政治格局加速调整，大国博弈加剧，地区冲突不断。美欧与俄罗斯激烈对抗，中东极端武装势力异军突起，加之国际油价持续低迷的大背景，相比2014年，这一年中国油气产业国际合作业务较少。继2014年中俄能源合作取得重大进展以来，天然气管道正式进入建设阶段，供气协议更具保障，同时中俄油气合作开始往上游勘探业务延伸；中国与苏丹、委内瑞拉的油气合作进一步深化；除LNG供销合作外，中国在页岩气方面的国际油气合作也有所起色。

（一）中石油国际油气合作成果

1. 与俄天然气工业股份公司签署备忘录

2015 年 5 月 8 日，中石油和俄罗斯天然气工业股份公司签署了备忘录，双方将再建一条通往中国的天然气管道，每年向中国出售 300 亿立方米的天然气。5 月 2 日俄罗斯总统普京签署协议，批准通过中俄东线天然气输气管道向中国供应天然气。而此项合作的展开，相当于得到了俄方的再保障，对中俄双方都具有重大的战略意义。随着中俄天然气管道正式进入建设阶段，未来以天然气为契机，中俄两国能源合作将全面升级，在石油、煤炭等领域将展开深度合作。

2. 与苏丹在油气领域合作加强

2015 年 9 月 8 日，苏丹石油部表示将在苏丹境内的东部红海和西部油气带等区域与中国合作进行油气勘探和开发，并全面提升与中国在石油、天然气领域合作，建立互利互惠的油气供求新型伙伴关系。同时，苏丹还将从中国引进天然气加工技术，以提高现有天然气的产量，满足苏丹国内需求。9 月初，苏丹总统巴希尔访问北京期间与中石油高层举行了重要会议，并达成了增加苏丹石油产量的共识。2015 年是中苏石油合作 20 周年，中苏石油合作已涵盖勘探开发、管道运输、炼油化工和油品销售等环节。

3. 与 BP 签署战略合作框架协议

2015 年 10 月 22 日，中石油与英国石油公司（BP）签署了《战略合作框架协议》。协议主要涉及在四川盆地的潜在页岩气勘探和开采以及在中国的燃油零售合资企业等。

（二）中石化国际油气合作成果

1. 与 BP 成立船用燃料油合资公司

2015 年 5 月 19 日，中石化燃料油销售有限公司与 BP 在新加坡组建船用燃料油合资公司——BP 中石化船用燃料油合资公司，双方各占股 50%。合资公司将以双方现有燃料供应网点及配套设施等资源为基础，共同拓展全球船用燃料油市场。除在新加坡提供相关燃料供应服务外，还将在全球其他重要的港口如阿联酋富查伊拉、比利时安特卫普、荷兰鹿特丹和阿姆斯特丹以及中国天津、青岛、上海、宁波和深圳等地为客户提供相关服务。

中石化燃料油销售有限公司成立于 2010 年 6 月 5 日，是中石化旗下以船供油为核心业务的专业化公司，目前在国内船供油和海外船供油两大核心业务市场占有率均超过 30%以上。BP 是全球知名和领先的船用油料供应商，拥有完善的全球船供油网络。

2. 与俄罗斯石油公司签订合作框架协议

2015 年 9 月 3 日，中石化与俄罗斯石油公司签订了《共同开发鲁斯科耶油气田和尤鲁勃切诺—托霍姆油气田合作框架协议》。中石化有权收购俄罗斯石油公司所属东西伯利亚油气公司和秋明油气公司这两家公司 49%的股份。这两家公司分别拥有鲁斯科耶油气田和尤鲁勃切诺—托霍姆油气田的开发许可证。协议所涉油气田发展前景广阔，两座油气田均位于俄罗斯石油公司的重点经营地区，共同开发致密原油贮藏将有助于双方共同降低项目运营风险。这是近两年来俄罗斯向中国石油公司开放合作的第二个油气勘探开发项目，合作也将在资金、技术和实施能力等各方面提升项目实力，并有望进一步扩大勘探开发合作。

3. 与俄罗斯西布尔集团签订战略投资协议

2015 年 9 月 3 日，中石化与俄罗斯领先的天然气加工及石化产品公司西布尔集团签订了战略投资协议。中石化将购买西布尔股份，成为其战略投资者，此次投资将进一步强化双方的市场领先地位和中俄两国间的伙伴关系。西布尔的资源—石化一体化发展方向，与中石化的主营业务有很高契合度。此次战略投资符合中石化化工业务海外战略布局的总体要求，双方持续的伙伴关系将协助中石化确保多元化石化产品的长期来源。

（三）中海油与洛克石油签订产品分成合同

1. 与洛克石油签订产品分成合同

2015 年 8 月 19 日，中海油与洛克石油分别就南海两个油气区块签订了产品分成合同。根据合同规定，在勘探期内，洛克担任两个区块的作业者，将在这两个区块进行勘探作业并承担 100%的勘探费用。进入开发阶段后，中海油将有权参与合同区内任一商业油气发现最多 51%的权益。

洛克石油有限公司是澳大利亚主要的上游石油天然气公司之一，在中国、东南亚和澳大利亚开展业务，目前在澳大利亚证券交易所上市交易。

2. 与壳牌签署合作协议

2015 年 12 月 15 日，中海油与壳牌在广州签署《关于增进在大亚湾合作的重大条款协议》。根据双方协议，中海油与壳牌将扩建双方位于惠州市的合资企业。壳牌将参与正在建设中的中海油项目，在现有南海石化联合装置旁参资兴建另一套石化联合装置。中海油已经开始建设该石化联合装置，扩建项目将使南海石化工厂的乙烯产能提高到约每年 200 万吨。

（四）其他油气合作成果

1. 俄罗斯石油公司认购中国化工集团下属公司股份

2015 年 6 月 21 日，中国化工集团公司与俄罗斯石油股份有限公司（简称“俄罗斯石油”）就股权投资及原油供应签订了合作备忘录。根据双方签订的合作备忘录，俄罗斯石油将向中国化工长期供应原油，并认购中国化工下属油气公司30%的股份。

2. 延长石油与法国液化空气集团签订新单

2015 年 10 月 12 日，法国液化空气集团与中国延长石油集团旗下的延安能源化工有限责任公司（简称“延安能化”）签订了价值约 8000 万欧元的投资合同。这笔投资将用于在陕西省延安市富县建造两套空分装置（ASU），日产氧量总计可达 2800 吨。新建空分装置计划于 2018 年一季度投产，建成后可满足年产 60 万吨烯烃的需要。

法国液化空气集团是全球工业与医疗保健气体生产巨头，目前在中国建厂数量已超过 85 家，2014 年该集团全球营业总额达 154 亿欧元。

3. 中国华电与 BP 签订天然气买卖协议

2015 年 10 月 22 日，中国华电集团与 BP 签订天然气买卖协议。根据协议，每年 BP 向中国华电集团销售最高 100 万吨液化天然气，未来 20 年交易金额高达 100 亿美元。

二、2015 年中国油气产业国际合作分析

1. 中国油气产业国际合作出现的机遇

2015 年，中国油气产业国际合作业务较少，但也取得了一定的新成果。除国内三大石油集团公司海外油气合作继续发挥主体作用外，其他油气企业对外合作也取得一定进展，如中化集团、延长石油和华电集团等。中国油气产业国际合作出现了新的发展机遇，主要有：全球油价持续低迷，中国油气进口出现良机；“一带一路”逐步推进，海外收购步伐有望加快；俄罗斯加快推进东移南下战略，上游合作机会扩大。

（1）全球油价持续低迷，中国油气进口出现良机。

2015 年，国际油价继续低位运行。作为石油消费大国，自油价下跌至今，中国一直在通过多种途径获取石油资源。国内企业对原油的加速进口，不仅是企业自身层面，也包含了国家层面的调控，增加石油战略储备，有利于国家能源安全。

2009 年 11 月起，国家开发银行、巴西石油及中石化三方首次尝试“贷款换石油”合作模式。当时巴西石油与国开行签署了为期 10 年的 100 亿美元贷款协议，同时与中石化签订了原油长期出口协议。随后，中国又与厄瓜多尔、俄罗斯

等国家进行了类似合作。而 2015 年 4 月初，巴西国家石油公司与中国国家开发银行又签订了一份 35 亿美元的融资合同，以缓解目前的困境，这也意味着新一轮“贷款换石油”合作正在启动。同是 4 月，中国向委内瑞拉提供了 50 亿美元贷款。委内瑞拉的经济严重依赖石油出口收入（约占 96%），低油价导致其财政陷入困境，并且面临越来越高的违约风险。因此这笔贷款主要用于帮助委内瑞拉提高石油工程项目的原油产出，以抵消其他传统油区产量下滑的影响。目前中国对俄罗斯的“贷款换石油”规模在 300 亿美元，委内瑞拉 500 亿美元，厄瓜多尔、巴西、印度也各有部分，合计规模估计在 900 亿美元左右。低油价下，中国在国际上获取油气资源的机会增多，“贷款换石油”等模式更易被复制到更多地区。

中国油气企业进行海外投资的主要目的也是保障油气开采能力和生产能力的相对稳定，以确保油气供应和价格稳定。如果石油价格稳定在每桶 45~65 美元之间，相对于 110 美元的价格，中国进口石油就降低了 40%~50%的外汇。如果按照 2015 年 1 月进口石油价格 467 美元/吨，每吨节省外汇 312 美元，3 亿吨的石油进口就是近 1000 亿美元，假设未来石油价格基本稳定在进口到岸价格 500 美元/吨左右（55~70 美元/桶），每年年均进口石油 3.5 亿吨，每年就可以节省 970 多亿美元。进口节省的外汇资金，远远超过油气的投资总额。当前，由于石油价格下跌，很多国际石油企业需要资金支持，中国则可以利用自身外汇储备和外汇资源的优势，进行对外投资，掌握油气市场的主动权，提高合作中的地位和话语权。

（2）“一带一路”逐步推进，海外收购步伐有望加快。

自 2008 年以来，中国国有石油公司在油气收购并购领域非常活跃，但近两年，尤其是 2015 年，中国油企收购海外油气资产大幅减少，这主要是中国油企出于战略转型、削减成本支出和提高运营效率等多方面的需要。但中国“一带一路”战略的逐步推进，正为中国油气企业收购海外能源资产，以及进一步拓展中国与其他国家和地区在能源领域的合作带来了崭新的契机。“一带一路”作为中国一项中远期发展战略，必将是中国“十三五”规划的重中之重。政府相继推出了一系列举措，大型基建项目作为先导陆续投入建设，国税总局也出台了多项税收措施服务“一带一路”；在资金融通方式上，丝路基金、亚投行及金砖银行将为中国走出去企业提供更多元化的配套融资服务。同时，“一带一路”沿线国家资源各异，与中国的互补优势明显，与中国合作意愿强烈。另外，当前油价持续低位运行，这对于中国油企收购海外能源资产也同样是一个好的时机。随着“一带一路”战略构想日益明晰、战略举措逐步推进，资金充裕的中国油气企业有望加快收购海外能源资产的步伐。

（3）俄罗斯加快推进东移南下战略，上游合作机会扩大。

2015 年 1 月 24 日，俄罗斯发布了《2035 年前俄罗斯能源战略草案》，首要任务是加快进入亚太市场，预计俄罗斯在 2035 年前能源出口中的 23%将出售至亚太地区。同时，美欧对俄在金融、技术方面的制裁，以及俄罗斯被迫放弃南溪管道项目后，俄罗斯更重视同新兴市场国家的合作，特别是经济实力不断增强、市场潜力大的亚洲国家。俄罗斯大陆架开采权小幅放开，释放上游合作信号。2014 年，俄罗斯石油公司向中国油企出售了万科油田 10%股份。同时，俄罗斯总理梅德韦杰夫签署政府令，决定由俄罗斯地下资源管理局（Rosnedra）拍卖 Minhovskoe 和东 Minhovskoe 两个联邦级战略气田的开发权。俄罗斯一直对联邦级战略能源管控力度较大，此次拍卖也是其油气行业投资紧张的重要信号。2015，俄罗斯石油公司又与中石化签订了《共同开发鲁斯科耶油气田和尤鲁勃切诺—托霍姆油气田合作框架协议》。这是近两年来俄罗斯向中国石油公司开放合作的第二个油气勘探开发项目，预计俄罗斯还将不断拿出新区块，上游勘探开发的合作机会有望增多。

2. 中国油气产业国际合作面临的挑战

2015 年，中国开展油气产业国际合作面临多方面难题，不利于中国企业“走出去”，主要包括：国际油价低迷导致海外投资机会与风险并存；大国地缘政治博弈加剧及合作国本身政局动荡；海外陆上区块获取难度增大且深海作业技术落后。

（1）国际油价低迷导致海外投资机会与风险并存。

全球油气项目的规模不断扩大，项目的操作更加复杂，特别是成本超支、项目延期和融资约束等问题的存在。而 2015 年继续延续 2014 年油价低迷的状态，更是导致大型海外油气项目的成本和风险大幅增加。以委内瑞拉为例。2014 年以来，面对日益恶化的政治经济形势和萎靡不振的油气生产，委内瑞拉积极修改财税条款，变更石油公司高层，改善投资环境。2014 年，委内瑞拉将暴利税起征点由 55 美元/桶提至 60 美元/桶，税率保持不变。9 月，委内瑞拉总统马杜罗改组内阁，任命阿斯特鲁瓦尔·查韦斯为新能矿部长。此外，委政府将启动国内油价改革，或将修改长期实行的汽油价格补贴政策。不过，委内瑞拉存在的经济等风险不容忽视。迄今为止，委政府未能拿出应对经济恶化切实可行的措施方案，委债务违约情况开始出现，油价下跌也使该国重油项目的赢利能力大幅下降。

(2) 大国地缘政治博弈加剧及合作国本身政局动荡。

随着“一带一路”战略的顺利实施，中国油气国际合作将迎来一系列的新机遇，但同时也会带来诸多挑战。丰富的能源资源和优越的地理位置使得“一带一路”沿线的中亚、中东、北非地区成为大国地缘政治博弈的热点地区，从而给中国油气国际合作带来严峻的挑战。首先，美国积极实施亚太再平衡战略，加速推动建立 TPP 和 TTIP，试图对中国进行战略围堵。其次，俄罗斯虽然表示支持中国的“一带一路”战略，但其仍存疑虑。2011 年，俄罗斯提出了“欧亚经济联盟”计划，试图推动与中亚的一体化。欧亚经济联盟从 2015 年 1 月 1 日起正式投入运营，成员国包括俄罗斯、白俄罗斯哈萨克斯坦、亚美尼亚和吉尔吉斯斯坦。这一联盟与丝绸之路经济带存在着竞争因素，会对后者的建设产生不利影响。再次，为了实现能源来源多元化，欧盟积极介入中亚国家的能源开发，这也会对中国油气国际合作产生负面影响。最后，日本计划设立 1000 亿美元的基建基金，通过加强对亚洲国家基础设施建设投资阻碍“一带一路”战略顺利实施。

同时，部分“一带一路”沿线国家本身政治局势动荡。“一带一路”沿线国家油气资源比较丰富，但也存在着许多不稳定因素，投资环境不容乐观。具体体现在：中亚、中东、北非等地区局势不稳，民族与宗教问题错综复杂，极端势力和恐怖主义事件时有发生，并且部分国家财政赤字、经济基本面较差，导致投资风险较大；亚太地区各国与政治同盟之间相互利用和牵制，各国之间相互竞争，大国压缩小国油气发展空间。当前国际油价的持续低迷除了有利于中国石油企业并购海外油气资产以外，也会产生一定的负面影响，即影响“一带一路”油气资源国的经济增长，加剧局势动荡。政治局势的不稳定将极大地影响中国“一带一路”战略的实施，增加开展国际油气合作的难度，给石油公司海外项目建设带来诸多的风险。

(3) 海外陆上区块获取难度增大且深海作业技术落后。

中亚、中东以及北非对外合作较好的油田区块大部分已经被发达国家跨国石油公司和本国石油公司所占据。剩余推出的合作区块大多都位于地质条件比较复杂的陆上油田，这些含水量较高、增产潜力小的老油田对技术要求较高，投入成本大，经济效益差。而且，部分“一带一路”沿线资源国(哈萨克斯坦、土库曼斯坦、坦桑尼亚等)油气合作政策逐步收紧，对于油气合作条款要求愈加苛刻，管理协调难度大，一定程度上增加了中国石油企业“走出去”的管理和运营风险。海上领域的油气合作潜力巨大，但对技术设备要求较高，而中国海上油气开采技术非常有限，面临棘手的技术难题。未来要想加快走出去步伐，需要突破海上技术的制约，积极开展海上资源的合作。以企业为主体、市场为导向、产学研相结合的产业技术创新体系尚未完全建立，创新资源高效配置和综合集成能力较弱。油气领域核心技术的掌握成为制约中国油气企业"走出去"的重要因素，也是最值得重视的关键问题。

3. 推进中国国际油气产业合作的对策与建议

2015 年，中国在油气国际合作中的机遇与挑战并存，在不断取得新进展、新成果的同时，应更注意从以下方面进行完善，从而取得更理想的油国际合作效果：出台扶持政策引导各类油气企业参与油气国际合作；"油气输入"与"油气输出"并存；构建油气贸易中心和定价中心；优化海外投资并购战略；拓宽广泛的深层次能源合作；注重节能减排和环境污染问题。

（1）出台扶持政策引导各类油气企业参与油气国际合作。

为了推动"一带一路"战略的实施，国家正在制定相关的规划与扶持政策。油气国际合作是"一带一路"的重要内容，建议政府出台针对性的促进油气合作的扶持政策。建议统筹协调中石油、中石化等国有石油公司和民营油气企业的油气投资，逐步形成海外投资的合力；加强与国际能源组织的合作，完善区域能源合作机制；充分利用亚洲基础设施投资银行和丝路基金的资金支持，设立油气企业海外并购基金和海外风险勘探基金，拓宽海外投融资渠道；重点支持和引导非常规油气及深海油气资源国际合作；对油气企业海外大型投资项目进行决策监督，提供科学咨询，降低油气企业海外投资风险。

（2）"油气输入"与"油气输出"并存。

在推动"一带一路"油气国际合作过程中，中国既要加大油气资源进口，注重进口多元化，以满足国内油气资源需求。同时也要培养"油气输出"理念，以带动"一带一路"沿线国家油气行业与经济的发展。例如，中亚的部分国家，由于投资不足和技术的限制，导致油气行业发展较为缓慢，相关设施建设滞后。而中国石油企业在与"一带一路"沿线国家油气合作的同时，一方面，应从输往中国的石油天然气管道中留出部分油气以满足沿线国家的需求；另一方面，应加强油气先进适用技术输出、装备输出、工程队伍输出和资本输出，在沿线国家建立相应的炼油厂，延伸油气产业的下游产业链，截留部分油气资源，直接转换为能源消费产品，就地造福当地居民，推动当地经济发展。这样做能最大限度地降低中国油气进口风险，保障各方油气安全。

（3）构建油气贸易中心和定价中心。

目前，国家商务部正在研究确定"一带一路"沿线 65 个国家的自贸区战略布局。在此机遇下，国家相关部委应加强油气贸易的全局性规划与制度安排，协调各石油贸易公司的油气贸易行为，逐步分别在上海和新疆霍尔果斯建立亚太地区的海上和陆上油气贸易中心；中国石油企业应继续扩大油气贸易的规模和频次，多元化油气贸易通道，市场化贸易定价，以获得动态的油气资源保障。此外，应高度重视上海石油天然气交易中心的建设，注重油气金融衍生品的设计与发展，加快油气现货、期货贸易的电子交易和实货交易平台建设，以及天然气现货和期货产品及合约的设计，为中国建立亚太地区油气市场定价中心，推出具有影响力的油气基准价格打牢基础。

（4）优化海外投资并购战略。

尽管石油价格在下跌，但中国依然需要保持对石油战略资源的海外投资，确保价格稳定、供给稳定，在石油投资损失与进口价格受益之间平衡。不过，这不代表一定要进行大规模投资，更重要的是如何优化投资。在石油价格持续暴跌、中亚、中东地区经济发展疲软，大部分石油企业处于亏损状态，油气田区块的市场价值也在极度缩水的情况下，沿线的部分石油生产国家和企业正在寻找出路，低价出售油气田区块及公司的资产，各种并购、资产剥离、出售的机会日趋增多，为中国石油企业低成本并购带来新契机。中国石油企业应抓住机遇，在全面评估油气资源储量和地缘政治风险分析的基础上，加大对沿线国家上游油气资源的投资和并购力度，购买竞标一批新的油气区块，进行油气资源战略储备，为中国的能源安全提供有力保障。海外投资也不一定都需要拿股权、份额，而是为了增加石油产量，增加石油供应，同时促进当地就业和经济发展。中国石油投资一方面可以直接解决中国的石油资源进口，另一方面也可以通过增加生产，保障石油资源供应充足，从而稳定国际市场价格。

目前，中国石油企业在海外数十个国家都有油气项目，从美国到加拿大再到拉美、非洲、东南亚等。应该对这些国家和地区进行分类和筛选，确定以后的投资重点。其中，对于 OPEC 组织国家的投资要根据该组织的战略进行调整，若该组织不限产，则可多投资，更多应在非 OPEC 国家投资。作为长周期的油气投资，海外油气投资应该进行统筹规划和统一协调，并建立项目库、数据库，运用国际数据进行统计分析，以随时调整战略。对油气战略投资，已经不能简单就单项进行市场预测和分析，而是要进行多种能源市场供求的综合分析，要把油气需求与经济增长和经济结构变动、人口规模、节能技术、能源结构调整和新能源技术发展结合起来进行全方位战略考虑。在投资项目上，尤其要注意吸引当地资金参与和资本参与。在供求调研和分析上，既要计算中国的需求，也要考虑世界的需求，考虑区域需求的长期变化态势，即海外石油投资并不能仅仅考虑价格变动。

(5) 拓宽广泛的深层次能源合作。

首先是要拓展合作的广度，避免单一的能源合作。当前中国石油进口主要来自于中东国家，一旦其政局发生变动，中国能源安全随之受到威胁，可谓是牵一发而动全身。拓展合作广度就是要推进能源选择的多元化：在国家层面，不仅要与中东国家合作，还要与拉美、非洲国家进行合作，更要积极与中亚、东南亚等国加强合作，使得能源安全有多方面的制约与保障；在运输层面，不仅要依靠海上运输，还要发展安全的管道运输，完善中国四大能源输入通道(中亚、中缅、中俄和海上运输通道)，与相关国家共同维护能源运输安全。其次，是要挖掘合作的深度，不仅只依赖于传统的能源进口模式，还要利用政策来创新能源合作模式。比如利用“一带一路”的大战略，通过与沿途能源富庶国进行“贷款换石油”等方式，获得长期稳定的能源供给。此外，还要积极加入国际能源组织如IEA，通过意义途径共享能源信息，提高国际话语权，在能源方面占据有利的国际地位。此外，已经“走出去”的中国油企在低油价时代应将更多精力放在内在的精细化管理。除了降低能源成本、刺激国际合作之外，国际油价持续在低位运行，将大大降低油价成本对中国能源价格改革的制约，为推进能源领域市场化改革、理顺相关价格体系提供相对宽松的环境。

三、2016年中国油气产业国际合作展望

2015年，中国经济延续调整分化态势，部分核心指标有所好转，积极因素增多，稳增长政策效应有所显现，但经济运行整体下行态势仍未逆转。中国石油化工行业受国内经济增长放缓、国际竞争环境加剧、国际油价上下波动等因素影响，行业面临较大下行压力。中国的油气产业对外合作也面临了一系列的压力，但由于中国的国际地位提高，同时也存在诸多的合作机会。主要表现在如下几个方面。

(一) 中国油气行业基本实现市场化，与周边国家的能源合作升级

1. 中国油气市场改革迎来最佳机遇期

国内外油气市场供需宽松，价格下行，中国油气行业市场化改革恰逢其时。自《中共中央关于全面深化改革若干重大问题的决定》发布以来，政府部门大力推动油气市场改革，企业层面也对市场化改革给予了积极的配合。《能源发展战略行动计划(2014~2020)》提出，要“推进石油、天然气、电力等领域价格改革，

有序放开竞争性环节价格，天然气井口价格及销售价格由市场形成，油气管输价格由政府定价”。预计“十三五”期间油气行业有望基本实现市场化，定价权或将下放给企业，价格水平由市场决定，油气交易中心加速推出。中国油气市场将成为全球市场的重要组成部分，并与世界市场紧密联动。

国家将逐步放开原油和成品油进出口权。原油进口权放开后，地方炼厂有望突破原料瓶颈，实力规模将明显增强，在资源整体过剩的大环境下，成品油市场竞争将更加激烈，销售环节经营压力显著增大。此外，随着混合所有制经济加速发展，社会资本积极参与油气行业，市场竞争主体将更加多元化。在环境压力的倒逼下，企业将面临更大的结构调整压力和油品升级成本。

2. “一带一路”战略将为中国与周边国家能源合作提供发展机遇

中国通过实施“一带一路”、互联互通重大战略，启动亚太自贸区建设，建立亚投行(亚洲基础设施投资银行)、丝绸之路基金等，为中国企业扩大投资和贸易提供更加有利的合作环境，为业务拓展、结构优化、转型升级提供更大空间，有助于在亚洲地区形成产业链、供应链、价值链深度融合、梯次转移的发展新格局，并为中国石油企业树立“大资源、大市场、大合作”的发展新理念，打造油气合作升级版奠定基础。

(二) 中俄天然气合作将促进中国能源进口多元化

2014 年 5 月，俄罗斯天然气工业股份公司与中石油签署了为期 30 年的合同，俄罗斯每年将向中国提供 380 亿立方米天然气。俄罗斯开始建设东线天然气管道俄境内段，“西伯利亚力量”管道将造福沿线的俄罗斯地区。俄罗斯可以增加天然气出口，并加快其远东地区和东西伯利亚地区的天然气普及进程。这一选定路线可确保一大批俄罗斯城市和乡村得以使用天然气。该工程会创造新工作岗位，增强该地区经济的竞争力和投资吸引力。2015 年 6 月 29 日，中国已正式启动中俄东线天然气管道中国境内段的修建，为实现两国管道的对接开启了正式的旅程。

中俄天然气合作不仅将促进俄罗斯出口的多元化，而且将近一步缓解中国国内能源消费不断增长的压力，促进中国能源进口多元化。中俄能源合作一系列协议的达成，符合世界发展的趋势和潮流，俄罗斯在 2030 年前能源发展战略中，就将亚太地区在俄罗斯石油油品出口总量中的比例提高到 23%，天然气的比例提高到 31%，均有大幅的增长。中俄能源领域合作将呈现石油、天然气等一起发展，东线西线并举、上游下游协调推进的局面；中俄双方将开展更多面向未来的战略性大项目合作，包括在继续执行中俄签订的“贷款换石油”协议的基础上，吸引对海外石油加工投资有一定兴趣的俄罗斯石油公司，让他们到中国投资下游石油化工产业，形成中俄石油企业利益共生的上下游一体化产业链，推动“贷款换石油”与“市场换资源”战略齐头并进，这将为中俄全面战略协作伙伴关系增添新的内涵，注入新的活力。

（三）国际大石油公司进入战略调整期，国际油气合作主导因素将从资源转向技术与市场

1. 国际大石油公司将改变经营战略

未来较长时期内国际大石油公司的战略主线可以概括为“控制规模、保持效益、压缩投资、削减成本”。在低价格、低回报的不景气周期内，国际大石油公司将更加关注盈利能力和效益，从而进入一个降低投资强度、加强成本控制的阶段。一是削减成本尤其是运营费用。许多国际油公司都表示，希望未来三到五年公司的运营费用削减额度每年都有所增加。二是坚决执行投资控制。国际大石油公司公布的2017~2018年投资预算大多低于2013~2014年的水平，包括油砂、深水和北极在内的一些重大项目被暂停、重审或者推迟。BP表示未来几年投资将维持在预算的低端，雪佛龙、壳牌、道达尔和挪威国家石油公司(Statoil)表示2016年将有可能进一步削减支出、推迟一些业务。可能出现调整的领域包括勘探、下游、巨型项目、北美非常规、LNG等。三是加强重大项目管理。重大项目开发进度迟缓、超预算是国际大石油公司产量增长目标难以实现、投资回报率下降的重要原因，国际大石油公司将强化这方面的管理。四是兼并重组活动可能增加，目的是整合业务、控制成本、提升效益。20世纪末的低油价催生了一系列大规模并购活动，未来几年不排除油气行业出现大重组、大整合。

2. 国际油气竞合格局将从资源主导向技术与市场主导转变

在低油价下，技术创新将在降低生产运营成本中发挥重要作用，特别是随着常规资源开发难度越来越大，勘探开发重点不断向深海、非常规领域转移，国际大石油公司的技术优势在未来竞争与合作中将发挥重要作用。世界油气供需格局处于宽松态势，油气市场正由卖方市场向买方市场转变，资源主导将变为市场主导。拥有市场的石油公司，例如中国的石油公司，在国际竞争与合作中将有更大的影响力和话语权。

（四）2016年资源国油气政策将更加开放，国际油气合作空间加大

1. 资源国将通过私有化释放行业活力

油气行业进入不景气周期对资源国的影响迅速起效。如何加大对外开放，放

松控制，有效吸引外资将是未来资源国对外政策的主基调。墨西哥通过新的能源改革法案，允许私人及境外资本进入墨西哥能源产业。哈萨克斯坦将在未来 5 年内努力推进私有化进程，逐步减少政府在企业中所持的股份。俄罗斯继续推进国有能源公司的私有化进程，计划通过直接出售股权和股权置换的方式出售俄国家石油公司 19%的股份。尼日利亚将对国家石油公司进行重组，最多将 30%的资产卖给私人投资者。

2. 资源国通过出台优惠政策、改善合同条款、扩大对外招标等方式吸引投资

哈萨克斯坦通过修改投资环境相关法案，扩大投资优惠，计划在 2015 年以后颁发 50~100 个矿产勘探许可证，这是该国近年来最大规模的一次招标活动；伊朗积极调整合同模式，已在 2015 年部分实施了颁布新的回购合同，新合同在投资期限、费用计算方式、成本回收等关键条款上都有相应改善；俄罗斯小幅放开大陆架开采权，释放上游合作信号，政府决定对联邦级战略气田开发权进行拍卖。总体上看，低油价下资源国将加大对外合作优惠力度，这将给具备市场优势的中国企业开展海外油气合作提供更多机会。

3. 逐步放松出口政策，争夺市场份额

在低油价下，资源国出口收入严重下滑，经济发展困难增多。为了维持财政收支平衡，增加收入，资源国一方面将加大出口，获取更多的市场份额以及出口收入。如俄罗斯全面放开 LNG 出口政策，俄罗斯天然气工业股份公司、俄罗斯天然气出口公司、俄罗斯石油公司和诺瓦泰克这 4 家企业拥有 LNG 对外出口权，力求将在全球 LNG 市场中的份额从目前的 4%提高到 2035 年的 10%~13%。另一方面，资源国政府出于短期利益考虑，可能对外资石油企业征收更高的税率，进而加大企业经营负担和风险。

（五）低碳发展仍是 2016 年能源行业的主题

天然气作为清洁且成本可控的化石能源，是主要能源消费国的现实选择。各国纷纷出台政策，鼓励天然气勘探开发和引进。近年来，中国、欧洲多个国家都发现了可观的页岩资源储量，尽管存在一定的争议和困难，但多数国家仍选择加大页岩气开发力度，推进能源结构的清洁化。

在绿色和可持续发展的大背景下，各国能源政策更加强调低碳和清洁。美国再推低碳新政，2014 年奥巴马政府正式颁布了减排新规，提出到 2020 年全美燃煤电站实现减排 20%。欧盟发布向低碳经济转型的目标，以 1990 年为基准年，到 2020 年将温室气体排放量减少 40%。中美两国 2014 年 11 月共同发表《中美气候变化联合声明》，宣布加强清洁能源和环保领域合作。联合声明提出，美国计

划于2025年实现在2005年基础上减排26%~28%的目标。中国计划2030年左右二氧化碳排放达到峰值，并计划到2030年将非化石能源占一次能源消费量的比重提高到20%左右。2016年能源行业仍将以清洁能源作为永恒的主题予以高度的关注，在未来的国际合作领域也将会成为后起之秀。

（六）ISIS对敏感地区的国际油气公司提出巨大挑战

ISIS一直以来对石油与天然气资源都有着强烈的控制欲望，他们目前在伊拉克、叙利亚、也门及利比亚均有控制区域。ISIS组织已经多次从全球油气公司内部招募到石油工程师，此外，一些专门为油田提供钻井装备与其他设备的服务公司通过向ISIS组织免费提供设备物资而换取油田合作资质。由于ISIS在采取措施之前的油田开发形势是每年只能获利2000万~6000万美元，财力补充严重不足。ISIS组织的招募区域不会选择美国德克萨斯州或阿拉斯加州的油气企业，他们的目标主要锁定在距离管控区域较近的企业。ISIS组织正在发展壮大，他不断夺取油田控制权并通过招募石油类工程师来提振经营效率，这给油气公司提出了新的挑战——如何完善员工审查制度，预防日后对ISIS恐怖组织助纣为虐。也因此石化资源纷争必将长期存在。此外，ISIS对伊拉克石油行业发展也产生了极其负面的影响，ISIS极端势力的军事行动使伊拉克北部原油通过管线出口几乎全部中断，对东北部库尔德地区的原油生产及西北部拜伊吉地区炼厂的生产造成威胁，使伊拉克国内石油利益博弈将变得更为复杂。连锁反应是将使世界原油市场供给趋紧，对全球经济复苏可能造成不利影响，

从当前形势看，ISIS极端势力扩张并未对中国在伊拉克项目生产造成直接影响。除中石化Taq Taq油田项目外，中石油和中海油参与项目都集中在伊拉克首都巴格达以南地区，尚未遭受极端武装袭击。但从长期看，一旦极端势力攻占巴格达并继续向南部地区扩张，必将对中国石油公司在伊生产经营活动造成不利影响，中石油和中海油将必然面临中方人员全部撤离的境况。因此在2016年要加强海外投资环境研究，建立资源国各类投资风险的预测和预警机制，并不断完善海外经营风险下的应急响应机制。

（七）乌克兰问题将促使中美谋求建立竞合新关系

1. 美欧与俄罗斯在乌克兰问题上的激烈对抗影响深远

“乌克兰事件”一度成为近两年最大的地缘政治事件，导致俄罗斯与西方出现自冷战以来最严重的对峙，将深刻影响未来全球地缘政治和能源市场格局。欧盟为降低对俄罗斯能源的依赖，努力寻求进口多元化，加快与中亚、中东的能源合作步伐。俄罗斯在西方战略围堵下加快油气东移南下，特别是与中国的能源合

作将进入全方位合作的新阶段。此外，低油价和西方的制裁将长期影响俄罗斯经济发展，使之长期陷入内外交困的局面，俄罗斯对全球政治和世界石油市场的影响力下降。

2. 欧佩克的市场影响力下降，美国影响力相应提升

非常规能源革命产生的影响正从行业扩大到石油地缘政治格局领域。随着非欧佩克国家产量份额的快速上升，欧佩克的影响力和市场地位面临巨大挑战。技术进步使得世界油气勘探开发成本快速下降，低油价对页岩油、油砂等相对高成本的非常规油气资源的挤出效应将低于预期。而欧佩克内部各国对油价承受能力差异巨大，若低油价持续较长时间，甚至不排除欧佩克内部分裂的可能性。得益于非常规资源的大规模开发，美国的油气产量增长一枝独秀，油气进口量大幅减少，甚至将出口原油和 LNG，美国的战略调整空间加大，美国对世界油气市场的影响力显著增强。

3. 中美两国在世界油气等领域需要更多合作

美国通过能源独立和技术创新进一步增强了在全球政治和经济中的领导地位，增加了全球战略选择空间和灵活性，放大“能源武器”在地缘政治中的作用，进一步增强其掌控地缘政治局势的能力。2016 年，中国作为全球最大、最有潜力的油气进口国，得益于供需宽松形势下市场地位的重要性提升，将力求掌握能源合作主导权，更多参与全球能源治理，主张自身合理利益。中美两个大国需要在新的形势下加强合作，才能保证各自的根本利益。

（八）俄罗斯石油税改或将影响全球供给

作为世界最大石油生产国，俄罗斯的石油政策变化被全球密切关注。依靠增税提高财政收入，石油价格暴跌俄罗斯面临着前所未有的财政金融紧缩。俄罗斯预算收入大约一半依靠能源，原油开采和出口税占财政收入的 32%左右。经历 2015 年上半年石油价格暴跌，前 7 个月其财政收入仅为 380 亿美元，相比 2014 年同期减少了 16%。市场预计，2015 年俄罗斯经济萎缩将达 3. 9%至 4. 4%。俄罗斯财政部提出修改石油生产税收，特别是，使用 2016 年卢布兑美元汇率下的矿业开采税新计算方法，财政部拟使用卢布兑美元新汇率，这将促税收的增加，从目前石油价格减去当前汇率，使用税收减免公式，降低税收总额，财政部提出改变旧的计算方法。据俄财政部测算，这样的税收改变将在 2016 年为国库带来大约 6000 亿卢布(90 亿美元)的额外收入。

加税必然会导致原油产量下降，企业资本支出预计下降至少 20%，税改有可能推动俄罗斯整个石油行业重建，减少全球原油供给。税收提高可能令俄石油行

业的股息降低10%~30%，企业必须从投资或股息中提取资金缴纳税收。而一旦提议落实，油企的生产积极性毫无疑问将遭受打击，俄罗斯2016年石油产量或将减少700万~1000万吨(约5000万~7000万桶)，这必然对全球的石油攻击将产生一定的影响。

中国对外油气贸易分析与展望

2015 年中国全年进口原油 33549.1 万吨，出口原油 286.6 万吨，原油净进口 33262.5 万吨，对外依存度为 60.8%；全年进口成品油 408.3 万吨，出口成品油 2543.7 万吨；进口天然气 4435.3 万吨，其中管道气 2468.4 万吨，LNG1966.9 万吨，对外依存度为 31.5%。受经济形势影响，国内石油需求增速减缓，天然气进口增速放缓，民营企业原油进口资质进一步放开。

一、2015 年中国原油贸易分析及 2016 年展望

(一) 总体运行情况概述

2015 年，中国国内原油产量约 2.1 亿吨，连续五年保持 2 亿吨以上。据海关总署最新统计数据显示，2015 年，中国累计进口原油达到 3.35 亿吨，同比增长 8.8%；累计原油进口额为 1341.5 亿美元，同比减少 41.2%；原油进口平均价格为 399.9 美元/吨，比 2014 年降低 46%(表 4)。

表 4 2013~2015 年中国原油进口情况

时间	进口量/万吨	同比增长/%	进口额/亿美元	同比增长/%	平均进口单价/(美元/吨)	同比增减/%
2013-1 季度	6897	-2.32	555.2	-4.65	804.99	-2.39
2013-2 季度	6920	-0.37	523.58	-12.95	756.62	-12.63
2013-3 季度	8022	33.01	559.52	23.22	697.48	-7.37
2013-4 季度	7075	0.16	558.1	-1.88	788.83	-2.03
合计	28914	6.69	2196.4	-0.005	759.63	-6.7
2014-1 季度	7472.3	8.34	589.1	6.11	788.38	-2.06
2014-2 季度	7723.6	11.61	597.7	14.16	773.86	2.28
2014-3 季度	7652.5	-4.61	587.2	4.95	767.33	10.01
2014-4 季度	7987.3	12.89	507.3	-9.1	635.13	-19.48
合计	30835.7	6.65	2281.3	3.87	739.82	-2.61

续表

时间	进口量/万吨	同比增长/%	进口额/亿美元	同比增长/%	平均进口单价/（美元/吨）	同比增减/%
2015-1 季度	8034.2	7.50	336.25	-42.90	418.50	-46.9
2015-2 季度	8302.2	7.49	354.73	-40.65	427.27	-44.79
2015-3 季度	8525.2	11.40	355.39	-39.48	416.87	-45.67
2015-4 季度	8687.5	8.77	310.61	-38.77	357.54	-43.71
合计	33549.1	8.80	1356.98	-40.52	404.48	-45.33

数据来源：中国海关总署

2013~2015 年中国原油月度产量如图 11 所示。从图中可以看出，2015 年，中国原油总产量为 33549.1 万吨，同比增长 8.8%，与 2014 年产能基本持平。2015 年，中国原油产量总体呈现增长态势，能保障国内的市场供应。

随着中国原油对外依存度不断攀高，2015 年中国原油对外依存度超过 60%。2013 年，中国原油进口总量为 2.891 亿吨，同比增长 6.69%，涨幅较 2012 年有所上升，月度平均进口量约为 2409.5 万吨，月度产量平均仅为 1734 万吨；2014 年，中国原油进口量在经过连续 13 年的上升后，原油进口量增长至创纪录的 3.084 亿吨，2015 年，中国原油进口量更是达到了 3.355 亿吨，中国石油产需缺口逐渐扩大，意味着中国的原油进口需求将不断提高。2013~2015 年中国原油进口量如图 12 所示。

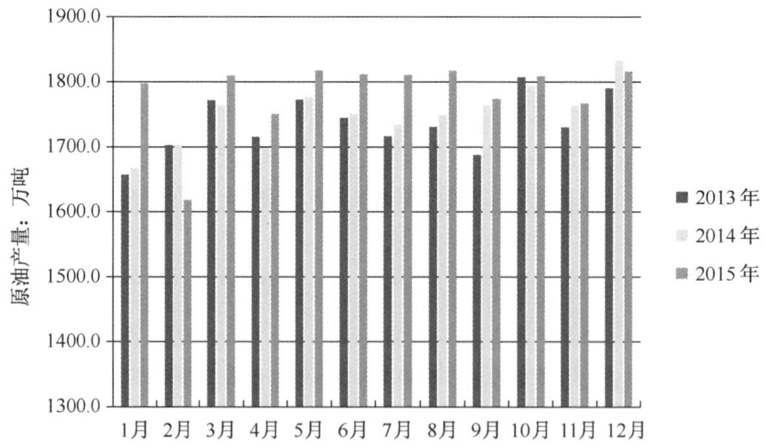

图 11　中国 2013~2015 年原油月度产量

数据来源：中国石油和化学工业联合会

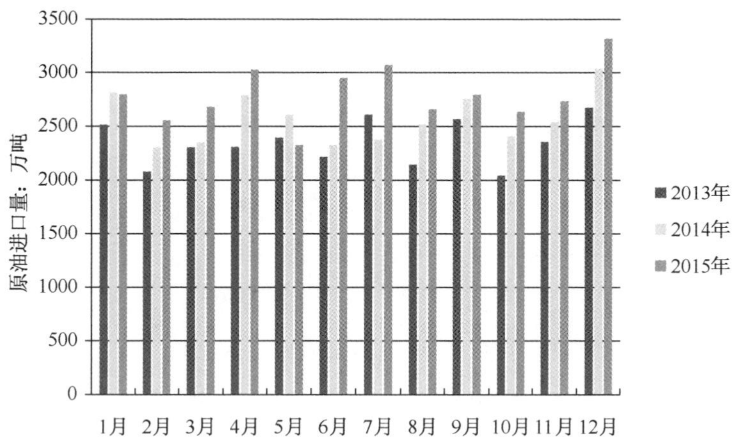

图 12　中国 2013~2015 年原油月度进口量

数据来源：中国海关总署

（二）2015 年中国原油贸易的主要特点

1. 原油进口价格创新低

2015 年全球石油供需面持续宽松，石油价格持续受压，保持在低位运行。Brent 原油期货价格在每桶 38.01~64.08 美元之间波动，WTI 原油期货价格在每桶 31.19~57.82 美元之间波动。截至 12 月底，纽约市 WTI 原油期货价格平均为 37.19 美元/桶，同比下降 37.27%，北海 Brent 原油期货价格平均为 38.01 美元/桶，同比下降 39.02%。中国原油进口价格也在随着国际油价的变动而变动，其中在 12 月份达到最低点为 316.6 美元/吨，总体稳定在 399.9 美元/吨的价位上。2014 年原油进口平均价格为 739.9 美元/桶，2015 年原油进口平均价格为 399.9 美元/桶，同比下降 45.95%，再创新低。2013~2015 年中国原油进口价格如图 13 所示。

2. 原油对外依存度不断攀升

进入 20 世纪 90 年代以来，随着经济建设的快速发展，中国原油消费量保持年均 6%以上的较高增长水平，而国内原油产量增速只有 2%左右，致使中国从原油自给自足、少量出口转变为原油净进口国，且对外依存度不断攀升。中国 1996 年原油进口量 2262 万吨，净进口量 221 万吨，首度成为原油净进口国；2004 年原油进口量突破 1 亿吨，对外依存度接近 58%，2009~2013 年均增速超过 15%，中国成为仅次于美国的世界第二大原油进口国。截至 12 月底，2015 年中国原油产量 21474.2 万吨，进口量 33549.1 万吨，出口量 286.6 万吨，表观消费量

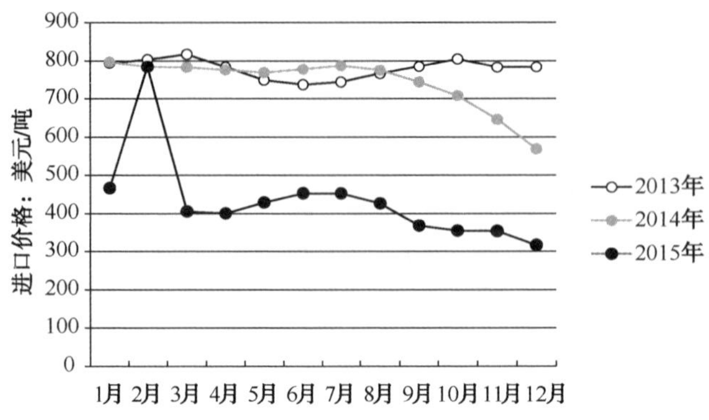

图 13　2013~2015 年中国原油进口价格

数据来源：中国海关总署

54736.8 万吨，进口量同比上升 8.8%，对外依存度超过 60%。受中国授予民营炼油厂原油进口配额、中国国有油企补充库存以及中国增加原油战略储备的影响，对外依存度将继续不断攀升。

3. 原油进口来源分散

从历年的原油进口来源分析，中东和非洲国家始终是中国原油进口的主要资源国。由于世界主要产油国地区整治局势相对不稳定，为了分散风险，国家实行多元化战略和途径，中国从中亚地区和南美洲的原油进口量在近年内开始飞速增长。随着原油消费需求和对外依存度的持续增长，能源供应安全更加受到重视，为减少对海上运输通道的过度依赖，提高能源供应安全，中国的能源通道建设开始从海上为主的单一供油局面向海陆相济、多方保障的局面转变，原油进口来源进一步扩展。2015 年，中国原油进口来源遍布中东、非洲、南美及周边地区的三十多个国家，其中包括中东 8 个国家，非洲 15 个国家，前苏联 2 个国家，南美 6 个国家，亚洲 9 个国家，其余来自澳洲、欧洲、北美地区等国家。2015 年 5 月，俄罗斯超过沙特阿拉伯成为中国最大原油供应国，安哥拉成为中国第二原油供应商。

4. 非国营贸易原油进口占比提高

为拓宽原油进口渠道，形成参与主体多元、公平透明、竞争有序、富有活力的经营体制，国家于 2015 年 7 月发布了，关于原油加工企业申请非国营贸易进口资格有关工作的通知。通知对非国营原油加工企业的申请条件进行了明确，具体包括装置条件、能耗要求、安全管理制度等，明确非国营企业原油贸易进口资质。中国原油进口分为国营贸易和非国营贸易，其中国营贸易约占原油进口量

的 90%。中国原油国营贸易进口权集中在中石油、中石化、中海油、中国中化集团和珠海振戎公司等五家企业。2011 年以后，中国完成 WTO 承诺，非国营贸易进口允许量一直定格在 2910 万吨，随着 2014 年申请原油非国营贸易进口条件的放宽，中国非国营贸易进口允许量逐年增长，2015 年允许量由 2910 万吨增长至 3760 万吨，2016 年更是暴增至 8760 万吨，预计 2016 年非国营贸易进口允许量占净进口总量的 25%~26%，2015 年小幅提升，大约在 11%~12%。

（三）2016 年中国原油贸易展望

1. 国际油价走低创造购买契机

2015 年，国际原油价格持续下跌，WTI 原油期货价格平均为 37.19 美元/桶，同比下降 37.27%，Brent 原油期货价格平均为 38.01 美元/桶，同比下降 39.02%，中国的原油进口量同比上升 8.8%，但贸易金额却下降了 41.2%，为中国增加原油储备创造了非常良好的购买契机。石油价格的影响因素有很多，各因素之间的关系错综复杂。理论上讲，影响油价的主要因素有七个方面：OPEC 国家的石油产量、非 OPEC 国家产量、生产成本、世界经济发展和世界石油消费水平、石油库存、节能、替代能源。综合来看，还是供需层面的影响，供过于求导致原油市场失衡，导致石油市场供大于求的原因一方面是产油国之间的持续竞争，另一方面是疲弱的需求。

国际油价持续下跌给石油进口国和出口国造成迥异的影响，对石油出口国财政、经济造成严重冲击，但也降低了石油进口国的能源成本。低油价是进口原油好时机，储运行业也面临契机。一方面，中国原油战略储备水平和欧美国家相比还有一定差距，增加储备是一个机会，继而会刺激仓储设施的投产运营。另一方面，目前国内的运输优势并不明显，进口原油中还有一大部分是国外运输公司负责承运，但未来中国远洋运输会取得一定进展。

2. 民营企业原油进口资质进一步放开

2016 年原油非国营贸易进口允许量为 8760 万吨，同比增加 5000 万吨。政府大幅增加原油非国营贸易配额，一方面放宽原油进口限制，推进油气改革，另一方面也配合此前发布的进口原油使用权的政策落地。目前国内获得进口原油使用权的地方炼厂约 11 家，配额数量达 5000 万吨；其中同时拥有进口原油使用权和原油非国营贸易配额的地方炼厂有 6 家，分别是东明石化、垦利石化、利津石化、盘锦北方、东营亚通石化和宁夏宝塔，可进口和使用的原油数量合计 2794 万吨。预计 2016 年国内地方炼厂，加工原料结构将更为优化，开工率、市场占有率和效益水平将有所提高，而国营炼厂未来 2~3 年新建产能有限，现有老旧产能面临退出压力，使得国内成品油供需格局将更为平衡。

原油进口资质的逐步放开，不仅意味着地方炼油企业将会获得优质原料，同样也为成品油市场化改革做了铺垫。平等的资源使用权，优质的产品才能更好的适应不同的市场环境，增强民营炼厂的竞争能力。

3. 中国加强国际油气进口多元化建设

从进口来源上来看，中国近年来一直致力于分散原油进口来源，大力实施石油贸易来源多元化战略，进口来源单一的状况得到了一定的改善。2015 年中国与中东的贸易额有所降低，前苏联国家在中国的原油贸易中的份额有所增加，欧洲的资源得到进一步落实，中国与中亚的原油合作贸易持续升温。2015 年 5 月，俄罗斯首次超过沙特阿拉伯成为中国第一大原油进口国，安哥拉成为中国第二大原油进口国。

而从贸易方式上来看，国际石油贸易的主要方式可以分为现货、期货、长期合约和获取份额油等四种。长期以来，中国获取原油的方式以现货为主，期货、长约及份额油较少，贸易方式相对单一。近年来中国东北、西北、西南和海上四大油气运营通道建设成功，贸易和运输方式逐渐呈现多样化。目前中国进口原油现货采购比例约占 70%，随着上海自贸区政策的不断完善，原油期货市场筹备建设初见端倪。

二、2015 年中国成品油贸易分析及 2016 年展望

（一）总体运行情况

2015 年以来，中国继续实施稳健的货币政策，中国政府及时出台支持外贸稳定增长和加强进口的政策措施，推动了进出口增速逐步平稳回升，奠定了经济整体走势的政策基调。而在成品油定价方面，受国际油价、成品油需求预期和其他经济数据的影响，中国成品油价格波动频繁。2015 年，中国成品油（指所有石油成品，下同）进口总量为 2921.8 万吨，同比下降 2.6%；出口量总量为 3611.1 万吨，同比上升 21.7%；净进口总量为 689.3 万吨，其中主要品种为汽油、煤油、柴油、石脑油、燃料油、润滑油。进口来源地主要包括韩国、俄罗斯、新加坡、委内瑞拉、马来西亚、日本等（图 14、图 15）。

（二）2015 年中国成品油贸易的主要特点

1. 成品油进口量同比略有下降

2015 年，中国成品油进口量总体比 2014 年略有下降，2015 年成品油总进口量为 2921.8 万吨，而 2014 年全年累计进口成品油 3000 万吨。2015 年中国成品

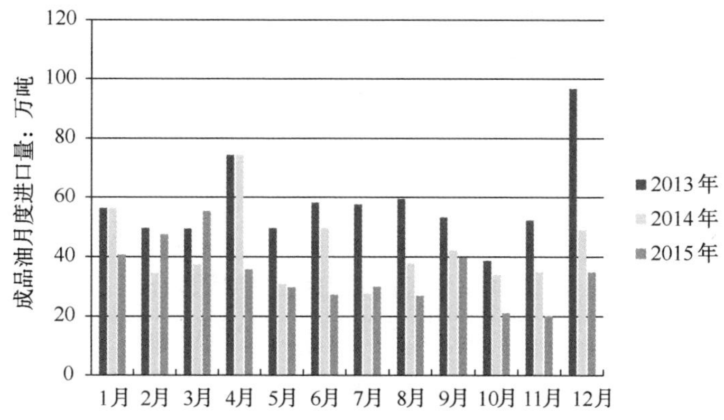

图 14　2013~2015 年中国成品油月度进口量（汽煤柴合计）

数据来源：中国海关总署

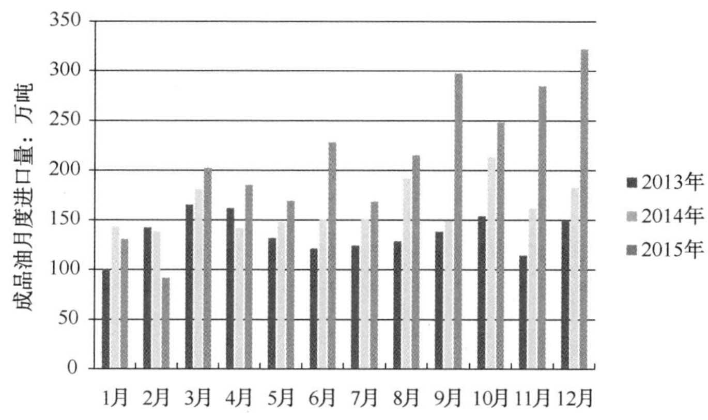

图 15　2013~2015 年中国成品油月度出口量（汽煤柴合计）

数据来源：中国海关总署

油进口量最大的 6 月份，进口量逼近 301.3 万吨，处于较高水平；11 月份达到成品油月度进口量最低点 181.1 万吨。2015 年中国成品油进口金额达 136.87 亿美元，同比减少 41.58%。

2. 成品油出口量同比小幅上升

中国成品油市场资源供过于求、炼油产能过剩等问题日益突出，成品油出口成为调节国内供需的一项重要工程。2015 年，中国成品油净出口规模明显扩大，柴油成为主要增长点。据中国海关数据，2015 年汽油净出口量为 572.7 万吨，柴油净出口量为 673. 6 万吨。同期，煤油净出口量为 889 万吨。汽油自 2013 年起就实现了全面净出口的情况。2015 年，中国成品油出口总量为 2543. 7 万吨，出口金额为 150. 04 亿美元，成品油出口量与比 2013 年同比上升 30. 3%。

3. 2015 进出口成品油的构成

2015 年，中国进口成品油的主要油种包括汽油、煤油、柴油、石脑油、燃料油、润滑油。具体进口量、进口金额、出口量、出口金额见表 5。

表 5　2014 年中国成品油进出口种类及金额

2015 年	进口量/万吨	进口金额/万美元	出口量/万吨	出口金额/万美元
汽油	17	9550	589. 9	351488
煤油	348. 5	195894	1237. 5	763599
柴油	42. 8	22649	716. 4	385290
石脑油	664. 8	356807	0	0
燃料油	1556. 2	502608	1052. 8	375738
润滑油	292. 5	281229	14. 6	29878

数据来源：中国石油和化学工业联合会

（三）2016 年成品油贸易展望

1. 成品油进口权将继续放开

根据商务部发布的《2015 年成品油（燃料油）非国营贸易进口允许量、申领条件、分配原则和相关程序》有关成品油进口权进一步放开的政策文件，规定 2015 年燃料油非国营贸易进口允许量为 1620 万吨。同时明确提出对燃料油非国营贸易进口资质条件。只要符合要求，进口允许量先来先领，在起始申领数量内企业可以分次申领燃料油自动进口许可证。放开成品油进口，规范非国营贸易进口机制，不仅可以打破国内石油市场垄断格局，而且还可以促进国内石油市场公平竞争局面形成，进而对国内经济与市场油价产生积极影响。

国内市场成品油进出口的开放，使民营企业在中国成品油市场中会获得迅速发展的机会，并有利于打破国内石油市场垄断局面。民营企业的崛起有利于中国油品市场的发展和繁荣，而且随着成品油进口权规范机制的加强，国内石油市场的公平竞争也必定会形成。更加完善的制度规范有助于对国内石油产业进行生产成本控制，有助于成品油价格的形成和管理机制水平的上升，同时还有利于国内成品油市场经营体制的改革。

2. 中国经济增速放缓影响成品油需求增长

由于经济增速放缓，2015 年一季度 GDP 增速为 7%，在降准、降息、增加基础设施投资等政策刺激下，二季度保住了 7%的增长，三季度 GDP 增速降至 6.9%，四季度 GDP 增速 6.8%，2015 年全年 GDP 增速 6.9%，同比放缓 0.6%。截至 2015 年 12 月底，汽油表观消费量 11530.7 万吨，同比上升 9.1%；煤油表观消费量 2769.6 万吨，同比上升 17.2%；柴油表观消费量 17334.3 万吨，同比下降 0.4%；燃料油表观消费量 2816.3 万吨，同比下降 15.2%。成品油需求增速下降是短期因素和长期因素的叠加而导致的。经济方面，中国产业结构转型、新兴城镇化进程加快，三产发展的速度超过二产；产业方面，中国钢铁、水泥、电解铝、平板玻璃、船舶等主要用油行业产能全面过剩。按照此种趋势，经济对石油消费拉动作用在不断减弱，石油需求将保持低速增长。

3. 成品油价格低位震荡，出口配额大幅增加

2015 年国内成品油零售限价共经历 12 跌 7 涨 6 落空 25 轮计价周期。其中，汽油零售，限价累计下调 2165 元/吨，累计上调 1495 元/吨；柴油累计下调 2155 元/吨，累计上调 1440 元/吨。涨跌冲抵之后，汽油最终下调 670 元/吨或 0.48 元/升，柴油下调 715 元/吨或 0.61 元/升。截至 2015 年 12 月底，国内主营汽油均价在 8048 元/吨，同比下跌 18.6%；主营柴油均价 6496 元/吨，同比下跌 21%。

2009~2015 年，中国成品油(汽柴煤)产量逐年上升，从 2009 年的 2.28 亿吨增长至 2015 年的 3.38 亿吨，年复合增长率为 6.8%。2015 年，中国成品油(汽柴煤)产量为 3.38 亿吨，同比增长 6.1%。2009~2015 年，中国成品油(汽柴煤)表观消费量逐年上升，从 2009 年的 2.15 亿吨增长至 2015 年的 3.16 亿吨，年复合增长率为 6.6%。2015 年，中国成品油(汽柴煤)表观消费量为 3.16 亿吨，同比增长 4.3%。随着中国成品油供大于求的局面的持续，原油过剩局面正在向下游传导，中国已经进入成品油过剩时代，其中炼厂、贸易商以及下游加油站，都面临着产品积压、销路困难的“新常态”。而非民营原油进口权和进口原油使用权的放开，也将使国内成品油供应量将随炼油产能建设而快速增加。因此，未来成品油的出口将进一步扩大。

三、2015 年中国天然气贸易分析及 2016 年展望

（一）总体运行情况

中国天然气总体资源储量较为丰富，据全国油气资源评估报告显示，常规天然气资源量超过 35 万亿立方米，非常规天然气中煤层气资源量超过 36 万亿立方米，页岩气资源量在 30 万亿~40 万亿立方米。天然气作为石油和煤炭的优质替代品，更加具有不可替代性，而且与居民生活息息相关，据预测，2015 年中国天然气需求量为 2300 亿立方米，2015 年到 2030 年间中国天然气需求平均增长 8%，超越伊朗成为全球第三大天然气消费国。随着 2014 年颁布的《油气管网设施公平开发监督办法（试行）》《关于健全居民用气阶梯价格制度的知道意见》等 7 项分别涉及的管网开放、购销合同、基础和价格机制等政策法规的出台，中国天然气发展进程中存在的定价机制、供需矛盾、利用效率低等方面的问题有望得到进一步缓解，但天然气供需仍处于紧平衡状态。

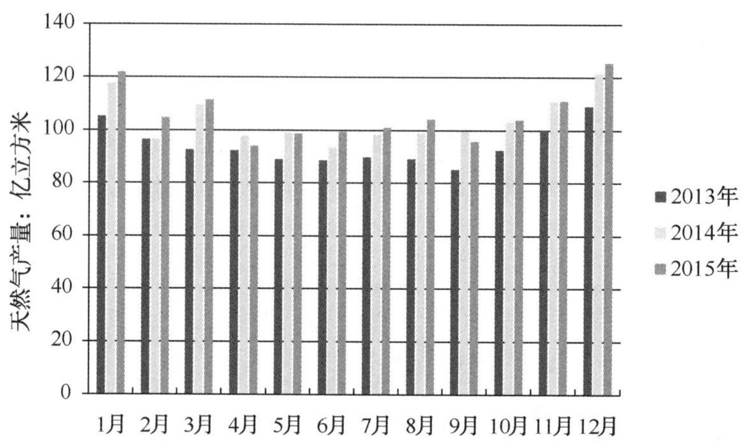

图 16　2013~2015 年中国天然气月度产量

数据来源：中国石油和化学工业联合会

中国进口天然气主要是依靠两个渠道，即通过水路运输的 LNG 和通过管道运输的气体天然气。2015 年，正在运营的天然气进口渠道包括：霍尔果斯口岸接收的中亚管道天然气和江苏福建等沿海码头接收的亚太 LNG。中国天然气进口对外依存度达到 31.5%。进口天然气总量约为 4435.33 万吨，同比增长 3.4%，其中 LNG 进口量为 1966.92 万吨，同比减少 1%，占到天然气进口总量的

44.35%；气体天然气进口量为2468.71万吨，同比增长7.2%，占到天然气进口总量的55.65%。（图17~图18）

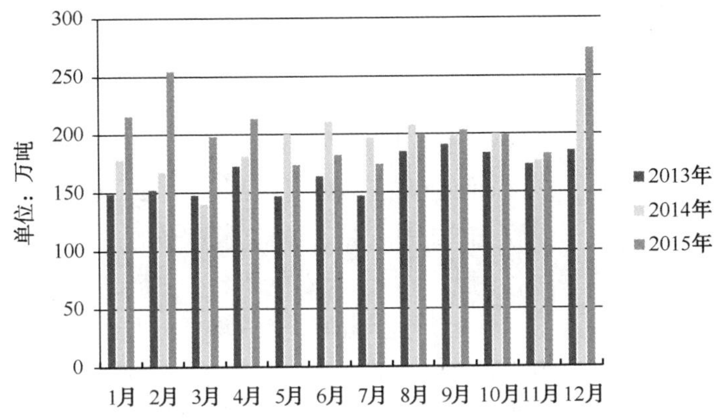

图17　2013~2015年中国天然气月度进口量

数据来源：中国石油和化学工业联合会

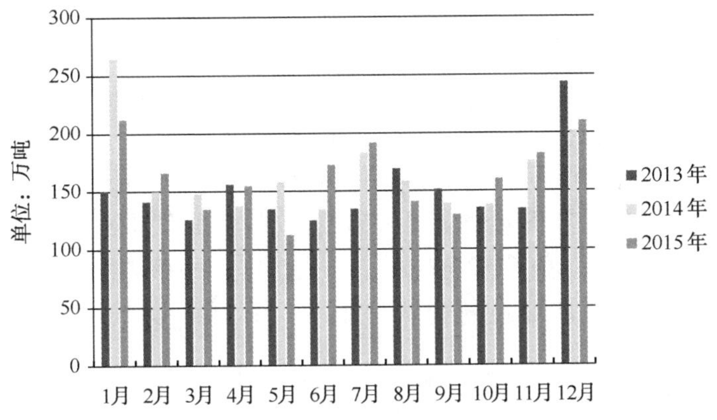

图18　2013~2015年中国LNG月度进口量

数据来源：中国石油和化学工业联合会

（二）2015年中国天然气贸易的主要特点

1. 天然气进口增速放缓

2015年1~12月，天然气产量1271.4亿立方米，同比增长2.9%进口量616.5亿立方米，同比增长3.4%。2000年至2013年，中国天然气年消费量从245亿立方米增至1705亿立方米，年均增速高达16.1%。但受经济增速放缓、冬季气温偏暖、价格水平相对较高、替代能源快速发展等多种因素影响，从2014年开始天然气消费增速大幅下降，2015年天然气消费量1855.1亿立方米，同比增长2.8%，速度明显放缓。受天然气需求量下降的影响，天然气进口量同步放缓。

2. LNG进口价格大幅下降

2015年1~12月，LNG进口平均价格为452.43美元/吨，同比下降11.54%。虽然天然气是优质资源，纵观近几年的天然气发展，从2013年开始，天然气发展似乎进入了“怪圈”。上游产能发展较快，而需求却逐渐放缓，导致过剩，同年7月份，中国天然气实行价格改革后，天然气价格上涨较快，其优势也已不复存在。国内产量及进口量的增速已经逾越消耗量的增长速度，天然气供过于求的形势已经到来，生产企业由以前的“以产定销”转变为“以销定产”，供求关系发生大逆转。而中国天然气供求关系发生变化的最主要缘原因是市场需求放缓导致天然气供应过剩。

3. 天然气进口来源多元化

2015年中国液化天然气进口来源地已扩充至14个国家，截至12月底，中国累计进口液化天然气1966.72万吨，同比降低1.01%；按进口总量排名，液化天然气主要来源国分别为澳大利亚、卡塔尔、马来西亚、印度尼西亚；累计进口管道天然气2468.41万立方米，同比增长7.2%；按进口总量排名，管道气主要来源国分别为土库曼斯坦、缅甸、乌兹别克斯坦、哈萨克斯坦。根据中俄双方商定，2018年起，俄罗斯开始通过中俄天然气管道东线向中国供气，供气量逐年增长，最终达到每年380亿立方米，累计30年。中俄签订东线天然气购销合同将有力保障中国的快速增长的天然气需求，中国的多气源供气良好局面基本形成。

（三）2015年中国天然气贸易展望

1. 天然气资源过剩，市场增速放缓

《天然气“十二五”发展规划》中提到，“十二五”期间，预计年均新增天然气消费量超过200亿立方米，到2015年达到2300亿立方米。目前来看，2015年中国天然气消费量为1855.1亿立方米。2015年上半年，天然气整体增长较为乏力，GDP增速放缓拉低天然气消费量。国内经济下行压力较大，传统能源行业需求大幅回落。随着中国经济快速发展，在加上国家大力推广清洁能源，2011~2014年天然气增长一直远高于中国GDP增长速度。然而，2015年上半年天然气增长仅为GDP增速一半不到，严重低于预期。受经济影响，工业下游工厂开工率下

降，原有工业用气量出现明显下降。虽然 2015 年全国“煤改气”进程加快，但受天然气价格影响，增量有限，部分工厂因不能承受原料的高成本，直接选择关停，这些都直接影响了天然气的消费用量。另一方面，由于国内天然气的产量和进口量的增长已经超过消费量的增长以及近几年还有大量进口天然气长期贸易合同进入执行窗口期，中国天然气市场资源过剩风险凸显。

2. 天然气价格市场化改革加速

发改委《关于 2015 年深化经济体制改革重点工作意见》指出，要研究提出石油天然气体制改革总体方案，在全产业链各环节放宽准入。2014 年以来国家密集出台多项配套政策推进天然气市场化改革，包括开放天然气基础设施；试运行上海石油天然气交易中心；增量气、存量气价格并轨；新疆常规油气田向社会资本开放招标。目前，现在天然气价格放开的比重已经达到 40%。为了顺利推进天然气市场化改革，中国已经在上海建立了一个天然气交易市场即上海石油天然气交易中心，结合竞争性环节天然气价格的放开，引导放开价格的天然气进入市场交易。上海石油天然气交易中心于 2015 年 7 月试运行，并旨在打造中国的 HenryHub 天然气交易中心。历史上亚洲地区一直没有有影响力的石油和天然气交易中心，并缺乏定价话语权，交易中心将通过现货交易和期货交易，共同决定天然气贸易价格和市场走势。交易中心的试运行将引入国际资源，打破体制垄断，优化资源配置，完善价格体系，为油气市场化改革创造有利条件。

3. 地缘政治影响天然气进口安全

2015 年，中国天然气进口安全的影响依然是一个热点话题，供给方面的基础是决定天然气资源安全的重要方面，资源供给分为国内开发和国外进口两个途径，国内开发难度加大，制约了国内资源保障的程度，国外资源获取是今后保障资源供给安全的重要途径，而天然气储气滞后，储运安全仍面临严峻挑战。

在运输方面，中印海陆能源运输通道安全均面临较大风险，印度洋航线区域国际政治形势复杂、海盗活动频繁。过去 30 年，包括中印在内的亚洲各国得益于美国主导的国际秩序，获得了相对稳定的进口市场和比较安全的海上通道。美国全球战略向亚太倾斜，推行“亚太再平衡”战略，在安全事务中制衡中国影响。随着美国能源进口减少和中东政策调整，开始要求新兴国家分担相关安全责任，全球能源投资与海上通道安全面临新挑战。

专　题　篇

中国油气矿权管理体制和市场机制研究

在油气需求量日益增长的背景下，油气矿权管理方式与市场机制是否适应油气产业的发展，政府定位是否准确、职责是否到位，这些都是值得探讨的。推动中国油气矿权管理体制和市场机制改革，提高油气资源管理水平，对于国家经济和社会发展具有重要意义。油气体制改革的关键问题是上游的行政性垄断，问题的根源在于油气矿权未形成有效的管理体制和市场机制。本文在分析中国油气矿权管理体制和市场机制现状和问题的基础上，提出相关的政策建议。

一、中国油气矿权管理体制和市场机制现状

油气资源矿权制度就是有关油气资源的产权制度，是制度化的油气资源产权关系或对油气资源产权关系的制度化，具体指划分、确定、界定、保护和行使油气资源产权的一系列规则。经过计划经济时期、经济转型期阶段的演进，中国现行的油气资源矿权制度的基本框架包括以下几个方面的内容：

（一）中国油气矿权管理的相关法律

改革开放以来，为了适应体制改革和经济发展的需要，促进和规范油气资源的勘探开发，中国先后颁布了多部与油气资源管理有关的法律法规，主要包括《矿产资源法》《矿产资源法实施细则》《矿产资源勘查区块登记管理办法》《矿产资源开采登记管理办法》《探矿权采矿权转让管理办法》《对外合作开采陆上石油资源条例》《对外合作开采海洋石油资源条例》《资源税暂行条例》《矿产资源补偿费征收管理规定》等；同时还制定和出台了一系列规范性文件，例如，《关于规范勘查许可证、采矿许可证权限有关问题的通知》《关于矿产资源勘查登记、开采登记有关规定的通知》以及《国务院关于全面整顿和规范矿产资源开发秩序的通知》等。这些法律法规不仅明确规定油气资源归国家所有，实行中央政府一级管理，而且从矿业权管理、资源税费、对外合作、地质资料管理等方面规范了油气资源的勘探开发，促进了中国油气资源管理法制化体系的完善，对加强中国油气资源管理、推进资源开发利用，发挥了重要作用。

（二）中国油气矿权管理的管理机构

1998 年，中石油、中石化两大国家石油公司重组改制，其原有的政府行政

管理职能分散到了政府部门，迈出了油气行业政企分开的关键一步。目前，国家发展和改革委员会是国务院油气资源管理的综合部门，负责制定油气资源发展规划，提出油气资源发展战略和重大政策。国土资源部是土地和矿产资源的管理部门，负责油气资源矿产的矿业权管理，对油气资源勘探开发进行监督管理以及补偿费的征收等。国有资产监督管理委员会是中石油等大型中央企业的管理部门，负责对企业经营状况的考核等。财政部负责油气资源税的征收管理以及油气资源有关项目开发的投资管理。国家能源局组织制定石油、天然气等能源的产业政策及相关标准，同时参与制定与能源相关的资源、财税、环保及应对气候变化等政策。

（三）中国油气矿权管理的基本制度

1. 油气资源的一级所有一级管理制度

中国《矿产资源法》明确规定“矿产资源属于国家所有，由国务院行使国家对矿产资源的所有权”。石油、天然气资源的勘探开采实行国家一级审批登记制度，任何企业从事石油、天然气勘查开采，都必须经国务院批准，由国土资源部审批并颁发油气勘探许可证和采矿许可证。

2. 实行统一的区块登记管理制度

中国油气资源勘探实行统一的区块登记管理制度。每个勘探项目允许登记的最大范围为2500个基本单位区块。采矿权申请人必须向登记管理机关提交必备资料，包括采矿权申请人资质证明、油气资源开发利用方案、依法成立油气资源企业的批准文件、油气资源开采的环境影响评价报告、油气资源开采的安全生产、水土保持、地质灾害评价报告等。

3. 油气资源的有偿使用制度

《矿产资源补偿费征收管理规定》《探矿权、采矿权转让管理办法》及《探矿权、采矿权招标拍卖挂牌管理办法》等的出台，明确规定了油气资源探矿权、采矿权有偿取得制度。当前，中国矿产资源有偿使用制度的经济实现形式包括矿产资源补偿费、资源税、采矿权使用费、探矿权使用费、探矿权价款、采矿权价款等。

4. 油气资源矿权收益分配制度

分税制的财政体制理顺了中央和地方的分配关系，使得石油税费成为地方政府和居民参与油气资源矿权收益分配的主要环节。地方政府和居民参与分配的税费种类主要有资源税、资源补偿费和征地补偿费。资源税为地方税，资源补偿费为中央与地方共享。陆上石油企业所征收的资源税全部由地方征收；资源补偿费

为中央与省、直辖市的分成比例是5：5；中央与自治区矿产资源补偿费的分成比例为4：6。

二、中国油气矿权管理体制和市场机制存在的主要问题

（一）油气资源法律体系有待完善

1. 法律法规可操作性不强

一是未能实现区块的依法退出。按照中国相关法律法规，获得勘探、开发区块是有条件的，要求在规定年限内完成相应工作量，未能完成规定工作量者必须逐步缩小直至完全退出已占有的区块，但这些规定在实际中并没有落实。中国油气勘探开发区块长期被“三桶油”覆盖式得占有，导致上面提到的大量已探明储量长期被空置而不能投入开发、贡献产量。二是未能上交资料形成公益性信息。全球主要国家对资源勘探开发区块持有者，都有要其在保护商业秘密和权益年限后按工作阶段上交地质资料的规定，但中国的类似规定在油气领域执行效果很差。

2. 矿权管理不同法律规范存在冲突

例如，中国探矿权转让法律规制存在着冲突，部门规章对探矿权转让的规定超出了法律。《矿产资源法》第四十二条规定：“买卖、出租或者以其他形式转让矿产资源的，没收违法所得，予以罚款。违反本法第六条的规定将探矿权、采矿权倒卖牟利的，吊销勘查许可证、采矿许可证，没收违法所得，处以罚款。”但国土资源部制定的《探矿权、采矿权转让管理办法》规定探矿权转让方式有出售、作价出资、合作、出租、抵押、赠予、继承、交换等，这些规定与《矿产资源法》存在冲突。

（二）政府和企业功能定位应更加清晰和准确

1. 行政管理政出多门，管理效率较低

中国涉及油气资源和相关管理职能的政府部门较多，不同部门的职能分工不清晰且过于分散。例如，从事油气资源勘查开采管理的部门除了国土资源部外，还有国家发改委等部门；涉及对外合作管理的部门包括商务部、国家发改委等部门。这种情况加大了部门之间协调的工作量，降低了管理效率。

2. 政监不分，监管不到位

长期以来，中国对油气资源的管理基本上采取政策制定与监督实施合二为一的方式。政监不分使得政府机构陷入协调、仲裁、监督等纷繁复杂的监管工作中，不能集中精力研究制定油气资源管理的重大政策和战略，同时也导致了监管

不力。国家油气资源储量评审一直由石油企业负责，国家资源管理部门每年年终仅可获得一些相关的资源储量变动数据，不利于政府的宏观管理；对石油公司的勘探投入是否满足最低标准监督不够，导致"跑马圈地"等现象的发生；对矿业权人勘探与开发生产全过程的监督不够，造成了资源浪费和环境破坏。

3. 国有石油公司企业属性有待增强

国有石油企业股东的国家属性决定了其不仅要在市场上有竞争力，而且要承担国家经济安全、能源安全、民生稳定和环境保护等方面的政治和社会责任，造成了效率低下、冗员严重、社会包袱沉重等问题。

（三）市场机制应更加强化

1. 矿权申请和流转机制有待完善

中国油气资源矿业权的出让形成了中国油气资源矿业权的一级市场，但这种市场具有太强的限制性，不是真正意义上的市场。中国法律规定："探矿权人有权在划定的勘查作业区内进行规定的勘查作业，有权优先取得勘查作业区内矿产资源的采矿权。探矿权人在完成规定的最低勘查投入后，经依法批准，可以将探矿权转让他人。已取得采矿权的矿山企业，因企业合并、分立，与他人合资、合作经营，或者因企业资产出售以及其他变更企业资产产权的情形而需要变更采矿权主体的，经依法批准可以将采矿权转让他人采矿。"这种规定使矿业权流转的方向和使用受到了区域行政和部门行政等多种元素的制约，不能够到达出价最高者和经营最好者手里，影响了油气资源矿权的优化配置。

2. 过分强调采矿权的公权性质，忽视探矿权人的投资收益

矿产资源公权管理的滞后对私权的影响主要体现在探矿权价款的确认与征收和采矿权价款的混淆。中国《矿产资源法》规定，勘查或开采国家出资形成的矿产地，应当向国家缴纳探矿权、采矿权价款。在目前探矿权管理中，出现了两个极端：一是无论申请勘查的区域地质工作程度高低，一律采用招、拍、挂的方式，对于地质工作程度很低的区域增大了申请人的投资；二是无论申请勘查的区域地质工作程度高低一律采用审批制，在赋予申请人探矿权时不评估，对该探矿权是否应该缴纳探矿权价款不予界定，申请人在得到该探矿权后经过勘查投入取得开发机遇时，要缴纳采矿权价款，在采矿权价款中扣除探矿权人的勘查投入。这两种情况，均是在法律之外过分强调了《矿产资源法》的公权属性，与《矿产资源法》的立法目的相悖。

（四）税费改革有待进一步推进

1. 计税依据尚存不合理之处

目前中国的原油价格正在与世界价格逐步接轨，而现行的国内原油定价机制

是根据国家发改委《关于印发原油成品油价格改革方案的通知》确定的，原油结算价格(不含税)由基准价与贴水组成。现行资源税的计税价格是根据结算价格确定的，其中的贴水又是由购销双方协商制定，具有随意性。除此之外，《资源税暂行条列》规定：油气资源税从价计征是用应税产品的销售额乘以具体比例税率作为应纳税额。该规定并没有涉及已经开采但是还尚未出售的资源，以及在开采过程由于技术工艺而浪费的资源。

2. 综合减征率导致实际征收率下降

综合减征率是指按照以上年度符合减税条件的油气资源产品的销售额占总销售额的比重，目的是鼓励企业提高资源的回采率、开发劣等资源。综合减征率是由各个企业自身测算再上报各级税务机关，但是出于监管的被动，造成油气企业与税务部门之间的信息不对称，使得征收管理遇到阻力，出现漏洞。

3. 税收收入归属较为集中

现行资源税税制下，油气资源税收入归地方财政所有，但中国的油气资源分布集中，绝大部分油气资源集中在东北和西部地区，其他地区的油气资源贫乏甚至没有，这造成部分油气储量充足地区财政收入大大增加，而资源贫乏的地区财力相对薄弱。此外，一些地方为了增加财政收入，显示本地区的发展成绩，可能会急于大肆开发采集油气资源，这与中国长远的发展计划是背道而驰的。

三、中国油气矿权管理体制和市场机制改革的政策建议

(一) 加强油气资源法律法规体系建设

首先，应加紧修改和完善《矿产资源法》及配套的法规政策，建立健全统一的关于油气资源勘查开采的法律法规体系，为油气矿业权市场发展、勘探开发主体多元化、地质资料汇交等油气矿权管理改革提供依据。删除有关“除了因企业合并、分立，与他人合资、合作经营，或者因企业资产出售以及有其他变更企业资产产权的情形需要转让探矿权、采矿权之外，不得以抵押、租赁等其他方式流转探矿权、采矿权”等规定，并专设章节规定采矿权流转制度，明确规定探矿权、采矿权可以通过抵押、租赁、作价出资的方式进行流转等。此外，调整现在不合理的资源产权结构，减少现行体制中产生的外部性。其次，要抓紧制定《能源法》《石油天然气法》等法律法规，积极开展《能源法》与《矿产资源法》关系的研究，明确二者在油气资源管理方面的法律规定，以有助于油气资源管理职能、职责和机构的调整、完善。要根据《环境保护法》等制定石油产业具体的环境保护和环境管理办法等，尽快完善中国油气监管的法律法规体系。

（二）推进油气矿权管理机构改革，加强油气资源监管

建立独立专职的油气矿权管理主管部门，使分散在各部门的油气管理职能相对集中，促进油气资源的开发。新的油气矿权管理机构应实现“政府归位、市场松绑”，在简政放权、转变政府职能中明确政府要管什么，明确油气公司的准入条件，明确、细化政府各行为主体的职责。同时，理顺中央和地方政府关系，科学合理划分中央与地方的油气矿权管理事权及职责。可以借鉴美国的经验，试行中央和地方的多级管理，这样既能统一管理又能调动各方面的积极因素，既能实事求是照顾到各地的差别又防止地方分割和排他性的地区保护。

（三）完善油气矿权管理制度

首先，要积极推进准入制度改革，在国家总体控制的基础上设置适当的准入门槛，让真正有实力、有勘探开发资质的企业进入油气上游勘探开发领域，建立科学、合理和严格的市场准入原则，对市场竞争主体实行国民待遇化管理，完善资金标准、产能标准、环保标准、技术标准、设备能力标准等行业规则，规范招投标管理过程。其次，将矿权登记制变为招标制度。建立公开透明的探矿权和采矿权招标投标制度体系，企业通过市场竞争获得油气探矿权。完善并严格执行探矿权延期制度，加强对全国已登记油气区块投入情况的检查，矿权主管部门对超过规定时限不做实质性勘探的区块应予以及时回收，并通过重新公开招标方式授权给其他油气企业，逐步建立有效的退还机制。另外，完善地质资料汇交使用机制，加强对地质资料汇交工作的监督管理，依法查处不履行地质资料汇交义务的行为。

（四）积极推进油气矿权市场建设

首先，严格规范矿权转让和流转程序，明确投资额度、交易期限和交易流程，并加强市场监管，确保矿业权交易公正、公开、透明。增加采矿权转让的方式，简化采矿权取得手续，提高地质矿产行政主管机关的办事效率，从多方面促进采矿权流转市场的高效运转，使其更好地发挥资源配置功能。其次，完善矿业权市场信息系统，使矿业权交易更加合理，市场信息趋于对称；同时也有利于政府对于矿业权市场的监管，使矿业权有序流转，准确获得油气矿业权市场信息，制定及时准确的矿业产业政策。另外，开辟油气矿业融资的更多方式，为中国矿业的发展提供有力的支持。

（五）改革油气资源税费制度

一方面，优化油气资源类税费体系。积极推进清费立税，逐步淡化和取消石油特别收益金，进一步规范资源税，推动油气资源税与矿产资源补偿费合并形成

新的资源税。建立灵活机动的油气资源税政策，完善油气资源税税率随价格变动的调整机制和计征方式。推行差别化资源税税率结构，按油气资源品质、资源禀赋状况和开发成本等因素，实行级差税收政策，灵活调节级差收入，保护资源禀赋差的油气田。另一方面，以体现生态价值为核心目标，建立和完善生态补偿机制，探索建立油气行业的绿色税收体系。要尽快建立国家级的碳交易市场，充分发挥市场机制在优化配置各类节能减排资源中的决定性作用。积极推进碳税立法工作，加强对油气消费行为的约束和引导。完善对非常规油气资源开发的财政补贴政策和大型油气企业所得税返还政策，充分发挥财政政策的利益调整机制和杠杆作用。

跨太平洋伙伴关系协议（TPP）对亚太地区能源格局的影响

“跨太平洋伙伴关系协议”（Trans-Pacific Strategic Economic Partnership，简称TPP）在美国的积极推动下发展迅速，似乎将成为亚太地区新的竞争性区域合作机制。TPP以成员国全面零关税、消除技术和贸易壁垒、知识产权保护、劳工和环保等议题为特点，提出建立高质量和高标准的自由贸易区，已吸引了包括美国在内的亚太十二国参加协议谈判。一旦TPP协议正式生效，TPP成员国中的能源出口国对中国的能源输送和对TPP成员国中能源进口国的输送会发生贸易转移。本文重点从石油和天然气两方面入手，讨论在TPP构架下中国将面临的新机遇与挑战。

一、TPP的演变与现状

在20世纪90年代，亚太地区各经济体就有追求贸易与投资自由化和便利化的目标，1994年APEC通过的《茂物宣言》便提出发达成员和发展中成员分别于2010年和2020年实现贸易与投资自由化，虽然1998年亚洲金融危机的爆发影响了进程的推进，但部分APEC成员先后构筑和发展了一系列地区合作与对话机制，如“10+1”合作机制、“10+3”合作机制、东亚峰会、东亚双边货币互换机制等，实现更广泛的亚太地区贸易自由化。TPP就是在此背景下产生的。

2005年5月，文莱、智利、新西兰、新加坡四国协议发起跨太平洋伙伴关系，成为亚太四国间就货物、服务、知识产权贸易和投资等相关领域给予互惠的经济合作协定。由于初始成员国为四个，故又称为“P4协议”。

2008年2月，美国宣布加入，随后在美国的影响下，秘鲁、越南和澳大利亚也宣布加入TPP谈判。

2010年3月，TPP首轮谈判在澳大利亚墨尔本举行。参与谈判的共八个成员：美国、智利、秘鲁、越南、新加坡、新西兰、文莱和澳大利亚。此次谈判涉及关税、非关税贸易壁垒、电子商务、服务和知识产权等议题。TPP谈判实现了由“P4”向“P8”的转变，并呈现亚太地区参与国家扩大的趋势。

2011 年 11 月，日本正式决定加入 TPP 谈判。一年后，墨西哥经济部宣布，墨西哥已完成相关手续。次年，加拿大宣布正式加入 TPP 谈判。

2015 年 10 月，美国、日本、澳大利亚等十二个国家已成功结束 TPP 谈判，达成 TPP 贸易协定，“P12”正式形成。

截至 2015 年，TPP 成员有美国、日本、澳大利亚、加拿大、新加坡、文莱、马来西亚、越南、新西兰、智利、墨西哥和秘鲁。其经济规模占全球经济总量的 40%。需要注意的是，2013 年 9 月 10 日，韩国宣布加入 TPP 谈判，但尚未正式加入 TPP。

二、中国加入 TPP 的困境

（一）政治问题

TPP 虽然是经济意义上国际贸易协定，但是却承载了相关各方深层次的战略意图，具有较强的政治色彩，其核心是利益相关各方国际地位之争，以及对亚太区域合作的主导权之争。其中较为突出的就是美国，TPP 是美国政策在亚太地区的展现。美国之所以加入 TPP，表面上是为了经济尽快走出困境，促进出口、就业、推动经济可持续增长，实质上是为进军和重返亚太做铺垫，并进一步遏制中国的影响力，维护其在亚太地区的主导地位

（二）标准问题

TPP 要求完全剔除关税、实现贸易和投资自由化，还要求具有统一的知识产权保护规则、环境保护规则、竞争政策、劳工标准、政府采购等。其高标准主要体现在：一是更好的市场准入条件，取消准入限制，并放开关税配额，并推行 TPP 成员国间更加严格的原产地规则；二是知识产权保护力度更大；三是打破国有企业市场垄断格局；四是竞争政策范围更广；五是争端解决约束力更强。这些新规则和标准主要是针对美国的市场环境和条件所设定的，以中国现阶段的国情，很难达到与参与。

（三）全面性问题

TPP 协定议题囊括领域及范围远超普通的自由贸易协定（FTAS），涉及大量现行 FTAS 未涉足的内容。该协议的法律文本涵盖 TPP 成员国商业领域的所有方面，包含竞争政策、合作和贸易竞争力培养、跨境服务、海关程序便利化、电子商务、环境政策、金融服务、政府采购、知识产权保护、投资非歧视、劳工权利保护、争端解决机制、货物市场准入、原产地原则、卫生和植物检疫标准、技术贸易壁垒、电信业竞争和监管、临时入境、纺织品和服装以及贸易救济措施等，对于成员国经济、主权的影响和干预过于深远。

（四）零关税问题

TPP 协定零关税原则是指定所有货物贸易商品百分之百取消关税，要求成员国一开始就对所有的谈判领域执行零关税，不接受渐进降低关税的情况。完全取消关税，如中国加入 TPP，将对中国的小麦、棉花、食糖等农产品的出口产生较大影响，纺织产品的出口也将会受到墨西哥、越南、马来西亚等国的挑战。同时，皮革、服装加工、食品加工等产业也都将受到一定程度的影响。

（五）美国主导问题

美国主导性使中国加入 TPP 具有严重的不利影响。在 TPP 谈判中，美国最大限度地让自己的诉求得到满足，如知识产权保护、劳工标准和环境问题等美国一直强调的问题，并制定了有利于美国企业的一系列标准，一旦这些标准成为 TPP 协议的规则，中国等后来加入的国家就必须遵循这些规则，而这些规则所具有的特征对中国目前的市场环境和条件来说是十分不利的。更重要的是，如果现在选择加入，将使亚太地区的一体化合作模式前功尽弃，中国乃至东亚地区将丧失未来对亚太地区经济规则的主导权。

三、TPP 对亚太能源格局的影响

TPP 具有“政治性、高标准、全面性、零关税”四个规则特征，其内容与条款中可能影响到亚太能源格局的有以下几点：一是货物贸易，消除和减少施加在工业品之上的关税及非关税壁垒；二是原产地规定，限制成员国使用来源于非 TPP 成员国的原材料以及中间产品；三是取消技术性贸易壁垒，同意相互合作，确保技术规则和标准不会对贸易造成不必要的壁垒；四是投资的全面开放，TPP 各缔约方规定了非歧视性投资政策和保护措施；五是跨境贸易和服务，服务的全面开放；六是国有企业和指定性垄断企业，打破国企垄断，保障外国企业享受国民待遇等。

（一）TPP 对亚太地区油气开发的影响

在 TPP 规则下，会影响到亚太地区油气开发的原因主要有：TPP 国家内部技术壁垒消除、石油设备进口更加自由、投资自由化、油田技术服务开放。部分 TPP 国家中如美国、加拿大等具有先进油气开采技术和先进设备的国家将扩大对一些技术落后国家如越南、马来西亚等国的投资，这会提升这些国家的常规与非常规油气开采能力以及提升开采技术。石油开采技术提升之后，原本与中国存在南海领土主权争端的越南等国家，将进一步加快对中国南海油气盗采；马来西亚

也有可能加入南海油气盗采。除此之外，这将增加中国油田技术服务企业进入TPP 国家开展相关业务的难度。

（二）TPP 对亚太地区油气贸易的影响

TPP 规则中对于原产地以及进口关税与壁垒的规定，首先会影响到亚太地区国家的油气贸易流向。原产地规定限制成员国使用来源于非 TPP 成员国的原材料以及中间产品，而中国有相当一部分石油化工出口产品为中间品贸易，这就在一定程度上降低对中国化工产品的需求，间接限制中国对 TPP 国家出口。而 TPP 成员国之外的国家仍然存在关税和贸易壁垒会使 TPP 成员国减少对成员国以外国家石油及化工产品出口，发生贸易转移。如在 TPP 下，美国、加拿大、墨西哥、澳大利亚等油气出口大国将会增大对日本、韩国的油气出口，而减少对中国的出口。在关税和贸易壁垒减少之后，TPP 成员国内将有可能形成新型的石油输出国组织（如新 OPEC），这在一定程度上影响中国能源安全。

（三）TPP 对亚太地区石油炼化的影响

在 TPP 成员国内部，由于投资自由化与国有垄断的解除，会使得协议国之间炼化合作、技术输出更加容易。美国、加拿大、日本等炼油大国将有望在文莱、智利、秘鲁、越南等国家投资更多具有高技术和先进设备的石油炼化厂，这将提升这些国家的炼化能力，与中国形成竞争。除此之外，可能会引起与炼化项目相关的投资从中国流出，流向越南、马来西亚、文莱等 TPP 成员国，影响中国外商直接投资（FDI）数量，并为中国推进“一带一路”战略带来阻碍。

（四）TPP 对亚太地区化工产品贸易影响

TPP 中关于关税减免、进口壁垒消除、原产地等规定使得对 TPP 以外的非成员国形成新的贸易壁垒，这样一来中国在与 TPP 国家贸易过程中，加拿大、日本、韩国、墨西哥等石油化工产品竞争力的上升、出口量增多，减少了中国的石油化工产品的出口，中国的无机化工产品、化肥产品、橡胶制品等产品出口将在一定程度上受到影响。同时，因为以上条款，中国从 TPP 成员国中进口的石油化工产品价格也将有较大幅度的增长。

四、TPP 影响下的中国能源战略调整建议

（一）积极与周边国家签订双边或多边贸易协定

中国要进一步加快与东盟、中亚、南亚、日韩等 TPP 成员国签署双边或多边贸易协定，积极推动亚太 16 国参与的区域全面经济伙伴关系（RCEP）协议谈判，深化与周边国家和地区的经贸合作，缓解 TPP 对亚太区域一体化的冲击，

防止亚太国家分化对立，减少TPP的负面影响。目前，日本已经加入TPP，而韩国的态度较为模糊，中国应该继续争取中日韩FTA谈判，积极推进与韩国的双边FTA谈判，最大限度减少TPP对中国经济贸易的负面影响。同时，还要进一步加快东北亚区域合作，如加大与俄罗斯的能源合作，推动中国能源进口多元化，保障能源安全。要利用中国强大的制造能力和庞大的国内消费市场，制定自己的贸易和投资规则，建立一个或几个由中国主导的国际双边或区域多边经贸合作平台，并进一步推动"一带一路"战略。

（二）加大油气技术研发投入，提升海上石油开采技术

虽然经过多年的发展，中国石油企业已掌握了大量的较为先进的油气开采技术，并在一些领域达到了国际领先的水平。但从整体上看，中国现有油气开采技术水平仍低于部分国外发达国家，如在钻井、测井、物探等方面的技术，与欧美部分国家相比还存在较大差距。中国应通过加大研发经费投入和不断提高自主创新能力，进一步提高中国油气开发技术，从而提升中国石油天然气企业竞争力。加快对南海石油勘探、开采，防范越南等国对中国南海石油的盗采。

（三）提升石油化工水平，促进高附加值产品的生产和出口

加大中国石油化工产业的结构调整和炼化技术改造力度，改善产业结构和企业布局，加大技术设备投入，提高石油化工产品质量和标准，推动绿色环保产品生产与研发，大力培育化工新材料、生物化工、现代煤化工、生产性服务业等战略性新兴产业，提高中国石化产品在国际上的竞争力，从而增加TPP成员国对中国石油化工产品的依赖度，在一定程度上控制贸易转移。

（四）加快石油行业改革，进一步向民营资本开放

目前中国油气产业存在国有垄断性强、效率低下等特点，应该进一步推动油气产业改革。首先，鼓励和支持民间资本投资主体依法开展页岩气、煤层气、油砂、页岩油等非常规油气资源勘探、开发，鼓励民间资本参与石油天然气基础设施建设。同时，应进一步加快国有石油公司向国际石油公司转变。鼓励国有石油企业，通过参股海外能源控股公司、与当地油气能源公司及投资基金合作等形式，参与海外能源市场的发展。

“一带一路”战略下中国油气产业发展的形势分析及对策研究

习近平主席提出的“一带一路”战略构想，是对中国对外开放理论和深化实践的重大突破，不仅将成为中国经济新的构想，而且对世界经济形成新格局产生重要的影响。油气战略是“一带一路”战略的重要内容。在实施“一带一路”战略中，如何正确分析中国油气产业形势，把握油气产业发展的基本走势，形成特色鲜明的“一带一路”油气产业发展战略，进而推动中国油气产业的快速发展，是摆在中国油气从业人员面前的一个重要课题。

一、“一带一路”战略中油气产业发展的宏观分析

（一）“一带一路”油气产业发展战略的必要性

（1）解决供需失衡矛盾。作为世界最大的能源消费国，中国常规能源匮乏，虽然原油年产量超过 2 亿吨，但原油的年消费量超过 5 亿吨，对外依存度达 60%以上；天然气国内年产量为近 1200 亿立方米，而消费量却超过 1500 亿立方米，对外依存度已达 30%。而“一带一路”战略涉及的 60 多个国家中，分布着俄罗斯、伊朗及中东地区重要的油气资源国，石油、天然气探明储量为 2512 亿吨、292 万亿立方米，分别占全球总储量的 60%和 63%；“一带一路”国家年产石油、天然气分别为 24. 1 亿吨、1. 8 万亿立方米，分别占全球产量的 58%和 54%。由此可见，如能加强与沿线国家油气合作，可以有效地弥补国内油气开采的不足，推动油气进口多元化进程。

（2）提高能源安全程度。多年来，能源安全问题一直是影响中国经济和社会发展的突出问题之一。由于中国能源进口主要来源于中东和非洲地区，将近一半以上的油气输入通过霍尔木兹海峡和马六甲航道，能源进口过分地依赖海洋油轮运输，形成了难解的“马六甲困局”。“一带一路”战略实施后，中国通过加强与印度洋沿岸国家的贸易往来，启动克拉地峡运河计划，进而疏通印度洋海域通道，实现海上运输通道的多元化，降低对马六甲海峡油气运输通道的依赖度，拓宽中国“海上油气运输生命线”。此外，还可以通过加强与俄罗斯、中亚等地区

公路、铁路的连通，建立多元化原油运输渠道，提高能源进口的安全系数。

（3）提高定价话语权。油气资源的定价话语权主要由基准原油和原油期货两个方面决定。在基准原油方面，2015 年 11 月，俄罗斯启动了新的国产基准原油的试验交易，结束了俄罗斯对布伦特原油定价的依赖，有可能成为国际第四大基准原油。在原油期货方面，中国应适用形势任务的发展要求，依托上海国际能源中心积极推出原油期货，力争使其成为全球第五大具有定价话语权的原油期货合约，提高中国对油气价格的影响力。所以，中国要在“一带一路”的战略构想下，通过加强与沿线国家合作，形成统一的油气贸易网络体系，为亚太地区成为油气定价中心奠定基础。

（4）优化油气产业布局。继上一次全球金融危机爆发后，油价出现大幅度波动，世界四大油服巨头斯伦贝谢、哈里伯顿、贝克休斯和威德福纷纷降价裁员，导致中国大多数油气企业，特别是民营企业经营状况随之下降，盈利大幅度缩水。对此，中国可以围绕“一带一路”沿线产业现状，组织油气企业走出国门，尤其是中国油服企业应乘势加大油气装备、服务和技术输出，寻求更大的国际发展空间，提高国际竞争力，从而优化中国现行油气产业格局。

（二）“一带一路”油气产业发展战略的可行性

（1）“一带一路”沿线国家对油气经济依赖度高，经济结构存在“软肋”，在油气产业方面容易达成合作共识。在国际油价巨幅变动的情况下，“一带一路”沿线一些依赖油气产业的国家，需要寻找可信任的合作伙伴以保持出口稳定、提升油气产业自主发展能力。据俄罗斯联邦海关服务局的数据，2013 年，俄罗斯原油、天然气的出口收入占其出口总收入就已经达到 68%；2014 年，俄罗斯原油年产量超过 5 亿吨，其中出口到中国的原油就有 2260 万吨；俄罗斯已于 2015 年 11 月超越沙特阿拉伯，成为中国最大的原油供应国。油气供需这些新变化，为中国与“一带一路”沿线国家进行油气产业合作提供了新的动力。

（2）“一带一路”沿线部分国家油气开发技术相对落后，油气产业发展较为缓慢，通过加强技术和资本输出可以优势互补。比如，中亚各国能源资源丰富，但受资金不足和技术水平的限制，部分中亚国家油气产业发展相对滞后，只有加强对外合作，才能将资源优势转化为经济优势。近年来，由于油品质量下降，难开采老油田占比的不断提高，加之原油开发量的逐渐下降和原油价格低迷，中国在提高采收率、控制成本方面积累了成功的经验，可以通过油气开采技术输出，帮助“一带一路”沿线国家提高采收率、控制成本，从而提高沿线各国原油开发量。

（3）“一带一路”沿线国家油气基础设施建设薄弱，经济社会发展水平相对滞

后，通过与中国油气资源置换实现互利共赢。完善的基础设施建设是社会文明程度的重要标志，也是“一带一路”沿线欠发达国家的现实需求。从这个意义出发，“油气资源换社会发展”工作思路不仅可行，而且具有很大的吸引力。中国企业通过发挥资金优势，加大对“一带一路”沿线国家基础设施建设投资的力度，改善当地人民的生活水平，既是深化经济贸易往来的具体体现，也是建立双方互信的社会基础，还是油气产业合作开发的重要保障。例如，自 2013 年以来，中国一直保持对东南亚地区最大的投资额，超过沿线国家投资流量、存量一半，投资主要集中在电力、矿业资源开发领域；对中亚地区的投资量增长相当迅速，增速将近 70%，显著地改善了当地的民生问题。

（4）“一带一路”沿线国家地缘政治的新变化，为中国推动“一带一路”油气合作提供了重要机遇。随着油气行业科技的不断进步和发展，特别是美国页岩油和页岩气技术的突破，使得美国对中东油气的需求量直线下降，美国由油气净进口国变为净出口国，这种变化改变了全球油气供需格局，迫使许多国家的油气供应商需要寻找新的买家。乌克兰危机后，美欧对俄罗斯实施经济制裁，使俄罗斯对欧洲油气贸易受影响，俄罗斯为保障国内经济稳定发展，需要进一步加强与中国的油气贸易合作，为中国扩大进口俄罗斯油气创造了良好的机遇。全球油气地缘政治出现的这些新变化，为深化“一带一路”沿线国家的油气合作提供了更大的选择机会。

（三）“一带一路”油气产业发展战略的风险性

（1）大国博弈愈演愈烈。“一带一路”沿线的中亚、中东、北非等地区政局动荡，外部还受到多国势力渗透，油气博弈竞争十分激烈。第一，目前世界经济处于增长乏力的阶段，美欧等大国和政治联盟通过跨太平洋伙伴关系协议（TPP）和跨大西洋贸易和投资伙伴协定（TTIP），加速扩大其在亚太地区的政治经济影响。2011 年，美国强化了与中亚多国的合作，通过发挥阿富汗连接中亚和南亚的地理优势，进而对整个中亚地区的地缘政治、经济合作和周边安全产生影响。第二，“一带一路”的提出恰逢 2013 年乌克兰危机爆发前夕，俄罗斯也曾质疑“一带一路”战略的实施会对冲本国势力，曾多次将第一、二亚欧大陆桥称为“新丝路”，宣称将发挥决定性作用。第三，日本于 2015 年 5 月宣布设立 1100 亿美元的基建基金，提高日本主导的亚洲开发银行的贷款额度，加强对亚洲国家基础设施建设投资。这些国家及地区的战略都不同程度地对“一带一路”战略的推进造成了包围与遏制。

（2）面临不确定的政策风险。第一，“一带一路”沿线上的中东、中亚国家，大都采用总统制、君主制等政治体制，国家政治命运往往系于总统一人，其政治稳定状况相对脆弱，领导大选、政党竞争、军事政变、法律制度变更等因素，都是影响国家对外油气政策的风险因素。第二，沿线地区民族、宗教、文化方面与中国差异较大，阿拉伯民族主义、伊斯兰复兴运动、民族分裂主义势力此消彼涨，不同宗教、民族势力更替频繁，社会稳定性较低，双方合作的社会基础薄弱。第三，“一带一路”沿线部分国家正处于社会和经济结构转型时期，尚未形成规范的外交政策、贸易方针，对外开放水平不统一，民众对外资开发本国油气资源认同度较低，投资环境较差。

(3) 国际金融风险难以预测。“一带一路”战略在油气产业方面的主要项目集中在扩大油气企业境外投资、建设跨境输油管道和完善沿线油气基础设施建设这几个领域上，这些项目筹资需求量大、回收期长、风险大。主要体现在，第一，汇率风险。在当前国际货币市场中，美联储将逐步退出量化宽松，而欧洲和日本央行在扩大量化宽松，加剧了国际货币币值的不稳定波动。第二，债务风险。在当前世界经济整体乏力、国际油价严重下跌的背景下，中东等以油气产业为国家经济支柱的国家面临严重的预算缺口，这些情况对中外油气合作开发产生了不良影响。

二、“一带一路”战略中油气产业发展的对策措施

(一) 政府加强对“一带一路”油气战略统筹协调和政策支持

在油气战略统筹协调和政策方面，一是要建立完善的“一带一路”战略协调机构。可在“上海合作组织”的基础上，按照“共商、共建、共享”的原则，吸收“一带一路”沿线国家参与，通过建立多边磋商机制的方式，建立“一带一路”能源经济合作组织，加强“一带一路”油气产业合作，维护区域能源合作项目特别是油气通道安全。二是建立多方自由贸易协定。目前，《能源宪章条约》是国际能源领域具有法律约束力的多边条约，中国尚未加入该条约，但在“一带一路”沿线与中国有能源合作的国家，大多已成为《能源宪章条约》成员国。针对这种情况，中国一方面可以研究选择合适的时机加入该条约；另一方面，可以通过与“一带一路”沿线国签订“带、路贸易协定”的方式，以条约的形式进一步规范合作细则，细化合作互惠条件，深化合作层面，针对税收减免、手续简化、资本流通等方面的具体优惠制定量化指标，为他国的“引进来”与中国的“走出去”提供国家层面的政策支持。同时，发挥各国国内政策的引导作用。“一带一路”沿线国家在合作的框架内，通过国内立法等方式制定相关政策，在关税减免、物资商

检、清关手续、员工本地化等方面加强磋商，降低合作国之间油气项目投资成本，实现资源共享与优势互补。

（二）企业坚持文化输出与国际化发展并举

油气产业发展，必须发扬丝路精神，弘扬中华文明，减少合作双方因民族传统、宗教信仰、风土人情、生活习俗不同产生的不利影响，实现合作共赢。第一，通过加强中国油气企业的文化输出，推广“丝绸之路经济带”的概念，体现大国兼容并包的外交、贸易理念，赢得合作伙伴的理解和支持。同时，有针对地开展文化交流。充分发挥中国在科研教育领域的优势，与合作国开展油气开采炼化技术合作探索、开展跨文化教育培训，促进国家间人才、科技生产要素的流动。第二，对于国有油气企业，应主动突破当前体制与规模，加快改革，致力于形成有影响力的国际石油公司，充分发挥市场在资源配置中的决定作用，加快完善价格发现和价格形成机制。在这一过程中，结合实际提高当地的科技文化水平，应在关键生产环节提供人才及技术支持，同时注重顺应合作国当地文化习俗，采取雇员本地化的方式，促进当地民众就业，减小不同文化差异及企业运营差异给双方合作带来的阻力。

（三）鼓励中国能源企业加大对外油气资源投资与并购的力度

在对外油气资源投资与并购方面，一是要建立健全海外油气投资并购的法律制度。根据国际惯例并参照他国经验，针对国际贸易争端和跨境货物运输的特点，对融资、信贷、保险等领域进行政策研究，制定有利于中国进行区域合作的法律法规，确保中国海外油气等能源投资的安全。二是要拓宽投融资渠道。抓住人民币纳入特别提款权的有利时机，扩大贷款换油气的规模，提高人民币在国际能源贸易结算中的比重；同时，鼓励国内包括民营企业在内的各类企业，通过参股海外能源控股公司、与当地油气能源公司及投资基金合作等形式，促进中国金融资本与海外能源产业的有机结合。三是要大力推进油气资源并购项目的落实。目前，国际市场油气价格持续走低，“一带一路”沿线中亚、中东地区许多油气企业陷入亏损境地，部分油气生产国和生产企业正在寻找出路，为中国油气企业低成本并购创造了条件。对此，中国油气企业应当积极行动，全面科学地评估油气资源量能，前瞻性地分析论证地缘政治风险，加大对“一带一路”沿线国家油气资源并购力度，购买一批优质油气区块作为战略储备。四是要加强油气领域的基础设施建设合作。油气产业领域的双方合作，特别是管网、运输、电网等基础设项目的合作，对于建立稳定的合作关系具有重要作用。

“十三五”节能减排约束条件下中国油气产业发展环境分析

油气产业作为支柱行业，在国民经济发展中举足轻重，而“十三五”发展规划决定未来五年油气产业发展、生产布局，影响油气投资决策和管理运行。目前，“十三五”规划(含总体规划、专项规划、区域规划)，《能源发展战略行动计划(2014~2020)》、能源安全发展战略、能源生产和消费革命战略(2015~2020)战略路线图逐渐明晰。“十三五”期间能源发展和改革的战略导向明确，可总结为能源消费总量控制、煤炭清洁高效利用、大力发展清洁能源、能源体制改革为主要内容，那么在这种节能减排约束条件下，中国油气产业生存和发展环境成为本文研究的主要内容。根据实际，本文将从以下几个方面进行探讨。

一、政策环境分析

(一) 中国油气市场化改革步伐加快

中国的能源体制存在自然垄断和行政垄断的特点，表现在政府对石油、天然气和电力价格进行严格管制，市场竞争不充分，市场在资源配置中的作用丧失。目前油气市场供需宽松，价格处于低位，是中国油气行业市场化改革的有利时机。《中共中央关于全面深化改革若干重大问题的决定》发布以来，政府部门大力推动油气市场改革，能源部门颁布的《能源发展战略行动计划(2014~2020)》提出了重要思想 ：“推进石油、天然气、电力等领域价格改革，有序放开竞争性环节价格，天然气井口价格及销售价格由市场形成，油气管输价格由政府定价”。中国将建立科学合理的油气矿业权准入、退出和流转机制，鼓励各种社会资本进入油气勘探开发领域；在油气管网建设运营体制改革中，将推动供需双方直接交易。以上举措还原了能源商品属性，将构建有效竞争的市场结构和市场体系，形成主要由市场决定能源价格的机制，转变政府对能源的监管方式。能源产品价格改革、能源领域垄断改革、能源市场开放将是油气市场化改革的重点。油气矿业权准入改革、民资进入油气领域改革、油气管网建设运营制改革、天然气和电价市场化改革是油气市场化改革的方向。同时，在“十三五”期间中国的进口原油

使用权和原油进口权“双权”将逐渐放开，给中小石油企业带来了在贸易、金融、仓储、物流等各个领域的新的发展机遇。预计“十三五”期间油气行业有望基本实现市场化，中国油气市场将成为全球市场的重要组成部分，市场竞争主体将更加多元化，并与世界市场紧密联动。

（二）中国油气企业与周边国家能源合作发展机遇加大

中国通过实施“一带一路”，启动亚太自贸区建设，建立亚洲基础设施投资银行、丝绸之路基金等，为中国企业扩大投资和贸易提供更加有利的合作环境。对于油气产业而言获得了与周边国家能源合作发展的机遇与可能。中国油气企业不仅是获得了“大资源”和“大合作”，优厚的政策环境和平台有助于在亚洲地区形成产业链、供应链、价值链深度融合、梯次转移的发展新格局，而且获得了“大市场”，站在一个更大的市场角度来思考和做判断，在新的市场中去竞争去发展。

（三）油气行业“去碳化”进程加快

环境问题和气候变化问题日益突出，清洁化与低碳化将是油气行业发展的重点方向，未来能源行业“去碳化”进程加快。全球范围内来看，由高碳能源向低碳能源和无碳能源转变是一个不可逆转的趋势，能源消费结构逐步向低碳化发展。欧盟《2030 年气候与能源政策框架》提出 2030 年将温室气体排放量在 1990 年的水平降低 40%，可再生能源比例至少提高到 27%，以及能源效率至少提高 27%。中美两国 2014 年 11 月共同发表的《中美气候变化联合声明》，表示将在清洁能源和环保领域合作。美国能源信息署预测，2050 年清洁能源在世界能源结构中的比重将达到 62%左右，天然气作为重要的清洁能源，在世界能源结构中的比重将由目前的 24%提高到 29%。这一系列的信息告诉我们，油气产业的发展必须受到“去碳化”条件的约束，如何实现在“去碳化”约束下发展也是整个油气行业需要考虑的问题和努力的方向。

二、经济环境分析

（一）世界经济处于低速调整期

未来五年，全球经济仍处于经济周期的复苏阶段和深度调整期，世界经济将在较长一段时间内保持中低速增长态势。“十三五”时期是中国全面建成小康社会的决胜阶段和全面深化改革的攻坚阶段，也是中国成为第一大经济体的冲刺阶段，更是中国国际经济地位发生转折性跃升的时期。但世界政治经济格局对中国经济发展的外部环境趋于严峻。中国将从商品输出为主转向资本输出为主阶段，形成全方位对外经济开放新格局。过去高增长时期掩盖的各种矛盾逐步凸现，各种问题陆续暴露，对经济发展的制约日益明显。虽然经济社会发展基础越来越扎实，发展预期越来越稳定，但发展约束也越来越严格。

(二) 国内经济处于转折期

“十三五”时期，中国经济将呈现出一个双向过程，既是一个全国去过剩产能的过程，同时又是一个大众创业、万众创新的过程。从经济发展规律看，“十三五”时期将是中国经济转型升级的一个关键时期。受到国际和国内经济形势的影响，成品油消费增速继续分化，呈现“汽高、柴低、航煤多”的趋势。在国内经济处于转折期的时候要加强油气作为原料的研究，通过技术创新，不断扩大用途，降低成本，要抓好创新地质综合研究，抓好富油气区精细勘探，努力寻找优质储量、高效储量、整装储量。另外，油气田开发要统筹考虑投资、产量和成本，按效益最大化原则优化方案部署和项目前期工作，全面推行新油气田全生命周期项目管理，提高产能到位率和稳产期，切实控制老油田自然递减，努力提高采收率和单井产量。

三、国际和周边地区环境分析

(一) 资源国油气政策更加开放

在石油市场，如果资源国出口收入下滑，为了维持财政收支平衡，增加收入，资源国势必加大出口，获取更多的市场份额和外汇收入。如何加大对外开放力度，放松控制，有效吸引外资将是资源国对外政策的基调。各国也在采取不同措施来实现，比如，能源巨头俄罗斯继续推进国有能源公司的私有化进程，计划通过直接出售股权和股权置换的方式出售俄罗斯石油19%的股份，小幅放开大陆架开采权，全面放开LNG出口政策，俄罗斯天然气工业股份公司、俄罗斯天然气出口公司、俄罗斯石油公司和诺瓦泰克这4家企业拥有LNG对外出口权；哈萨克斯坦通过修改投资环境相关法案，扩大投资优惠，在2015年颁发50~100个矿产勘探许可证；墨西哥通过新的能源改革法案，允许私人及境外资本进入墨西哥能源产业；尼日利亚将对国家石油公司重组，最多将30%资产卖给个人等。

(二) 美国在油气市场影响力相对提升，欧佩克的市场影响力有所下降

制约欧佩克市场影响力的主要力量来自非欧佩克国家产量份额的快速上升，欧佩克的影响力和市场地位面临巨大挑战。一方面技术进步使油气勘探开发成本快速下降，虽然低油价对页岩油、油砂等相对高成本的非常规油气资源

有挤出效应，但是挤出效益产生影响需要有 2~3 年滞后期。欧佩克各成员国对油价承受能力差异巨大，若低油价持续较长时间，对欧佩克成员国将是巨大打击。

另一方面得益于非常规资源的大规模成功开发，美国的油气产量增长迅速，油气进口量大幅减少，美国通过能源独立和技术创新增强了在全球政治和经济中的领导地位和掌控地缘政治局势的能力，增加了美国全球战略选择空间和灵活性，通过战略调整对世界油气市场的影响力显著增强。对于俄罗斯而言，“乌克兰事件”导致俄罗斯与西方出现对峙，将深刻影响未来全球地缘政治和能源市场格局。欧盟为降低对俄罗斯能源的依赖，努力寻求进口多元化，加快与中亚、中东的能源合作步伐。低油价和西方的制裁将长期影响俄罗斯经济发展，使之对世界石油市场和全球政治的影响力下降，所以美国在能源市场的影响力相应提升。

（三）国际大石油公司进入战略调整期

在低回报且不景气国际市场下，国际大石油公司将更加关注盈利能力和效益，迈入一个降低投资强度、加强成本控制的阶段。一方面会考虑降低企业的运营成本，另一方面是放慢投资的速度，特别是重大项目开发。对那些需要巨额投资为支撑且回报率下降的项目肯定会放缓脚步甚至会被暂停、重审或者推迟。BP 表示未来几年投资将维持在预算的低端，雪佛龙、壳牌、道达尔和挪威国家石油公司表示可能会降低包括勘探、下游、巨型项目、北美非常规、LNG 等的投入，通过整合业务、控制成本、提升效益。

四、石油市场需求环境

根据美国能源信息署（EIA）统计，2010~2014 年原油和天然气在全球能源消费合计占全球能源消费的 58%。从 2012 年 12 月开始，中国石油净进口量首次超过美国，成为全球最大的石油净进口国。在中国经济进入新常态下，中国石油需求环境值得分析，结合国务院发出“充分利用国内外两种资源、两个市场发展石油工业”的指示，结合中国国内和国际形势可以发现中国油气产业面临的石油需求环境可以归纳为以下几点。

（一）包括中国在内的亚洲市场是石油市场需求的焦点

一方面，美国和其他发达国家长期以来都是全球石油消费的主力，进入了消费的平稳期，消费增长日渐缓慢，加之 2014 年石油价格大幅下跌，对非常规油气开发产生了严重不利影响。而发展中国家特别是新兴经济体是世界石油消费增长重要推动力量。在发展中国家中，亚洲石油需求一直保持在相对较快水平增长，2013年亚太地区能源消费占全球总量的40%，创历史新高。中国作为世界石油需求增长的重要力量，在全球需求格局中的地位将越来越重要。在世界供应总体宽松，宏观经济形势疲软的情况下，越来越多的产油国把目光转向亚洲，从而加速世界石油贸易重心东移。从行业来看，工业、交通运输业和电力行业是石油消费的重点行业，工业、交通行业和电力行业发展是推动石油消费增长的重要因素，亚洲成为全球能源需求增长的主要引擎。为了争夺市场份额，传统产油国之间、非欧佩克国家与欧佩克国家之间的竞争将加剧，包括中国在内的亚洲地区成为石油市场需求的焦点。

另一方面，由于历史原因，亚洲国家对国际油气价格的形成和制定缺乏足够的话语权和影响力，尤其是亚洲进口的LNG价格远远高于其他地区，亚洲国家承担着不合理的进口能源价格。2013年12月，中国宁波大宗商品交易所推出LNG电子交易平台；2013年9月，日本经济产业省宣布将发布亚洲从中东和其他地区进口LNG短期合约的基准价格，并以此为基础在东京商品交易所推出天然气期货；2014年9月，Pavilion公司与新加坡国际企业发展局合作，计划建立LNG地区价格基准。2014年12月，中国证监会正式批准上海国际能源交易中心开展原油期货交易业务，这标志着国内首个国际化原油期货上市工作已逐步推进。这一系列的新平台的搭建反映中国乃至整个亚太油气供需基本面的原气基准价格正在形成，更加真实地反映中国以及亚太地区新兴经济体的能源需求，包括中国在内的亚洲市场正在得到石油出口国的重视。

(二) 石油需求量和需求增长量需要找到新的平衡点

目前世界经济仍将处于复苏期，石油需求很难实现大幅反弹，而中国经济发展进入新常态。“十三五”期间，全球石油供需保持宽松态势，经济对石油消费拉动势必减弱，成品油消费将由过去的“三高”(高增长、高消耗、高污染)向“三低”(低增长、低消耗、低污染)转变。有人预计“十三五”期间中国成品油消费增速为3%~4%，相比“十二五”6.3%的平均增速有较大幅度下滑。结合中国石油经济技术研究院的预测数据，全球石油需求年均增速为1.1%，2020年需求量将达到9900万桶/日；全球石油供应能力年均增速为1.4%，2020年供应量将达到10500万桶/日，供应能力高于需求600万桶/日。再加之页岩油、油砂等非常规资源勘探开发，对石油产量增加有促进作用，总体上看，世界石油供给过剩态势会出现，要保持供需平衡，石油供给量和石油需求量将出现新的平衡点。

五、行业环境分析

（一）从常规油气开采到非常规油气开发的技术转变

中国剩余常规油气资源中，深层、深水、低渗等低品位资源约占 2/3，成为油气企业面临的现实局面，开采难度与成本逐渐加大，在“十三五”期间节能减排大背景下，多年来，行业内主要以构造型油气田勘探为主，近几年才开始对非构造型油气藏开发，伴随着开发技术的突破，页岩气、煤层气、致密油等非常规油气将成为中国油气供应增长的突破口和新来源之一。在油气行业中找出非常规油气的开发与利用技术成为当前发展动力。除了从非常规能源的种类进行技术提高，另一方面加大对深层、海上和非常规油气的勘探、北极和南极地区油气开发与利用也是一个突破口和新来源之一。站在行业的角度，加大非常规油气资源理论研究和科技投入力度，研究适合中国资源状况的配套勘探开发技术，完善鼓励技术创新和科技成果产业化的配套措施是整个行业技术发展的方向和目标。另外，运用财税政策和投融资方式是推动非常规油气技术开发与利用的助推力量。

（二）油气行业技术优势比新能源行业明显

“十三五”规划中，能源政策更加强调低碳和清洁。国际社会中美国政府提出到 2020 年全美燃煤电站实现减排 20%，欧盟发布以 1990 年为基准年，到 2020 年将温室气体排放量减少 40%。中国计划 2030 年左右二氧化碳排放达到峰值，并计划到 2030 年将非化石能源占一次能源消费量的比重提高到 20%左右，可以说低碳发展是未来能源行业的主题。

与油气行业竞争的对手之一是可再生能源行业。油气价格目前的低位运行，使得可再生能源缺乏绝对市场竞争力。根据国际能源署（IEA）预测，到 2020 年，全球可再生能源发电年度平均投资将超过 2300 亿美元，低于 2013 年 2500 亿美元的投资额。水电和风电行业被认为是最为清洁和最具发展潜力的能源，但就是被人们认为最安全可靠的可再生能源行业也在面临着挑战，百姓开始关注水电工程对环境影响，光伏市场基本饱和，扩张速度开始放缓，基本趋于平稳的状态。再生能源行业在“十三五”期间异军突起的局面，还有待观望，油气行业技术优势比新能源行业明显，技术的市场占有和发展阶段都比可再生能源市场成熟。

在城市中影响油气行业的“敌人”是逐渐被接受的电动汽车，电动汽车受到了政府的大力支持，使用人数正在大大增加，但是综合起来看大规模推广电动汽

车还是面临一些挑战，比如电源技术无法满足商业化发展的性能与成本要求，以至于新能源汽车很难长距离行驶，这是目前新能源汽车面临的最大瓶颈；另外一种考虑是新能源车以电为主，中国的电源结构以火电为主，尽管电动机的转换效率高，但煤炭行业发电效率低，所以综合起来看电能传输、储存过程的损耗率也要高于石油。要打败油气行业提供汽车主要动力燃料的局面还需要突破技术瓶颈才能实现，这是需要一个长期的调整过程。

“互联网+”模式下中国石油企业的战略选择

2015年3月5日，在十二届全国人大三次会议上，李克强总理在政府工作报告中首次提出“互联网+”行动计划。“互联网+”模式是一种思维方式，即将互联网作为技术工具或交流平台等与传统行业相结合，实现传统行业的创新和发展。而石油行业作为支柱性能源产业，要通过实施“互联网+”战略创造新的经济增长点。通过互联网技术向生产、运输、销售、管理各个环节的延伸和融合，正实现智能生产，提高运营效率，促进石油企业发展转型，推进石油企业高品质高效益的持续发展。

一、“互联网+”模式的背景与内涵

“互联网+”模式的提出，最初是来自于网络技术对于传统行业的巨大影响和改变。腾讯公司董事会主席马化腾提出《关于以“互联网+”为驱动，推进中国经济社会创新发展的建议》的议案，即利用互联网平台，把互联网和各行各业结合起来，在新的领域创造一种新的生态。他称“互联网+”为除了机器代替手工、电力的广泛应用、各类科学技术兴起之外的第四种力量，前三种力量作用于社会发展的各个方面，而“互联网+”则承担起连接的责任，将其统一为一个互通的立体网络。

2015年7月，国务院印发《关于积极推进“互联网+”行动的指导意见》；10月29日，中国共产党第十八届中央委员会第五次全体会议指出：实施网络强国战略，实施“互联网+”行动计划，发展分享经济，实施国家大数据战略。提出11个具体行动，涉及互联网金融、医疗、教育等各个方面，其中第四点是“互联网+智慧能源”，重在推进能源生产和消费智能化，建设分布式能源网络，发展基于电网的通信设施和新型业务。这意味着将“互联网+”模式提升到顶层设计层面，为中国传统石油企业发展提供了新思路。互联网具有信息实时共享、降低交易成本、促进协同合作和提升工作效率的特点，而它与经济社会发展的融合已成为不可阻挡的时代趋势，这些优点都将成为传统行业转型和创新腾飞的“翅膀”。

二、“互联网+”对油气行业的影响

（一）“互联网思维”颠覆了传统油气行业的发展思维和模式

传统的油气行业仍以生产保供为思维主导，通过大规模的油气勘探与开发、产业链的上下游一体化、标准化的产品销售，以实现规模效益，重点强调行业发展一体化、封闭性和行业收益的内部化。而“互联网思维”则注重不同行业之间的协同发展和高效整合，是以与用户需求为主导，以一种“开放、平等、协作、高效、分享”的运行机制，借助互联网的信息平台，实现与消费者在上下游产业链各个环节进行互动，降低资本运行成本，实现油气产业各个环节的效益规模，而非传统的规模效益。换句话说，原先的石油企业上中下一体化程度非常高，从生产、运输、批发、销售环节紧紧相扣，走完一个环节，才会到下一个环节。而互联网思维的引入，凭借其强大的信息平台，一旦油气行业的流通壁垒放开后，消费者可以直接与油气行业产业链上的生产商、运输商、储备商越级联系，购买使用油气资源，而运输环节的企业只收取部分的运输费用，而不是中间差价，降低交易成本。从销售者来说，通过互联网的大数据分析，可以了解客户对不同油品品种的需求和不同加油时间的加油量，制定差异化的销售策略，增加销售量和销售收入。

（二）“互联网思维”提高了油气行业的管理和运行效率

“互联网思维”在油气行业的运用，实际上是传统油气行业与信息化行业更为深度和广度的融合，通过网络信息平台，激活行业发展的各个环节，提高整体行业运行效率，推动行业的网络化、协同化和智能化。在上游生产和勘探环节，信息化支撑的“数字油田”正在向“智能油田”迈进。在依托原有“数字油田”的基础上，通过信息采集系统、数据传输系统、现场控制和管理等系统的建设，实现油田的信息采集自动化、系统应用一体化、生产指挥可视化和分析决策科学化，为油田的运行提供新型的智能管理方式。在中游配输环节，利用无线传感网络技术，加强对整个油气管道运输管网现状的实时监测和科学预警，及时处理管道泄漏、人为破坏、生态污染等问题事故，确保了中游环节的运行安全。“互联网思维”在油气行业的下游销售环节产生的效果最为明显，例如拥有庞大成品油消费网络的中国石化通过与腾讯、顺丰和阿里巴巴合作，引进了移动支付、O2O 业务、用户管理、交叉营销等新型运营模式，极大地拓展油品销售渠道，提高了销售环节的信息交流和运行效率。

（三）“互联网思维”加速了油气行业的市场化改革进程

“互联网思维”还有一个非常重要的理念就是用户至上，坚持“以用户需求倒

逼企业产品”，最大限度地还原和展现石油产品的商品属性，充分发挥市场作为油气资源配置过程中的决定性作用。运用“互联网思维”，借助信息网络技术，可以为石油化工产品的交易搭建一个公开、公平、透明的信息交流和综合服务平台，打造新型石油化工产品的网络交易中心，构建与现货贸易相对应的互联网金融服务体系，例如融资平台、价格结算、信息播报等服务体系。借助互联网平台，油气市场的交易主体可以进行自由议价，形成具有市场公信力的第三方交易价格，作为市场的供需现状的风向标，从而全方位地推动中国油气行业的市场化进程。

（四）“互联网思维”推动了油气行业的产业转型和服务升级

传统的油气行业一般按照上下游产业一体化流程，勘探、生产、运输、配送和销售，每个环节按照一定的收益比例进行交易，油气资源的价格依次叠加，最终销售给终端用户。首先，“互联网思维”的引入将会打破传统的运营和交易模式，推动油气行业直供领域的发展，实现下游用户企业与上游生产企业的直接商谈议价，降低采购和运输成本，形成市场化交易价格。其次，“互联网思维”创造了多元化的商业服务模式。互联网运用其强大的宣传和互动营销模式，通过客户积分制管理，为消费者提供大量的产品和优惠信息；其利用微信、支付宝等信息化的交易结算平台，节省了用户的交易时间，提供了更为优质的交易服务；其加油站信息定位系统，使得汽车用户能够运用手机客户端准确定位加油站位置，缩短用户行驶成本，促成终端用户与加油站的直接交易，为用户消费提供了更多便利。此外，“互联网思维”还激活了加油站非油品业务的发展，可以先进行网络订货，然后在指定的加油站取货，把加油站当做新兴的物流中转站，以客户需求为导向，采用产销直供模式，降低采购和储运成本，为非油品业务发展提供新的增长点。

三、“互联网+”模式对中国石油企业的价值

石油化工行业是中国战略性质的支柱产业，就当前的形势而言，石油化工的市场需求逐步趋于平缓，而传统能源也面临枯竭的威胁，新能源开发逐渐成为热潮，这在一定程度上导致了石油企业的竞争加剧，要想持续保持竞争优势，转型和创新成为新的出路。而互联网已帮助许多传统行业打破其自身领域的商品规则。在国家政策的扶持下，正值黄金时期的“互联网+”模式对石油企业来说无疑是一个绝佳的机会。

（一）推动石油企业设备和管理的智能化发展

目前阶段的石油企业，信息技术大多已在开采和勘探阶段得到良好的应用，

例如对工作过程采集、记录详细的数据，对过程中的设备、人员进行监控，实时掌握工作进度以及确保正常状态的生产。而“互联网+”模式则意味着信息技术更深入更广泛地进入各个环节，进一步推动石油行业的信息化建设。云计算平台承载了海量数据的管理和存储，“大数据”分析除了用以掌握实时数据，还可以通过对数据的进一步分析更准确地掌握地震相关信息、油藏地质特征和产能状况，可能实现勘探准确性和开采稳定性的提升，也可以用于更高层面的协助石油企业评估生产过程，通过大量数据和经验可以建立更合理、符合实际的模型，通过模型来预测油田趋势，制定出科学有效的决策。传感技术可用于对钻井设备的使用状态的监控，保证其正常运作和及时发现故障，避免因设备问题造成不必要的损失，也可用于中游管道运输阶段，实现更全面的物流监督，提供科学预警，在一定程度上为应急处理增加反应时间。利用互联网技术也可实现自动化的数据收集和现场监控，可视化的指挥调度等。从数据的采集，到数据分析、信息传递，运输网的动态监控，再到高层决策的制定，通过信息技术来贯通各个环节各个系统，实现高效的配合。从底层管理控制到高层战略规划，提升管理的质量和效率。

（二）借助互联网“大数据”的进行分析决策

一是企业利用“大数据”带来的信息资源，分析资源现状和市场现状，更好地规划能源生产与资源分配，大大降低企业的运营成本和决策失误所带来的损失；二是根据能源市场具有影响力的播报机构交易平台提供的“大数据”，企业能够更加清楚地了解市场运行动态，尤其是市场价格的变动，并以此为依据签订市场交易合同，进一步推动能源行业市场化改革；三是企业能够根据跟踪客户提供的信息数据，可以全面分析和掌握客户消费行为，大力挖掘市场需求，科学管理用户，以客户的需求为导向，合理调整油品的供应结构，从而提高油品的流通效率；四是企业可以根据其内部运行和管理数据，进行信息化操作和智能化管理，及时分析解决企业的运行现状和存在的问题，提高企业的运行效率，确保企业运行安全与油气的稳定供应。

（三）借助互联网平台扩大销售

互联网在销售方面有不同于传统零售业的巨大优势，它能更加直接地将消费者和供应商连接起来，减少中间环节，在为消费者方便快捷地提供大量商品的同时，也降低中间环节的成本。与此同时，互联网的传播力不容小觑，中国石油企业可利用互联网进行大力度的营销宣传，扩大知名度，移动端的微信公众平台、网络广告都是不错的选择。而随着国内经济的发展，中国汽车保有量逐年稳步增长，这意味着更多的现实消费者和潜在消费者，利用网络帮助顾客能精确定位加油站，使其能快速找到位置并享受服务，而后消费者也可通过支付宝、微信扫码付款，减少交易时间，一方面提升加油站的运营效率，另一方面带给消费者更便捷更优质的服务体验，特别是在上下班高峰期，这种优势则更加明显。石油企业也可大力发展与之相关的非油产品业务。这样消费者在加油过程中，还能享受到更多的相关服务和产品，例如汽车保养、汽车零部件销售及百货商品的购买等。同时，加油站可紧跟“网购”热潮，积极与快递公司合作，利用加油站的数量优势和地理便捷性，提供快递代收代发服务，取得互惠互利的效果。

四、中国石油企业在“互联网+”模式下的战略选择

（一）与专业技术公司推进建设智能油田

互联网技术的应用使其能更轻松地完成对油田的管理，目前以全面信息化为目标的“数字油田”正在建设和完善中，“智能油田”暂时没有一个统一定论，大致来说“智能油田”应该是“数字油田”的深入形式，也是必然形式。在现有的基于信息数据层面的油田反应基础上，构建起完整的信息体系，能够将环境层、数据层、知识层、模型层、应用层、集成层以及战略层完美地统一起来，并逐步偏向高层战略性质的应用，也就是智能管理。站在技术层面，“智能油田”更加重视对各领域相互依赖的数据的分析和挖掘，因此需要与专业公司配合，搭建适应油田发展的云平台，这是一个建设更好的计算和存储能力的数据中心的前提。建立起多领域数据集成的体系，数据范围包括地震、开采等各个环节，将各领域的相互关联的数据集成于一个统一环境下，进行数据挖掘和分析才能得到更有效更完整的信息，进一步构建知识体系。

（二）全面推广物联网技术

物联网即实现物与物之间精确的连接，在互联网的基础上覆盖性地定位并及时传递信息，再利用通信技术进行有效的管理和控制。目前，利用传感器、无线射频识别、GPS、无线通信等技术可以实现对开采现场的设备和过程的监测，对油品库存的跟踪，代替人工进行设备巡检，人员的跟踪定位等。可见，物联网在石油产业的应用是极其广泛和有效的，全面推进物联网必成为优势所在，进一步深入在石油生产过程中的应用，建设智能测控系统，实现对各个环节的全面监控，安全生产、运输和销售，提高应急水平。

（三）高度重视信息安全

随着互联网在各行业占据越来越重要的地位，信息安全成为越来越需要引起

重视的话题。油田和生产状态的数据更是属于重中之重的资源，要注意信息安全，在采集和分析的同时，要有意识建立安全措施，特别是对经过多领域数据集成后的信息。企业在充分利用智能化设备带来的优势的同时也要加强安全边界的防御，防止因企业系统被入侵等带来的信息泄露和数据窃取。

（四）大力发展综合业务，实现转型发展

互联网已带来整个社会商业形态的巨变，石油行业也要顺应时代发展，尝试转变，以期能顺利与互联网时代接轨。传统石油行业更加重视生产环节，对后续的产品及服务关注度不是很高，而互联网势必会打破生产、运输到销售的传统垂直模式，要想实现石油企业经济效益的持续增长，从产品服务下手无疑是企业需要考虑的。在现有的加油站基础上，发展非油业务，过程中要注意充分发挥石油企业优势，注重产品和服务的差异化，抛弃一部分同质化严重的产品，与互联网结合创造出全新的产品和服务模式，同时在人员的培训上也要形成良好的配合，全面促进商业模式的改变并且实现能源企业转型快速发展。

中国天然气消费结构转变及对策研究

进入21世纪，随着低碳经济的兴起和全球生态环境的恶化，世界各国都在不断加大清洁能源的开发力度。作为可获得、可接受、可支付的3A(Available、Acceptable、Affordable)清洁能源，天然气已被广泛地应用于中国国民生活和生产的各个领域。此外，为兑现中国大气排放的国际承诺(2020年单位GDP二氧化碳排放将比2005年下降40%~45%，2030年达到排放峰值点)，中国需要扩大天然气利用领域、加大天然气利用力度，积极转变天然气消费结构。通过对中国天然气消费结构的转变历程进行系统研究，探讨天然气消费结构的转变规律和特点，期待对促进中国天然气生产和消费革命有一定的指导意义。

一、中国天然气消费结构现状及转变趋势

近年来，兼顾经济快速发展的同时面临较大的节能减排压力，中国逐渐加大天然气这一清洁能源的开发利用力度。随着天然气消费量的逐渐增加，在一次能源的消费比重有所上涨，消费结构也逐渐发生转变。主要体现在天然气消费总量和利用结构两个方面的转变。

(一) 天然气消费总量现状及转变趋势

随着国内天然气工业基础设施的逐渐完善和发展，自1995年以来，中国天然气需求增长强劲，消费总量呈高速增长态势。从1995年的177.41×10^8立方米增长到2013年的1691.6×10^8立方米(图19)，平均年增长率达到12.6%。此外，中国天然气消费量占一次能源消费总量的比例也有所提高，从1995年的1.8%增至2013年的5.8%。

此外，中长期来看，中国天然气消费量仍将持续快速增长，主要有以下3个方面原因。

1. 供应能力激增，进口气价持续低位运行

天然气资源供应保障上，中国长期实施国内、国外“两种资源”的战略，力求形成国产常规气、非常规气、煤制气、进口LNG、进口管道气等多元化的供气来源。国内方面，中国天然气资源丰富。据2012年国土资源部新一轮油气资源

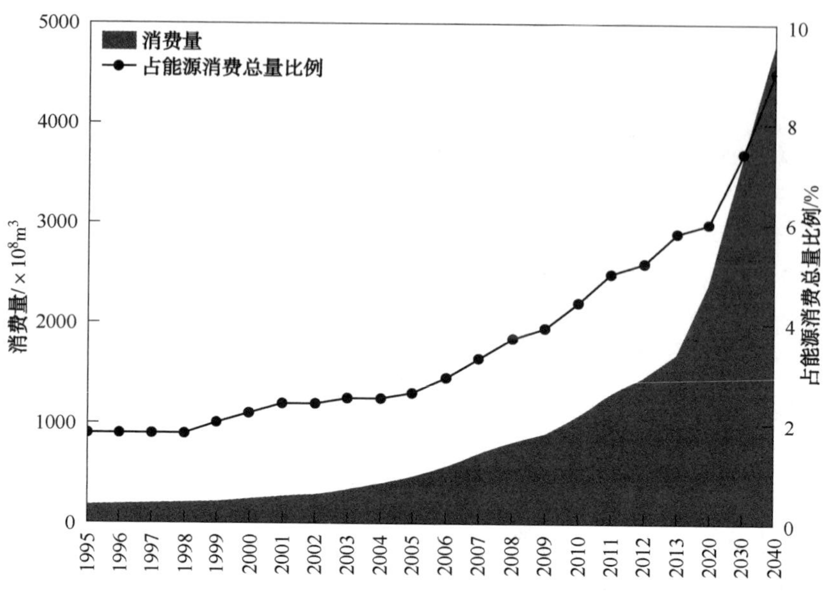

图 19　1995~2040 年中国天然气消费量及占比

数据来源：IEA《世界能源展望 2014》

评价结果，中国天然气可采资源储量约为 80×10^{12} 立方米。其中，常规天然气可采资源储量约为 32×10^{12} 立方米，致密气可采资源储量约为 12.2×10^{12} 立方米，煤层气可采资源储量约为 10.8×10^{12} 立方米，页岩气可采资源储量约为 25×10^{12} 立方米。且随着产能建设的大规模推进，近年来中国天然气产量保持快速稳步增长，从 1995 年的 17.9×10^{12} 立方米增至 2013 年的 117.1×10^{12} 立方米，年均增速为 10.4%。国外方面，受美国页岩气革命、东非天然气发现、地缘政治等多种因素的影响，全球天然气贸易流向发生转变，即中东、俄罗斯、澳大利亚、中亚、北美和非洲六大地区天然气逐渐流向欧洲和亚太地区。其中，流向亚太地区的天然气较大比例通过中亚、中缅等管道天然气引进项目流向中国，中国天然气供应市场逐渐宽松，长远来看，甚至可能出现供大于求的局面。

天然气进口价格上，目前采用与国际油价挂钩的定价方式。然而随着全球天然气贸易格局的转变，如 2014 年中俄签署 380 亿立方米/年的大规模管道气购销协议，亚太地区对进口天然气的议价能力将有所提高。因此，国内外研究机构普遍预测，中长期来看，亚太地区天然气进口价格将持续低位运行，2020 年可能达到 10 美元/百万英热单位左右的低点。

2. 长输管道建设持续推进，城市燃气管网逐步形成

天然气长输管网建设上，为实现“西气东输、北气南下、海气登陆、就近供应”的供气格局，中国持续推进管道建设工作。跨国天然气管道的建设方面，已建成有西北方向的中亚天然气管道 A、B、C 线和西南方向的中缅天然气管道，正在建设的包括中亚天然气管道 D 线和东北方向的中俄天然气管道。国内长输管道建设方面，截至 2014 年末，建成以陕京一线、陕京二线、陕京三线、西气东输一线、西气东输二线、川气东送等为主干线，以冀宁线、淮武线、兰银线、中贵线等为联络线的国家基干管网，总长达 8.5 万千米，复合年均增长率达 15.0%，总输气能力超过 2000 亿立方米/年。此外，未来还将重点建设西气东输三线、西气东输四线、西气东输五线、陕京四线、新粤浙管道、鄂安沧管道等为主的主干管网，形成完善的全国性管网系统，保障天然气消费市场的运输安全。

城市燃气管道建设上，为保障城市燃气供应，中国大力建设发展城市燃气管道。其中，天然气管道里程从 2000 年的 3.4×10^{4} 千米增至 2013 年的 38.8×10^{4} 千米，复合年均增长率达 20.6%。此外，为持续推动新型城镇化进程，中国将继续加快城市燃气管网的建设，提高全国城镇气化率，推动城市燃气智能管网的逐步形成。据中国燃气网预测，2020 年中国城市燃气(天然气)管道里程将突破 60×10^{4} 千米。

3. 能源结构不合理，减排压力大

作为一个“多煤、少油、缺气”的国家，中国能源消费历来以煤为主。建国初期几乎形成单一的煤炭型能源消费结构，甚至在 1953 年煤炭占消费能源总量的 94.3%。尽管近年来，随着天然气和可再生能源的开发利用煤炭在一次能源消费结构的比例有所下降，但始终在 70%上下徘徊(图 20)。

能源消费总量的大幅增加和不合理的消费结构导致中国面临较大的减排压力。国际大气排放承诺方面，中国在 2009 年哥本哈根会议承诺在 2005 年的基础上，2020 年单位 GDP 二氧化碳排放将下降 40%~45%。中美于 2014 年达成减排协议，即中国在 2030 年达到排放峰值点。国内环境污染方面，近年来中国环境污染问题日益突出。据国家环境保护部数据显示，2014 年，京津冀地区空气质量达标天数平均比例为 42.8%，重度及以上污染天数比例为 17.0%，均高于全国平均水平。国际排放承诺和国内大气污染两方面的压力，迫使中国加大天然气和可再生能源的开发利用力度，实现能源低碳化、清洁化。

因此，据 IEA 预测结果，在 2013 年 1691.66×10^{8} 立方米的基础上，2020 年消费量预计将达到 2422.22×10^{8} 立方米，2030 年消费量将达到 3655.56×10^{8} 立方

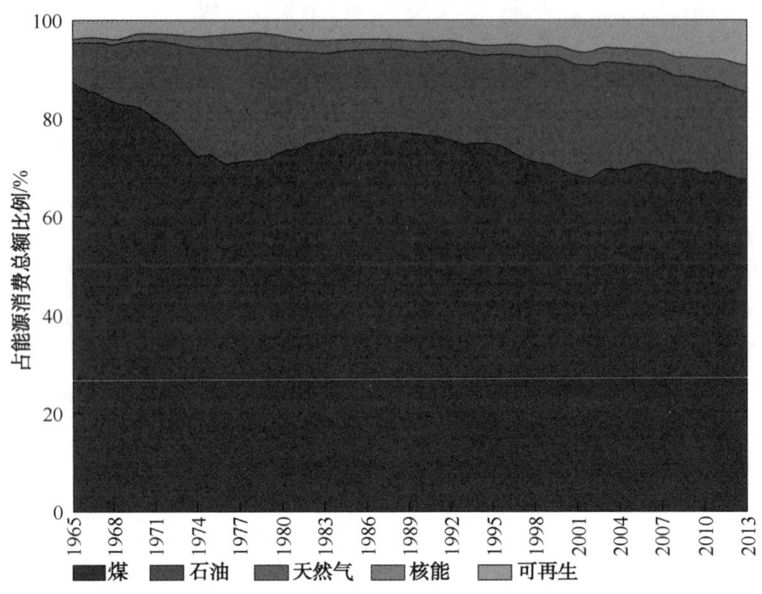

图 20　1965~2013 年中国能源消费结构的演进历程

数据来源：BP《世界能源统计年鉴 2014》

米，2040 年消费量将达到 4822.22×10^8 立方米，占一次能源消费总量比例分别为 6.0%、7.4%和 9.0%。与发达国家和世界平均水平相比，中国天然气占一次能源消费总量比例偏低，而《能源发展战略行动计划(2014~2020 年)》明确提出 2020 年天然气占一次能源消费比重达 10%的目标，意味着中国未来天然气消费市场空间巨大。

(二) 天然气利用结构现状及转变趋势

天然气利用领域十分广泛，按照中国 2012 年新颁布的《天然气利用政策》规定，天然气利用领域分为：城市燃气、工业燃气、天然气发电、天然气化工和其他用户 5 类。建国早期，由于长输管道的缺乏，天然气的利用主要是就近消费，消费用户以天然气化工为主。随着长输管网和城市燃气管网的逐步完善，国内城市燃气、工业燃气和天然气发电等方面天然气需求量大幅增加，天然气用户开始向多元化方向发展，即由天然气化工为主的单一结构向城市燃气、工业燃气和天然气发电并存的利用结构转变。

1. 城市燃气

随着中国新型城镇化的持续推进、城市燃气管网覆盖面的扩大、城市人口的不断增加、城市居民生活水平的提高、燃煤锅炉改造以及城市交通向天然气燃料

车的升级等，预计年均天然气普及人口将达到3000万左右，2020年全国城镇气化普及率将达到60%以上。因此，据IEA预测，2020年之前中国城市燃气将仍处于快速发展阶段，预计2020年城市燃气用气量将达到874.42×10^8立方米，占天然气总消费量的36.1%。此后，随着城镇化进程的放缓、市场的逐渐饱和以及其他行业的快速发展，城市燃气用气量增速有所放缓并逐渐维持稳定速度发展，预计2030年用气量将达到1286.76×10^8立方米，2040年用气量将达到1678.1×10^8立方米，占天然气总消费量比例分别为35.2%和34.8%，相较以前有所下降。

2. 工业燃料

与煤炭和燃料油等相比，天然气作为一种高效、优质、清洁能源，能够有效改善大气环境，提高利用效率，促进节能减排。进入21世纪，天然气工业燃料置换的进程将全面加快，特别是城镇(尤其是特大、大型城市)中心城区的工业锅炉燃料天然气置换项目等。然而，中国是典型的“多煤、少油、缺气”国家，工业燃料用气的消费量将受到煤炭、燃料油等多种替代能源的限制，使其消费量增长空间有限。因此，据IEA预测，中国工业燃料用气消费量将小幅增长，预计2020年将达到784.80×10^8立方米，2030年用气量将达到1199×10^8立方米，2040年用气量将达到1596.15×10^8立方米，占天然气总消费量比例分别为32.4%、32.8%和33.1%。

3. 天然气发电

相比较其他能源，天然气发电具有效率高、建设周期短、设备运行灵活、环境污染低等优点。因此，京津冀鲁、长三角、珠三角等大气污染重点防控区将有序发展天然气调峰电站，用来快速增加天然气消费量，缓解大气污染压力，保障天然气管网安全平稳运行。据IEA预测，中国天然气发电用气消费量将较快速增长，预计2020年将达到491.71×10^8立方米，2030年用气量将达到774.98×10^8立方米，2040年用气量将达到1060.89×10^8立方米，占天然气总消费量比例分别为20.3%、21.2%和22.0%。

4. 天然气化工

天然气化工具有风险大、成本高、产业链短、效益低等弊端，除天然气制氢项目因具有较高价格承受力而继续发展，包括天然气制甲醇等项目在内的其余全部天然气化工项目均被限制或禁止。因此，据IEA预测，中国天然气化工用气消费量将缓慢增加，预计2020年将达到208.31×10^8立方米，2030年用气量将达到296.10×10^8立方米，2040年用气量将达到356.84×10^8立方米，占天然气总消费量比例分别为8.6%、8.1%和7.4%，相较以前比例大幅下滑。

二、中国天然气消费结构转变的应对举措

为更好地应对中国天然气消费结构的转变，促进天然气生产和消费革命，应在天然气消费总量上“保供应、促增长”，在天然气利用结构上“调结构、增效率”。

(一) 保障天然气供应，促进消费量快速增长

1. 立足国内天然气资源，多渠道、多方式引进国外资源

中国天然气资源较为丰富，地质资源量约250×10^{12}立方米，可采资源量约80×10^{12}立方米，其中常规天然气资源量为52×10^{12}立方米，煤层气为36.8×10^{12}立方米，页岩气为25×11$10^{12}$立方米。国内常规天然气、煤层气、页岩气等发展迅速，据IEA预测，中国2015年天然气总产量将达到1760×10^{8}立方米，其中常规气产量为1385×10^{8}立方米、煤层气产量为310×10^{8}立方米、页岩气产量为65×10^{8}立方米；2020、2030年天然气总产量将分别达到2380×10^{8}立方米、3625×10^{8}立方米(图21)。因此，要立足国内丰富的天然气资源基础，加大常规气的勘探开发力度，鼓励开发煤层气、页岩气等非常规气，保障国内天然气产量快速增长(图21)。

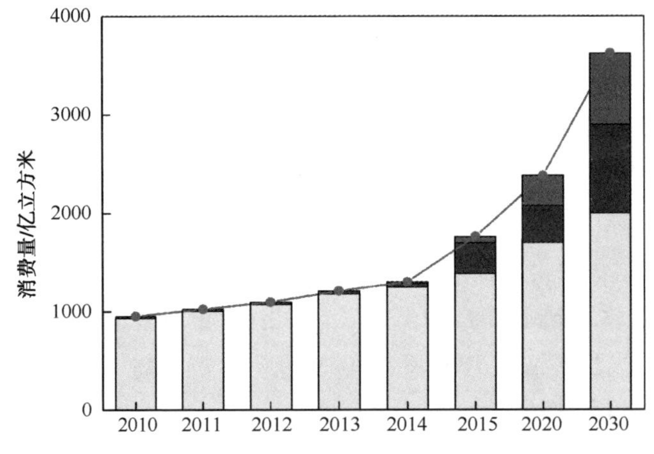

图21　2010~2030年中国天然气产量及构成

数据来源：国土资源局；IEA；部分数据为笔者计算得出

2014年，中国进口天然气总量为583×10^{8}立方米，其中进口LNG为270×10^{8}立方米，进口管输天然气为313×10^{8}立方米，主要国家有土库曼斯坦(43.72%)、卡塔尔(15.71%)、澳大利亚(5.96%)、马来西亚(6.98%)、印度尼西亚(5.96%)、乌兹别克斯坦(4.17%)等。未来中长期来看，国际天然气供应较为宽

松，中国应采用多渠道、多方式加大天然气进口量。如 LNG 可采用中短期合同或现货购买方式，管道天然气采用长期合同方式，从而更好地保障国内天然气供应安全。

2. 加强区域合作，谋求亚太地区天然气定价话语权

亚太地区天然气贸易定价目前采用日本的进口原油加权平均价格(JCC)定价体系，使得亚太国家遭受严重的溢价问题，即中、日、韩三国现行遵循的 JCC 价格，约是欧洲天然气进口价格的 1.5 倍、美国亨利天然气贸易中心交割价的 6 倍。随着全球天然气贸易格局的逐渐转变，全球天然气开始更多地流向欧洲和亚太地区。中国应抓住这一契机，加强与日本、印度、韩国等亚洲国家的合作，共同推进亚太地区新的天然气贸易定价机制的产生。与此同时，中国仍需积极发展亚太地区天然气期货市场加大国外天然气资源的引进力度，平衡国产、进口天然气资源比例，使得中国天然气进口价格更加市场化、区域化，进而谋求亚太地区天然气贸易定价话语权。在此基础上，争取形成以中国天然气进口价格为基准的亚太地区天然气贸易定价机制，使得这一基准价低于日本 JCC 定价、高于美国亨利天然气贸易中心交割价、接近欧洲天然气进口价。

3. 加大长输管网建设力度，加快天然气管网独立运营

天然气长输管网建设运营体制改革方面，加快天然气管网独立，实现管道建设、运营市场化。天然气长输管网独立不会一蹴而就，其基本思路、改革路径为：由目前大型国有石油公司为主体、少量社会资本参与管网建设和运营转向由不同资本分散投资，最终发展成立独立的管道运营公司。这一改革思路下，力求在 2020 年左右中国初步形成天然气长输管网独立运营格局，建成类似公路网的天然气管网体系。

(二) 优化天然气利用结构，提高利用效率

1. 以“煤改气”为契机，有序推进工业用气的增长

作为高效、优质的清洁能源，天然气用于工业燃料“煤改气”，能够有效改善空气质量，促进节能减排。因此，2013 年 9 月国务院发布《大气污染防治行动计划》，要求加快清洁能源替代作用，推进工业燃料“煤改气”进程。然而，部分地区盲目、无序发展“煤改气”项目，导致天然气供需矛盾加剧，甚至出现“气荒”。为此，国家应加大“煤改气”项目的审核，并以战略的眼光，优先发展京津冀、长三角、珠三角地区。随后，逐步有序发展其他地区工业燃料“煤改气”项目，遵循“先规划、先合同、再发展”原则，推动工业燃料用气稳步增长。

2. 加强统一规划，完善电价机制

天然气发电作为中国未来潜力最大的利用领域，在优化中国能源结构、天然

气利用结构、电力结构，节能减排等方面有着独特的优势。国家应在“电网调峰”的定位基础上提升天然气发电的战略地位，借鉴国际先进经验，并结合国内经济和天然气发展情况，制定切实可行的“近期、中期、长期”统一规划，即明确天然气发电的战略定位、发展目标、发展重点、发展措施和保障措施。天然气电价机制的完善方面，借鉴煤电发展矛盾重重的经验教训，完善天然气电价格机制，使天然气电价更为合理地反映电厂投资固定成本、燃料变动成本、环保价值及辅助服务损失补偿等。即天然气电价应包括基本电价(容量电价、电量电价)、环保电价、辅助服务电价 3 个部分。此外，应对不同类型、不同规模用户以及不同时段(高峰、低谷)采取差别定价机制，从而更好地调动电厂和用户的积极性。

3. 创新技术增效，深加工促产品精细化

21 世纪以来，天然气化工利用投资风险大、成本高、产业链短、效益低的弊端逐渐显露，使得天然气化工产业的增速逐渐放缓。因此，国家应严格把关天然气化工项目，对已建成运营项目，鼓励技术创新，如天然气制乙二醇、甲烷氧化偶联制乙烯等技术创新，进而增加利用效率；对计划建设天然气化工项目，政府应从全局出发，引导、鼓励新技术项目的投产、运营。此外，由于受到原料和政策的限制，天然气化工项目很难单纯依靠扩大规模获益。因此，通过天然气产品深加工达到精细化，从而使产业链得到延伸是传统天然气化工项目的最佳选择，如天然气制含氧化合物，制烯烃、芳烃等深加工项目。

中国天然气价格改革趋势及对策研究

自2004年底西气东输一线工程全线投入运行后，中国天然气进入快速消费阶段。随着天然气价格改革的深入，中国天然气价改涉及整个天然气产业链。因此，推进天然气价格改革，理顺天然气定价机制，统筹考虑天然气产业链的产、输、配三个环节至关重要。本文基于天然气产业链的视角，对中国天然气定价机制现状及趋势进行研究，并在此基础上提出进一步完善中国天然气定价机制的对策、建议。

一、国内外天然气价格改革历程

（一）美国天然气价格改革历程

1938年，随着美国天然气州际管道的迅速发展，为了防止掌握管道的少数几家公司联合制定垄断高价，各州的公共事业机构纷纷要求联邦政府对天然气价格进行管制。因此，联邦政府出台了《天然气法案》，对管输费用进行管制；但是该法案并不适用于天然气生产和城市配送环节。为了进一步保护广大消费者的权益，1954年，美国政府又出台了《菲利普决议》，将价格管制扩大到天然气井口价。连续的价格管制政策收到很好的效果，促进了天然气消费量持续快速上升，推动了美国天然气产业的发展。然而，价格管制最终挫伤了生产者的积极性。从20世纪70年代开始，美国天然气产量开始下滑。为了应对这一局面，20世纪70年代末期，美国政府决定制定政策放松对天然气价格的管制。1978年，美国政府颁布《天然气政策法》，同意逐步解除对天然气井口价的管制；1985年，美国政府允许管道运输公开准入，并确定天然气销售价格市场化，允许生产商与用户直接议价；1989年，颁布《天然气井口价格解除管制法》，完全取消井口价格管制。价格管制的解除促进了美国天然气产业的发展。2011年，美国天然气产量达到6512.9亿立方米，消费量达到6900亿立方米，均居世界首位。天然气市场体系和市场机制逐渐完善，市场的放开吸引更多新的资本加入，消费者从激烈的市场竞争中得到更多的实惠。目前，美国天然气价格基本上由其现货市场与期货市场共同决定，是完全市场化的定价机制。完善的价格机制是美国成为世界最大的天然气市场的重要原因。

(二) 俄国天然气价格改革历程

天然气产业在俄罗斯经济中起到举足轻重的作用，2015 年，俄罗斯天然气产量为6353 亿立方米，消费量为4453 亿立方米 ；天然气净出口 1900 亿立方米，位居世界第 1 位。因此，天然气价格问题在俄罗斯备受关注，不合适的天然气定价机制会扭曲天然气市场价值，从而对俄罗斯经济产生不利影响。在前苏联时期，俄罗斯天然气由国家统一定价，这种定价模式在一定时期内促进了天然气产业的发展。前苏联解体后，俄罗斯天然气的终端价格由能源管理委员会制定和调整。在俄罗斯能源管理委员会指导性定价的基础上，俄罗斯各联邦能源管理委员会确定各地最终的零售价格。目前，俄罗斯正逐步放开零售价格管制，建立市场化的定价方式 。

俄罗斯天然气管道在前苏联解体后由 Gazprom 统一经营，俄罗斯能源管理委员会统一制定生产企业使用管道输送天然气的价格。随着俄罗斯市场经济的发展，俄罗斯正尝试建立管输市场第三方准入机制。2000 年，俄罗斯颁发的《关于在俄联邦境内天然气价格与输送费率政府调控的议案》，提出要逐步放开天然气批发和零售价格，将价格管制过渡到对管输价格上来。Gazprom 在俄罗斯具有极强的垄断地位，其不仅统一经营俄罗斯的天然气管道，而且还是俄罗斯最大的天然气生产商；其他生产商不但实力弱，而且还必须通过 Gazprom 来输送天然气。为了限制 Gazprom、保证市场相对公平，俄罗斯政府对其他生产商的天然气价格管制已经解除，而对 Gazprom 的价格严格管制。这在另一个方面也表明，俄罗斯的天然气市场结构并不成熟，价格管制的改革并不彻底。

(三) 中国天然气定价机制改革的历史沿革

(1) 天然气产业链引入阶段(1956~1997 年)。在此期间，相关部门主要对产业链的井口价格进行规制，并强化以市场信号引导生产商的决策。其中，1987 年对井口价格推行了计划内、外“双轨制”的价格机制；1992 年针对不同用户推行了分类定价；1997 年对老的管线运输按里程收费，开始探索对管道价格规制的方法。

(2) 向天然气产业链快速发展过渡期(1997~2004 年)。这一时期，相关部门对产业链的规制重点由出厂价格转向管输价格。1997 年在陕京一线开始实行输气管道运价“新线新价、一线一价”政策。此时，地方政府对配气终端气价直接管制，而不是仅对城市配气费用进行管制。

(3) 天然气产业链快速发展阶段(2004 年至今)。在这个阶段，相关部门开始缓慢转向对产业链结构的规制，最终向竞争型产业链结构推进。政府于2005 年将天然气出厂价格全部改为政府指导价，开始简化气价分类；2013 年全面实施城市门站的价格上限管理，逐步放开部分气源价格，准备试点放开天然气直供用户(化肥企业除外)用气门站价格。整体而言，改革按照政府模拟市场的基调，始终沿着建立天然气价格与替代能源价格挂钩的机制，逐步建立天然气的“理想起步价”(指在某一时点上，天然气价格与可替代能源价格相对合理的比价关系)；期间，进行了一些小步、增量性的产业链结构改革。同时，相关部门也试图对管道价格进行“两部制”改革探索，但受多种因素制约而未能推行；地方政府尝试在下游市场环节，建立下游与上、中游的价格联动机制，其中以居民生活用气价格改革最为敏感而复杂，将其规制重点转向配气价格。

(四) 中国现有天然气定价机制评价

1. “以产定销”模式不再适用，不同气源统一定价不合理

目前，在上游天然气的生产和进口上，中国遵循“以产定销”原则，即由天然气生产量及进口量决定消费量。然而，2015 年第一季度以来，中国天然气生产量及进口量增速超过消费量增速，天然气供应上出现供大于求的局面。因此，现行“以产定销”模式不再适用，应向“以销定产”模式转变，从而平衡市场供求格局，避免供应过剩，影响天然气价格改革。

此外，中国进口管道气出厂价虽然由两国政府谈判确定，但进入国内管道后一并纳入国产陆上气体系进行运输和销售，统一执行门站指导价。进口管道气由于管输距离较长，成本普遍高于国产气，出厂价统一执行门站指导价使得其销价和进口成本倒挂严重，进口管道气进口商亏损严重。现行不同气源统一遵循政府对管道气的门站指导价，对进口气有失公平，且不符合中国天然气气源多元化的战略定位。

2. 现有管输价定价机制不合理，缺乏第三方准入

现行“老线老价、一线一价”管输定价机制对中国天然气产业发展发挥过重要作用，然而，随着中国天然气产业的进一步发展，其问题和局限性日趋明显：①现行管输定价机制对连续供气用户和可中断用户均按照同样的费率支付管输费，对连续供气用户有失公平，不利于管输效率的提高；②由于中国现行管输成本是依据历史成本预计的，与现实数据差距较大，然而，中国尚未建立操作性较强的管输费动态监控和调整机制以消除管输费计算不准确问题；③现行“老线老

价、一线一价"两种管输定价机制之间缺乏统一、透明规划，两种管输费率水平差别较大，不能适应管道联网运营和输气管道第三方准入。

此外，中国天然气管网为垄断性经营，缺乏开放的第三方准入机制，严重制约天然气价格市场化进程。目前，中国三大石油公司对油气管道的建设、经营处于自然垄断地位，且各自建设运营、互不开放。其中，中石油经营全国70%以上的油气管道。第三方准入机制的缺失，使得中国天然气管网运营独立化、价格透明化以及基础设施公平开放化进程缓慢，不利于中国天然气产业的快速发展。

3."市场净回值"法尚不完善，居民与非居民用气价格关系仍未理顺

相较于"成本加成"法，以"市场净回值"法确定下游门站价更为合理，且有助于加快中国天然气价改进程。然而，现行"市场净回值"法确定下游门站价仍存在一些缺陷：①中国气源(国产气和进口气)和市场距离有所不同，全部采用"市场净回值"法确定门站价使得不同气源盈亏差异较大；②现有天然气门站价与燃料油和LPG价格挂钩，然而燃料油并未成为大众燃料，无法准确反映可替代能源的价格变化；③天然气门站价定价机制因调整时间长，未形成快速、透明且可预测的动态定价机制。

此外，终端用户气价定价机制方面，中国虽然实行不同用户分类定价，但仍存在居民与非居民用气价格关系尚未理顺的问题。相比于非居民用气价格，为考虑民生问题，近年来中国居民用气价格调整次数和调整幅度较小，导致现行居民用气价格最低，工业用气价格最高，明显违背规模经济规律，不利于天然气资源的高效、合理利用和优化配置。

二、进一步深化中国天然气定价机制改革的构想

为更加全面地完善中国天然气定价机制，理顺天然气价格，统筹考虑天然气产业链的产、输、配三个环节至关重要。以下从天然气产业链的上、中、下游三方面对中国天然气定价机制的改革趋势进行分析。

上游天然气资源供应保障方面，中国长期实施国内、国外"两种资源"的战略，力求形成国产常规气、非常规气、煤制气、进口LNG、进口管道气等多元化的供气来源。随着天然气消费量的逐年增加，中国天然气气源呈现多元化，主要分为国产气和进口气两大类。在定价机制逐渐向市场竞争定价过渡的过程中，针对国产气和进口气成本不同，应对两者进行区别定价。首先，针对国产气现有定价机制，应完善现有"市场净回值"定价机制，使得国产气出厂价能够更好地与替代能源价格挂钩。其次，针对进口气生产成本较高这一特点，进口气定价过程

应遵循基本市场经济规律，保障进口商基本利益，因此应采用“成本加成”定价法，即进口气门站价=进口气到岸价+管输费。国产气和进口气区别定价，不仅能够有效地刺激进口商的积极性，还能更好地理顺上游天然气定价机制。此外，随着中国天然气生产量和进口量增速超过消费量增速，中国天然气供大于求，天然气产业发展模式由“以产定销”向“以销定产”转变已成必然。

中游天然气管道方面，为实现“西气东输、北气南下、海气登陆、就近供应”的供气格局，中国将持续推进管道建设工作。采用复合年均增长率计算公式（$R=\sqrt[B-A]{C_B/C_A}-1$，其中 R 代表复合年均增长率，A 代表初始年份，B 代表未来年份，C_A 代表初始年份的量，C_B 代表未来年份的量）对中国未来长输管网里程进行测算。预计天然气管网长度将由 2013 年的 7.8 万千米增至 2020 年的 12 万千米。随着天然气市场的逐渐成熟和管网的快速发展，中长期来看，第三方准入、管输费价格透明及管网独立运营是中国天然气价格全面市场化的必经之路。短期时间内政府对天然气产业管制的重点，将由原来对出厂环节价格的控制转移到对管输环节这一自然垄断环节价格的控制上。

下游天然气利用结构方面，中国将逐渐由天然气化工为主的单一结构向城市燃气、工业燃气和天然气发电并存的多元化消费结构转变。在此过程中，居民用气所占比例将逐渐提高，据 IEA 预计，中国居民用气占中国天然气总消费量比例将由 2014 年的 32.5%升至 2020 年的 41%左右。随着居民用气比例的增加、全国城镇气化普及率的提高，上调居民用气价格、理顺居民与非居民用气价格关系刻不容缓。为实现 2014 年 3 月出台的《关于建立健全居民生活用气阶梯价格制度的指导意见》有关“2015 年年底在所有已通气的城市建立居民阶梯气价制度，并将居民用气分为三档”的目标，全国多个城市拟对居民生活用气进行阶梯价格改革，并召开听证会，新的天然气调价政策预计于 10 月底发布。新一轮居民用气价格调整意味中国居民用气价改坚冰开始松动，居民与非居民用气价格关系有望理顺。

三、结论与政策建议

完善天然气定价机制、加快天然气价格改革，对推动中国产业结构的调整和天然气产业链的优化至关重要。因此，基于天然气产业链视角，为完善中国天然气定价机制，本文提出以下建议：

（1）结合供需格局调整推进天然气价格改革，促进“以产定销”向“以销定产”转变。天然气供需格局与消费结构关系密切，且相互影响。全面推进天然气价格改革需实时关注天然气供需格局的变化。据 IEA 初步预计，2015 年中国天然气供需形势将由供不应求向供应宽松转变，2020 年中国天然气将剩余 200 亿立方米左右（按照资源供给量为市场需求量 1.1 倍的保障要求计算）。天然气供应宽松和价格疲弱为中国天然气价格改革提供有利条件，中国应统筹规划、提早部署，结合天然气供需格局的调整，联动调整天然气价格，推进天然气产业发展由“以产定销”向“以销定产”转变，从而平衡市场供求格局，避免供应过剩。

（2）完善管输费定价机制，推进管网独立并实行“第三方准入”。目前中国天然气管输费坚持政府管制定价原则，实行政府定价，缺乏统一、规范和透明的管输费定价机制。中国应借鉴国外管输费定价机制经验，采用服务成本法制定天然气管输费，即管输费=服务成本+合理收益。其中，根据管道企业针对不同用户提供的服务进行区别收费，如不同用户所在地域、气候等差异导致服务成本费有所差异；此外，合理收益应由国家发改委进行核定，并公开发布相关详细制定规则。目前，国内以中石油为代表的三大石油公司对中游管输进行垄断，缺乏多元化竞争。国外天然气市场化经验表明：推进管网独立并实行“第三方准入”是天然气定价市场化的必经之路。2013 年，《天然气基础设施建设与运营管理条例》及《油气管网设施公平开放监管办法》的颁布，规定油气管道非歧视性准入细则，为第三方准入机制的建立提供规范。但距离管网独立运营、管输价格透明化以及无差别第三方准入还有一段距离。因此，政府需发挥主导作用，提供相关法律保障，推进管网运营独立化、价格透明化以及基础设施公平开放化。

（3）正确选择定价法，理顺居民与非居民用气价格关系。相较于“成本加成法”，“市场净回值”法更有利于中国逐步放开天然气价格管制，使天然气定价机制更为透明公开，进而推动天然气价格市场化。然而，采用现行“市场净回值”法应注意以下几个方面：首先，确定市场净回值定价法使用的范围。中国进口气由于成本高，采用市场净回值定价法常出现价格倒挂现象。因此，市场净回值定价法只适用于国产气，而进口气应采用成本加成定价法，实行不同气源区别定价。其次，现有与天然气门站价挂钩的燃料油并未成为大众燃料，无法准确反映可替代能源的价格变化。因此，建议国产气确定门站价时与原油和 LPG 价格挂钩。最后，缩短定价机制调整时间，真正实现价格的动态调整。此外，中国虽然针对天然气终端不同用户（居民和非居民）实行分类计价，但居民用气价格长期低于非居民用气，且调整次数和幅度都较少。中国应在建立健全居民生活用气阶梯价格制度的基础上，稳步推进居民用气价格改革进程，理顺居民与非居民用气价格关系，逐步向居民用气价格大于非居民用气价格这一合理状态转变。

成品油价格市场化改革探讨

十八届五中全会提出全面放开竞争性领域商品和服务价格，减少政府对价格形成的干预，全面放开竞争性领域商品和服务价格。根据 2015 年 10 月 15 日中国政府发布的《关于推进价格机制改革的若干意见》，竞争性领域和环节包括水、石油、天然气、电力、交通运输等领域，国家将推进这些领域的价格改革，主要目标是到 2017 年竞争性领域和环节价格基本放开，价格调控机制基本健全。作为重要的战略资源和公共物品，石油资源关系到国家安全和经济发展，未来中国将进一步朝着市场化方向改革，并且明确择机放开成品油价格。

一、成品油定价机制的改革历程

从 1998 年《原油、成品油价格改革方案》颁布以来，成品油定价机制的改革大致经历了三个阶段，不同阶段相应的特征为：第一阶段是由政府完全定价过渡到与国际成品油价格联动的政府指导中准价格，第二阶段是由政府指导的中准价格过渡到与国际原油价格间接联动的政府指导的最高限价，第三阶段是现有《石油价格管理办法》的基础上，对定价机制的调价周期、调价标准和挂靠油种进行修订和完善。改革历史演变情况见表 6。

表 6　1998 年以来中国成品油价格形成机制改革历史演变

	时间	相关政策与法规文件	改 革 内 容
第一阶段	1998. 6	《原油、成品油价格改革方案》	对汽油、柴油零售价格实行政府指导价
	2000. 6	对国内成品油价格形成机制进一步改革	国内成品油价格参考国际市场价格（主要是新加坡成品油市场价格）变化相应调整
	2001. 11	“挂钩连动”机制进一步完善	由单纯依照新加坡市场改为参照新加坡、鹿特丹、纽约（6：3：1）三地市场价格来调整

续表

	时间	相关政策与法规文件	改革内容
第二阶段	2006.3	石油综合配套改革方案	成品油价改为以国际市场原油价格为基础，推出“四个配套机制”： ——石油企业内部上下游利益调节机制 ——相关行业价格联动机制 ——对部分弱势群体和公益性行业给予补贴的机制 ——原油涨价收入的财政调节机制
	2007.2	“原油成本法”开始采用	以布伦特、迪拜和米纳斯三地原油现货价格的加权平均值（4：3：3）为基准；当国际市场原油连续22个工作日（相当于原一个月）移动平均价格变化超过4%时，相应调整国内成品油价格
	2008.12	出台《成品油价税费改革方案》，2009年5月8日发布《石油价格管理办法（试行）》	进行成品油税费、价格形成机制和相关配套机制等方面的改革： ——国内成品油价格和国际原油价格直接接轨 ——将汽、柴油零售基准价格允许上下浮动改为实行最高零售价格，并适当压缩流通环节差价 ——将汽、柴油价格调整的边界条件规定为：当国际市场3种原油连续22个工作日移动平均价格变化超过4%时，相应调整国内汽、柴油价格
第三阶段	2013.3	对现有的成品油定价机制进一步完善	——缩短调价周期，由原先的22个工作日调价周期缩短为10个工作日定期调整，取消原先移动均价变化超过4%才进行调价的限制 ——调整国内成品油价格挂靠油种 ——完善价格调控程序

二、成品油价格改革路径及方案探讨

从长远来看，中国成品油定价机制改革的最终目标是：在整个成品油流通体制改革到位的基本前提下，完全放开市场价格，最终由市场竞争来形成市场价格。尤其“意见”的发布，更是表明国家对于市场化改革这一大方向已经明确，甚至确定了期限为2017年。那么目前的问题就是改革具体应该如何来推进，改革究竟应该采取一步到位的“激进式”还是积极稳妥的“渐进式”？对此也产生了两种观点。一种观点是应完全放开成品油价格，由市场自发调节，政府退出定

价，不加干预。第二种观点则是目前由于成品油市场不是很成熟，并且从中国国情出发，成品油定价机制改革不宜短期内“一步到位”而任由市场自发调节。因此成品油价格完全放开需要一个循序渐进的过程。大多数专家更赞同后一种观点，指出中国成品油价格形成机制改革应立足国情，结合实际，既要积极又要稳妥，“渐进式”应当运用于成品油价格形成机制的改革。

在未来两年内国家要择机放开成品油价格，而放开成品油价格最重要的是要与石油体制机制改革紧密结合起来，改革以后也要进一步完善竞争环境，条件具备时才可以完全放开由市场决定。国家在改革方案中应该具体把握以下五个方面内容，分别是：市场准入、市场主体、政策法规、价格调控以及监管体制。只有这样，改革才能统筹规划、配套推行，才能协调好各利益相关者之间的关系。

（一）市场准入有序放宽，统筹各领域改革

上游油气开采市场的高度集中直接限制了下游各个环节的竞争，导致了油气产成品的供需失衡和油气市场定价机制的低效率。由上游油气领域开始深入改革，改革应侧重在上中游环节放宽准入。

针对上游改革，在油气勘探开采及进口环节放宽市场准入。目前中国对于上游勘探企业的性质开始不设限制，在改革路上相当于已经迈出了一大步。油气行业的上游领域是垄断程度最高的一个环节，上游的高度垄断制约了油气改革的实际效果。而只有上游领域的垄断有序放开，才能将油气改革的效果有效地向中下游传导下去。“在全产业链各环节放宽准入”是决策层既定要求，首当其冲的便是上游勘探开发环节，国家可出台相关政策鼓励有资质的企业参与或合作参与油气勘探开发，鼓励社会和民间资本通过持股、矿权流转和其他金融平台等多种方式投资进入油气勘探开发领域。具体实施应注意：修改油气区块管理规则，改革当前油气探矿、采矿权的行政授予方式，以目前尚未登记的常规油气区块和非常规油气区块为突破口，放宽市场准入限制，通过公开招标发放许可证等方式鼓励各类资本进入。

针对中游，建议在油气管网第三方准入方面寻求突破。国家应制定强制性规则，严格落实管网“第三方公开准入”机制。在将油气管网与油气生产、销售业务分离、独立核算的同时，为遏制不正当的市场竞争，还应当制定强制性第三方公开准入规则，要求管网运输企业向包括它自己在内的所有托运人公平开放管道运输业务，依据一定的条件代表第三方运输燃气。第三方(生产商、消费者、输送商或贸易商)拥有利用管道公司的输送能力和相关服务付费输送自己燃气的权利。管输公司不得销售油气，只收取管输服务费，以确保垄断性强的管输公司不会同时占有市场载体和油气供销市场。

从上游油气领域首先着手深化改革，并将上游油气改革效果向中下游进行层层传导，逐步有序放宽准入门槛，开放市场，让地方企业、民营资本自由进出石油行业，解决上游到下游整个产业链出现的市场高度集中问题。

（二）市场主体多元化，形成竞争格局

加快石油市场流通体制改革，使市场中的主体形成多元竞争格局。国家实行宏观控制，打破少数企业的特权，让更多的国内石油企业和投资机构享有原油销售和进出口权，使地炼企业可以成规模并且持续地采购进口原油，通过一大批活跃的国际贸易商将中国价格的影响力传播到世界各地，使资本形成合理的流动，真正形成有效的市场。三大国有石油公司逐渐剥离油服和工程技术板块，先将这些板块成立独立的公司，然后通过股权置换的办法逐步完全剥离，从而推动油气上游市场开放，促进市场竞争。对国有企业的特殊业务和竞争性业务实行业务板块有效分离，独立运作、独立核算。加快石油市场流通体制改革，让更多的民营石油企业和外资石油企业参与市场竞争，公平对待各类投资主体，即无论外资、国企还是民企在原油和成品油进口批发以及零售各个环节享受同等待遇，为建立完全开放的成品油市场价格创造条件。

（三）完善相关政策法规，建设现代石油市场体系

考虑到目前中国经济发展状况，还不具备完全放开行政手段的条件，必须通过必要的法律手段和经济手段调控和管理成品油市场。而成品油价改过程中对市场秩序及商业规则的保护有赖于建立高效、统一且独立的监管体系，因此启动《石油天然气法》立法工作势在必行。中国油气行业立法存在缺失，现行法律、法规及政策由多部门分别颁布并实施。而为建立完全开放的成品油市场价格创造条件，中国应尽快制定出台《期货法》。通过法律规制来实现期货市场及原油期货市场的稳定和健康发展，原油期货不仅可以提高中国在国际市场定价的影响力，还有利于推动国内成品油市场的价格改革。此外，中国需要尽快修改并完善《反垄断法》《保障措施条例》等法规，对石油市场的个体行为加以引导，并规范石油市场流通秩序；此外，还要建立过渡性行政裁决机制及法规，以公正处理企业之间的纠纷；撤销或修改与放开石油市场相矛盾的行政规章制度，加强行政规章制度间的协调性。

在成品油价改执行过程中，“价改”与“立法”两部分缺一不可。通过价改完全放开市场价格及建立新型监管体系是破除体制性障碍的重要基础，立法则是确保价改在有法可依及可控的环境下进行的必要手段。

（四）成品油价格逐步调整，利用燃油税进行合理调控

国家在调整成品油价格的时候要分阶段、分品种推进，充分考虑国内市场供求情况、社会相关利益方等综合因素，对于影响弱势群体较小的汽油价格可以加快调整，而对弱势群体影响较大的柴油价格可以适当放慢调整速度，最终与国际价格接轨。

具体改革措施还可以考虑合理利用燃油税等税收工具调控成品油价格。燃油税等税收工具可以有效调控油价，调节油品的生产与消费。成品油终端零售价格由不含税的成品油市场价格和成品油的相关税收组成，由于成品油市场价格基本相同，不同国家成品油零售价格差异主要由各国征收的燃油税税率不同所造成。在国际油价暴跌导致国内油价下调的背景下，中国连续三次提高了成品油消费税。经过最新调整后，目前各项税收占成品油价格的比重提升到44%~45%左右，这意味着消费者每加1元钱的汽油，就包含0.45元的税。美国税负水平最低，在15%左右，英国、德国分别在59%、56%左右，而韩国和日本则分别在52%和41%左右。中国税负水平在世界上属于中等水平。目前中国成品油消费税存在的问题是消费税调整措施相对片面，税费重复计征现象仍然存在，并且一直以来中国成品油消费税的定位和功能并不十分清晰。因此后期消费税调整不再是税负水平的提高，而是将改革和完善消费税征收方式等内容。目前成品油消费税作为消费税的一种，属于中央税。未来改革应将其调整为地方税，通过成品油消费税的提高对消费者的行为产生引导作用，有利于油品消耗和废气排放的减少。未来让成品油消费税成为地方税或者可以返还地方，主要用它来促进资源节约，促进油品质量的提高，促进节能减排和产业结构调整。

（五）建立成品油价格监管机制，进行及时有效的宏观调控

对成品油价格进行及时有效的监管，是成品油价格规制的一项必要的辅助措施，对本国成品油市场稳定起到关键作用。而中国采用行政手段来干预调控成品油价格，导致对成品油监管不力，反应滞后，并且成品油的监管出现较大的漏洞。中国可以借鉴国外相关监管经验，例如欧美国家专门成立监管成品油的能源管理部门，以调节国内成品油供需和价格。在监管内容方面，主要采取宏观调控方式监管石油价格，逐渐消除政府审批职能，从价格的直接参与逐步过渡到通过法律、经济等手段调控，不直接干预企业决策；在监管手段方面，政府要杜绝文件下发的形式对石油价格进行监管，减少行政命令，基本上依靠法律、经济等手段对监管内容进行规范，保证监管的透明、公开和连续；在监管结果方面，政府

对监管手段、内容和监管工作人员进行法律约束。因此，为有力地监管成品油价格，政府应设立专门的成品油监管机构，该监管机构负责随时监督成品油国际市场的变化，并对成品油有关问题进行研究，例如通过分析国内外成品油价格信息，分析涨落原因，监督管理国内的成品油市场，严厉惩处扰乱成品油市场秩序的行为，建立健全成品油价格监管的法律体系，以有利于新的成品油定价机制的实现。

中国油气产业勘探权招标改革研究

2015年10月20日，国土资源部发布了新疆自治区6个区块(新疆塔城盆地裕民地区、新疆布尔津盆地布尔津地区、新疆塔里木盆地柯坪北地区、新疆伊犁盆地巩留地区、新疆塔里木盆地喀什疏勒地区以及新疆敦煌盆地罗布泊东南地区)总面积约15000平方千米的油气勘探权的竞标结果。该招标从2015年7月开始，在此期间敦煌区块由于一些原因退出招标范围，另外还有一个区块因为投标单位不满3家而流标，剩下3个区块皆被北京能源投资(集团)有限公司收入囊中，该公司承诺未来3个区块总投入将达到60亿元人民币。其实，在2011年6月27日和2012年10月25日，国土资源部就已经先后两次举办了非常规能源页岩气探矿权公开招标。油气勘探权招标作为中国探索油气资源管理制度创新的新尝试，一时成为热门话题。

一、油气产业上游改革的重要性及勘探权招标的意义

中国油气产业在取得可喜成就的同时，也暴露出许多问题，比如，市场供求失衡，在油气价格方面市场难以发挥“无形之手”的作用，油气管理只重视前期审批环节，而忽视后续监督程序。这些问题不能适应经济良好健康发展的需求，很难配比深化改革的进程。在这些众多问题中，要想促进中国油气产业继续健康平稳发展，油气产业改革应该是面向全产业链的“链式改革”而非仅仅是囿于局部的“点式改革”。中国油气产业改革的基础在上游，“问渠那得清如许，为有源头活水来”，上游是源头，源头活起来，整个渠道才能活，而上游改革的关键问题在区块。根据国土资源部的统计，中国探矿权、采矿权面积的大约97%由中石油、中石化和中海油拥有，这种垄断局面显然会阻碍中下游市场化进程，如果延续下去，油气改革的其他目标，例如，中游油气管输的公平开放，下游油气价格由市场调节，必定会受到不利影响。

业内有关人士认为油气产业上游的改革应着重从以下几个方面展开：“勘探权由登记制改为招标制、探矿权有效退出机制、勘探开发信息公开机制、建立采矿权市场交易中心”等。其中探矿权由登记制改为招标制是上游改革的第一步，

只有将勘探权融入到市场中进行充分有效竞争，探矿权有效退出机制和勘探开发信息公开机制才有基础，建立采矿权市场交易中心才有意义。新疆试点常规油气区块勘探权招标制度，标志着中国油气产业上游改革迈出了实质性的一步，同时也为中国国有企业改革贡献了重要力量。

二、新疆油气勘探权招标公告主要亮点

（一）限定勘查期并进行考核

根据中国相关法律《石油及天然气勘查、开采登记管理暂行办法》《矿产资源勘查区块登记管理办法》《矿产资源法》，申请勘查石油、天然气能源，应当出示并提交由国务院批准设立石油公司或同意石油、天然气勘查的相关批准文件及勘查单位法人资格证明资料。在这种规定下，非国有资本成立的公司实质上很难获得油气勘查批准，正是由于这些繁琐审批制度的存在导致了中国上游区块多年的行政授予现象。所以，在油气勘查权通过招标的方式获得以前的相当长时间里，中石油、中石化、中海油、延长石油四大油气巨头掌握着中国常规油气的绝大多数勘探权。在此油气资源区块登记制度下，在位企业只要花很少的代价就可以圈占大量资源区块，圈而不堪、圈而不采现象严重，而新进入者能够获得的区块又非常有限并且资源禀赋也不高。

开放上游勘探领域是国内石油天然气行业改革的关键步骤之一，上游勘探开发领域垄断局面没有被打破，几大国有油气企业之外的其他企业就不能有效获得油气资源，中游油气管道网络设施公平开放和准入的实现也就无从谈起。同时，不解决这一问题，通过竞争手段激励油气企业改革创新开采技术，降低开采成本，提高开采效率的效果就会事倍功半。可见，上游的垄断限制中下游市场化进程的发展。

国土资源部在试点新疆常规油气区块勘探权招标时，在招标公告中明确指出，“本招标出让勘查区块的勘查许可证有效期为 3 年 3 个月，从勘查许可证有效期开始之日起算，前 3 年为勘查期，后 3 个月为考核期。中标人承诺的勘查工作量应在勘查期内完成，招标人在考核期内对中标人履行承诺情况进行考核”。这一措施，可以有效解决油气企业圈而不堪的资源浪费现象。

（二）兼顾资源所在地的利益

油气资源无论对地方还是中央、企业还是政府都是一项可观的利益，而任何一项改革都将改变原有的利益分配格局。所以此次新疆试点改革尽可能地兼顾中

央与地方、政府与企业的利益，并且体现出对地方经济发展的政策倾斜，主动协调中石油、中石化与新疆企业建立合作共赢机制，在中石油等石油公司拥有勘探权与采矿权的区块内，利用合资等方式进行油气勘探与开采活动。新疆油气勘查区块招标公告明确规定“中标企业转入开采阶段时应在资源地注册企业”。这些都表明国家对新疆地区的扶持态度。

（三）增量存量区块共存

之前有很多人对油气区块招标的建议是应该重视增量而不是存量，原因很简单，这样做会减轻改革阻力且成本较低，相对容易执行。但此次公告的 6 个区块中，不仅有由国家带头进行地质调查，没有被国有石油公司登记过的区块（在改革中被视为增量），而且包括中石油和中石化等中国油气巨头退出的区块（在改革中被视为存量）。中石油和中石化等公司退出的区块涉及利益分配的问题，所以在招标过程中实施起来会有阻力，这要求政府有关机构应与国有石油公司进行谈判与磋商，寻求折中的解决办法。同时这也体现出中国政府在上游油气资源改革领域的决断力，将来油气资源上游领域改革会涉及更多的存量区块。

三、油气勘探权招标中存在的问题

目前中国的油气体制改革正处于这样的背景之下：经济下行压力增大，国际能源格局大变动，国际油价一直徘徊在较低水平，中国能源改革形势正旺，国有企业改革继续深入，国家对企业的安全环保标准越来越高。要实现把现代能源市场体系建设完备，将自然垄断业务与竞争性业务分开，不再对竞争性领域和环节进行政策上的过多干涉，加大市场化程度的目标，挑战巨大。

（一）六大区块资源禀赋不高

资源禀赋是勘探项目的首要条件。即使在当前国际油价持续走低的情形下，只要区块资源潜力大，油气公司基于理性人的角度就会选择投资，这是因为勘探所需投资不高，如果能够发现油源，获得的收益将会大大高于投入成本。但是，这次招标公告中列示的六个区块，大多数处于盆地的边边角角，地理位置非常不好，不仅勘探开发难度系数大而且油气远景不是非常理想。中国民营企业的总体实力无法与国有石油公司媲美，其资金、技术、抗风险能力比较弱，这样一来，民营企业参与招标的热情就会明显降低。

（二）原有的勘探资料中标企业无法获得

根据国家有关规定，企业对区块进行勘探工作后，应该向有关部门上交勘探所得的相关地质资料。这样做的目的之一是帮助以后在此工作的单位和企业可以在原有勘探结果的基础上开展进一步的工作。如果不上交勘探所得的地质资料，后来企业就需要从头做起，这对国家和企业都是一种浪费。但是，据了解，国有石油巨头从这些原登记勘探过的区块中退出来后，并没有向国家递交要求的有关资料。如果民营企业获得该区块，就要从零开始，要求他们在3年内完成所有的勘探任务，显然有些不切实际。很多民营企业反映，如果不是质量很好的区块，又不给他们创造优越的条件，他们投资的热情必然会减弱。

(三) 市场化程度不够高

试点油气勘探权招标的主要目的是实现上游油气资源勘探开采主体的多元化，促进区块的市场自由流转，然而，通过解读新疆石油天然气勘查区块招标出让项目(2015)公告："净资产人民币壹拾亿元(10亿元)以上的内资公司……"我们可以看出，这些条件大多数油气公司是达不到的。而且，由于油气行业的高技术要求，非油气类公司一般也不会涉足这样的招标。另外，在《探矿权、采矿权转让管理办法》中，诸如"自颁发勘查许可证起满两年""完成规定的最低勘查投入""按国家规定已缴纳探矿权使用费、探矿权价款"此类的转让条件同样不利于勘探权在市场中的自由流转。

(四) 相关法律法规滞后

非常规页岩气探矿权招标，进展不理想的原因之一是相关法律法规未跟进，此次常规能源公开招标同样面临这种问题。国家作为政策制定者，出发点可能是好的，但是由于与之相配套的法律法规未能及时跟进，会对政策本身形成诸多限制。例如，在中国油气资源的所有权归属于国家，国家有权将勘探权授予勘探权人，并通过授予勘探许可证的方式进行后续管理，但是这样就会产生一个问题：所有权人同时行使监管权，这样勘探权人的权利就会受限于所有权人，因而会削弱潜在勘探权人进行投资的热情。

四、油气勘探权进一步改革的建议

此轮油气改革的目的在于吸引社会资本，提高能源开采效率，在开放竞争的市场环境下保障国家能源安全。这里所说的开放主要指逐渐消除政策性进入壁垒，在充分投标的基础上建立勘探权和开采权许可证制度，具有勘探开采资质的企业可以公平参与到竞争中。此外，对于矿产权利的获取、转让、资源有偿使用等方面，通过明确的法律制度来规范各方利益主体的权利、义务。所以，根据以上所述，提出几点建议。

（一）资源所有者承担应尽的义务

国家作为油气资源的所有权人，利用招标方式出让勘探权实现了所有权者的权益，但却忽视了在招标完成后承担利用既有地质勘探资料给予中标企业以技术指导或是提供相关优惠政策为油气勘探权人提供资金支持从而减轻企业风险的义务。由于油气勘探开采存在资源储量不明、核心技术落后等问题导致中标企业面临诸多风险，国家应该采取适当措施，例如向中标者提供关键资料，为勘探和新技术研发活动给予税收优惠，以降低油气探矿权人的风险。

（二）构建多方利益平衡的财税体系

油气资源税费制度改革的思路是：将利益关系理顺，落实有偿取得权，兼顾多方利益主体的权益，提升资源开发效率，构建现代资源税费体制。改革油气税收体制。按照优胜劣汰的竞争机制设立进入门槛，各方利益所有者收益合理共享，同时维护国家作为资源所有者的权益。理顺中央和地方的财权分配格局。中央按照权限管辖范围和经济功能，对各种资源税费同地方进行权利与义务相配比的分成。

（三）建立勘探权流转制度

国家对勘探权的出让和勘探权人之间对勘探权的转让构成了勘探权流转。为了建立健全中国勘探权流转体制，可以借鉴油气资源制度完善的国家所建立的勘探权与采矿权流转制度，比如，澳大利亚规定探矿权、采矿权可以合法自由转让，矿业权(包括探矿权和采矿权)作为一种有价的无形资产，其转让应当由双方当事人协商确定，政府一般只进行方向上的指引。同时，有些国家为了鼓励勘探权人承担高风险的油气勘探活动对勘探权市场进行相关配套建设，例如建立地质调查组织，免费提供勘探技术咨询服务。另外，许多国家都在致力于实现勘探权审批登记程序的自动化和网络化。

（四）加快油气法规的废改立

为保证改革的顺利进行，首先要废除若干与市场化进程背离的法律条款，在此基础上，再逐步制定适合的新法。鉴于中国成文法滞后性的特点，对尚未充分实践的法律先制定暂行条例，待改革成熟后再以法律形式呈现。具体建议包括：

改变目前矿产资源法律体系“权证合一”的立法套路，对勘探权与开采权的独立物权地位的制度设计应予以充分关注，修正勘探权使用者受制于矿产资源所有权人的权利格局。

矫正目前针对矿权使用人的违法行为过于简单的采用吊销勘查许可证、采矿许可证的惩罚措施，而应该是重视民事、行政和刑事责任的分层设计，同时应强化油气资源主管部门和其他相关职能部门的监督职责。

矫正目前立法实质上禁止勘探权转让的制度规范，对勘探权行使监管的重点应该放在转让程序和受让方资质条件的审核方面，而不是仅仅限制勘探权使用者行使权利的方式。

低油价对石油物探行业的影响及应对策略

受低油价的影响，国际石油公司大幅削减勘探开发投资，降低供应商成本，物探行业业务量减少，市场萎缩，产品及服务价格被压低，利润空间被压缩，物探行业正步入寒冬期。物探公司股票下跌，市值缩水；收入、利润严重下滑，多数亏损；自由现金流减少，经营风险增加。物探公司采取了一系列应对措施：降本减支、裁员降薪、资产模式转型、非核心业务剥离、船队规模缩减等。在这样的行业背景下，中国石油物探企业应顺应石油上游发展趋势，将深海油气、非常规油气勘探作为长期发展战略。同时借鉴国外物探公司的应对策略，向轻资产模式转型，提高经营灵活性；加强技术和设备创新，发展尖端物探市场；精简业务结构，平衡业务发展，创新业务模式；降本减支，增强公司现金流，随时做好准备，迎接物探市场复苏。

一、低油价改变物探行业市场环境

（一）石油公司上游业进入下行周期

1. 收入、利润双双下滑

石油公司的上游盈利情况影响着石油公司的上游勘探开发投资，从而影响物探市场。从五大国际石油公司的季度收益来看，自 2014 年 6 月油价下跌以来，埃克森美孚、BP、壳牌、道达尔、雪佛龙的整体收入平均下滑超过 40%，上游利润平均下滑超过 60%。其中，BP 的上游利润与油价下跌前相比降幅达 87%，利润率最高的埃克森美孚公司上游利润也下降了 64%。可见，低油价已经对石油公司的经营业绩造成了巨大冲击。

2. 削减勘探开发投资

石油公司削减上游资本支出，减少上游勘探开发，物探市场随之萎缩。五大国际石油公司 2015 年的上游资本支出削减幅度达到 10% 以上，削减金额在 30 亿~60 亿美元。其中，BP 的上游资本支出由 229 亿美元削减至 200 亿美元，埃克森美孚由 385 亿美元削减至 340 亿美元，壳牌由 380 亿美元削减至 340 亿美元，道达尔由 264 亿美元削减至 230 亿美元，雪佛龙由 378 亿美元削减至 320 亿美元。石油公司上游勘探开发投资项目减少，延迟了部分上游项目的启动，使得物探市场业务量减少，市场规模逐渐萎缩。

3. 上游投资回报处于低谷

1998~2008 年金融危机爆发以前，石油公司的上游回报都保持在一个较高的水平，这段时期也正是世界石油物探行业发展最迅速的时期，物探公司数量增加，物探技术突飞猛进，深海、多用户等业务得到快速发展。从五大石油公司长期的上游投资回报情况趋势来看，1998~2000 年，石油公司上游投资回报快速上升，并在 2000~2004 年经历了一个变化周期。自 2005 年以来，即使剔除 2008 年全球金融危机影响，五大石油公司的上游回报整体仍呈明显下降趋势。2014 年，受低油价影响，石油公司的上游投资回报处于下行低谷，上游盈利能力下降严重。据美国能源信息署（EIA）对 11 家综合石油公司收益的统计，截至 2015 年一季度，这些石油公司上游利润在公司总利润中的占比下降至 37%左右（图 22）。石油公司在上游盈利能力不断下降的背景下，削减上游勘探开发投资，致使物探行业加速步入寒冬期。

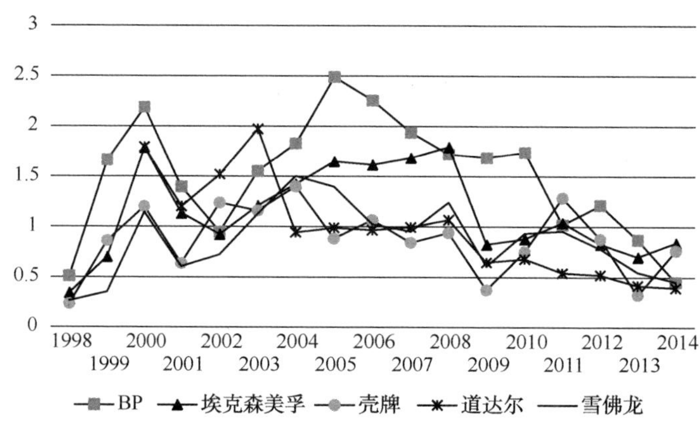

图 22　五大国际石油公司 1998~2014 年上游投资回报率

注：上游投资回报为国际石油公司的上游利润/上游支出

（二）石油公司改变上游投资策略

1. 减少勘探开发投资，压低物探产品和服务价格

据伍德麦肯锡的报告，低油价使 2015 年全球勘探开发支出削减了 30%。五大石油公司 2015 年的上游资产支出削减了 10%以上，勘探开发投资的削减幅度则更大。其中，BP 根据项目的经济优先性进行投资，搁置了一批次要项目。壳牌推迟和重新评估了一批陆上非常规油气项目。石油公司对上游投资和项目数量

的严格控制，使得石油物探业务量减少，物探市场供大于求。同时，石油公司为了降低供应商成本，还压低物探产品和服务的价格，使得物探行业的利润空间被进一步压缩。

2. 深海油气和天然气等项目的投资比例增加，非常规油气投资仍占很大比重

国际石油公司通过平衡项目投资组合来分散油价风险。BP 目前有约 60 个项目主要集中在深海油气、大型油田和天然气领域。2015 年，该公司新增的上游主要项目为安哥拉的两个深海油气项目，澳大利亚和阿尔及利亚的天然气项目，天然气产量未来将占 BP 总产量的 1/3。埃克森美孚的项目投资组合为常规油气、非常规油气及 LNG。2015 年，该公司的上游项目主要为英国、西非的深海项目，加拿大的重油项目，2016~2017 年埃克森美孚将进入北极地区进行油气勘探开发。壳牌整合天然气和深海油气业务，提高天然气和深海油气业务在总业务中的占比，并以此作为未来主要盈利点。此外，壳牌还将北美的页岩油气、加拿大的油砂作为公司未发展的长期战略。2015~2016 年，壳牌主要勘探开发项目为西非、北非、墨西哥湾和巴西的深海项目，澳大利亚的天然气项目。道达尔在 2015~2017 年的上游主要项目为西非的深海项目，阿根廷和澳大利亚的天然气项目，加拿大的重油项目及中东的常规石油项目。雪佛龙 2015 年的主要勘探开发项目为西非的深海项目，北美的非常规油气项目，中东、北非地区的常规石油项目。

从五大国际石油公司 2015 年及未来两年投资的上游项目的类型和区域来看，深海油气和天然气项目的比例在明显增加，西非、北非、巴西、北美、澳大利亚将是重点投资区域。物探行业的常规陆上及过渡带业务比例将会下降，深海、天然气及非常规油气的勘探开发将是物探行业未来的发展方向。

二、石油物探行业正在步入“寒冬”

（一）物探公司股票平均跌幅超过 50%，市值大幅缩水，融资变难

国际油价自 2014 年 6 月下旬下跌以来，物探公司的股价也开始跳水，至 2015 年 6 月，物探公司股价整体跌幅超过 50%，市值大幅缩水。全球最大的综合型物探公司 CGG 的股价下跌了 54%，Dolphin 的股价跌幅超过了 90%（图 23）。股价下跌导致物探公司的市值缩水，再融资成本提高，严重影响了公司的再融资能力，增加了经营风险。

（二）地震队伍作业数量下降，人员与设备大量闲置

2015 年，物探地震项目数量减少，地震队伍施工数量下降。据 SEISMIC CREW 的报告，2015 年 4 月，全球物探地震队伍数量由上月的 520 支下降到 475

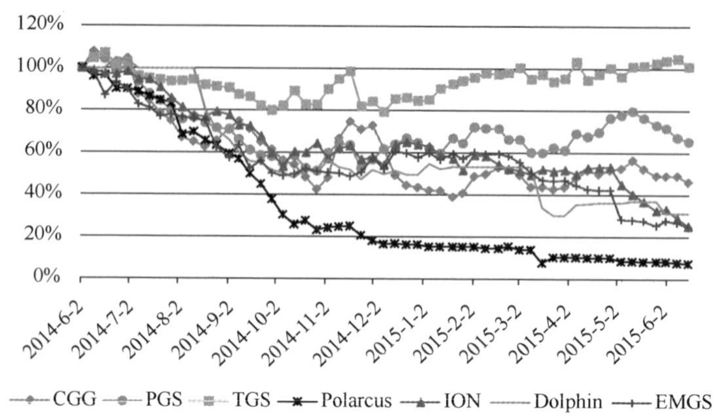

图 23　主要上市物探公司 2014 年 6 月～2015 年 6 月周期股价走势

数据来源：根据 Yahoo Finance 披露的历史股价数据整理

支，减少了 45 支，深海地震作业队伍仍为 77 支。可见物探行业减少的主要是陆上项目，深海项目影响较小，但新增项目数量也在下降。从作业队伍分布来看，俄罗斯/独联体的陆上地震队伍最多，接近 200 支，其他陆上作业队伍主要分布在亚太、北美、非洲和中东地区，深海作业队伍主要分布在美国、欧洲、非洲及亚太地区。

地震队伍的数量变化，说明过去的项目在陆续完工，而新项目数量在明显减少。随着物探行业逐步进入寒冬，预计全球地震作业队伍会进一步下降。物探地震队伍数量的减少，造成了人员、设备的大量闲置，物探公司需要为这些闲置资源支付大量的固定成本，严重制约了公司盈利能力的增长。

（三）物探公司收入和利润下滑，资本支出减少

从全球 12 家具有代表性的物探公司收入变化情况来看，2014 年年末，物探公司收入有所回升，但主要来自油价下跌前的在做项目。此外，公司在年末使用会计方法对收入的调整以及部分公司剥离的非核心资产的转售，也是 2014 年物探公司四季度收入上升的原因。2015 年一季度，物探公司的业绩变化无法掩饰，几乎所有物探公司的收入都出现大幅度下滑，多家公司的收入甚至跌至近年来的最低水平，这其中虽然有季节因素的影响，但与 2014 年一季度相比，此次下滑幅度仍很大。

净利润更能反应当前物探公司真实的盈利能力。2014 年下半年油价下跌后，物探公司的净利润急剧下滑，多家物探公司净利润为负值，陷入亏损。其中，全球最大的综合物探公司 CGG 净利润在油价下跌后波动最为剧烈，2014 年末的净

利润为-6.67 亿美元。与 2013 年、2014 年一季度相比，2015 年一季度物探公司的净利润仍在明显下滑，多数物探公司持续亏损(图 24)。

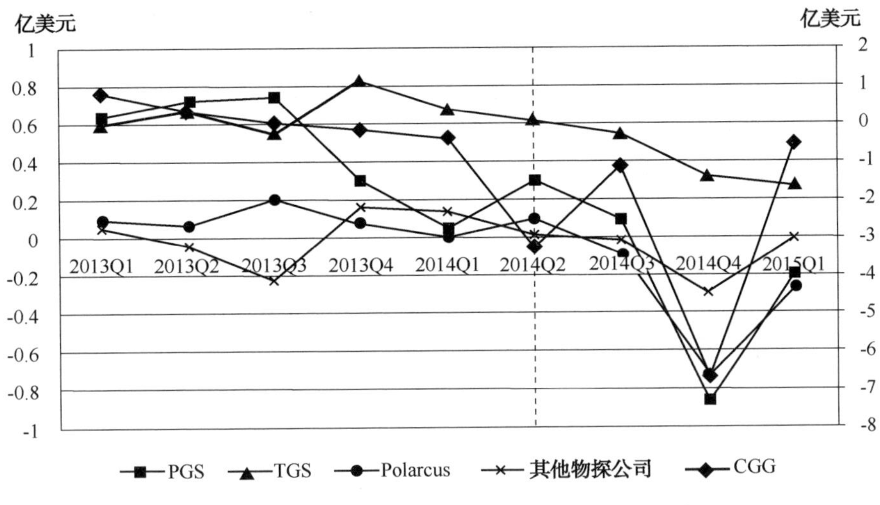

图 24　主要物探公司 2013~2015 年季度净利润

在油价下跌后，物探公司的资本支出也在削减，2015 年第一季度达到最低水平，其中 CGG 和 PGS 分别削减了 1.5 亿美元和 1.1 亿美元(图 25)，主要原因在于石油公司上游勘探开发投资项目减少，物探市场萎缩，业务量减少。在减少对外投资的同时，物探公司还积极削减内部支出。

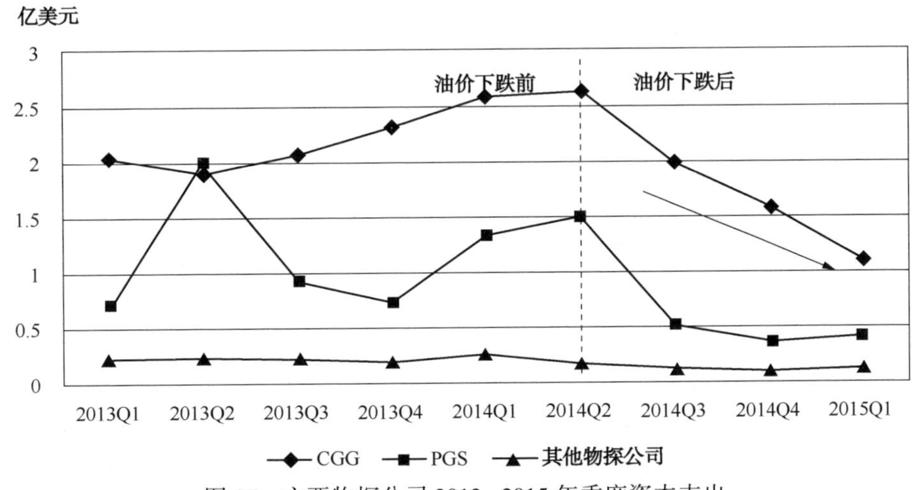

图 25　主要物探公司 2013~2015 年季度资本支出

(四) 物探行业主要业务收入减少

物探行业的主要物探业务包括合同、多用户、深海、处理解释及油藏等。从CGG、PGS 等 12 家物探公司主要业务平均收入变化情况看，2015 年一季度与上年一季度相比，主要业务收入都出现大幅下滑，原因主要在于石油公司 2015 年进一步削减了勘探开发业务及早期项目陆续完工。整体来看，物探行业的各主要业务收入都在下滑，合同和深海收入下降最为严重，分别下降了 40%和 31%，而多用户和处理解释及油藏等业务受影响相对较小(图 26)。

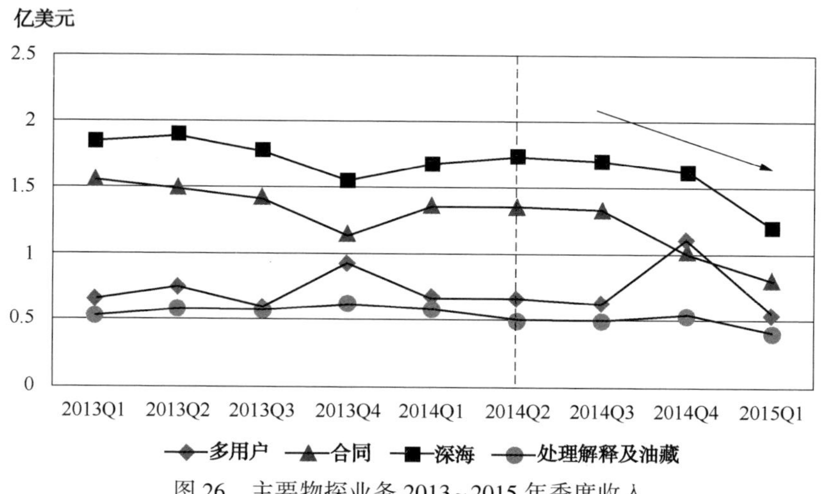

图 26　主要物探业务 2013~2015 年季度收入

(五) 物探公司自由现金流不足，经营风险增加

在油价下跌后，Polarcus、ION、Seabird 等多家物探公司的自由现金流下降严重，并且持续为负(图 27)。物探公司自由现金流的不足降低了企业的偿债水平，经营灵活性变差，对市场的反应能力下降。自由现金流水平过低，使公司面临资金链断裂的风险。

三、物探公司的应对策略

(一) 节支降本，裁员降薪，让价求市

2015 年，CGG 将减少 25%的资本支出，全球最大的深海物探公司 PGS 削减了 2.2 亿美元的资本支出，其他物探公司如 Polarcus、Geospace、EMGS 等削减了 1000 万~2000 万美元不等的资本支出。为了增加现金保存，减少在物探寒冬期的经营风险，Polarcus 和 Seabird 公司在 2015 年都延长了公司债券的到期期限，Seabird 增加注资，新发行股票 1160 万美元，并卖给 TGS 500 万美元新债券。

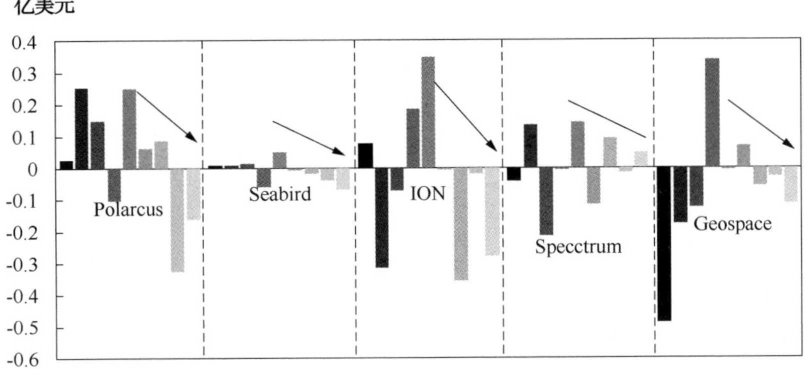

图 27　物探公司 2013~2015 年季度自由现金流

2015 年，CGG、Polarcus 等公司纷纷推出成本管理计划；Dolphin 公司将在 2015 年降低 2000 万~2500 万美元的成本；EMGS 积极改善成本结构，计划在 2015 年削减 8%~10%的整体成本；ION 谨慎管理业务，加强成本控制；Geospace 公司通过减少工厂 60%的作业时间来降低运营成本；Seabird 继续执行和增加成本控制举措，提高成本弹性。

裁员降薪是物探公司在行业萧条时期普遍采取的降本措施。2015 年，CGG 转型计划加速实施，裁员 12%；全球最大的油服公司斯伦贝谢进一步裁员，裁员人数从 9000 人增加到 11000 人；ION 实施改革计划，裁员 20%，并降低美国、英国等地区员工 10%的薪酬；Seabird 对陆上业务进行裁员，关闭了在迪拜的事业部；Polarcus 降低员工薪酬福利，可节省 1700 万美元的人工成本。

随着业务量减少，物探市场成为买方市场，物探公司面临着激烈的市场竞争压力和供应商降本减支的压力。为了维持经营，增加市场竞争力，物探公司开始降低物探产品及服务价格。2015 年，Dolphin 公司降低深海物探服务价格，TGS 降低多用户产品价格，以满足石油公司的低资本支出需求。

（二）剥离非核心业务，向轻资产模式转型

在物探行业的下行期，物探公司采取紧缩战略，精简业务规模。CGG 剥离核心业务，将北美陆上除多用户和油藏监测以外的资产和业务出售给 Geokinetics，同时缩减采集部门规模，进一步削减地震船数量，将地震船数量从 18 艘减少到 11 艘；Dolphin2015 年将完全剥离海洋 2D 和低端 3D 市场业务；ION 剥离设备业务，减记在物探设备合资企业 INOVA 的投资；Seabird 决定搁置 2 艘 3D 地震船；Polarcus 将搁置 1 艘在挪威的地震船。

物探公司积极向轻资产模式转型，增强对物探市场的反应能力，提高公司经营灵活性。CGG 业务部门重组后，实施 2014~2016 年转型计划，快速发展 GGR（多用户、处理解释、油藏、软件等）业务板块；TGS 采用轻资产化的模式运作，发展数据处理业务，所有采集利用的人员、设备都是外部资源；Dolphin 实行灵活的轻资产模式运行，作业船采用租赁形式，积极发展处理成像业务，提供完整的海洋物探一体化服务；ION 重建数据处理和系统业务，实施轻资产战略来减少冗杂的成本，保持经营的灵活性。

（三）优化装备，提升技术，发展高端市场

随着物探环境复杂程度的增加，物探业务对尖端设备和技术的要求提高，落后的技术、设备将会被淘汰。CGG 的设备板块 Sercel 每年都会推出大量尖端物探设备，成为物探公司和石油公司物探部门主要的物探设备供应商；PGS 为提高海洋作业能力和效率，淘汰 2 艘低端作业船，计划建造 2 艘泰坦级 24 缆地震船，预计在 2016 年交付；Dolphin 放弃了 2D 和低端 3D 的海洋地震业务，部署了 6 艘高级地震船作业，集中发展高端市场；TGS 不断提升多用户数据处理能力，将高质量的数据作为核心竞争力

（四）发展多用户及深海业务，提高多用户业务的先融资比例

在石油市场低迷期，石油公司为了降低成本，减少风险承担，多用户业务成为物探公司业务的一个发展方向，并选择提高多用户业务的早期融资比例来减少风险。CGG 提高了多用户业务先融资率，先融资率达到 70%以上，使得对多用户业务的投资减少了 3.75 亿~4.25 亿美元；PGS 加快发展深海多用户业务，2015 年投资 2.75 亿~3 亿美元发展深海多用户业务，多用户先融资率在 100%以上；TGS 是主要做陆上多用户业务的大型物探公司，2015 年将增加低价高质量的多用户产品；EMGS2015 年将提升多用户收入占比，扩大多用户数据库，积极发展多用户业务，多用户先融资率控制在 50%以上。

深海物探将是未来几年物探行业的主要发展方向之一。从 2015 年石油公司上游勘探开发项目的投资情况来看，深海油气项目占比增加，受低油价影响较小，仍是石油公司未来上游投资的主要方向。CGG 与俄罗斯最大能源船舶公司成立合资企业 AGE，主要做北极及亚北极地区的 3D 海洋地震业务。PGS、Polarcus、Dolphin、Seabird 等深海物探公司在积极部署深海物探业务，通过升级船只、优化装备、技术创新等增强深海业务作业能力，向提供一体化深海物探服务的方向发展。

低油价下中国页岩气发展对策研究

国际油价持续走低，进口原油成本随之下降。由于原油采炼技术相对成熟，作为石油替代能源的天然气在此情况下的发展并不乐观。此外，油价下跌使得石油产业盈利减少，降低了其对非常规能源的投资力度。面对低油价带来的的机遇与挑战，页岩气产业的发展应该在完善的市场机制基础之上，加强自主创新、提升技术水平，同时借鉴国外经验、开展对外合作，走出一条可持续的发展之路。

一、低油价下页岩气面临的机遇与挑战

总体来说，低油价对于页岩气发展冲击较大。这对于中国的页岩气发展来说既是挑战，也是机遇。

（一）低油价带来的挑战

国际油价持续下跌使国内相关风险投资、私募基金对页岩气产业的支持受到影响，造成页岩气相关股票上升乏力，不利于页岩气的发展；从勘探开发层面来说，油价越低，页岩气上游(勘探开发)盈利能力越差，从而开发者不得不减缩投资，影响产业链发展和就业；低油价还影响了中外页岩气勘探开发业务的交流。曾经受到美国页岩气革命激励的国内考察团趋于平静，尤其是私企付费的页岩气考察活动以及洽谈等几近绝迹，显然这对页岩气的“引进来”十分不利。

（二）低油价带来的的机遇

低油价为政府的管理提供了良好的优化、完善和调整时机。政府可借机强化宏观调控，鼓励竞争，促使更多中小投资者进入到页岩气勘探开发中，并借机完善相关法律法规，设计详细政策，出台相关标准；低油价迫使“倒逼机制”形成，低油价会迫使相关产业降低成本。目前，国内页岩气、煤层气及煤制气等对政府补贴或优惠政策依赖性大，与常规石油、煤炭等相比不具成本优势。若国际油价进一步下降或长期低迷，政策优惠及财政补贴弱化，环保成本上升，则可能逼迫页岩气的发展形成倒逼机制，形成精细化管理的模式。

二、中国页岩气发展现状

(一) 页岩气资源状况

中国陆域页岩气地质资源潜力为 134.42 万亿立方米，可采资源潜力为 25.08 万亿立方米(不含青藏区)，约是常规天然气地质资源量的两倍。其中，已获工业气流或有页岩气发现的评价单元面积约 88 万平方千米，地质资源为 93.01 万亿立方米，可采资源为 25 万亿立方米。

南方下古生界海相地层是中国页岩气主力层系，中上扬子地区龙马溪组为最优层段，占全国页岩气资源量的 20%。全国页岩气资源主要分布在四川省、新疆维吾尔族自治区、重庆市、贵州省、湖北省、湖南省、陕西省等(图 28)，这些省(区、市)占全国页岩气总资源的 68.87%。其中，重庆市页岩气勘探开发成效显著，2014 年产气量达 10.81 亿立方米，占全国总产量的 80%以上。

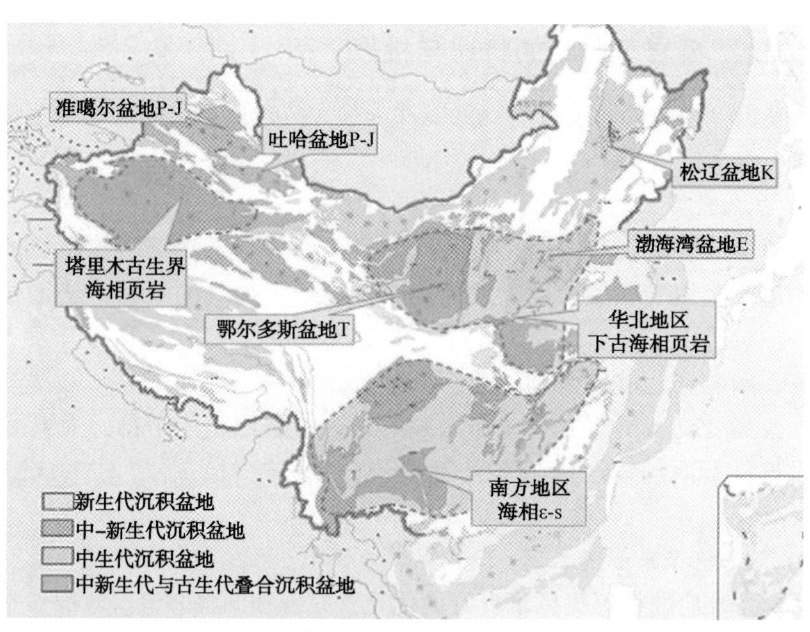

图 28　中国陆域页岩气富集区分布

(二) 页岩气开发状况

2009 年 10 月 9 日，国土资源部在重庆启动中国首个页岩气资源勘查项目，标志着继美国和加拿大之后，中国正式开始页岩气资源的勘探开发。2009 年 11 月 10 日，中石油与壳牌签署富顺—永川区块页岩气联合评价协议，联合开发四川的页岩气资源。这是中国首个页岩气开采项目。

2009~2012 年，国土资源部累计投入 6.6 亿元，开展了全国页岩气资源潜力评价和重点地区页岩气资源调查工作，对中国 41 个盆地(或地区)、87 个评价单元、57 个含气页岩层段的页岩气资源潜力进行了评价。实施调查井 62 口，参数井 4 口，重磁电测量 1500 千米，二维地震 210 千米。

自 2012 年首产 2500 万立方米后，中国页岩气生产进入快速增长通道。2013 年，全国页岩气产量达 2 亿立方米；2014 年，全国页岩气产量达到 13 亿立方米，同比增长 530%；2015 年上半年，全国页岩气产量已达到 18 亿立方米。中国成为继美国、加拿大之后，世界上第三个实现页岩气工业化生产的国家。

《中国页岩气资源调查报告(2014)》显示，截至 2014 年底，累计投资 230 亿元，在重庆涪陵，四川长宁、威远等地取得重大突破，获得页岩气三级地质储量近 5000 亿立方米，其中探明地质储量为 1067.5 亿立方米，建成产能 32 亿立方米/年，累计生产页岩气 15 亿立方米。

中石化率先在涪陵区块实现页岩气商业化开发。2013~2015 年，涪陵页岩气田压裂试气技术水平不断提高。目前涪陵页岩气田平均单井稳产试气每日产量 32.7 万立方米，气田产量突破 1200 万立方米。美国页岩气的平均单井产量大约只有 9000 立方米。这说明虽然中国页岩气开发打井更深，难度更高，但单井产出量存在明显的优势。涪陵页岩气田焦石坝区块新增探明储量 2739 亿立方米，为 2017 年底建成 100 亿立方米产能奠定了坚实基础。至此，中国首个大型页岩气田——涪陵页岩气田探明储量增加到 3806 亿立方米，含气面积扩大到 383.54 平方千米，成为全球除北美之外最大的页岩气田。

中石油四川长宁—威远国家级页岩气产业示范区 2016 年有望建成若干个页岩气建产区，初步实现规模化生产。中石油西南油气田方面透露，四川盆地页岩气区块已经成为目前国内最具商业开发价值的页岩气区块，仅长宁区块探明储量便已达 9200 亿立方米。按照规划，2015 年四川页岩气将冲刺 20 亿立方米的产能。预计到 2020 年四川的页岩气开发能够实现年产 50 亿~80 亿立方米，届时天然气产量的三分之一将会是页岩气。

(三) 相关的政策、法规与标准规范

2011 年，国土资源部批注年页岩气成为独立矿种，对其按单独矿种进行投资管理。2012 年 11 月，财政部和国家能源局联合发布《关于出台页岩气开发利用补贴政策的通知》，中央财政 2012~2015 年对页岩气开采企业给予补贴标准为 0.4 元/立方米 。2013 年 11 月，国家能源局发布《页岩含气量测定方法》。2014 年 4 月，国土资源部发布并实施中国首部页岩气储量行业标准《页岩气资源/储量

计算与评价技术规范》。中国将从页岩气资源评价、钻完井、井控、压裂、环境保护等方面入手，在3~5年内基本建成中国页岩气全产业链标准体系，为中国页岩气产业提供科学有效的标准规范。2015年4月29日，财政部、国家能源局联合宣布，页岩气开发利用补贴标准2016~2018年将降至0.3元/立方米，2019~2020年再降至0.2元/立方米。

三、中国页岩气开发存在的问题

目前，中国页岩气的发展主要存在以下问题：

（一）政策及监管不严

目前很多政策可行性不高，落实不到位又疏于监管。市场没有达到充分的竞争，导致大量资源的闲置和浪费，不利于页岩气技术的进步和产业的发展。对于补贴的条件过于严格，实际受益企业不多，导致已招标企业大量处于观望状态，实际开发的很少，对这些企业的处罚措施也并不到位。目前页岩气丰富的川渝地区与几大油企的常规油气区块大面积重叠，前两轮页岩气探矿权招标也仅限于少量的空白区域。长此以往，不仅造成资源的闲置浪费，也大大削减了民营企业投资热情。

2012年、2013年，国土资源部相继推出了全国页岩气一、二轮区块勘探权招标，第三轮页岩气区块招标在持续“准备中”。2014年6月，第二轮招标的19个页岩气区块中标者之投入远未达其承诺，某些原本准备参与第三轮页岩气区块招标的“摩拳擦掌”者也持观望态度。“两桶油”仍旧是页岩气开发的主力，中石化2017年页岩气目标产能100亿立方米，目标产量70亿立方米，但也将面临页岩气盈利能力和气量增长空间有限的风险。

（二）开采难度大

中国页岩气开采的地质条件比北美复杂，埋藏深度普遍比北美深，成熟度比北美高，施工难度大，单井勘探成本高。

（三）技术水平低

中国在页岩气钻完井技术研究方面研究起步较晚，但进步较快。目前中国页岩气勘查开发技术及装备基本实现国产化，水平井成本不断下降，施工周期不断缩短。通过技术引进、消化吸收和攻关，中国基本掌握了页岩气地球物理、钻井、完井、压裂和试气等页岩气勘查开发技术。3500米以浅水平井钻井及分段压裂熟练作业，具备水平井分段压裂段多达22段、长达2130米的能力。自主研

发的可移动式钻机、3000 型压裂车等设备，以及页岩气“甜点”预测软件，在勘查开发中取得较好的应用效果。水平井钻完井周期从 150 天减少到 70 天，最短 46 天，水平井单井成本从 1 亿元下降到 5000 万~7000 万元。

（四）开采成本高

中国页岩气开发正处于起步初期，资金需求量大，同时，页岩气储层一般呈低孔、低渗透率的特征，气流的阻力比常规天然气大，只有采用压裂技术进行开采，这是其开发成本高昂的重要原因。页岩气的采收率也比常规天然气低，后者在 60%以上，而页岩气仅为 5%~60%。这都推高了页岩气的开发成本。

（五）环境破坏严重

页岩气开采主要使用水力压裂法，会消耗大量的水资源。水力压裂完成之后，所用的水可以被捕获、处理和重新利用，并回收利用到下次水力压裂中。但水力压裂用水加入的化学药品会随水渗透到地下水位以下，压裂水的净化处理仍是个难题。

四、中国页岩气发展的对策建议

目前中国页岩气资源的开发刚刚起步，政策不够完善，经验匮乏，技术不成熟，页岩气资源的规模开发还有很长的路要走。西方国家通过 30 多年的努力，取得了极大的成功，其经验值得我们借鉴和学习。但同时，我们也应该看到中国与美国在页岩气开发上的诸多不同之处。在学习美国经验的过程中，我们应该是有保留、有思考得借鉴吸收，结合中国的地质条件和政策环境，加强自主创新和政策管理，助力页岩气产业发展。

（一）加强政府监管和引导

可以借鉴美国天然气开采和管道运输业务垂直分离模式，实施不同的政策监管，同时放开天然气价格，保证天然气生产商和销售商对管道拥有无歧视准入条件。未来仍要鼓励页岩气开发投资，对页岩气企业及有志于页岩气开发的“门外汉”加强引导。首先，明确矿权管理，减少重叠现象。将页岩气确立为区别于常规天然气的独立矿种，建立专门的页岩气区块登记制度，按新矿种进行页岩气区块登记。矿权出让采取竞争的方式，强化矿权退出机制，对拥有矿权但投资达不到要求，或在规定期限内达不到产出的，要强制退出。其次，出台对相关法规对非常规天然气实行生产税的优惠政策。在下游的开发领域，政府施行的减/免钻探费用、减/免租赁费用等优惠政策以刺激小型及微型公司的热情，降低勘探与开发的成本。最后，推动政府主导的产、学、研相结合，提供巨额资金用于页岩气产业方面的研发，通过专项拨款、建立示范工程、提供贷款或者贷款担保、开展免费培训或赞助等，加大对页岩气勘探开发相关技术研究的支持力度。成立页岩气重点实验室，鼓励国内企业及院所之间开展勘探开发关键技术联合研究，开发具有中国特色的勘探开发核心技术。

（二）完善市场机制

政府管制下的天然气价格不能完全反应市场的供求关系，在低油价背景下尤其打压了企业开发页岩气的积极性。将天然气市场放开成为竞争市场，将中小企业纳入页岩气市场范畴。适当的引入民营资本有利于分摊开发初期的成本，而民营企业的自主创新能力在改革开放三十年历程中的贡献有目共睹，将“两桶油”多年的技术积累向民营企业适当放开，可以加速技术进步。相比之下，中小企业在技术创新方面更快捷，而大型国企在长期性和财务稳定性上保证性更强。大型企业与中小企业的合作可以取得技术和产业上的突破，丰富和完善产业链的发展。

（三）提升自主创新水平

目前中国仅初步掌握页岩气开发的直井压裂技术，尚未充分掌握水平井分段压裂等专门技术，直接制约了页岩气产业的发展。大型国有石油公司具有常规油气开发的经验，掌握中国油气勘探开发的关键技术，具备庞大的人才队伍和雄厚的资金实力，在现有常规油气开发技术的基础上积极拓展核心能力，争取应用于页岩气开发领域。

（四）积极开展对外合作和实施“走出去”战略

美国和加拿大是世界上页岩气领域发展较早的两个国家，中国页岩气勘探和开发起步较晚但发展快，是全球除北美以外地区率先进入页岩气勘探评价突破和工业化开发先导性试验的国家。一方面加强对外交流合作，借鉴和学习国外管网布置、开发技术、环境保护等各方面先进经验；另一方面也可以通过收购兼并美国等国的页岩气企业来获得核心技术。切实加强地质研究，对于出让的页岩气区块而言，有勘探开发风险甚或极大的风险是可理解的，但要让参与者充分了解区块的勘探开发希望，明确投资的动力，使其既有激情与冲动，也秉持理性与科学的态度，加快“走出去”的勘探开发步伐。

中国社会资本参与页岩气开发现状及对策

中国页岩气的开发主要是政府及国有大型油气公司，十八届三中全会提出的“全面深化市场化改革”鼓励社会资本进入页岩气开发领域，为中国社会资本参与页岩气开发创造了条件。通过对美国社会资本参与页岩气开发的分析可以看出，美国参与页岩气开发的社会资本以中小型企业为主，参与方式为提供技术服务和资本投资两种，美国社会资本能够在页岩气开发中获益的原因可归纳为政府财政补贴、多元竞争的市场格局及市场化运营的管网优势。从中国社会资本参与页岩气开发现状入手，初步找到了中国社会资本参与页岩气开发在政策、体系及设施等方面存在的问题。在借鉴美国的经验和结合中国国情的基础上，从政策、体系及设施三方面提出了中国实现社会资本参与页岩气开发实现规模化、商业化的相应对策和建议。

一、美国页岩气开发模式及经验

据美国能源信息署（EIA）数据显示，中国页岩气可开采资源量为 36×10^{12} 立方米，居世界第一。在美国“页岩气革命”的胜利以及中国丰富页岩气资源的驱动下，中国从政府到企业都积极探索页岩气资源的勘探和开发。2013 年，十八届三中全会明确“市场在资源配置中起决定性作用”。社会资本加速进入页岩气开发领域，包括中国华电集团公司在内的社会资本纷纷投资页岩气开发市场。尽管中国社会资本参与页岩气开发的格局初步显现，但与美国相比，从政策、体系、运转模式等方面仍存在差距。借鉴美国社会资本成功参与页岩气开发的经验，结合中国国情，积极、正确、高效地引导中国社会资本投资页岩气开发，探索中国社会资本参与页岩气开发的对策，为中国实现页岩气开发规模化、商业化提供重要支撑。

（一）美国页岩气开发模式及经验

美国页岩气开发市场开放，准入门槛低，进、退页岩气市场自由，85%以上的页岩气由中小型企业生产。美国页岩气开发初期，政府财政补贴力度大，一部分中小型企业凭借技术专业、创新意识强、经营灵活且敢于承担风险等优势，率先进入页岩气开发领域，以独资、合资、合作、联营、项目融资等多种方式进行页岩气项目投资。以切萨皮克能源公司（Chesapeake Energy Corporation）为例，该公司创建于 1989 年，凭借其独特的商业模式从一家投资仅 5 万美元的小公司发展成为美国第二大天然气生产商。切萨皮克能源公司参与页岩气开发前期主要借助技术优势进行大规模勘探开发，先后共取得近 20×10^8 平方米的页岩气开发区块，覆盖美国海恩斯维尔、巴涅特、费耶特维尔和马塞勒斯四大页岩气主产区；后期则以大量出售资产获取收益，2008 年将费耶特维尔页岩气田业务的 25%股权出售给 BP 公司，2010 年与中海油成立合资公司共同管理鹰滩区块。

美国社会资本参与页岩气开发的主要方式为提供技术服务和资本投资两种。随着美国页岩气市场逐渐趋向精细化、专业化发展，社会资本参与页岩气开发的方式不再局限于资本投资。部分中小型企业转型成专业公司，依靠技术优势和自主研发，通过业务外包的方式向页岩气开发公司提供专门的工程技术服务和设备租赁等业务并获取收益。油气专业公司主要以提供专业化的工程技术服务方式参与页岩气开发，涉及页岩气开发物探、测井、钻井、采油、地面工程等多个环节，技术和自主研发优势明显，使得页岩气开发单个环节投入小、作业周期短、资本效率高，进而有效提高页岩气开发效益。

（二）经验

美国社会资本参与页岩气开发的成功不仅得益于完备的技术，更依赖于政府财政补贴、多元竞争的市场格局及市场化运营的管网优势。

1. 政府财政补贴

美国页岩气开发取得的成功离不开美国政府全方位、多种类的补贴政策。尽管联邦政府没有单独针对页岩气制定相关法律法规，但所颁布的天然气政策同样适用于页岩气，且州政府有各自针对页岩气的补贴政策。1976 年以来，美国联邦政府与州政府陆续颁布一系列补贴政策扶持页岩气开发产业的发展。20 世纪 90 年代以前，政府补贴政策侧重对市场机制的建设维护，依靠市场力量来调节页岩气等非常规天然气的产量；20 世纪 90 年代以后，天然气市场基本形成，政府补贴政策更侧重于非常规天然气开发技术的扶持。美国一系列补贴政策，增加页岩气开发的经济效益，调动了社会资本参与页岩气开发的积极性，促进了页岩气开发规模化、商业化。

2. 多元竞争的市场格局

美国页岩气市场高度开放，允许大型油气公司外的其他公司自由进入页岩气开发市场，投资主体多元化，即中小型企业推动技术创新，专业公司提供专业化服务，大型油气公司实现页岩气规模化发展。中小型企业作为美国页岩气开发市场的

主导力量，在实现技术突破和商业化后，以提供专业服务的方式参与竞争，并以技术(平井加多段压裂技术、同步压裂技术、清水压裂技术和深层地下爆破技术)和设备专业化强等优势，使得页岩气开发单个环节投入小、效率高、作业周期短、资本效率高。而大型油气公司凭借长期性和投资能力的优势，通过收购、合资等多种方式，获得页岩气开发权益，使页岩气开发市场迅速产业化、规模化。

3. 市场化运营的管网优势

天然气管道建设运营是页岩气开发的重要构成环节，美国天然气管道基础设施发达，管道覆盖美国本土 50 个州。20 世纪前，美国天然气管道建设运营实行垄断性经营；1992 年美国政府颁布《FERC636 号法令》，强制要求所有管道公司提供公开准入服务，运输服务从天然气生产中剥离，实施管网第三方准入，管道运营、定价实现完全市场化。

4. 第三方准入机制

美国天然气管道实行市场化运营，管道运营商只承担共同运输，无捆绑销售权利。管网第三方准入机制，使页岩气生产商有权选择管道运营商，减少社会资本参与页岩气开发的投资风险，促进参与页岩气开发的积极性。

二、中国页岩气开发现状及问题

(一) 现状

中国页岩气资源多、分布广、潜力大，据 2012 年国土资源部数据显示，中国陆域页岩气资源潜力 134.42×10^{12} 立方米，可采资源潜力 25.08×10^{12} 立方米，主要富集在四川、渤海湾、鄂尔多斯、吐哈、松辽、塔里木、江汉、准噶尔等盆地。中国页岩气开发以中石油、中石化、延长石油等大型油气企业为主，中石油主要在安徽、浙江等地，中石化主要在四川东北部、贵州东部、安徽南部等地，延长石油主要在山西、延安等地。据国土资源部统计数据显示，2014 年中国页岩气总产量 13×10^{8} 立方米，其中中石化产气 10.8×10^{8} 立方米，中石油产气 1.07×10^{8} 立方米。

大型油气企业主导页岩气开发，造成页岩气开发市场投资主体单一，制约了页岩气开发市场的竞争，阻碍中国页岩气开发商业化、市场化、规模化发展。而全面市场化改革，则推动社会资本参与页岩气的开发。中国参与页岩气开发的社会资本指除传统的大型油气企业之外的央企、国企和民营企业，通过合资合作、股权转让、项目融资等多种方式来参与。中国参与页岩气开发的社会资本分技术服务型和资本投资型两类，资本投资型主要包括中国华电集团公司、中国中煤能源集团有限公司、华瀛山西能源投资有限公司等，技术服务型主要包括安东油田服务集团、北京泰坦通源天然气资源技术有限公司等。

国家政策引导和市场需求，使社会资本参与页岩气开发的格局正初步形成。2011 年和 2013 年，国土资源部举行两次页岩气勘探许可证招标，在第二次招标中首次向社会资本开放，四大石油公司无一中标，19 个区块探矿权均为社会资本中标取得。

（二）问题

1. 补贴力度不足

2011 年 12 月 31 日，国土资源部正式将页岩气列为新矿种，中国在相关规划中已将非常规油气资源，特别是页岩气的开发利用视为重点，并于 2012 年起密集出台了一系列政策，见表 7。

尽管中国出台一系列页岩气补贴政策，但明确性不足，除《页岩气开发利用补贴政策》外，其他政策均未对补贴做出具体的、可执行性的规定，政策无法落实。《页岩气开发利用补贴政策》虽对补贴金额做出了具体规定，但存在补贴方式单一、补贴力度不足等问题。此外，中国页岩气开发虽有探矿权、矿产资源补偿费、采矿权使用费等减免等一系列优惠政策，但未针对社会资本参与页岩气开发出台税费优惠和补贴政策，使想进入页岩气开发的企业一直处于观望态度。

表 7　中国现行页岩气政策

发布时间	文件名称	主要内容
2012-03-06	《页岩气发展规划（2011~2015 年）》	完成资源潜力调查并掌握其分布，优选目标区、建立开发区，初步实现规模化生产；关键技术攻关取得重大突破，装备实现自主化生产，形成技术标准和规范，建立完善的政策体系；加大国家层面的资金投入、技术科技攻关、完善配套基础设施
2012-10-26	《加强页岩气资源勘查开采和监督管理有关工作的通知》	鼓励各类投资主体进入勘查开采领域。申请人不具有勘查资质的可与具有资质单位合作，对页岩气开采企业给予 0.4 元/m^3 的补贴
2012-11-01	《页岩气开发利用补贴政策》	地方财政可根据当地页岩气利用情况给予适当补贴
2013-10-22	《页岩气产业政策》	加大对页岩气勘探开发的财政扶持力度；对生产企业直接进行补贴；鼓励地方财政根据情况对页岩气生产企业进行补贴；对页岩气开采企业减免矿产资源补偿费、矿权使用费；页岩气勘探开发等鼓励类项目项下进口的自用设备免征关税
2014-06-01	《页岩气资源/储量计算与评价技术规范》	页岩气储量计算、资源预测和国家登记统计、管理的统一标准和依据

2. 投资主体单一

中国允许传统大型油气公司在油气行业形成自然垄断，投资主体单一。页岩气优质资源的垄断，使社会资本无页岩气可开采或在劣质区块开采缓慢。以北京泰坦通源天然气资源技术有限公司为例，虽投标获得贵州凤冈区块，但该区块地质结构复杂，经济效益不足，项目仍处于寻求合作伙伴阶段。

美国成功经验表明，页岩气开发中，多元化的竞争格局能有效促进页岩气发展，吸引社会资本进入。中国现行投资主体单一，大型油企掌握优质页岩气和核心开发技术，形成垄断式经营，社会资本难以进入，制约了页岩气市场竞争机制的形成，阻碍页岩气发展。

3. 管网设施建设缓慢

天然气管道基础设施不完善、运力不足，制约了中国社会资本参与页岩气开发。截至 2014 年，中国天然气管道长度 4.85×10^4 千米，仅占世界天然气管道的 3%。中国管道密度仅 0.008km/km^2，而美国管道密度 0.009km/km^2、德国管道密度 0.106km/km^2、奥地利管道密度 0.273km/km^2。

三、中国社会资本参与页岩气开发对策

中国页岩气资源丰富，开发前景广阔，在勘探开发的最初阶段，已有社会资本进入，并呈积极发展态势。借鉴美国的经验，结合中国页岩气开发的现实情况，从政策、体系及设施三方面提出社会资本参与页岩气开发的相关对策。

（一）加大补贴力度

2012~2015 年，中国对页岩气开发补贴标准为 0.4 元/立方米，与美国相比，补贴力度不足。因此，国家应出台专门的岩气开发补贴政策，从补贴的范围、数量、条件等方面加大力度，吸引社会资本进入。

借鉴美国页岩气开发的补贴经验，结合中国对煤层气开发的补贴经验，进一步制定明确的补贴政策。页岩气开发前期，对页岩气勘探、技术开发进行财政补贴；页岩气开发进入商业化、规模化阶段后，应减少或取消特殊补贴，而减免资源税、所得税、增值税等税收对社会资本进行补贴。

（二）创新投资形式

中国页岩气开发产业存在投资主体单一、大型油气企业垄断的问题，因此，应放宽市场准入标准，创造开放竞争环境，鼓励中小型企业和民营企业等社会资本参与页岩气开发，实现投资主体多元化。国家应给予社会资本与大型油企等同的投资地位，允许社会资本以合资合作、股权转让、项目融资等方式参与页岩气开发。

社会资本参与页岩气开发过程中，应创新投资形式，丰富参与页岩气开发方式：

（1）与三大石油公司合作。社会资本的参与，扩大三大石油公司的融资渠道，提供创新技术、服务等专业化服务，提高生产效率。

（2）企地合作。社会资本参与页岩气开发时，与当地政府合作，形成企地合作开发模式。当地政府为社会资本提供市场准入、财政税费补贴以及政策保障；社会资本的参与，为当地政府带来高额税收，拉动当地经济。

（3）战略外包。社会资本参与页岩气开发最大的问题在于缺乏核心技术，而页岩气核心技术又掌握在大型油气企业和专业油服公司手中，因此，社会资本进入页岩气开发领域初期可通过战略外包的方式与专业油服公司合作共同开发页岩气。

（三）加快管网建设

在现有天然气管网基础上，继续以大型油气企业作为投资主体建设长管道，鼓励社会资本参与，共同管理运营。为有效利用社会资本，大型油气企业应放宽合资公司自主权，自主决策、自主管理，充分发挥合资公司自主性。

（四）建立第三方准入机制

加快建立第三方准入机制，实现管道市场化运营。2013 年，《天然气基础设施建设与运营管理条例》及《油气管网设施公平开放监管办法》颁布，其规定油气管道非歧视性准入细则，为第三方准入机制的建立提供规范。因此，国家应适时强制性引入第三方准入机制，规范商业运输市场，促进大型油气企业利用富余能力为其他企业输气、代储代销。

中国页岩气开发环境问题及对策

为缓解中国天然气供需矛盾，国家发改委在天然气产业发展“十二五”规划中，明确提出加快页岩气产业发展，提高天然气在一次能源消费中的比重。然而，中国页岩气的勘探开发还处在起步阶段，部分关键技术有待突破，资源管理机制有待完善，对页岩气开发的环境问题的识别与解决与世界先进水平相比还存在很大差距。本文介绍了中国页岩气的资源状况，梳理了页岩气开发各个环节中存在的环境问题，进而从政府、地方、企业三个层面提出对策与建议。

一、中国页岩气开发与资源现状分析

中国能源安全现状堪忧，在资源储量丰富的非常规油气领域进行探索是当务之急。在“十二五”规划提出“推进页岩气等非常规油气资源开发利用”的基础上，2011 年，国土资源部发布新发现矿种公告，将页岩气作为独立矿种加强管理。全面推进页岩气开发进程已提上中国能源开发日程。

1. 国内外页岩气开发现状分析

页岩气探明经济可采量较高的 7 个国家按可采量由大到小排序依次是中国、美国、阿根廷、墨西哥、南非、澳大利亚和加拿大，其中美国和加拿大的页岩气产业发展最为成功，美国页岩气的规模化发展保障了其自身的能源安全，改变了全球天然气供应格局，提升了美国在天然市场的对外谈判话语权和影响力。中国页岩气的勘探开发起步较晚，目前主要由三大石油公司主导，其他拿到探矿权的公司大部分“圈而不探”处于观望态度，整体勘探开发进展很慢，与美国相比，差距悬殊(如表 8 所示)。但是相较于除北美以外的其他国家，中国页岩气的勘探开发已经取得了积极的进展，2013 年实现了 2 亿立方米的天然气产能突破。

表 8　中美 2014 年页岩气开发对比

	美　国	中　国
产量/亿立方米	2727	13
页岩气井/口	>20000	>400
单井成本/万元人民币	约 3000	约 8300
占国内产量比重/%	40	1.02
投资/亿元人民币	6300	200

数据来源：BP 世界能源统计。

美国页岩气的规模开发得益于政府层面的产业扶持政策、“水力压裂”技术的突破性进展、市场层面的有序竞争与严格监管。然而，中国的页岩气开发受限于复杂的地质条件、技术困境和不完善的监管体系，离规模化开发尚有一定的距离。处于页岩气勘探开发初步阶段的中国，从战略规划、国际合作、技术研究、市场引导等方面做出了尝试，且已收到相应的成效。梳理美国的页岩气开发历程，其有力的生产激励、长期的技术积累、公平的生产环境等成功要素值得中国借鉴。

2. 资源禀赋和环境挑战

丰富的页岩气储量为中国经济社会可持续发展创造了资源基础性条件。开发页岩气可有效缓解国内天然气供需矛盾、改善能源结构。同时，页岩气开发产业化发展将带动资源地产业链条的拓展。以美国为例，页岩气在北达科他州的大开发促进了当地经济发展，创造了很多就业岗位。另外，页岩气的开发有助于缓解能源对外依赖，确保能源安全。美国页岩气的爆发式增长大大提高了其能源独立性。中国页岩气开发刚刚起步，整体的注意力集中于页岩气的规模化开发策略。任何事物都具有两面性，页岩气开发也不例外，其带来的环境问题也在世界范围内引起争议。中国的页岩气主要分布在四川、重庆等人口密集、地质灾害多发的南方地区，这些地区人均耕地面积非常有限，页岩气勘探和开发在环境保护方面将面临诸多挑战。

3. 页岩气潜在产能分析

页岩气作为清洁能源的重要组成部分，其产业化发展有助于缓解中国粗放型经济发展模式下面临的资源供给紧张和环境污染的双重压力。天然气在中国一次能源消费结构中所占的比例已由 2010 年的 4.0%增长至 2013 年的 5.6%。随着国家严格压减煤炭消费量等能源政策的调整，中国天然气市场需求将会进一步提速，供需缺口将继续扩大。中国页岩气资源量巨大，根据中国国土资源部 2012

年的普查，中国陆域页岩气地质资源潜力为134.42万亿立方米，可采资源潜力为25.08万亿立方米(不含青藏地区)，是常规天然气资源量的2.4倍。中国各页岩气区块资源预测如表9所示。

表9 中国页岩气资源预测

地区或盆地	面积/$\times10^4km^2$	厚度/m	有机碳含量/%	成熟度(R_0)/%	资源量/$\times10^{12}m^3$
扬子地区	30~50	200~300	1.0~23.49	2.0~4.0	33~76
华北地区	20~25	50~180	1.0~7.0	1.5~2.5	22~38
塔里木盆地	13~15	50~100	2.0~3.0	0.9~2.4	14~22.8
松辽盆地	7~10	180~200	0.5~4.57	0.9~2.0	5.9~10.5
渤海湾盆地	5~7	30~50	1.5~5.0	1.0~2.6	4.3~7.4
鄂尔多斯盆地	4~5	20~50	2.0~22.21	0.8~1.3	3.4~5.3
准噶尔盆地	3~5	150~250	0.47~18.47	1.2~2.3	2.6~5.3
吐哈盆地	0.8~1.0	150~200	1.58~25.73	0.8~2.0	0.7~1.1

二、页岩气开发环境问题分析

页岩气开发与常规天然气开发方法大致相同，但具体生产过程存在着一定的区别。常规天然气开发的关键在于“找气”，而页岩气储层渗透率低，其开发的关键在于“采气”。研究页岩气开发的环境问题，需要以开发过程为基础，探寻不同工艺与技术可能对环境造成的影响。页岩气的生命周期包括生产前期、生产和处理期、运输、分销、气井的堵塞和废弃、废气的燃烧。从生命周期的角度梳理页岩气开发过程，其主要环节包括如图29所示。

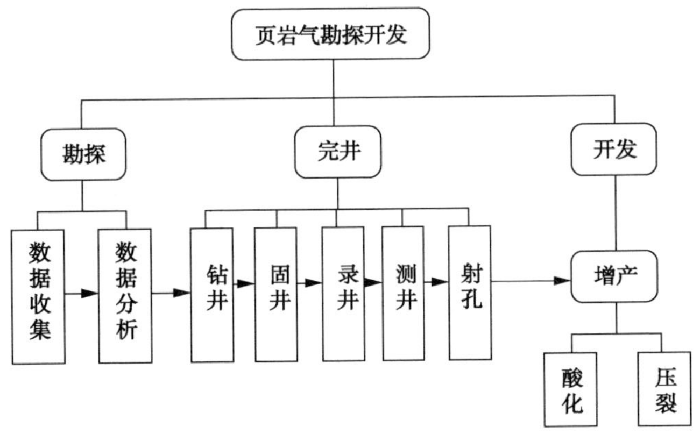

图29 页岩气勘探开发主要环节

中国页岩气勘探开发尚处于起步阶段，页岩气开发过程中环境问题的监管、识别与保护等有待强化。结合中国环保及页岩气行业现状，分析页岩气开发的主要环境问题如下：

1. 环境监管体系亟待完善，环保“一票否决”制约体系尚未建立

页岩气产业作为国家重点扶持的战略型新兴产业，对地方政府和开发企业来说，具有可观的潜在经济效益。然而，中国页岩气开发存在着环保隐患。首先，环境监管体系亟待完善。中国的环保行政体制结构呈“纵向分级”，即纵向上实行分级管理，地方政府对环境质量负责。当地方政府的环保意愿与经济增长意愿发生冲突时，地方政府环境保护的主动性就很可能受到消极影响。其次，环保“一票否决”制约体系尚未建立。中国鼓励多种投资主体进入页岩气开发领域。然而，该行业准入门槛较低，中国也没有相应的制约体系对进入该领域的企业进行有效筛选，相关企业的环境保护能力存疑。《国家环境保护“十二五”规划》提及地方政府政绩考核实行环保“一票否决”制，但其实施效果有待观察。

2. 页岩气生产用水量大，局部水资源供应紧张

页岩气开采的核心技术是水平钻井和水力压裂。据埃森哲出版的《水资源和页岩气开发》报告估算，一口页岩气水平井，其钻井和压裂所需水量约达500万加仑。压裂过程中，最大时其用水量可达总用水量的90%。然而，“页岩气十二五发展规划”中指定的13个重点省、直辖市中有7个属于水资源短缺地区。华北和东北地区拥有26%的页岩气资源，但该地区水资源总体匮乏，华北地区人均水资源量甚至低于全国平均水平，每年仅有700立方米水量。另外，拥有中国40%页岩气储备的西南地区五省（市）（四川、重庆、贵州、云南和广西），季节性缺水严重。页岩气开采将会带来一系列涉及水资源的环境问题，如抢占矿区农业用水和居民生活用水、危及脆弱的生态环境等。

3. 压裂液泄漏，造成地下水污染

水力压裂主要是通过高压将大量的水、沙子以及化学物质的混合物通过钻孔打入地下，压裂页岩层，使其出现更大更多的裂缝，从而实现天然气的规模开采。压裂液含有多种化学添加剂，如稀酸、杀虫剂、破胶剂等。页岩气开发水污染可能出现在三个环节：钻竖井阶段，穿过地下水层，压裂液会泄漏到地下水层；压裂阶段，强力压裂可能破坏气盖岩层的压力平衡，增大裂缝或出现断层，使压裂液向上渗透到地下水层；废水返排阶段，处理不当，化学物质会渗透到浅层土壤，然后进入含水层，造成地下水污染。

4. 压裂返排废液，引发地表生态破坏

水力压裂作业的同时，有大量地层地下水、钻井岩屑和废压裂液返排到地

面，这统称为压裂返排废液。美国环境保护署对页岩气勘探开发的返排液进行过矿物分析，分析结果表明，与注入淡水相比，返排液中钠、氨、铝和铁的含量较高，铅、铬、镁、砷、锌等含量严重超标，氯化物的含量是海水的4倍。针对压裂液返排废液，现行主要处理方式就是汇入废液池储存，然后进行集中处理。这种粗糙的处理方式可能造成极大的环境隐患。废液中存在的难降解有机物、重金属、放射性物质和有毒有害物质，进入地表水体，可能影响水生生物、污染工农业用水、造成土壤板结和盐碱化，对地表生态造成不可逆转的伤害。

5. 甲烷超量散逸，加剧温室效应

页岩气开发过程中会排放出大量甲烷，甲烷也是一种温室气体，且其温室气体效应至少是CO_2的25倍。据Howarth等人对页岩气生产生命周期的主要环节进行甲烷排放率(即开发过程中甲烷排放量与产气量的比率)估计，并与常规天然气开发做了比较，如表10所示。在页岩气开发利用过程中，完井及运输、存储及分配过程中的排放占整个过程总排放的69%~91%。与常规天然气相比，页岩气完井阶段甲烷的排放率几乎是常规天然气的190倍，而其他阶段两者差别不大(表10)。

表10　页岩气与常规天然气开发利用过程甲烷排放率　　单位:%

开发过程	页岩气	常规天然气
完井	1.9	0.01
常规排气和设备泄漏	0.3~1.9	0.3~1.9
液体装卸过程中的排放	0~0.26	0~0.26
气体加工过程中的排放	0~0.19	0~0.19
运输、存储及分配过程中的排放	1.4~3.6	1.4~3.6
总排放	3.6~7.9	1.7~6.0

6. 其他环境影响

在水体和空气影响之外，页岩气开发还可能会造成土地资源浪费、地震危害、噪声污染、交通影响、景观破坏等环境问题。页岩气可开发周期长，但初期产量递减快，需要打很多井，占用很多土地；高压水力导致岩层能量释放，可能诱发地震；页岩气生产作业过程均有噪声产生，其中钻井过程是噪声产生最为严重的环节；井场大量运输设备的往来，可能会对当地交通造成影响；页岩气开发施工阶段，可能会对市容与旅游景点造成景观破坏。

三、页岩气开发环境问题的对策与建议

由于环境监管机制不健全，发展清洁能源和新能源诱发环境风险进而导致环境污染和破坏的现象时有发生，页岩气的开发利用也不例外。中国处在页岩气开发的初级阶段，环境保护防控体系建设是当务之急，在这方面可以适当借鉴美国的经验。

1. 监管职能集中化，设定统一监管机构

为促进页岩气大规模的开发，中国需改变监管职能分散的现状，建立统一的监管机构，分离政府的政策制定和监管职能。借鉴美国的三级监管约束体系，中国的监管机构设置应具有“横向集中化、纵向层次化”的特点。横向集中化是指在政府层面建立统一的监管机构，按照不同的监管职能，分设相应部门，如价格监管部门、环境监管部门和土地利用监管部门等。统一的监管机构与原有监管部门存在协同运作的关系。以环境监管部门为例，环境监管标准由环保部制定，其负责实施职能。纵向层次化是指以自上而下的模式建立全国统一的监管机构，地方监管机构归中央监管机构领导。在监管标准方面，可以依据地区实际灵活调整。以环境监管标准为例，地区的标准不应低于国家制定的标准，但可以严于国家制定的标准。

2. 政府加快环境立法，完善环保标准与导则

基于页岩气开发特点，政府需提前研究、制定针对开发各环节的环境监管法规、生产技术标准和规范等，尤其是压裂液污染防治、返排水回收利用等方面需出台专门监管制度。如在防范开采过程中甲烷泄漏方面，美国联邦环保署要求天然气行业从2012年起上报每年甲烷排放情况，所有重大甲烷排放环节都将被要求上报排放数据。同时，页岩气开发过程周期较长，矿区生态环境具有动态化的特征。因此，有必要针对性地制定页岩气建设项目动态环境影响评价制度，对整个开发过程进行动态跟踪评价。

3. 核心企业引领示范，树立环保意识

企业是页岩气开发的实际操作者，也是页岩气开发环境问题的潜在“制造者”。中国页岩气勘探开发投资主体多元，包括国有企业、中央企业、地方企业和民营企业。国有企业拥有能源开发领域的先进技术和专业人才，其应是中国页岩气资源开发的核心。因此对于中石油、中石化等国有企业来说，应发挥核心企业的引领示范作用，树立环境保护意识，规范操作流程。核心企业应率先建立企业自律标准，并将国家和地区的标准作为公司必须遵从的最低要求。同时，核心

企业应发挥自身的技术、人力与资金优势，积极探索页岩气开发的规范化、环保型操作流程，实现页岩气勘探开发产业的快速与可持续发展。

4. 突破技术障碍，重视人才培养

中国页岩气勘探开发技术还处于攻关阶段，应重视以下几点：第一，废液回用技术研发，缓解水资源问题。现阶段，水力压裂技术在页岩气开发中的地位暂时无可取代，废液回用将是降低水资源消耗的理想方式。建议研发废液处理技术，以去除悬浮固体、结垢产物、盐分、微生物杀菌剂、天然辐射物质，实现废液回用，缓解水资源紧张。第二，研制环保压裂液体系，确保水体健康。建议从压力液支撑剂入手，研制绿色环保压裂液体系，确保压裂过程中的地下水体和废液返排之后地表水体、生态的健康和稳定。第三，改进完井与修井技术，遏制温室气体超量散逸。减少温室气体散逸的最佳实践技术集中于完井和修井环节，应加强这两个环节技术改进工作，遏制温室气体的超量散逸。受限于中、美页岩气成藏地质条件的巨大差别，国外技术很可能不适宜中国的情况。因此，我们应更加重视本国人才的培养，引进国外优秀的人才，致力于破解页岩气开发的“绿色技术”困局。

石油企业环境保护问题现状与应对措施

现今建立“环境友好型社会”的理念已逐渐渗透社会生产生活的方方面面，过去数十年企业的发展，我们不得不承认在过去中国企业走的是以环境换取发展的道路，作为工业命脉的石油企业在过去的发展中也无可避免地对环境保护问题认识不足，重视不够。石油是工业的血液，是人类社会发展不可或缺的资源，近百年来世界生产力的发展导致了人类社会对石油的需求越来越大。然而，石油天然气生产是集勘探、生产、化学为一体的产业，石油资源大规模的开采与生产对生态环境又会造成极为严重的破坏。因此在开采利用石油为生产发展做贡献的同时，我们也需要对石油企业的环境问题给予足够的重视，发现问题并且积极地寻求应对之法，以打造环境友好型的中国石油企业。

一、石油生产引起的环境问题

（一）石油开采的污染

1. 水污染

(1) 钻井废水。

在石油天然气钻井过程中，岩石被钻夹破碎后形成的岩石碎屑会堆积在井底，要对这些岩石碎进行及时清理，否则碎屑堵塞在钻头附近，钻井时钻夹就不能击碎下面的新的岩石。清理岩石碎屑的任务需要依靠钻井液来完成。

钻井液由水、膨润土以及化学处理剂(无机盐处理剂、有机处理剂)和表面活性剂组成。在用钻井液清理岩石碎屑的过程中会产生废水，而完成了清理任务的钻井液如果不能被适当处理，则会变成废弃钻井液，对环境造成污染。

这些在钻井过程中产生的对环境有污染的废水被称为钻井废水。钻井废水是被水稀释后的钻井液、燃料油、润滑油或原油的混合，pH 较高，大多为 8.9~9，含悬浮物较多(膨润土、有机高分子处理剂、加重剂材料、岩屑、泥砂)，含有一定的污染物，例如添加的钻井液化学处理剂等。

(2) 采油废水。

在石油天然气生产活动通过钻井等活动钻开油层时，如果井的压力低于油层内的压力，底层的压力又足够将原油举升到井口就可能形成自喷采油。但是如果地层压力不能将原油举升到井口，就需要借助人工举升的办法采油。油层内的能量是有限的，为了保证油井有旺盛的生产能力，就要及给油层补充能量，目前最常用的方式就是人工注水开发。人工注水所注入的水源有：地面淡水、地层水以及海水等。

在注水开发过程中，注入水资源会产生采油废水。

采油废水的水温较高，一般在 40～60℃之间，矿化度高，pH 一般在 7. 5～8. 5；含有细菌，主要以腐生菌和硫酸盐还原菌为主；采油废水的溶解氧较低，含铁较低，有机物含量高，含挥发酚、硫化物。

(3) 加工废水。

在石油天然的加工过程中会产生炼油污水(电脱盐、常减压、催化裂化等工段产生的污水汇集而成)、含硫废水(二次加工装置分离罐的排水、富气洗涤水等)和含酚废水(炼油厂、页岩干馏厂、石油化工厂、焦化厂等电脱盐、常减压、催化裂化等工段产生的污水汇集而成)。

(4) 废水危害。

在石油企业生产过程中产生的钻井废水、采油废水、加工废水等均含有毒性的碳氢化合物如烷烃、芳香烃等，这些毒性物质能够杀死水中的生物；废水排放到外界，比如海洋中，废水因含有石油成分会形成一层油膜覆盖在海洋表面，危害该海洋区域内的动植物的生命，甚至可能会使得一些濒临灭绝的生物灭绝；石油中含有重金属等易富集的有害物质，一旦排放到外界环境会严重危害人类的生命健康。

2. 大气污染

因为石油企业整体生产流程长、涉及原料种类繁多的特点，石油企业产生的大气污染中的污染物种类极其繁多，以二氧化硫、硫化氢、一氧化碳、苯、甲苯、二甲苯、氯化物及一些颗粒物为主。石油企业生产中产生的有毒有害气体多，对大气的污染性强石油企业的大气污染源可分为移动污染源和固定污染源，其中固定污染源又可细分为组织性排放和无组织性排放。

(1) 有组织的排放。

有组织的排放是指石油企业将生产过程中产生的大气污染物通过排气筒有规律的、排放量大的排放。无组织的排放是指石油企业产生的大气污染物不经过排气筒而排放到外界环境的无规则的排放。有组织的排放一直是外界关注的重点所在，也是政府制定法律法规以控制石油企业大气污染排放的主要途径。因为有组织的排放是石油企业自主进行的排放，所以其排放完全受石油企业本身控制，在政府的法律法规较为完善、相关的排放标准明确的前提下，石油企业只要按照相关法律法规的标准对自身的有组织的排放进行控制即可。

（2）无组织的排放。

因为有组织的排放是石油企业废气的主要来源，所以无组织的排放在最初并没有得到足够的重视。但是在有组织的排放有完善的法律法规规制和成熟的处理技术的支持而得到有效控制的现在，对无组织的大气排放的忽视的问题便逐渐暴露了出来。

因为无组织的大气污染物排放是法律法规上的空白，也难以进行处理，因此现在无组织的大气污染物的排放比有组织的排放对环境造成的影响更大。这是现阶在石油企业对大气污染的研究中应当关注的一个问题。

（3）废气危害。

因为石油企业所排放的废气中多为有害气体，比如说二氧化硫等酸性大气污染物的排放会直接形成酸雨，烃类气体的排放则会使得温室效应雪上加霜，有害气体破坏臭氧层则会导致光化学烟雾。气体污染物若被人类吸入呼吸道，则会对人体的呼吸系统、心血管系统和免疫系统造成损耗。

由此可见石油企业的大气污染的影响广泛而深远，可想而知如果没有现行的法律法规和污染处理技术对石油企业的大气污染物的控制，石油企业所产生的大气污染引起的后果将是人类社会难以承受之重。因此，石油企业和相关的社会各方应当更加重视对无组织排放的控制。

3. 噪声污染

在对石油企业与环境的研究中，噪声污染是经常被忽视的问题。因为水污染和大气污染都是直接产生的污染物，所以得到重视，其实无形的噪声污染也会对人类的社会生活环境造成危害，随着社会文明程度的提高，人们开始慢慢意识到噪声污染的危害。噪声污染会影响人们的听力并且容易使人心情低落，长期受到噪声影响会引起头痛失眠，并且会造成生理损伤，使人体的免疫系统受到影响，引发相关的职业病产生，例如耳聋、高血压、心脑血管疾病等。

石油生产产生的噪声主要来源于石油钻井作业的过程。因为钻井作业多在野外进行，噪声污染的范围有限，所以对大多数人不构成威胁，也一直没有引起社会重视。但是钻井作业的噪声污染会对钻井的油田工作人员的身体造成严重危害，应当得到足够的重视。石油企业应当考虑到噪声污染对油田工作者的身心危害并加以重视相关工作。

4. 土壤污染

随着石油行业的扩张以及工业的飞速发展，作为工业血液的石油对土壤的污染问题开始引起一些研究者的关注。石油在渗入土壤之后会破坏土壤的结构，与土壤中的无机氮和磷结合发生化学反应从而使得土壤中的氮磷含量慢慢减少，并且石油会堵塞土壤的空隙从而降低土壤的透水性，从而使得土壤的特性产生变化。土壤是人类生存的根基，有科学家将石油对土壤的污染比喻为“化学定时炸弹”，所以在石油对土壤的污染问题尚未发展到无法可施的阶段时，一定要防微杜渐，重视起石油企业生产对土壤的污染问题。

（二）石油生产的长期危害

1. 破坏植被

石油企业在进行底层钻探的过程中，会引起地下土层的结构改变，使得土层松动，土壤容易被风吹走，使得植物生长的土层裸露，从而间接地对植物的生长产生负面影响。虽然土壤有自净能力，但是石油污染产生破坏的速度远远大于土壤本身自净的速度，植物虽然也可以不断产生新的组织，比如产生新叶来保护自己，但是石油的组成成分可以阻碍植物的气体交换从而致死植物，对植物形成氧化胁迫，使得地表植被遭受破坏。

石油企业在进行采油的过程中，因为埋藏于地底的石油被勘探开采，这就导致地层中原本储存石油的地方产生空缺，这可能导致地陷。一旦发生地陷，那么该区域的地表植被就会大面积死亡，最终导致区域沙化。例如戈壁风沙区，因为自然原因，戈壁风沙区的植被覆盖就很少，而这些珍贵的植被维持着戈壁风沙区的生态平衡，一旦遭受破坏，这些植被很难恢复，这将对整个区域的生态系统造成难以想象的可怕影响。

2. 辐射污染

因为石油钻井作业是地下开采活动，所以无可避免地会接触到油井中的辐射物质。钻井深入底层越深，地下油井中的辐射物质就越容易流到地表。众所周知，放射性物质会危害人体健康，也会影响动植物，辐射所引发的环境污染是传播性的，也是各种疾病产生的温床。

二、石油生产的环境保护的现状

现在生态环境保护的重要性越来越为社会所重视，石油行业领域也十分关注石油企业生产中的环境保护问题，并取得了一些进展。但是，从长远来看，中国石油企业的环境保护之路依旧任重道远，现阶段油气行业环保问题主要问题集中在以下几个方面。

（一）环保意识不够

在实际生产中，石油企业的工作人员依旧没有对环境问题引起足够的重视，体现在一些石油企业并没有设置环境保护相关的部门科室，或者虽然有相关职能部门却形同虚设，毫无作用。近几年，石油行业产业链中发生过许多重大安全、污染事故。比如2015年3月26日中石油长庆油田分公司第九采油厂发生原油泄漏事故，造成大范围环境污染。大量原油泄漏后，会渗入地表土层使得土地不能耕种，流入河流或汇入海洋会导致水生动物缺氧死亡，蒸发会污染空气，人和动物吸入或皮肤接触大量原油中的有毒物质(包括苯、甲苯和二甲苯等)，会引起急性和慢性中毒，甚至有致命危险。

该分公司在2015年3月月初时其实已经发生过一起类似事故，但当时没有产生严重后果，故没有引起企业的重视，因为缺乏环保意识，该石油企业在2015年3月26日造成了大范围的环境污染。这为所有的油气行业企业敲响了警钟。

（二）相关技术落后

目前，在中国石油企业中，对产生的废气主要利用克劳斯反应机理将含硫气体和含硫污水气体的酸性气体中的硫转化成硫黄，有部分燃烧法、氧化法和分流法三种工艺方法。但是在石油生产过程中产生的无组织排放的污染需要一定程度的处理技术才能处理。在对无组织排放的污染物的处理上，中国相对西方发达国的处理技术而言还是稍逊一筹。

（三）相关法规配套

近年来，政府开始重视环保方面的立法，十二届全国人大常委会第八次会议表决通过了《环保法修订案》，新法于2015年1月1日起施行，首次将“保护公众健康”写入总则，首次明确“保护优先”的原则；提出“环境信息公开与公众参与”，提出“按日连续处罚”加大排污惩处力度；进一步完善企业污染防治责任制度，是一部相当严格的环境保护法。再有2015年《石油炼制工业废水治理工程技术规范》《火电厂烟气脱硫工程技术规范海水法》两项标准被批准为国家环境保护标准，予以发布。随着中国立法技术的成熟，在石油行业环保方面的法律法规会逐步得到完善。

三、进一步完善的建议

（一）加强环保意识

要完成任何一件事，都需要参与者和执行者从意识上、源头上认识到这件事的重要性，只有思想的重视才能引导行动的改变。其实现在社会，无论是企业还

是个人都知道“加强环保意识”的重要性，但不环保的现象依旧有很多。其问题出在“加强环保意识”在那些不履行环保义务的个人与企业看来只是口号，并未深入到意识层面，并未引起思想上的重视。因此，要让环保的意识真正深入人心是说起来简单，真正落实起来却格外困难的一件事。

石油行业领域中，一直都存在重经济轻环境的问题，幸运地是，可以通过把企业的“社会责任”与“环保意识”结合起来的方式来转变企业的行为方式。企业在履行社会责任的同时，也是在为自己树立企业形象，为了自己能够在行业领域中更好地发展。只要让企业明白履行环保义务是为了让企业形象更好，让企业能够在行业中获得更好的声誉，以获得更好的发展，将环保义务与自身利益挂钩，那么任何企业都会乐意承担环保这一社会责任。

（二）强化法律执行

加强环保意识并没有明确的标准，也并没有强制性，这是无约束力的道德层面的改善。为了保证最低限度的道德，法律的约束应运而生。

前文所述的法律体系的完善有助于规范企业污染环境的行为，但是完善的法律如果不得到有效的执行就只是一纸空文。政府部门在重视环境方面立法的同时必须要重视环境法律、法规的执行，做到有法必依、执法必严，则一定能够在法律层面上对石油企业的环境污染问题起到规范与制约的作用。

（三）加强环保投入

中国与西方发达国家之所以在石油行业环保方面存在这较大差距，其中很重要的一个方面就是技术。因为西方国家对无组织的排放的污染物有着成熟的处理经验和良好的现金技术支持，而中国在这方面的技术相对落后。如果中国政府和石油企业能够在污染物的处理技术上得了进步，对于石油行业企业来说，这也是一项核心技术的获得，处理好污染物有利于石油企业的可持续发展，更有利于降低污染处理的成本，提高企业的盈利水平。

（四）重视环境会计

《京都议定书》作为人类历史上第一个限制温室气体排放的法规，提出了排放额度买卖的“排放权交易”，同时也带来了排放权交易的会计处理的问题。2015年，发展中国家在2020年后的减排义务也可能排上谈判议程。然而在排放权交易的会计处理领域，无论是国内还是国际，都处于空白的状态。虽然IFRIC于2004年12月2号公布排放权解释公告IFRIC3以解决排放权交易的会计处理问题，但是由于IFRIC3在会计实践中会导致收入费用的不匹配，违背了配比原则，IFRIC3因为无法反映排放权交易的经济实质于2005年6月被撤销。此后，没有任何一个国家、地区或组织制定出台排放权交易会计准则，排放权交易会计成为了会计领域的盲区。

由于缺乏会计准则，有排放权交易需求的企业呈现了多样化的排放权会计处理方法，这导致了排放权交易会计信息的不可比性，因此，为了达到能够在财务报表上反映排放权交易的经济实质以便促使有排放污染物需求的企业自觉控制自己的排污量，一套完整的、行之有效的、能够反映排放权交易的经济实质的排放权会计准则的制定与公布是迫在眉睫的。

中国综合性油气技术服务公司研发管理优化研究

技术是油气技术服务企业赖以生存的重要保障。然而，对中国的油气技术服务企业来说，其现有的技术实力，并不足以应对愈发激烈的国内外市场竞争和更为复杂的地质条件。中国油气技术服务企业现行研发模式传统、技术创新能力有待提高，尤其是对中国三大石油公司的油气技术服务单位而言，技术研发问题已成为制约其科技竞争力及国际化战略实施的重大阻碍。本文从油气技术服务行业特点入手，对国内外油气技术服务企业的研发管理现状进行了对比。然后，针对中国综合性油气技术服务企业现行管理模式存在的问题，对其研发管理的优化提出了科学、合理的建议，以提升中国油气技术服务企业在国际竞争与合作中的核心竞争力。

一、油气田开发与技术服务关系

中国国有石油企业都在不同时期和不同管理层次建立了勘探、开发、钻井、地质等各种研究院所，及相应的油气技术服务企业，以保障生产需要，而加强技术研发管理，已经成为突破技术瓶颈，增强自身“科技竞争力”的主要任务，进而不断提高保障服务油气生产主业的水平、规模与质量。

（一）油气田开发与技术

中国拥有全球23%的石油资源和30%的天然气资源。而海洋油、气资源的探明率分别为12.3%、10.9%，远低于世界73%和60.5%的平均水平。在《国家能源“十二五”规划》的指导下，中国石油企业已在非常规和海洋油气领域进行了积极的探索，且已取得了相应的成绩。但是受限于技术水平，中国海域和非常规油气勘探开发并未取得实质性的突破。以海上油气技术为例，中外海上油气技术水平对比如表11所示。

表 11　中外海上油气技术水平对比

项　　目	国外之最	中国之最
钻井船作业水深/米	3000	3000
钻探最大水深/米	3050	505
海上最深油田水深/米	2192	330
最深探井深度/米	≥3000	1481
起重能力/万吨	14000	3800
海底铺管最深水深/米	2202	200

资料来源：《中国石油石化》，广发证券研究发展中心

由表 11 可知，在海域油气勘探开发领域，中国的油气工程技术水平与国外存在着一定的差距，中国海上油气开发技术水平难以匹配国内油气资源的开发方向战略。油气工程技术的创新能为油气田开发的深层发展奠定基础，其也是油气工程技术服务企业提升核心竞争力的重要保证。因此，中国综合性油气技术服务企业需强化研发管理，提升技术水平，实现油气开发领域与技术服务领域的良性互动。

（二）油气技术服务业的特点、作用与发展趋势

油气技术服务行业主要是指为石油天然气勘探与生产提供工程技术支持和解决方案的生产性服务行业。其位居石油产业链上游，直接为石油勘探及生产提供服务。随着行业环境的演变和技术的更迭，油气公司与技术服务公司的合作模式经历了从单纯提供项目技术支持到综合服务、总包服务、一体化综合服务的转变。如图 30 所示，油气工程技术创新有助于降低上游勘探开发成本。

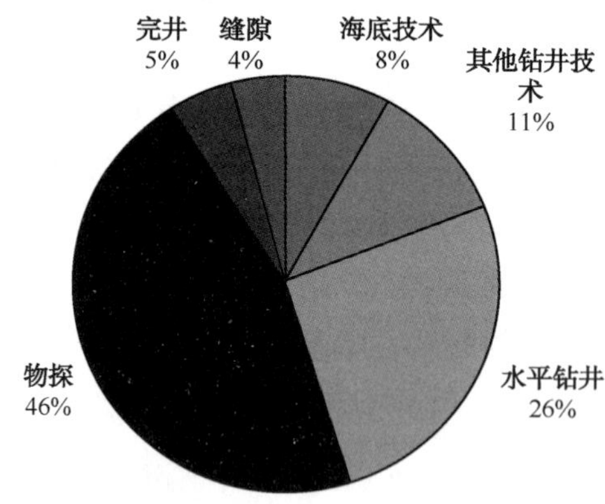

图 30　油田技术服务公司新技术应用对降低上游成本的贡献

（三）市场驱动的油气技术服务研发管理

企业技术创新的核心驱动因素是“市场需求”。位居石油服务产业链的上游的油气技术服务公司，其需求主要来源于油气公司的勘探、开发、生产以及油气田管理等环节。作为油气技术服务的供给方，其研发方向需以油气公司的生产为中心，油气公司的勘探、开发及生产要求就是其技术发展与研发投入的方向。因此，油气技术服务企业的研发管理具有市场导向性。油气技术服务企业需精准定位市场需求，以技术领先战略为导向，开发先进技术，并及时实现新技术工程化、商业化，实现长期主导市场的目的。

二、国内外油气技术服务公司研发管理对比

油气技术服务行业属资金、技术密集型行业，在油气勘探开发难度日趋增加、行业内外竞争愈发激烈的背景下，油气技术服务企业应致力于以核心技术优势赢得市场份额。表 12 是国内主流油气技术服务研究机构的人才构成情况对比，可以看出，人才结构参差不齐，尤其是一线研发工程师数量仍有待提高。

表 12　中国综合性油气技术服务公司研究中心研发人员学历构成

学历构成 / 单位	用工总量/人	硕、博学历/人	大学本科/人	大专学历/人	其他/人
C 公司某工程技术研究院	600	61(10.1%)	285	102	152
C 公司某技术研究中心	300	74(25%)	136	48	42
S 公司某技术研究院	395	153(39%)	156	45	41
O 公司某研究中心	1000	690(69%)	280	30	

资料来源：根据各公司年报与网站数据整理

（一）国外专业技术服务公司研发模式

国外大型专业油气技术服务公司，在核心技术领域加强研发管理，构建技术壁垒，形成规模优势，获得了垄断性的地位和超额的利润。其多采取混合研发模式，具体特点总结如下。

第一，自主研发。公司的研究中心内部专设研究机构，用于中小投资规模的技术和公司的核心技术研发。

第二，技术收购。为确保技术领域领导地位，兼并拥有互补型、支持型、特长型技术或产品的企业，以此迅速扩大产品线和技术服务领域。

第三，合作开发。为保持技术领先和服务优势，油气技术服务公司间开展合作，研发高难度、高投入的技术；综合性、投资规模较大的技术，通常与油公司

合作开发；风险较大、投资大的新技术，油气技术服务公司、油公司、大学和研究机构联合开发。

（二）国内综合性技术服务公司研发模式

中国国有油气技术服务公司以大石油公司为依托，依靠石油公司的资金、技术、管理等优势，拥有一定的技术特长，在专业领域有一定的发展。但是，其技术的获取更多的是依循改革开放以来惯用的“引进——消化——吸收”机制，并未形成规范、有效的研发管理体系，自主研发处于无序状态。在与大学和社会科研机构的协作方面，中国油气技术服务企业也并未建立有效的研发合作机制，未能发挥非企业科研力量的支撑作用。

（三）国内外油气技术服务公司研发管理对比

1. 研发战略与规划

研发战略是油气技术服务公司的发展基石，其对于公司的研发目标、研发路径做出了详细的规划，对公司的发展具有决定性意义。中国油气技术服务企业的技术研发，其主要问题在于：缺乏整体规划，清晰性和方向性仍有待确定；缺乏完善的管理流程，正向的决策信息流与反向的反馈信息流在层次上较为混乱；管理层次过多，决策的时效性受到影响，科技战略的调整滞后程度严重。

2. 研发组织和投入

斯伦贝谢、哈里伯顿和贝克休斯三大公司，其成熟且各具特色的研发管理体系，使它们分别在各自的专业技术市场处于垄断地位。三大油气技术服务公司历经多年发展，加强研发投入力度，形成了层次明确的研发组织体系。

第一，战略层，研发管理总部集中管控。从战略层面把握公司整体方向，总部专设分管科技工作的副总裁和相应的研发总部，实行技术总裁分管制，组织协调宏观科研工作。

第二，专业层，研发工作分领域推进。以综合一体化为目标，总部下设综合研究公司，实行“多头并进”策略，从不同专业领域进行技术突破。

第三，应用层，研发中心布局全球。着眼全球化，在全球分设研究实验室和开发试验中心。立足生产作业现场，设立基础实验室，开发适应不同地区地质、地理条件的特色技术。

3. 研发成果与转化

研发成果管理是油气技术服务企业研发管理的重要组成部分。油气技术服务公司研发的目的是为油公司提供相关产品、服务和解决方案，以优化其生产作业流程。研发成果的顺利转化才能为公司带来更多的经济效益，因而新技术的推广应用是研发的最终目标。

在科研成果转化与保护方面，国际油气技术服务三巨头均拥有成熟的管理体系。例如，斯伦贝谢的“研究——工程设计——应用”一体化系统，通过研究中心、技术中心和油田技术服务队的反馈交流、分工协作，确保研发成果顺利应用。

中国油气技术服务企业在相关领域也已获得相应技术专利。但是，由于内部研发缺乏市场导向、外部获取成本高昂，油气技术服务企业的重心多在研发，对技术成果的专利保护和商业化不够。

三、中国综合性油气技术服务公司研发管理问题分析

中国综合性油气技术服务企业经历了从无到有、从分散到整合、从国内到国际的发展历程，在石油工程技术领域取得了诸多成果。然而，全球化竞争的加速要求中国综合性油气技术服务企业必须认清自身管理问题，提升研发实力。

（一）油气行业管理体制限制，核心研发力量分散

在行业管理体制框架下，中国油气技术服务单位受原计划经济体制的影响，具有“大而全”“小而全”的特点。现行管理体制破坏了中国油气技术服务单位的资源凝聚力，各专业核心研发资源散布于数量众多的二级科研试验机构中。另外，由于核心研发资源的缺失，各油气技术服务企业也无法组建高水平的研发中心，造成集团油气技术服务公司总体专业程度低、队伍分散、总体竞争力弱化，其发展空间和进军国际市场的能力被进一步压缩和弱化。

（二）研发管理模式传统，资源配置效率不高

随着国内外油气技术服务市场竞争的加剧，中国三大石油公司逐年增大油气工程技术研发投入强度。但在现行“集团公司研发课题宏观把控、下属企业着眼市场自主申报”的研发项目管理模式下，集团公司科技竞争力并未有效提升，研发管理过程依然存在研发项目布局分散、研发资源配置效率较低、研发组织模式传统的问题。

（三）注重生产应用研究，技术革新突破困难

随着技术同质化与融合度的增加，技术创新愈发困难。因此，创新型技术对于油气技术服务企业竞逐国际市场，更有决定性作用，也更有行业革新意义。中国综合性油气技术服务企业偏重于应用性研究，对于基础研究则涉足较少。现行油气技术服务行业使用的新方法、新理论，都是国外发明的，国内自有科技专利也多是实用新型专利，发明专利较少。国内油气技术服务企业应将研发方向优化纳入企业国际化战略，并在今后的实践中逐步完善。

（四）内部业务市场化管理模式不规范，研发驱动力传导受限

在中国油气工程技术服务市场，国有工程技术服务企业占据主导地位，拥有约85%的市场份额。尽管各国有石油公司积极开放工程技术服务市场，但其内部市场的竞争者仍多为同一集团的下属企业。石油企业油田分公司与内部工程技术服务企业之间的关联交易，为存续企业的生存和发展奠定了基础。然而，各国有石油企业内部市场机制并不完善，存在关联交易协议的运行、监督、协调和仲裁等配套规则与办法缺失，关联交易价格执行不到位等问题。关联交易的失控致使工程技术服务企业效益受损，研发资源被削弱。最终，因内部业务管理市场化不足，各企业普遍研发动力不足，市场竞争压力难以顺利传导至研发端。

四、综合性油气技术服务公司研发管理优化及建议

（一）油气技术服务业务发展重定位

核心技术竞争力的形成有赖于分散在各油气技术服务企业的研发资源的优化配置与合理利用。因此，对各国有石油公司来讲，其需重新定位油气技术服务业务的发展思路，改变其保障与服务的基础功能性定位，将油气技术服务业务的发展提升至集团战略层面。综合性国际能源公司需适配同量级的综合性国际油气技术服务企业。

中国各国有石油公司应从以下几个方面构思油气技术服务企业的发展道路：战略方面，应以建设综合性国际油气技术服务企业为目标；功能方面，应将其定位于集团的主营业务之一，视其为集团公司的利润中心；市场方面，应授予其独立经营的权利，使其能够以独立法人的身份参与市场竞争。

（二）油气技术服务公司研发管理优化建议

1. 优化技术服务单元组织结构、整合核心研发资源

油气技术服务板块组织结构优化需以市场化为总体思路，授予“工程技术服务分公司”经营实权，使其角色从“行政管理者”变为“经营管理者”，最终形成集团公司、工程技术服务分公司、专业公司和区域公司的三层组织架构。

集团公司在宏观方向上对工程技术服务分公司的发展进行战略管控。工程技术服务分公司作为独立经营实体，下辖专业子公司、区域分公司。在横向上，各专业子公司以“业务实体”的形式存在于各区域子公司。在纵向上，同类专业的子公司归属各专业子公司管辖，形成专业子公司和区域分公司双重设置的矩阵式业务管理模式。

2. 以应用和创新为主导，调整研发方向

在基础研究领域，各石油公司应采取技术领先战略。分析勘探开发行业的发

展趋势，结合集团公司自身实际，进行特色技术、前瞻技术的研发。陆域油气资源的高度开发使得陆上油气的长期发展能力受限。中国海域油气勘探开发处于起步阶段，无论是其资源储量还是其可持续发展潜力均相对可观。因此，各石油公司超前性研究应以深海油气勘探开发技术为主。

在应用研究领域，各石油公司应以市场需求为导向，针对油气勘探开发市场现状，集中有限资源在短时间内研发专用技术以及附加值高、市场份额大的技术。随着油气资源赋存条件的复杂化和能源开发的多元化发展，低渗透油气田、页岩气、致密油、致密气等非常规油气的开发对提高采收率技术的需求将更为迫切。因此，工程技术服务企业的应用研发应向水平井、多分支井、多段压裂、体积压裂等方向转变。

3. 优化研发管理配套体制，保障成果产出

项目管理模式采用改进的“课题制”。对于一般性的小型技术研发项目，可采用“职能式”组织形式，由集团公司工程技术研究院下辖的专业分院具体落实。而重大科技研发项目，其管理应朝着改进的“课题制”方向发展。改进的“课题制”有别于传统的“项目长委任制”，其项目组负责人通过内部招标的方式产生。项目团队成员由项目长结合工程技术研究院确立的人员遴选指导性标准进行选择。另外，指导性遴选标准的设计以组建多功能研发团队为目标，以避免团队成员性质单一，提高研发管理效率。同时，应对项目长充分放权，以确保其研发责任感和积极性。

从市场化趋势看地方炼油企业发展

近20年来，地炼规模持续扩大，装备不断升级，但一些业内利益相关者及部分专家学者认为，地方炼油企业存在规模小、能耗高、产品品质不高以及管理不成熟等问题。在国家政策引导下，不达标的少数地炼陆续被关停，大多数地方炼油企业积极发展，在规模、环保、质量上都能够达到国家标准，在技术、装置方面不断升级，且具备了管理效率高、产业链短、灵活性高等优势，能够在相对困难的环境条件下持续盈利，是地方就业及财政收入的重要组成部分，对促进区域经济发展、填补国家战略资源有着重要意义，符合现阶段中国国情的需要以及未来国内成品油市场的发展趋势。十八大提出要深化市场经济体制改革，鼓励、支持、引导非公有制经济发展，同时加强宏观调控目标和政策手段机制化建设。这将促进炼油行业更加规范化、市场化、公平化，为地方炼油企业长期健康稳定发展提供更大的空间。

一、地方炼油企业的发展成效

经过十多年的发展，地方炼油企业不断发展壮大，规模从几百万吨到上千万吨不等，已截然不同于“小炼油”的概念。近年来由于国家政策调整，地方炼油企业进一步扩能，国有石油企业相继收购部分地方炼厂。

(一) 经历关停并转，规模持续扩大

1998年至今，地方炼油企业陆续经历关停并转，优胜劣汰之后百余家地炼得以生存。最近一次，国家发改委在《产业结构调整目录(2011)》中规定，到2013年底淘汰年产200万吨以下的常减压炼油装置，地方炼油企业的发展大致分为3个去向：积极扩大产能以求进一步发展；被国有石油企业收购；被淘汰关停。因此，地方炼油企业近年来数量有所减少，但整体炼油能力不断提升，2013年新增炼能1860万吨/年，占全国新增总炼能的56.19%。2014年也已经有了近千万吨的扩能。

2013年，全国百余家地方炼油企业合计炼油能力为11740万吨/年，占全国总炼能的18.56%。其中，陕西延长(包括延安、永坪和榆林3家炼厂)炼油能力

为 1630 万吨/年；山东东明石化规模最大，2013 年一次原油加工能力达到 1150 万吨/年。

（二）技术装备升级

随着国家对炼油行业标准的不断调整与规范，地方炼油企业积极改造或增加生产装置，调整生产工艺技术。尤其是在加氢、催化裂化及柴油加氢精制等二次加工和深加工装置方面，由于地炼的主要原料是燃料油，对催化裂化、焦化等加工工艺的要求更高，地方炼油企业的这些装置大多于近几年新建，与国有主营炼厂相比，技术先进性并无明显劣势，部分大型地方炼油企业技术装备水平已达到国际先进水平，中小型企业的技术装备基本达到国内先进水平。催化、焦化装置配套比例比主营炼厂分别高出 20%和 13%。

（三）管理水平提高

相对于国有石油企业，地方炼油企业具有治理结构简单、管理层次少、管理运营费用低等优势。近年来为了达到质量、环保、经济等各项指标，地炼更是强化管理、堵塞漏洞，不断加强质量、环保管理和成本控制。以山东地炼为例，东明石化、海科集团、利华益、东营华联、汇丰石化、京博石化、金诚石化、垦利石化、恒源石化、滨化集团等一批骨干企业已通过 GB/T 23331 能源管理体系认证、清洁生产认证和安全标准化验收，能耗与国有同等规模炼油企业相当，排放已大大优于地方标准。其中，东明石化为做好化工辅料的节能降耗，制定了《化工辅料管理标准》，以汽油抗爆剂等为突破口，催化剂消耗降低 34%，吨原油化工辅料折合费用为 22. 35 元，每套催化装置每年为企业降低费用数百万元，处于同行业先进水平。

（四）盈利状况良好

近几年国有石油企业的大炼油厂基本上都处于亏损状态，中国石油天然气股份有限公司 2013 年炼油业务亏损 47. 08 亿元，2012 年亏损 336. 72 亿元；中国石油化工股份有限公司 2013 年炼油板块亏损 85. 99 亿元，2012 年亏损 114. 44 亿元。虽然政策性原因较大，但企业自身的经营体制也与市场经济条件的要求差距很大。而地方炼厂虽然规模经济相对较小，但产业链短，经营效率高，能够灵活地进行市场化运作，加上本身以炼燃料油为主，受油价波动的影响相对更小，因此在盈利方面几乎占据绝对优势。山东省石油化学工业协会规划发展部数据显示，2013 年，山东省地方炼油企业主营业务收入 3360 亿元、利税 210 亿元、利润 50 亿元，分别比 2000 年增长 75. 7 倍、35. 8 倍、18. 2 倍。但是，地方炼油企业仍然受到市场压力的制约，在无油可炼或市场行情不利的情况下只能暂停运营，严重影响其经济效益。

二、地炼企业面临的主要发展瓶颈

在市场化的大趋势下，地炼企业上下游都受到制约，市场化环境尚未得到实质性的改善。

（一）油源紧缺，开工率低

在中国原有的原油管理体制下，地方炼厂的计划原油配额很少，又拿不到进口许可，造成了油源紧缺、开工率低等一系列问题。以山东省地炼为例，其原料构成中原油只占 24.4%，其余为劣质重油。

地方炼油企业的炼油原料主要有以下 3 种来源：第一种是通过中石油、中石化等大型集团公司获得国家计划内的配额原油，但原油配额少，远不能满足地方炼厂的炼能；第二种是通过中间贸易商进口燃料油，但燃料油品质相对较差，深度加工容易造成亏损，且市场化程度较高，短期内市场风险较大；第三种是通过非正常渠道获得的散井原油、落地油等“边角料”，质量参差不齐，且来源不稳定。

虽然近年来地方炼厂一直在积极扩大油源，但是原油配额少、燃料油加工成本高、“边角料”不稳定等现实因素使得地炼的原料来源压力一直很大，从而造成大量产能闲置浪费、开工率低、短期内失业率较高等现象。

（二）销售渠道被压窄，升级难度大

在国内炼化行业整体供过于求的市场背景下，地方炼油企业的成品油销售一直备受压制。地方炼厂没有成品油销售资质，一部分通过中间商以层层让利的方式将成品油销售到民营加油站或批发商，但很大一部分需要通过中石油、中石化集团的销售网络进行销售，以换取两大集团的国家原油配额。两大集团一方面压低了收购成品油的价格，另一方面又抬高了原油供给的价格，更是压缩了地方炼油企业的生存空间。

在不完全市场化的成品油销售体制下，尽管整体市场供过于求，高附加值的石油产品却供不应求，区域供求不平衡。炼油企业仅相当于加工厂而没有销售终端，没有公平的市场环境，不能独立自主灵活地根据市场调节产品销售。如果市场化程度逐渐提高，地方炼油企业要发展供不应求的高附加值产品，就必须进行技术、装置、产品等方面的升级。事实上，地方炼油企业一直致力于升级优化，但其产品质量仍被消费市场质疑，这不利于地炼升级动力的形成。另外，地炼升级需要有大量的资金支持，而地方政府是以 GDP 等利益指标为导向的，在现阶段地炼盈利状况良好的情况下地方政府可能安于现状，它能否为地方炼油企业提供资金以支持升级，提供的额度能有多大，这些都是地炼升级面临的困难。

三、地方炼油企业所处的市场化趋势及其影响

（一）原油进口权逐步放开，地炼将明显获益

2012 年 11 月，十八大提出健全现代市场体系，“保证各种所有制经济依法平等使用生产要素、公平参与市场竞争、同等受到法律保护”。2013 年 10 月，国家能源局制定了原油进口权放开初步草案，意味着原油作为生产要素将被依法平等使用，地方炼油企业能够与国有经济体一样获得原油，公平参与竞争。2013 年 11 月，十八届三中全会指出“必须加快形成企业自主经营、公平竞争，消费者自由选择、自主消费，商品和要素自由流动、平等交换的现代市场体系”，“提高资源配置效率和公平性”，再次表明了国家加快推进市场化进程的决心。

原油进口权放开将是市场化经济发展的必然趋势。地方炼油企业获得更多的原油进口配额有利于发挥市场在进口原油中的配置作用，激发市场活力，促进国有炼油企业与地方炼油企业平等进出市场，地方炼油企业将获得更大的市场空间。对地方炼油企业的主要影响有：

1. 原油数量增加

放开原油进口权最直接的影响是使地方炼油企业获得更多的原油配额，原油数量增加导致成品油数量增加，在完全市场化的条件下，成品油供给数量增加将导致价格下降，考虑到成品油价格相对受国际油价的影响更大，因此在供给或需求数量变化时价格的变化相对较小，表现在供给或需求曲线上，斜率较小。

2. 原油质量提高

地方炼油企业原有原料中占很大比例的燃料油是原油经蒸馏而产生的黑褐色黏稠状残余物，黏度大，含非烃化合物、胶质、沥青质多，生产成本高，所得成品油少，制约油品质量升级。获得更多原油作为原料之后，地方炼油企业需要更新技术储备来应对原料升级。从经济效益上讲，炼油成本将大大减少，成品油品质将会提高。根据总收益等于价格与销售量的乘积，当成品油品质提高，市场自主选择时，若保持价格不变，消费量将增加，则总收益提高；若企业计划销量不变，则价格有提高的空间，从而总收益提高。

3. 原油成本上升

原油成本相对于燃料油更高，但燃料油的炼油成本比原油更大。地方炼油企业炼油原料中原油数量增加、比例上升，不仅使炼油成本下降，还能使开工率提高，由低开工率导致的成本损失减少。因此，原料成本的提高可以与炼油成本下降部分冲抵，也可以与较高开工率带来的更少成本损失冲抵。同时，原油与地炼原先的原料品质不同、成本不同，地方炼油企业可通过控制混炼、掺炼一定比例的燃料油等劣质油以达到满足装置要求、控制成本的目的。

4. 能耗排放减少

燃料油作为原料制得的成品油相对原油来说更少，即要获得等量成品油，在炼化过程中所需的燃料油数量更多，电耗、水耗和蒸汽能耗会更高，从而导致综合能耗相对更高。炼厂的排放物主要为 CO_2、SO_2、NO_x、CO、废水、烟尘等，炼油过程中单位加工量的排放量是由油品的特性决定的，而燃料油含胶质高、含硫量高，因而单位加工量的排放量相对更高。原油一旦替代燃料油作为地方炼油企业的主要原料，地方炼油企业在能耗和排放方面将会大大减少。

(二) 竞争更加激烈，地炼具有灵活运行优势

当市场出现更多竞争主体时，可能产生供过于求的局面。此时，地方炼油企业的灵活性主要表现在以下两方面：

1. 根据买方市场调整产品结构

与中石油、中石化两大石油公司的炼厂受制于集团管理制定生产目标的方式不同，地方炼油企业可以根据市场行情，灵活地选择市场需要的产品，及时调整产品结构，充分发挥市场供应的作用。

2. 行情不利情况下进行检修、技术改造甚至停工

当市场出现供过于求时，在公平竞争的市场化条件下，各竞争主体都可能迫于压力停工。地方炼油企业可以在市场行情不好的时候灵活地进行设备检修、装置技术改造升级等，为油品升级做准备。在被迫停工的情况下，地方炼油企业具有产业链短、治理结构简单、人工成本较低、管理高效等优势，停工成本相对国有炼油企业低很多，可以寻求并根据有无“利”可图的平衡点，适时停工以避免亏损。

四、对地方炼油企业发展的建议

在顺应政策导向及市场经济发展的基础上，本文从国家、地方炼油企业与地方政府 3 个角度提出若干建议：

(一) 国家层面：重新审视并定位地方炼油企业

在经历了一系列的关停并转、淘汰落后产能之后，为进一步推动炼油行业市场化改革，国家应重新审视并定位地方炼油企业：公开、平等、自由的市场化趋势下，炼化市场上的一个竞争主体。

在此定位下，国家政策在对符合条件的炼厂放开原油进口权的同时，还应加

强对炼化行业从原油到成品油的整个市场的调控，促进市场化、规范化，让国有企业和民营企业健康竞争，互为补充。

首先，《炼油企业进口原油使用资质条件(征求意见稿)》(以下简称《资质条件》)的设定条件可适度降低或分批分步进行放开，给有发展潜力的地方炼油企业留出整改进步的时间和空间，让更多的企业平等地进入市场参与竞争。

其次，辅以完善的原油放开监管体制，对地方炼油企业进行考核，将原油配额划分与企业的经营绩效挂钩，出台相关监管措施严防原油私下交易。

再次，在上游放开原油进口权的同时，输油管线、储油罐等运输环节的垄断也应逐步被打破，让市场发挥资源配置的作用，降低地方炼油企业对国有石油公司的依赖，推动市场化进程。

最后，随着市场竞争主体的多元化，国家应进一步加大成品油市场竞争的监管，防止不正当竞争行为的发生，建立一个自由、完整、有效的市场经济体系。

(二) 地方炼油企业层面：围绕“做专做精”战略打通上下游

原油进口权放开指日可待，但国家能源局发布的《资质条件》对获得原油进口配额的门槛较高，地方炼油企业要想在市场中站稳脚跟，首先必须要在原油加工主要经济技术指标以及规模、环保、安全、质量、配套等方面达到《资质条件》的要求；其次，成品油市场竞争的激烈程度将与日俱增，各市场主体的竞争将围绕各自专业化的产业链展开，地方炼油企业要在日益激烈的市场竞争中增强竞争力，必须要有明确的战略定位：“做专做精”，即产业链相对较短且单一，但专业性强，产品特色化、精细化、优质化、高端化。这就需要地方炼油企业从多方面努力。

1. 分析市场形势，选择特色目标产品

国内成品油市场上，深加工的高附加值产品往往供不应求，地方炼油企业应适时抓住市场机遇，优化产品结构，选择符合自身特色也适应市场需求的产品进行加工炼化。市场需求的选择可以是目标市场特点也可以是消费商指定的化工产品或油品。可以充分考虑与石油化工相关的或交叉的其他领域，包括精细化工、氯碱化工、生物制药等精细化、专业化的高附加值化工领域。然后，专注于选中的几类产品进行不断的优化、升级，最终达到国内高端水平，以少量有特色的产品品种形成大产量的规模效应，从而避开与大型炼厂的直接竞争，扩大产品利润空间，提高经济效益。

2. 升级装置与技术，为专业产品炼化服务

在原油重质化、劣质化的大背景下，炼油企业增加技术投入、改进生产装

置，用技术创新的手段将更难炼制的原料转化为更高品质的成品是大势所趋。地方炼油企业要提高竞争力，及时升级技术与装置必然不可避免，若要更胜一筹，必须率先提高生产设备的先进性，争取在专业、精细的产品市场上扩大市场份额，在技术、产品方面保持竞争优势。

装置与技术的升级需要大量资金投入，地方炼油企业应寻求多方合作，合理利用炼油累积的资本，同时拓宽融资渠道，积极向地方政府寻求资金支持或是与专业型化工企业合作并寻求配套技术服务支持。另外，地方炼油企业本身应积极主动加大研发投入，可以将其他竞争主体尚未实施的装置或技术作为突破口，从经济、技术、人才等多方面进行支持，在“小而精”的专业领域做强做大。

3. 拓宽销售渠道，确保下游销售收益

从区域上看，国内炼油企业所在地与成品油需求都存在不平衡现象，地方炼油企业可通过电子商务、设置外地驻点、租赁外省油库等措施建立成品油销售网络，加快港口业务发展，积极争取输油管线等运输渠道的畅通，扩大区域性服务半径。

全国各地方炼油企业可通过成立第三方成品油销售协调机构的形式，利用信息化技术实时关注市场变化，优化配置成品油销售终端。第三方机构一方面起到成品油资源整合的作用，将地方炼油企业的产品配送至终端市场；另一方面起到市场信息整合与反馈的作用，以便地方炼油企业及时根据市场行情调整产品结构。

（三）地方政府层面：充分发挥规划与监督职能

首先，在地方炼油企业走专业化、精细化发展道路的过程中，地方政府应根据市场需求及地炼产能与供给，对各地方炼油企业选择的产业链进行宏观把握，给予统一的规划和指导，避免相同产业链、相同目标产品过多而导致竞争过分激烈，从而损害整体利益。

其次，炼油行业是高能耗、高排放的行业，地方政府应以可持续发展为原则，做好对地方炼油企业的节能减排监督工作，可通过针对性地制定地方环保政策法规或激励、奖惩措施等严格约束地炼的能耗排放问题。

基于国家能源安全的海外油气管道战略研究

随着各国经济快速发展，对油气资源的需求空前扩大，全球油气资源争夺战愈演愈烈，油气运输通道也随之成为竞争的焦点，而其中管道运输作为承载能源流动的主要运输方式之一，以其具有一次性投资少、运营成本低、安全程度高、环境破坏小等优势，适合于长距离运输等优势，成为了海外油气发展产业链中连接上游勘探开发业务和下游加工销售业务的桥梁。尽管中国海外油气生产正在如火如荼地进行，但短期内中国油气供需矛盾依然存在，能源安全形势仍不容乐观，面对分布不均、局势复杂、竞争激烈的海外油气资源市场，更需要海外油气管道业务的安全稳定发展，以确保中国能源供应安全。

一、中国海外油气管道现状及问题分析

在海外，自 1999 年在苏丹建成第一条原油长输管道以来，海外油气管道建设已蓬勃发展了十余年，建成油气管道分布在中亚—俄罗斯、亚太、非洲等多个地区，在管道建设技术、工程管理等各方面均积累了较为丰富的经验。但与国际强大的竞争对手相比，仍有一定差距。

（一）中国海外油气管道建设投资现状

1. 中国海外油气管道建设发展概况

中国在海外油气管道的建设始于 1997 年，当时，中石油参与了苏丹 1/2/4 区石油项目，并作为参股者与苏丹能矿部签订了 1/2/4 区石油合同和油田至苏丹港原油长输管道建设协议；1999 年，管道竣工，1/2/4 区油田投产，原油进入长输管道。此后，中国在海外的油气管道建设逐步开展起来，随着中国石油企业在海外合作的加深，油气合作项目不断增多，作为油气生产与市场联系的纽带，管道建设也得到了蓬勃发展。据不完全统计，2013 年，中国在海外参与的主要管道运营里程达到 13300 千米，其中原油管道 6671 千米，全年输送原油 2856. 8 万吨；天然气管道 6586 千米，全年输送天然气 310. 1 亿立方米。同时，由西北、东北、西南和海上构成的中国四大能源战略通道基本形成。

2. 中国海外油气管道分布及入境概况

目前，中国海外油气管道建设主要分布在中亚—俄罗斯、非洲、亚太等地

区。在中亚—俄罗斯地区，主要有中俄原油管道、中哈油气管道、中亚天然气管道。其中，中俄原油管道于2010年年底建成投产，设计年输量1500万吨，经黑龙江和内蒙古最终达到大庆；中哈原油管道设计年输油能力为2000万吨，从中哈边界阿尔山口入境最终到达中国新疆；中亚天然气管道目前年输气量约为400亿立方米，从土库曼斯坦经乌兹别克斯坦、哈萨克斯坦进入中国新疆，与西气东输工程相接，东至上海、南至广州。在非洲的油气管道投资主要集中在苏丹、尼日尔、乍得等产油国，其中苏丹是中国企业在非洲最大的油气合作方，也是中国企业在非洲投资建设油气管道最多的国家。在亚太地区，主要投资建设的有中缅油气管道，该油气管道从缅中边境进入中国瑞丽，再延伸到昆明，远期设计年输油能力为2000吨，年输气能力为120亿立方米，目前已投产运营，其原油主要来自非洲和中东，天然气则产自缅甸。

（二）中国海外油气管道发展存在的主要问题与挑战

1. 国家层面的管道规划管理职能需要加强，管道整体部署存在一定的局限性

海外的油气管道尤其是连接资源国与中国的油气管道规划建设是在国家相关部门审时度势后，由企业来具体规划、建设和运营。作为企业，在规划建设油气管道时，从中国和资源国利益考虑，并根据管道经济性、技术合作等因素，结合国家能源需求乃至政治、经济安全的宏观层面上考虑进行统筹规划。但如何进一步加强国家整体层面的统筹与协调，并结合国家经济社会发展规划，确保能源供应与国家整体发展更紧密的结合还需要加强，并根据国家发展需要对油气管道给予相关政策上的支持，以保证油气供应安全。

2. 海外合作的资源国、管道途径国的政治及安全因素，对管道投资运营带来挑战

中国油气资源进口主要来自于中亚、中东和非洲地区及美洲，海外油气管道主要集中在非洲和中亚地区，未来规划建设的管道也主要分布在这些地区，而这些地区往往也是世界各国争夺管道控制权、油气主导权的焦点地区，宗教及各种势力错综复杂。部分产油国以及中国油气进口的途径国家多为发展中国家、政治局复杂多变，部分地方还发生政治暴乱及军事冲突，存在很大的破坏风险与威胁，对中国油气管道的规划与建设运营带来挑战。

3. 全球油气资源竞争激烈与东道国管制日益严格，海外管道部署实施不确定因素增加

为保障稳定可靠的能源供应，各国对能源安全问题的重视程度持续上升，都力图加强对油源的控制。产油国深入推行国有化战略，千方百计维护油气勘探开

发权利。传统能源消费大国极力维护其对能源的控制权和既得利益，打压并挤占新兴国家国际能源战略空间。相关国家争夺运输主导权，在油气管道走向等问题上的竞争和博弈愈演愈烈，各国围绕潜藏油气资源的领土及海洋权益的斗争也不断升温，中国在海外油气外输管道的建设和战略部署上可能遇到来自国际各方面的竞争和压力。

4. 海外管道建设运营能力与西方成熟国家相比还有提升空间

中国的海外油气管道项目建设运营走过了十几年的时间，在吸收国内油气管道成熟管理经验的基础上，并结合国际上的先进管理经验，在项目建设、运营及保障国内油气需求取得了很大成绩。但与西方国家相比无论是建设模式还是运营体制，都还有进一步提升的空间，尤其在适应市场化竞争、工程项目监督、服务支持能力及高端国际化业务人才队伍建设等方面，需要我们进一步加强管理，提升管道项目建设、运行及商务策划能力和水平。

二、海外油气管道战略构想

油气管道作为海外油气发展产业链中的重要工具，是连接上游勘探开发业务和下游加工销售业务的桥梁。为开辟新的油气战略通道，满足国内油气资源需求，保证国家能源安全供应，提出以下几点主要的海外油气管道战略构想。

(一) 陆上管道战略

中国目前所建油气管道以陆上管道为主，其建设自然条件稳定，建设技术也相对成熟，陆上油气管道一般适用于与中国陆陆连接的地区，如中亚—俄罗斯地区、亚太地区等。

1. 中亚—俄罗斯地区油气管道战略

(1) 加快与俄罗斯在油气领域的合作进程，增加俄罗斯油气供应比重。

积极推进中俄天然气管道建设谈判，以互惠互利为原则，在当前复杂国际形势及背景下，加快与俄罗斯在油气领域的合作进程，积极推动东部进口油气和西部进口天然气管道建设的进程。通过新建中俄油气管道，增加中国东北地区能源供应，从而增强向华北及周边地区的能源供应能力，并实现中俄双方油气利益，互惠共赢。

(2) 加强与中亚各国的合作，巩固和拓展西北战略通道。

目前中国与中亚诸国之间已经建成中亚天然气管道 A/B/C 线，正在建设中亚天然气管道 D 线，天然气输送能力从 600 亿立方米基础上进一步提升，在原油管道方面已建成从里海的阿特劳至中国的中哈原油管道，输送能力达 2000 万吨。

随着哈萨克斯坦卡萨甘等大油田的生产，吸引更多的油气资源进入中国。同时积极研究中亚资源情况，在可行情况下研究增加新渠道的可能性。

2. 亚太地区油气管道战略

(1) 积极增进石油合作，关注并拓展海外市场。

考虑到亚太地区主要产油国的石油勘探与开发已具备一定规模，深入挖潜的空间较小，重点在于把握与该地区的良好关系及有利的合作环境，深化在石油勘探和开发方面的合作，提高项目收益，实现合作共赢。另一方面应密切关注亚太地区拟建管道项目的进展，选择适合中国投资建设的管道，做好投资收益分析，同时整合资金和资源，积极拓展海外市场，参与拟建管道项目建设。

(2) 深化天然气开发，侧重 LNG 业务。

中国天然气储气设施的建设较上游开发及管道建设明显滞后，现有管道系统和储气设施无法满足天然气冬季高峰的用气需求，LNG 调峰作为中国天然气用气调节的重要措施将在一段时间内长期存在，且需求量会不断增加。鉴于中国企业已与印尼和澳大利亚等国在天然气开发和利用方面进行了良好的合作，具有资源供应和消费需求的合作基础，两国的石油天然气资源量充足，能够弥补中国天然气需求缺口。建议在天然气开发和利用方面进一步深化与上述两国的合作，争取 LNG 业务领域的主动权，为中国不断扩大的 LNG 需求提供有力的保障。

3. 中东地区油气管道战略

中东地区是世界常规油气资源最丰富的地区，也是中国石油进口比例最高的来源国。但由于其地理位置险要，传统的海上能源通道大多需要通过霍尔木兹海峡、马六甲海峡，局势一直不稳定，而亚丁湾索马里海盗猖獗。从战略角度考虑，开辟新的油气运输通道，对保障中国的油气供应安全具有重大的战略意义。新的海上通道可由伊拉克或科威特的港口进入波斯湾，经阿拉伯海进入孟加拉湾到达缅甸，再经中缅管道进入中国。

(二) 海上油气运输

海上油气运输是中国进口油气资源的另一大通道。加拿大、委内瑞拉等美洲及非洲国家拥有丰富的油气资源，与中国强劲的石油需求形成互补，且油气资源可输往美洲西部港口直接下海，经过太平洋输送至中国东南沿海，为该地区巨大的油气需求提供能源供应保障。

1. 北美地区油气管道战略

根据北美地区油气资源流向及发展趋势、油气管道建设现状及发展趋势分析，中国企业在该地区管道业务发展重点将集中在加拿大油砂外输。在未来几年

尤其是油价回暖后，加拿大石油产量将呈快速增长趋势，而其传统出口市场已趋于饱和，亚太地区是加拿大谋求出口通道多元化的重要市场。考虑到加拿大管道建设方面程序复杂，周期长，环境保护要求较苛刻，管道行业发展水平高，竞争激烈，因此，建议采取与加拿大大型管道公司合资合作建设或参股等方式大力开展合作，着力解决油砂合作区内原油从矿区至油气枢纽站之间的运输管道问题，在现有项目成功实现效益开发的基础上，更进一步研究从油砂矿区及西部非常规天然气产区流向太平洋方向的港口之间油气输送管道的建设问题，以逐步扩大中加油气贸易量。

2. 南美地区油气管道战略

中国和南美在许多国际问题上拥有相同或相似的立场，都需要一个稳定的环境发展经济，在石油方面的深度合作是对双方互惠互利的举措。故中国可以考虑在委内瑞拉、哥伦比亚等国，努力争取上游资源。目前委内瑞拉原油输往亚洲主要经过大西洋沿岸的港口进行外运，运输时间长。若需要加快输送周期，可以考虑通过太平洋沿岸将原油运往亚洲，因此中国企业可考虑参与委内瑞拉、哥伦比亚在研究规划的原油经西太平海岸输往亚太国家的管道和港口建设。

（三）海陆合作管道战略

海陆合作油气管道战略主要针对非洲地区，该地区油气资源丰富，陆上面积分布较广，整个非洲几乎四面环海，加之该地区局势不稳定等因素，使得从该地区进口油气资源的陆上油气管道战略和海上油气管道战略都非常重要，而港口则是连接陆上和海上油气管道的关键点，其选择具有重大战略意义。非洲地区油气管道战略主要是从非洲各产油国将油气资源输送至就近港口，通过海上管道到达中国沿海，也可到达缅甸再进入中国云南，主要为中国西南地区提供能源支持。

1. 北非地区油气管道

北非蕴藏着极其丰富的油气资源，地缘政治事件频发，非洲石油大国利比亚陷入战争状态，位于国际油运苏伊士运河航线的石油出口国埃及、叙利亚、也门国内大规模示威冲突不断。建议参与利比亚重建，持续对利比亚进行中上游投资，可选择的黎波里或班加西作为原油管道末站所在地以解决原油下海出口问题；参与阿尔及利亚油气资源的勘探和开发，加快一体化发展，可选择其主要港口阿尔及尔港可作为阿尔及利亚原油下海出口点所在地；南苏丹政府也在考虑原油外输管道规划布局，依据南苏丹所处的地理位置及周边的港口情况，政府规划可选择肯尼亚的拉姆港或坦桑尼亚的达累斯萨拉姆港作为南苏丹原油另一个下海港口。

2. 中西非地区油气管道

西非地区在未来几年内的主要港口投资建设集中在中西非交界地区，主要有喀麦隆的克里比港(Kribi)、刚果的黑角港和赤道几内亚的巴塔港，其中喀麦隆克里比港距西非主要集装箱国家距离最近。预测未来喀麦隆克里比港凭借开发区和政局稳定优势，不仅为本国和中西非内陆国家提供便捷的出海港口，也必将逐步发展成为中西非地区的国际综合枢纽港，从而实现原油顺利出口。

3. 东非地区油气管道

据最新勘探结果显示，东非地区蕴藏着巨大的石油资源，而且储量远远超过西非的几内亚湾。若中石油在未来几年中在东非地区肯尼亚、莫桑比克等国家投资石油上中下游一体化项目，石油管道敷设的下海终端可选择在肯尼亚的蒙巴萨港抑或莫桑比克的贝拉港及坦桑尼亚的达累斯萨拉姆港。

综合上述构想，汇总中国海外油气管(通)道战略路线图如图 31 所示。

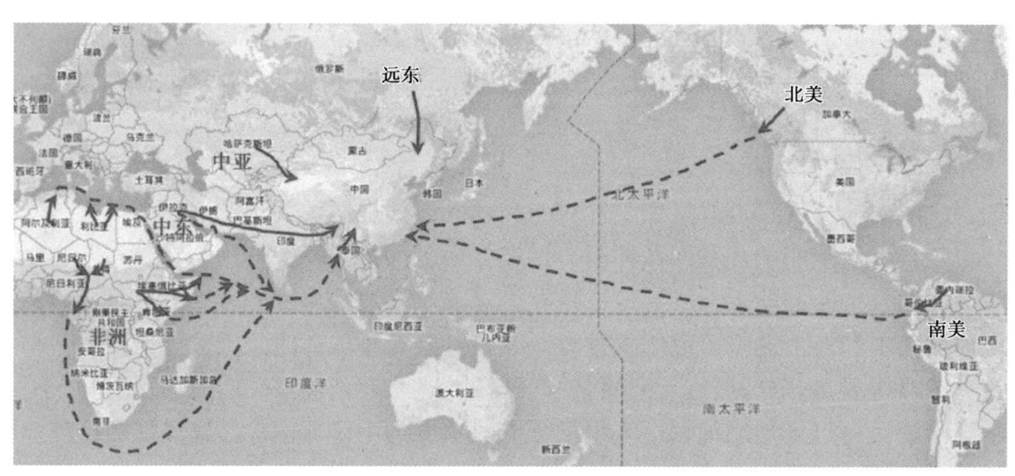

图 31　中国海外油气管道战略构想图

三、建议

(一) 强化国家管道规划职能，统筹规划油气管道

油气管道是国家能源供应的运输通道，需从国家经济安全的角度统筹规划布局。建议强化国家层面的油气管道规划，国家布局、企业按市场化模式参与，统筹油气管道的建设与运营管理。立足于国家安全，根据世界油气资源分布与流向、中国油气资源进口渠道及世界各地区油气资源供需状况，在对各相关国家和地区的油气管道、港口等运输条件进行分析的基础上，结合中国现有的、潜在的

海外油气合作项目经验总结与优势分析，以及相关国家油气管道建设机遇，统筹规划管理未来的油气管道，从而保障中国油气资源供应的经济性与可靠性。

（二）利用国家外交手段，降低能源进口风险

由于产油国以及中国进口油气资源通道上的途径国政治军事及宗教等的复杂性，中国应努力通过外交手段，积极寻求产油国的油气供给，加快谈判进程，积极促进与途径国的友好外交关系，尽快取得油气资源的成功流入。同时，应努力提高对全球政治局势的敏锐度，尤其是与中国油气资源进口息息相关的产油国、途径国以及能源争夺战中影响较大的其他国家，应做好充分准备以应对随时可能发生的由政治军事危机导致的能源安全问题。

（三）做好油气管道战略部署，保障海外建设有序进行

管道建设应根据现有管道基础、管道战略构想及国际政治能源环境有序地进行战略部署，从已有一定合作基础的地区开始，逐步推进海外管道合作，保障海外油气管道规划建设的有序性、安全性与经济性。首先，需要加快中亚—俄罗斯地区的管道战略合作，积极推进中俄天然气管道建设谈判，争取早日实现从俄罗斯进口天然气，同时积极参与中亚油气管道建设。其次，积极推进与加拿大、委内瑞拉等美洲国家的能源合作，在此基础上建设海上油气通道。对于中东、非洲等政治局势相对不稳定的地区，应时刻保持关注，抓住投资与合作的机会，逐步展开油气管道战略。

（四）强化合作建设与运营，实现分摊风险与利益

海外油气管道战略是中国在海外开展油气业务中的重要战略组成部分，而海外油气业务合作遍布全球，中国作为油气资源净进口国，需要积极推动与资源国以及能源通道沿线各国的合作，在政治互信的基础上争取实施更多的互惠互利合作共赢的油气管道建设及运营战略。另外，由于资源国大多在政局动荡地区，中国应充分关注投资环境、政策和法规，建议海外管道建设通过与东道国合作和与途径国合作两种模式，可各方投资、东道国和途径国政府或当地石油企业的共同参与，实现风险共担、利益共享。

中国战略石油储备释放价格机制研究

战略石油储备是指在企业正常运转所需的石油库存之外，政府所有的石油库存加上政府命令要求建立的商业石油库存。战略石油储备存在的目的是保障国家或地区免受或减弱石油供应中断冲击，同时也能够在国家竞争中形成战略威慑力量。因此，战略石油储备在欧、美、日等发达国家备受重视。目前中国已基本完成两期战略(国家)石油储备基地，一期工程总储备库容为 1640 万立方米，已经全部建并投入使用，储备原油约 1243 万吨。同时，中国也基本建立起了“国家石油储备办公室—国家石油储备中心—国家石油储备基地”三级战略石油储备管理体系。但是，中国战略石油储备释放价格机制并未形成，这是目前中国战略石油储备体系的一大短板。这个问题若解决不好，不仅会影响中国战略石油储备释放效率，还会影响中国战略石油储备再融资。

一、战略石油储备的物品属性

战略石油储备物品属性比较复杂，它既具有公共物品属性，同时又具有私人物品属性，而且对二者进行分割并不容易。

(一) 战略石油储备的公共物品属性

布坎南(1962)的“俱乐部物品”将公共物品看成一个相对的概念，认为公私之间并无绝对界限，只有相对来说的公共性大小而已。国防、市政、灯塔被当作典型的公共物品。根据布坎南的公共物品思想，战略石油储备的公共性可以通过与一般私人石油消费品的对比凸显出来。对于战略石油储备而言，其对国际石油价格的抑制所带来的好处是国内每个公民都可以受惠的，个人或政府阻止其他消费者享受这一好处须付出高昂代价，并且也是非法的；用以抑制油价的战略石油储备稀缺性取决于国际石油市场之外的干扰因素，不会因为消费者多而高价，战略石油储备的单位成本反而会因为消费者越多而越低。同时，战略石油储备的公共性也可以通过与国防的类比来体现，石油安全与国防安全惠及的范围一样。

(二) 战略石油储备的私人物品属性

与国防不同的是，战略石油储备需要在紧急情况下向消费者释放，所释放的

石油储备具有很强的私人物品属性。当战略石油储备投放到市场后，它的物品属性与一般石油消费品并无二致。在石油供应中断期间，战略石油储备作为应急物品，显然具有很强的竞争性，若没有一定约束，消费者哄抢战略石油储备的可能性极大。政府向消费者出售战略石油储备的价格可能会高出正常石油价格很多，典型例子是美国战略石油储备的释放价格。美国采用竞标的方法释放石油储备，石油储备卖给出价最高的竞标者。

二、战略石油储备的政策问题

根据战略石油储备本身所具有的双重物品属性，提供充足的战略石油储备需要结合政府与市场的作用。因此，战略石油储备的问题实质上是：政府如何在公正、公平、公开的原则上，提供充足的战略石油储备，并清晰地将战略石油储备的公共物品属性和私人物品属性区别开来，从根本上保障国家石油供应安全。

（一）政策变量

定义一个无偏、平衡与追求整体社会效益最大化的政府 G，战略石油储备 M 在其掌管之下；由 I 个不同需求者构成社会总体 $X(X_1, X_2, \dots, X_i)$，个体对 M 的效用函数分别为 U_1，U_2，…，U_i，社会总体的效用 $U=U_1+U_2, +\dots+U_i$；规定战略石油储备的总成本为 C，社会成员成本份额分担方案为 $B(B_1, B_2, \dots, B_i)$。

（二）政策目标

根据问题的实质，政策目标应包括两个方面，即社会整体净效益最大化和公平化。前者是指最大化$(U-C)$；后者是指对于任意成员 X_i，最大化(U_i-B_iC)。

（三）政策过程

由于“搭便车”问题的存在，$(U-C)$与任意(U_i-B_iC)难以同时成立，因此政府往往是通过预测、模拟等理性工具来求解满足$(U-C)$最大化的 M^* 值与 C^* 值（也即政府通常所说的规划），然后通过改善社会支付意愿和公共物品的效率来求解满足任意(U_i-B_iC)大化的成本分摊方案 $B^*(B_1^*, B_2^*, \dots B_i^*)$，使得$\sum B_i^*=1$。

战略石油储备具有双重物品属性，其成本也应该包括公共物品成本 κC 与私有物品成本$(1-\kappa)C$，$0\leqslant\kappa\leqslant1$。因此，政策还需通过政府与市场两种资源配置方式来求解 κ 值，本文称之为战略石油储备物品属性分离器。假设公共物品成本分摊方案为$\beta(\beta_1, \beta_2, \dots, \beta_i)$，私有物品成本分摊方案为 $b(b_1, b_2, \dots, b_i)$，那么 $0\leqslant\beta_1, \beta_2, \dots, \beta_i\leqslant K$，$\sum\beta_i=\kappa$；$\sum\beta_i=\kappa$，$0\leqslant b_1, b_2, \dots, b_i\leqslant\kappa$，$\sum b_i=1-\kappa$，且相应的私有物品投放方案为$\lambda(\lambda_1, \lambda_2, \dots, \lambda_i)$，$0\leqslant\lambda_1, \lambda_2, \dots, \lambda_i\leqslant M$，$\sum\lambda_i=M$。

三、战略石油储备提取权的界定

从本质上来讲，政府只是公共物品提供活动的组织形式与组织者。按照公共物品的提供理论，政府必须具备两个特征，即无偏性与平衡性。无偏性是指政府在提供类似战略石油储备的公共物品时不能偏护任何一方。在战略石油储备项目中，政府的无偏性至少表现在：①决策应科学、民主；②相所有市场主体提供对称信息；③坚持“受益多，支付多”的原则；④公开招标。政府的平衡性是指公共项目是非盈利性的，政府需要在公共物品项目中保持收支平衡。

清晰界定产权归属有利于提供更多的公共物品。如果能够将战略石油储备私有部分的产权归属界定清楚，社会整体提供战略石油储备的激励将大幅改善。储备产权的分配分为事先和事后两种。事先分配是指在原油储备建立之前将储备油的提取权按一定的规则分配给各炼油厂。“提取权”分配实际上是储备油产权让渡的一种方式。

为了实现战略石油储备提取权的事前分配，做出如下规定：首先，购买者与政府 t 时刻签订合同。依据合同规定，在供应中断情况下有权以合同签订时的价格 P 购买一定数量的战略石油储备，$P=P_0e^{rT}$，其中 P_0 为签订合同时的市场价格，r 指社会平均利率，T 指石油储存的时间长度。合同中还须规定购买方需要缴纳的费用，用以承担储备基地的修建成本。提取权仅限在政府决定释放战略石油储备时行使。政府还应为储备基地建设建立专门的资金账户，由财政部门进行管理。出资人应取得有关部门签发的出资证明，作为行使战略石油储备提取权的许可证。

四、战略石油储备释放效率与提取权的关系

市场在供应突然出现大量短缺时容易发生恐慌性购买。之所以出现恐慌性购买，主要是因为消费者担心涨价、断货、限购等因素而导致消费成本上升，甚至无货可购，才能购买到所需商品。恐慌性购买能在短期内引起市场供求和产品价格的剧烈波动，会给市场秩序和市场经济主体的利益带来严重危害。例如，1973 年 10 月，在阿拉伯—以色列战争导致石油供应抢购；2003 年受 SARS 疫情扩散及谣言传播等因素影响，各地出现了部分食品药品抢购事件；2008 年全球粮食危机，粮食被恐慌购买等；2011 年日本福岛核泄漏事件后，国内民众对食盐进行疯狂的抢购。

战略商品储备是为了应对某种商品出现供应中断危机而进行的瞻远性存储。然而在效率方面，战略商品储备具有事后性。主要原因在于一般的战略商品储备

都是按照即期价格投放市场，消费者之间是竞争的关系。如果消费者手里没有及时的该种储备，需求者可能会抢购。一旦一种产品几乎没有替代品并且对于生活需求至关重要，随着紧急情况下发生的供应中断，消费者将会陷入抢购商品的混乱市场状态中。一般情况下，若某种商品一旦供应中断，就会使得抢购者不再关心价格而处于需求的高度恐慌。在这一“恐慌区”内，随着价格上升人们甚至可能购买更多，因为人们预期不久后价格会上升；甚至当价格下降时，人们会购买更多防止下一轮价格飙升的来临。

若某种商品 A 发生供应中断，A 商品的供应曲线将由 S 移动到 S'，政府对 A 商品的储备规模为 M。如图 32 所示，事前准备和事后准备的情况下，消费者函数扭曲程度不同。

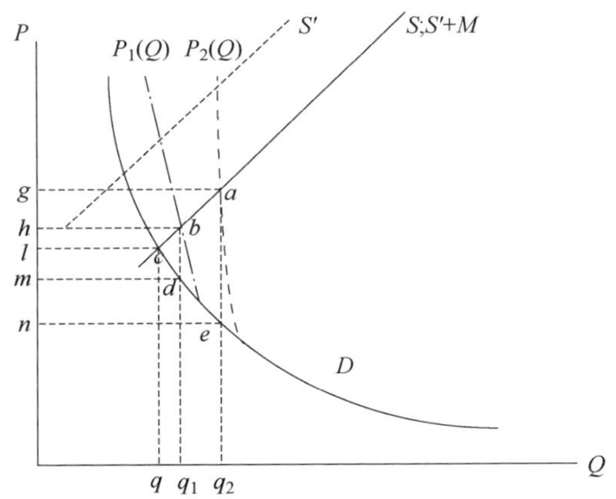

图 32　事前准备能减轻购买恐慌

在事前准备的情况下：消费者获得的提取权总量为 M，一旦政府宣布发生严重 A 商品供应中断，消费者可以提取事前约定量的 A 商品。在这种情况下，反需求函数扭曲到 $P_1(Q)$，消费者购买 A 商品的量 q_1，需要支付平均价格 I。在正常情况下反需求函数为 $P(Q)$，购买相同数量的 A，需要支付平均价格 e。因此消费者福利损失为 $(h-m)q_1-\int_q^{q_1}DdQ$。

在事后情况下：消费者手里没有 A 商品的储备，此时 A 的供应中断会造成购买恐慌。反需求函数会扭曲到 $P_2(Q)$，此时消费者剩余为 $(g-n)q_2-\int_q^{q_1}DdQ$。

通过比较，事前准备的消费者福利损失 $(h-m)q_1-\int_q^{q_1}DdQ$ 小于事后行为的福利损失 $(g-n)q_2-\int_q^{q_1}DdQ$，事前准备要比事后行为更有效率。

五、社会支付意愿与提取权的关系

"提取权"的事先分配很有利于提高社会整体的支付意愿。下面通过一个简化的例子来说明这一点。

考虑只有三个种消费者的市场，三个消费者对战略石油储备的效用函数分别是：

$U_1=\ln(M+1)-1/(M+1)+1$，

$U_2=2\ln(M+1)-2/(M+1)+2$，

$U_3=3\ln(M+1)-3/(M+1)+3$。

假设三个消费者不存在"搭便车"倾向，战略石油储备的成本函数为 $C(M)=6M-1/(M+1)+1$。则社会可以提供 0.54 个单位战略石油储备，单位价格为 6.42，各自应承担成本的份额分别为 0.167、0.333 和 0.500。

如果考虑上述市场消费者对战略石油储备"提取权"的效用函数分别是：

$U_{1d}(\overline{\lambda_1})=2\ln(\overline{\lambda_1}+1)-1/(\overline{\lambda_1}+1)+1$，

$U_{2d}(\overline{\lambda_1})=3\ln(\overline{\lambda_2}+1)-1/(\overline{\lambda_2}+1)+1$，

$U_{3d}(\overline{\lambda_3})=3\ln(\overline{\lambda_3}+1)-1/(\overline{\lambda_1}+1)+1$。

那么社会整体可以提供 1.351 个单位战略石油储备，单位价格为 6.548，总的战略石油储备成本为 8.682，公共物品成本 4.823，提取权成本为 3.859（表 13）。战略石油储备公共物品部分的成本份额是 0.555，私有部分的成本份额为 0.445。公共物品成本在消费者之间分配的份额比 0.167∶0.333∶0.500；各炼油厂所获得的"提取权"量分别为 0.236、0.455、0.660。提取权成本在消费者之间分配的份额比为 0.175∶0.337∶0.488。

表 13　2010 年主要国家石油净进口与政府控制的石油储备保有情况

	原油净进口/百万桶·日$^{-1}$	储备规模/亿桶	储进比/日*
中国	4.7	1.0	22.0
美国	9.2	7.3	79.2
德国	1.9	1.8	99.0
日本	3.5	3.2	92.8
韩国	2.4	0.9	36.8

数据来源：美国能源信息署、国际能源署

可见，在上述例子中，"提取权"的事先分配极大改善了社会整体提高战略

石油储备的意愿。另外，德国战略石油储备的“会员制”模式也值得借鉴。依据1978年通过的《石油及石油制品储备法》的有关规定，德国石油储备联盟收到经济部的紧急投放令后，就向EBV会员投放储备，向各会员的投放量按各会员交纳给EBV的会费比例决定，投放价格一般采用当时市场价格，不采用竞价销售的方式。“会员制”的实质是石油储备“提取权”的事前分配，是储备油产权的事前界定。按照战略石油储备占石油净进口总量的比例来看，德国战略石油储备规模最大，高于日本，远高于美国、韩国与中国(约1.3亿桶，2010年为1.03亿桶)。

六、结束语

中国已经明确要让市场在资源配置中起决定性作用，并提出要还原能源的商品属性，战略石油储备释放价格机制构建也需要在这一指导思想下进行。战略石油储备问题的实质是向社会提供更多的、一种具有公私双重属性的能源安全物品。战略石油储备项目对石油价格的潜在抑制作用是全体石油消费者能共享的好处，具有不可排他性和非竞争性，是典型的公共物品；从储备库释放出来的油品，一旦进入市场，马上就变成私有物品，具有严格的排他性和竞争性。针对非纯粹公共物品，经济学主张既要依靠公共财政又要引入市场机制(或私有产权)。提高中国现有战略石油储备效率，需要形成有效的储备释放价格机制。通过以约定的公式向市场预售储备提取权，可以更好地抑制石油供应中断时的“恐慌购买”，有利于提高战略石油储备的释放有效，同时很大程度上可以改进公众对战略石油储备项目的支付意愿。德国石油储备联盟的“会员制”模式可以作为中国战略石油储备筹资模式的借鉴。中国如果以明确的态度和方式向市场出售战略石油储备提取权，将是一项重要的制度创新。

关于中国原油加工贸易的思考

作为海关监管的重点、难点商品，原油加工贸易自诞生起便受到广泛关注。近年来，随着中国经济的增速放缓以及炼油能力的提高，成品油市场需求疲软、炼油产能过剩的问题凸显。为了保持炼厂运行的经济性，提高炼油企业竞争力，缓解国内成品油消费结构与产能结构不匹配问题，中国原油加工贸易的规模不断扩大。随着原油加工贸易的迅猛发展，与其相关的管理政策以及国内炼油企业等方面的不足日益突出并制约了原油加工贸易的健康发展，这对国内油品市场供需平衡和炼厂效益的影响也是不容忽视的。下文从中国原油加工贸易的实际特点和发展情况进行分析，并结合国内主要炼油企业运营情况，从相关政策、企业方面提出了关于中国原油加工贸易的对策建议。

一、中国原油加工贸易的特点

一般贸易、进料加工与来料加工是进口贸易的三种方式，其中来料与进料加工统称为原油加工贸易，即从国外进口原油并将成品油出口至国际市场。具体来说，进料加工指境内企业向境外购买料件，在境内加工成成品后出口，料件和成品的所有权都属于境内企业。来料加工指由境外无偿提供料件，在境内加工成成品后运回境外，料件和成品所有权都属于境外企业，境内加工企业仅赚取加工费。现阶段中国原油加工贸易的特点主要有：

（一）加工贸易原油量持续增长

近十余年来，中国原油供需缺口不断扩大，原油进口量增加明显，同期以加工贸易方式进口的原油量也在不断增长（表14）。中国加工贸易原油量不仅在数量上呈现增长趋势，占进口原油量的比例也处于上升状态。作为典型的大宗商品，中国原油进口和成品油出口主要以油轮为运输工具，贸易量多为几万吨、十几万吨甚至几十万吨，单笔贸易额最大可达上亿美元。

表 14　2012~2014 年进口原油数量统计

年份	原油进口总量/万吨	加工贸易原油量/万吨	加工贸易原油占进口原油的比例/%
2012	27109. 08	2035. 89	7. 51
2013	28214. 42	2824. 31	10. 01
2014	30835. 76	3850. 78	12. 49

数据来源：国家统计局

(二) 成品油出口受国家严格管控

由于成品油是涉及国家能源安全的关键产品，国家对成品油出口数量和品种实行配额管理。由国家商务部和海关总署对全年各种成品油可出口数量进行限制，定期发放出口配额，并将每个品种的具体配额数量明确到每个炼厂，严格按照配额数量控制出口。

(三) 来料加工形式比重加大

中国对以进料加工方式出口的成品油征收消费税(航空煤油暂缓征收)，进料加工出口的成品油在国内还需要缴纳增值税。这些政策导致以进料加工方式出口的成品油成本增加，使得原油进料加工业务不断萎缩，来料加工数量增幅明显(表 15)。在 2009 年之前，中国从事原油进料加工业务的炼厂曾有镇海炼化、湛江东兴石化和大连西太平洋石化等，但目前国内仍在开展原油进料加工业务的炼厂仅剩大连西太平洋石化一家，该公司自 2009 年起也开始开展来料加工业务。

表 15　2012~2014 年加工贸易原油进口量统计　　单位：万吨

年份	进料加工进口量	来料加工进口量	加工贸易总量	来料加工原油占加工贸易原油的比重/%
2012	205. 89	1830. 00	2035. 89	89. 89
2013	241. 38	2582. 93	2824. 31	91. 45
2014	333. 95	3516. 83	3850. 78	91. 33

数据来源：国家统计局

(四) 原油加工为成品油的收率具有不确定性

原油性质不同，各个生产企业加工流程、加工方案不同，以及加工合同的要求不同，使得各个炼厂的产品结构并不相同，轻油组分收率也是在一定范围内变化的，不可能固定不变(表 16)。因此，加工贸易原油产品复出口收率在一定范围内浮动。

表 16　原油炼制产品加工贸易复出口收率范围

产品名称	收率范围/%	产品名称	收率范围/%
汽油+石脑油	25~65	其他产品	≤14
煤油	0~30	石脑油+汽油+煤油+柴油	≥70
柴油	5~30	复出口总收率	82~84

数据来源：海关总署

二、国内炼油企业概况

（一）国内主要炼厂分布情况

中国炼油工业经过近 30 年的长足发展，实现了从炼油小国到炼油大国的转变。中国现有炼厂 180 多家，千万吨级炼厂总数已达 22 座，形成了三大炼化产业集群：长江三角洲、环渤海湾和珠江三角洲。与东北地区炼化产业带和西北地区的炼化产业带合并想成“三圈两带”的格局（表 17）。其中中国石化镇海炼化分公司和中国石油大连石化公司炼油能力均超过了 2000 万吨/年，进入了世界最大炼厂行列。

表 17　中国已建成千万吨级炼油厂

企业名称	炼油能力/万 t·a^{-1}	企业名称	炼油能力/万 t·a^{-1}	企业名称	炼油能力/万 t·a^{-1}
镇海炼化	2300	齐鲁石化	1400	抚顺石化	1170
大连石化	2050	金陵石化	1350	长岭石化	1150
茂名石化	1000	燕山石化	1350	兰州石化	1050
独子山炼化	1550	广州石化	1300	青岛炼化	1000
天津石化	1400	福建联合石化	1200	大连西太	1000
高桥石化	1400	中海油惠州炼厂	1200	广西石化	1000
上海石化	1400	东明石化	1200	四川石化	1000

数据来源：《中国石油化工集团公司年鉴 2014》

目前中国开展原油加工贸易的炼厂主要集中在中国石油天然气集团公司（以下简称中国石油）和中国石油化工集团公司（以下简称中国石化）两大公司，其中隶属于中国石油的炼厂有大连石化、大连西太平洋石化、锦州石化、锦西石化、广西石化、独山子石化、呼和浩特石化和华北石化，隶属于中国石化的炼厂有茂名石化、广州石化、镇海炼化、高桥石化、海南炼化、青岛炼化、上海石化和金陵石化。另外中国海洋石油总公司旗下的惠州炼厂于 2014 年 9 月开始以来料加工方式出口成品油，正式开展原油加工贸易业务。总体来说，中国主要炼厂分布

不均匀，主要集中在中国的中部和东部地区。东部地区炼化企业主要集中在沿海、长江和黄河流域等交通便利的地方。

（二）成品油出口去向

2014 年成品油出口量刷新最高纪录，达到 2928 万吨。国内需求不振使柴油出口量增加到 2010 年以来的最高水平，航空煤油出口量首次突破 1000 万吨。现列举 2014 年中国车用汽油、轻柴油以及燃料油的出口去向统计数据(表 18、表 19、表 20)。

表 18　车用汽油出口去向　　单位：万吨

去　向	2012	2013	2014	2014 份额/%
新加坡	78. 50	161. 66	194. 38	39. 0
印度尼西亚	170. 94	228. 62	194. 29	39. 0
越南	14. 84	18. 01	48. 89	9. 8
马来西亚	3. 27	15. 41	19. 56	3. 9
哈萨克斯坦	2. 55	12. 85	14. 08	2. 8
朝鲜	5. 61	5. 39	7. 85	1. 6
缅甸	6. 12	6. 18	6. 96	1. 4
中国澳门	5. 61	6. 27	6. 36	1. 3
澳大利亚	—	—	3. 15	0. 6
蒙古国	—	3. 91	2. 87	0. 6
其他国家或地区	296. 94	10. 47	—	0. 0
出口量合计	584. 37	468. 76	498. 39	100. 0
其中：亚太地区	289. 63	455. 91	484. 31	97. 2

数据来源：国家统计局

表 19　轻柴油出口去向　　单位：万吨

去　向	2012	2013	2014	2014 份额/%
新加坡	41. 47	95. 91	99. 33	24. 8
中国香港	36. 37	55. 82	64. 92	16. 2
越南	24. 74	32. 95	49. 5	12. 4
菲律宾	0. 04	9. 22	46. 24	11. 6
斯里兰卡	—	11. 81	30. 2	7. 6
孟加拉	0. 13	2. 11	22. 51	5. 6
缅甸	8. 06	12. 11	16. 4	4. 1
肯尼亚	—	—	11. 83	3. 0
马来西亚	13. 11	6. 52	10. 98	2. 7
中国澳门	8. 16	9. 3	9. 39	2. 3
其他国家或地区	39. 08	18. 69	12. 8	3. 2
出口量合计	186. 22	278. 16	399. 82	100. 0
其中：亚太地区	162. 54	260. 32	369. 15	92. 3

数据来源：国家统计局

表 20　燃料油出口去向　　单位：万吨

去　　向	2012	2013	2014	2014 份额/%
巴拿马	487.48	404.72	337	35.8
中国香港	166.34	149.72	181.43	19.3
利比里亚	80.34	91.33	77.6	8.3
韩国	86.98	87.76	60.74	6.5
新加坡	47.91	68.48	58.52	6.2
马绍尔群岛	33.47	41.02	37.76	4.0
马耳他	24.90	28.58	24.71	2.6
德国	38.44	26.5	16.03	1.7
希腊	19.93	16.65	15.03	1.6
塞浦路斯	13.71	10.23	12.87	1.4
其他国家或地区	93.18	135.49	64.99	6.9
出口量合计	1163.64	1134.99	940.19	100.0
其中：亚太地区	364.78	426.34	353.55	37.6

数据来源：国家统计局

从表中可以看出国内成品油出口的目标市场主要集中亚太地区，以越南、印尼、新加坡等东南亚地区为主，物流流向相对集中。

（三）进口原油加工企业利润分析

进口原油加工企业原油价格受国际环境影响较大，原油供应量和价格波动难以控制。图 33 是一家典型的进口原油加工企业的利润情况。选取该企业 2013～2015 年的各成本和利润数据，计算得到原油成本百分比和收益率。由图 33 可以看出原油成本大多情况下占到总成本的 95%以上，原油成本占据炼化企业加工成本的最大份额。企业收益较低，一般小于 3%。

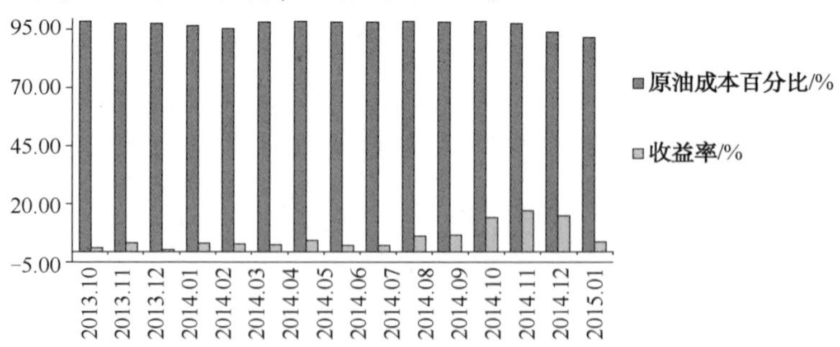

图 33　原油进口炼化企业原油成本和收益率

数据来源：海关统计

虽然中国拥有巨大的原油需求量和广泛的原油进口地，但中国原油进口公司的企业利润明显低于国外企业，这与中国世界第一大石油进口国和第二大石油消费国的地位是不相称的。以中石油与英国 BP 公司进口原油加工利润作对比说明（表 21）。

表 21　BP 与中石油 2013 年四季度进口原油利润对比

公　　司	原油吨数/万吨	利润/百万美元	吨油利润/(元/吨)
BP	4028	2507	62
中石油	2940	1039	35

数据来源：国家统计局

BP 公司比中石油的原油进口量多 37%，每吨原油的利润超出中石油 44%，获得总利润超出中石油 141%。可见相较于中石油而言，原油贸易给 BP 公司带来了更大收益，而中国企业通常投入大量的资金，却只能事倍功半。一方面，国内企业对原油的价值评估大都停留着在简单的贴水评估水平，不能依据集团公司自身需要对原油价值进行评价和分析，造成原油引进后不适合炼厂加工，效益较低等后果；另一方面，中国石油定价体系存在一定的滞后性，原油价格与国际原油完全接轨，而成品油价格大约一个月调整一次价格，导致原油价格一旦上涨，成品油价格不变，炼化企业收益下降。

三、中国原油加工贸易存在的问题

（一）国内炼油企业管理水平和生产能力的局限性

目前中国进口原油加工企业效益低下，除了由于一系列限制政策的存在，企业自身经营能力也存在不足。首先，中国炼化企业大多为国有企业，他们采用的经营方式基本上是“小而全”“大而全”，这种方式使得企业之间的竞合意识不够深入，造成重竞争轻合作的现象。这样不仅不能突出企业的核心竞争力，也会制约企业合作形成规模优势。而且中国炼厂分布较分散且大多规模较小，不能集中地利用资源，形成成本和区位优势，难以产生规模效益，影响了企业自身的积累和发展，不利于参与国际竞争。

其次，国内企业对原油价值评估大都停留在简单的测算，不能依据集团公司自身需要对原油价值进行评估和分析。缺乏从炼化需求角度的分析，没有充分利用原油价值，造成原油引进后不适合炼厂加工，增加了加工成本。另外，中国炼厂深度加工能力较弱、成品油质量不够高，在当前全球油品质量日趋提高的形势下在国际市场上的竞争力有待提高。

（二）税收政策不合理降低产品竞争力

按照中国现行原油加工贸易管理政策的规定，国家对来料加工出口产品免征增值税和消费税，对进料加工出口的汽油、柴油、石脑油征收消费税和增值税，对进料加工出口的航空煤油征收增值税但暂缓征收消费税。这一税收政策极大地限制了原油加工贸易的健康和合理发展。

首先，成品油以进料加工方式出口时在国际市场与其他国家同类产品进行价格竞争，无法将这部分税收转嫁给国外消费者，只能完全由出口企业承担，这样不仅削弱了中国以进料加工贸易方式出口产品的竞争力，同时增加了炼油企业亏损的风险。其次，为了避免以进料加工方式出口成品油可能带来的巨额亏损，大多数炼油企业只能选择开展来料加工业务，炼厂仅收取加工费。炼厂停留在原油加工贸易的初级形式，不能真正提高企业在国际市场的地位，也导致原油加工贸易结构严重失衡。

（三）严格的配额管理制度限制出口灵活性

中国对原油加工贸易出口的成品油一直实行严格的出口配额管理制度。由国家商务部和海关总署对每年成品油出口的总量进行控制，将每季度或半年每种产品的配额数量分别下达给中国石油、中国石化和中国海油的各家炼厂，海关按照配额数量对出口报关数量进行管控。

这一政策在中国柴油紧缺时期曾经对保证国内成品油供应起到过积极作用。但目前国内成品油需求增速放缓，供应增加过快，且受消费结构与产能结构不匹配影响，汽油、柴油和航空煤油产能严重过剩，炼油企业油品国内销售的难度越来越大，需要增加出口数量以保证炼厂维持较为经济的加工负荷。目前国家分配的出口配额数量不足，国内油品供需矛盾依然紧张。另外，由于现行政策是将一段时期的出口配额按品种细化到每个炼厂，但市场需求不可能固定不变，各个炼厂的出口产品结构和数量需要根据市场供需情况及时调整，因此容易出现一些炼厂配额不足而其他炼厂配额浪费或者某种产品配额不足而其他产品配额浪费的情况，即使申请调整也很难满足快速应对市场变化的需要，企业失去竞争的灵活性。

四、对原油加工贸易的相关建议

（一）改善税收政策，放宽出口配额管理

对进料加工出口成品油的企业征收消费税和增值税不仅造成企业税收负担，还削弱了国内炼厂的竞争力，因此建议对进料加工出口成品油暂缓或取消征收消

费税和增值税。鼓励炼厂多开展进料加工贸易，摆脱单纯加工厂的尴尬地位，以更直接的方式全方位参与国际竞争，提升企业管理水平，提高企业盈利能力。

由于成品油是涉及国家能源安全的重要产品，因此国家不可能完全放开对其出口规模的控制，但根据目前的市场结构，应该不断放宽对出口配额的管理。一方面，要增加出口配额数量，保证炼油企业能够及时将国内过剩的产品销售到国际市场，维持比较经济的加工负荷。另一方面，需要放宽对出口产品品种的限制，建议国家只对每个炼厂可出口油品总量进行控制，不限制出口品种，这样各个炼厂可以根据国内外需求灵活安排产品收率和出口结构，把握市场时机，提高企业效益。

（二）完善行业准入条件，化解产能过剩

当前国内地方炼厂分布不均，因产能过剩导致原料争夺激烈，原油价格上涨而下游产品在供过于求的矛盾下则相对处于低位，造成整体炼油利润走低及产能利用率下降。政府方面要科学规划，严格监管，统筹产业布局，建立健全相关法律法规。要严格和完善行业准入条件，强化环保、安全、节能等指标约束，提高行业准入门槛，将产品质量标准、污染物排放和能耗指标作为淘汰落后产能的重要依据，推动落后产能加快推出，在科学规划的指导下实现原油加工行业的健康发展。

（三）炼油企业要提高技术水平，加快油品质量升级

国家出台一系政策法规，一是淘汰原油加工能力低于 200 万吨/年的产能；二是发改委要求自 2017 年 1 月 1 日起，全国全面供应符合国Ⅴ标准的车用汽油、柴油，同时停止国内销售低于国Ⅴ标准车用汽、柴油。这两项政策的出台将加快地方炼厂的兼并或淘汰进程，对于未有二次深加工装置的小炼厂如不能实现成品油升级，后期也将面临被迫转型或兼并淘汰的命运。因此炼油企业要对现有装置进行升级改造，进一步提高炼油能力，加快质量升级，实现对进口的特色油种、自产稠油、超稠油和含硫原油的集中加工。

另外，炼化企业应通过积极的外交活动来适应国际市场的环境，及时根据市场形势调整新项目的建设、投产开工时间，积极开拓国际市场转移国内产能过剩的压力。一方面可以在国外有市场的国家投资或合资建厂，通过参股、独资、合作和并购等方式提高国际化经营水平。另一方面也可以考虑通过对国内地方炼厂进行兼并重组，扩大企业规模提升整体竞争力。

中国进口原油使用权放开之挑战与机遇

中国的石油进口需求量非常大，原油的进口使用权问题也一直是中国关注的重点。如今，备受关注的进口原油使用权放开终于取得了新的进一步进展，2015年2月16日，国家发改委发布了《国家发展改革委关于进口原油使用管理有关问题的通知》，将允许符合条件的地方炼油厂在淘汰一定规模落后产能或建设一定规模储气设施的前提下使用进口原油，意味着油气改革“破垄断”提速，地方炼厂呼吁已久的油源问题将逐步得到解决。

一、中国原油进口存在的问题

（一）企业分化严重

即使原油进口权及使用权可期，也仅限于地炼企业中的佼佼者，大多数地炼企业依旧处在门槛之外。这意味着，政策的落地将导致地炼企业两极分化。规模大，有能力淘汰、重组落后产能的企业获得了进口原油使用资质，而较小的地炼企业依然面临原料不足的窘境，在市场竞争中将处于更为不利的局面，这将极不利于加工能力偏小的地炼企业。

（二）市场化程度低

之前原油价格150美元/桶时，中国油价为6元/升，至2015年，国际油价已经降到不足50美元/桶，而中国的油价仍为6元/升，在这背后，是成品油的定价机制的指引问题。中国由实行计划制、双轨制等政府统一定价原则转变为开始实行市场化改革，但时至今日，尽管目前的油价定价机制正在与国际市场接轨，但是要实现真正的市场化还需要较多时间。

（三）垄断性强

中国对于石油行业的垄断行为的规定过于原则性，可操作性不强，只反垄断行为，但不反垄断地位，而地位的垄断必然会导致行为的垄断，中国石油企业的垄断行为主要表现在垄断定价、拒绝交易、价格歧视上。原油进出口业务的贸易权，成品油的批发等大都掌握在中石油、中石化“两桶油”的手中，民营企业拥有的权利极小。2015年国家发改委价格监督检查与反垄断局表示，石油行业已在国家下一步反垄断视野之内，将逐渐会成为国家反垄断的调查对象。

（四）国家发改委审验通过的是进口原油使用权，并非原油进口权

目前中国拥有石油进口权的石油企业主要是“三桶油”，民营企业拥有的进口权极小，如果没有进口权，地方炼厂在进口环节仍需通过国有大企业代理，会导致一定的局限性。如果没有这项权利，就只能从有进口权的企业手里买油，而后者可以决定卖还是不卖，加价还是不加价，主动权还是掌握在别人手中，而拥有进口权的油企则会更进一步的占领国内大部分市场。

二、进口原油使用权放开的意义

（一）有利于缓解地炼企业原油供应不足，提升民营企业竞争力

中石油、中石化两大石油集团公司成立后，石油民营企业“黄金时代”的繁荣景象戛然而止，面临上游没有勘探权，中游有产能却没有原料，下游受到价格管制的尴尬局面。油源多元化是形成石油市场充分竞争的前提条件，进口原油使用权的放开将打破垄断，改变地方炼厂原料来源的配比份额情况，改善地炼油源短缺困境，将解决地炼原油的供应问题，丰富原油油源多样性，大大提升地方炼厂的市场竞争力和生产能力。

（二）有利于加快淘汰落后生产能力，优化升级产业布局

国内地炼将会在政策的推定下，加快淘汰落后产能，将更加标准化和规范化。中国石化产业将按照发展循环经济的理念，切实做好上中下游的产品一体化规划，将会推进优化空间布局，完善产业链、价值链，提高企业的资源能源综合利用效率，提高企业的生态环境保护意识，有助于推进中国建设资源节约、环境友好社会战略的实施，实现石化工业集约发展、清洁发展、低碳发展、安全发展和可持续发展，增强中国石油化工产业的创新能力，有利于实现经济发展和环境保护的双赢。

（三）有利于发展原油进口贸易，充分利用国际资源

原油进口使用权的放开将加大中国地炼的原油需求量，这将促使国家利用地缘优势加大原油进口量，积极同多边发展原油进口贸易；而原油进口使用权的放开又可以推进进口权的改革，而这也可以扩大中国原油进口量，发展原油进口贸易，带动经济发展，可以充分利用国际资源，解决中国资源供给约束与经济发展之间的冲突，协调国民经济的发展，避免国内资源的过度消耗，有利于保护资源和环境，从而将又会促进中国经济社会与环境的和谐发展。

（四）有利于推进油气市场公平化，加速油企市场化进程

进口原油使用权的放开，使得符合条件的地炼可以通过中石油、中石化代理进口原油来加工，更有自主权，推进市场公平，并且也会加快企业合并重组，实现优势互补，提高产业集中度。而且中国的成品油市场已基本供过于求，利润下降，预计未来原油的价格波动性将会加大，而价格的波动又会促进炼油企业寻求方法，比如需要加强内部控制风险，平衡原油加工量，这些需求都会对炼企的经营提出更高的要求，这可能将会加快炼油市场化和油气体制改革，定价也将逐渐市场化，也会提高炼油企业的盈利能力。

三、取得进口原油使用权的相关建议

（一）发挥政府功能，严格淘汰落后产能

严格确保淘汰落后产能，各级政府按照党中央的决策部署将其落到实处，把目标落到实处。充分发挥市场调节作用，综合运用法律、经济、行政手段，结合自身优势，通过良好竞争实现优胜劣汰，促使落后产能自行退出市场，加快淘汰危及人身安全、严重污染环境、安全隐患多、能源消耗大的落后生产工艺装备和产品，严格控制主要污染物排放总量。完善和落实相关企业政策，加速淘汰落后产能，要充分发挥法制法规的强制作用和技术标准的制约作用，加大执法处罚力度，依法淘汰落后产能，新增产业要严格执行产业准入条件；抓好重点区域重点行业淘汰落后产能的工作，对这些地区要加大财政支持和奖励力度，做好淘汰落后产能企业职工安置，同时，分区明确落后产能淘汰任务，加大关停小型炼油企业或低效落后装置的力度，运用税收手段，提高落后产能的环境成本；要加强组织领导，建立健全工作协调机制，强化监督检查和工作考核，严格实行问责制，加强协调配合和舆论宣传；建设先进产能，充分利用条件优越的大型炼厂，鼓励企业积极实施升级改造，把握好升级改造的契机，进一步提高产业集约程度，通过整合、参股、并购等多种形式，推动炼油企业兼并重组，鼓励打造资源、品牌和市场一体化。

（二）完善产品质量控制制度，不断加快质量升级

不断加快汽、柴油质量升级，扩大车用汽、柴油国Ⅴ标准执行范围，2015年国家发改委等7部门已联合印发了中国《加快成品油质量升级工作方案》，规定了成品油质量升级将进一步加速推进。成品油质量的升级应以汽、柴油质量升级为着力点，应推进普通柴油的升级，在重点地区供应与国Ⅳ标准相同硫含量的普通柴油，再进一步在全国范围内供应国Ⅳ乃至国Ⅴ标准普通柴油，逐渐停止销售

低于标准的普通柴油；加快节能技术发展，深度加工氢脱硫，加快柴油加工装置建设，积极采用节能装备，鼓励企业加大投资力度，优化加工流程，加快清洁油品生产进度，建立油品优质化清洁化的标准，提高能源利用率，推进劣质原油关键技术创新研发；参照国际先进标准结合中国实际，完善制定体系，加快制定规范化的标准，以便于使企业生产严格按照油品标准。

（三）加强国家组织领导，认真履行职责

国家发展和改革委员会等有关部门共同组织实施方案，各司其职，积极配合，建立重点炼油企业的工作协调机制，进行成品油升级改造项目，实行动态跟踪管理，定期汇报升级完成情况，总结经验方法；根据转变职能和质量升级改造的要求加快审核，相关部门应加快审批流程，提高审批效率，为企业加快质量升级提供良好的环境；加强监督检查，制定监督检查工作方案，明确指出监管部门责任主体，对成品油质量升级改造项目进行全程监督检查，进行评估和评价工作，根据评估的情况对有关项目做出修正和调整；加大政府扶持，中央财政加大升级成品油质量的企业的贷款贴息力度，下达贴息补助资金，中央财政支持有关部门对成品油质量升级进行监督检查；规范油气市场秩序，建立运行良好的成品油市场，强化市场参与者的社会责任感和信用感，加快建设信用监督，做到失信严惩，严格禁止不合格成品油在市场生产销售的行为，保证企业生产和销售符合国家标准的高质油品；国家相关部门应进一步加快民营油企的石油进口权的制度建设，使更多的企业能利用国际资源占有石油，扩大寻油渠道，使中国石油进口主体多元化。

（四）强化企业主体责任，强化企业管理

企业应当充分认识到油气行业生产工作的高危性和突发性，具备相应的保护设施和事故应急设施，具备完善的安全生产管理制度和消防安全管理制度，重点突出钻井和集输气管道等重点部位的监督检查，通过安全专项大检查，发现和解决突出问题，做好突发安全事件应急预案，做好安全纪录；获得国家资金支持的炼油企业，应主动承担企业社会责任，发挥自己的主体作用，按期完成质量升级任务，保质保量提供清洁油品，污染物排放符合国家或地方标准及总量控制要求，未按要求完成升级改造的企业，更应当强化自己的责任观念，积极履行义务，在规定期限内加速整改，逾期仍不能做到升级的，应当依法问责，并采取停止拨付政府资助等措施；企业要认真做好宣传教育工作，充分利用电视网络、新闻广播、杂志等多种易被接受的方式，广泛宣传有关石油天然气方面的安全知识，增强群众对设备设施和石油天然气生产过程中的保护意识，提高安全防范能力；企业发展的核心是"人"，要通过深化企业管理体制改革解决员工问题，建立科学有效的奖惩和制衡机制，绩效考核和激励约束机制，采取精益经营，细化管理水平，调动员工积极性、主动性、创造性，使员工为企业带来更多的经济效益，提高企业业绩和公众口碑。

四、结语

进口原油使用权的放开，是中国油气改革中的一项重要决策，也是一个重大进步，也标志着中国将会继续不断地深化推进油气改革，将会更加注重进口使用权体制改革问题，进一步提高油气行业市场化程度，实现公平目标，达到促进经济效益的目的，为民营油企创造一个宽松的发展环境。这对于民营油企来说是机遇，也是挑战，企业应当抓住机遇，从多方面积极采取措施，加速淘汰落后产能，加快升级油品质量，积极应对国家提出的新挑战，从而能更大程度地拥有进口原油使用权。

附　　件

附件 1　2015 年中国油气产业发展大事记

2015 年 1 月

2015 年 1 月 1 日，新修订的《中华人民共和国环境保护法》在新年首日正式实施，被称为史上最严的环境保护法，对各类环境违法行为零容忍，并加大惩治力度。

2015 年 1 月 1 日，中国石油国Ⅳ清洁柴油如期上市。面对大气污染问题，近年来我国全面加快油品质量升级步伐，从 2018 年起实施国 V 清洁柴油标准。

2015 年 1 月 1 日，中国海油“海洋石油 981”钻井平台顺利通过船舶联检，开启首次从太平洋到印度洋的航行，由三亚检疫锚地出发驶往东南亚区域进行深水钻井作业。

2015 年 1 月 5 日，上海市政府同意由新华中融投资有限公司等 10 家企业出资，组建上海石油天然气交易中心。

2015 年 1 月 5 日，中国石化发布子公司中国石化销售有限公司增资引进投资者的进展公告称，目前已获得国家发改委及商务部关于此次增资的相关批复，公司将据此办理后续交割手续。

2015 年 1 月 6 日，中国海洋石油有限公司宣布，在我国南海海域自营勘探再获中型以上深水天然气发现。经测试，井陵水 25-1-1 平均日产天然气约 3560 万立方英尺，日产原油约 395 桶。

2015 年 1 月 6 日，中国石油天然气集团公司与委内瑞拉就进一步深化双方在油气领域的合作交换了意见。

2015 年 1 月 8 日，世界上最大的能把来自煤矿的多余甲烷气转化成电能的设施在山西省建成。

2015 年 1 月 9 日，国家能源致密油气研发中心正式落户中国石油集团科学技术研究院。该中心由中国石油集团科学技术研究院、中国工程院能源与矿业工程学部和中国石油大学共同组建。

2015年1月12日，甘肃省与中国石油化工集团公司在兰州签署战略合作框架协议，双方将共同致力于石油、天然气、煤炭、地热等资源的开发。

2015年1月12日，财政部、国家税务总局联合下发《关于继续提高成品油消费税的通知》(财税〔2015〕11号)，自2015年1月13日起，提高成品油消费税，汽油、石脑油、溶剂油和润滑油的消费税单位税额由1.4元/升提高到1.52元/升；柴油、航空煤油和燃料油的消费税单位税额由1.1元/升提高到1.2元/升。航空煤油继续暂缓征收。

2015年1月19日，财政部公布《关于调整进口天然气税收优惠政策有关问题的通知》(财关税〔2014〕67号)。自2014年10月1日起，将液化天然气销售定价调整为人民币38.82元/GJ，将管道天然气销售定价调整为1.37元/立方米。

2015年1月19日，国家发改委、国家能源局发布《国家发展改革委国家能源局关于实行保证民生用气责任制的通知》(发改运行〔2015〕59号)，要求实行保证民生用气责任制。

2015年1月20日，中国石油化工股份有限公司宣布，公司首个海外炼化项目——沙特延布炼厂首批30万桶柴油装船，正式进入商业化运营阶段。

2015年1月22日，位于筠连县沐爱镇的全国首座页岩气LNG液化工厂日前正式投运，该液化工厂投资2000万元，实际产能达10万立方米/日。

2015年1月23日，国家能源局网站公布了"国家能源局关于印发《生物柴油产业发展政策》的通知"(国能科技〔2014〕511号)。

2015年1月26日，湖北省国资委与中化国际(控股)股份有限公司签署战略合作框架协议。

2015年1月26日，工业和信息化部发布了《石油和化工企业能源管理中心建设实施方案》。将在炼油、乙烯、化肥、甲醇、氯碱、电石、纯碱、涂料、无机盐、橡胶等石油和化学工业能源消费的重点领域推广能源管理中心。

2015年1月28日，国家发展改革委正式核准中国石化曹妃甸千万吨级炼油项目，这标志着该项目完成全部51项前期准备工作，进入正式开工阶段。

2015年1月28日，中缅原油管道工程预试投产暨马德岛港预开港投运仪式在仰光举行。

2015年1月29日，中石油在塔里木油田完钻了喀什-902评价井，完钻时的总深度达到8038米，比在2011年在同一构造带上完钻的喀什-7井还深15米，是中国中国最深陆上评价井。

2015年1月30日，国家安监总局发布《企业安全生产应急管理九条规定》，

明确必须落实企业主要负责人是安全生产应急管理第一责任人的工作责任制，层层建立安全生产应急管理责任体系。

2015年2月

2015年2月3日，中国石油和化学工业联合会发布《2014年石油和化工行业经济效益情况》报告，2014年国内石化行业实现利润总额7911.1亿元，同比下降8.1%，创2002年以来最大降幅。

2015年2月3日，中国海洋石油有限公司公布了2015年经营策略和发展计划。面对低油价的挑战，2015年中国海油资本支出计划为700亿元至800亿元人民币，比2014年资本支出降低26%至35%。

2015年2月9日，位于南海北部的我国首个深水自营气田——陵水17-2气田天然气探明储量已通过国土资源部评审办公室组织的专家组审查储量规模超千亿立方米，为大型气田。

2015年2月9日，国家发改委批复烟台港30万吨级原油码头工程项目，项目将投资5.4亿元。

2015年2月10日，中国海油宣布，中国海洋石油总公司已与SK集团旗下的能源企业SK创新公司(SK Innovation)分别就南海04/20和17/03区块签订产品分成合同。

2015年2月10日，习近平总书记主持召开中央财经领导小组第九次会议并指出，保障能源安全，要明确责任、狠抓落实、抓出成效，密切跟踪当前国际能源市场出现的新情况新变化，趋利避害，加快完善石油战略储备制度，推进能源价格、石油天然气体制等改革，大力发展非常规能源。

2015年2月11日，湖南华晟能源投资发展有限公司的第一口参数井已于今年2月初完成返排试气工作，这也标志着湘西北页岩气区块勘探工作取得重大进展。

2015年2月12日，黑龙江省首条中俄冬季能源运输通道开通，载运65吨液化石油气罐式集装箱的车辆从俄罗斯出发，通过中国同江哈鱼岛口岸浮箱固冰通道进境。拉开了中国2015年进口俄罗斯能源的运输序幕。

2015年2月16日，国家发展改革委网站发布《国家发展改革委关于进口原油使用管理有关问题的通知》(发改运行〔2015〕253号)。

2015年2月16日，国家能源局网站发布《国家能源局关于印发煤层气勘探开发行动计划的通知》(国能煤炭〔2015〕34 号),明确 2015 年及“十三五”时期我国煤层气产业发展指导思想、目标、布局、主要任务和保障措施。

2015 年 2 月 27 日,日照港岚山港区原油码头二期工程项目获得国家发改委批复,标志着日照港即将成为全国唯一一家拥有 3 座 30 万吨级原油码头的港口,设计年通过能力将达到 5600 万吨。

2015 年 2 月 28 日,国家发展改革委网站发布《国家发展改革委关于理顺非居民用天然气价格的通知》(发改价格〔2015〕351 号),自 4 月 1 日起,将天然气存量气和增量气门站价格并轨,全面理顺非居民用气价格,同时试点放开天然气直供大用户用气价格,居民用气门站价格不作调整。

2015 年 2 月 28 日,国家发展改革委网站发布《国家发展改革委关于航空煤油出厂价格市场化改革有关问题的通知》(发改价格〔2015〕329 号),决定自 2015 年 3 月份起不再公布航空煤油进口到岸完税价格,改由中国石油、中国石化、中国海油和中航油集团公司按现行原则办法自行计算。

2015 年 3 月

2015 年 3 月 1 日,位于成都市新都区工业东区的成都赤湾国际油气基地项目奠基。该项目将投资 36 亿元打造具有能源装备研发、新兴能源应用开发、高新企业孵化、装备制造与技术服务等核心功能的重点产业基地。

2015 年 3 月 3 日,沙特阿拉伯国家石油公司(Saudi Arabian Oil Co.)将 4 月份出口到亚洲的轻质原油价格上调每桶 1.4 美元,扭转此前数月的降价策略。

2015 年 3 月 5 日,中国海洋石油总公司宣布,“海洋石油 981 号”已经在缅甸安达曼海进行海上钻探作业。

2015 年 3 月 5 日,中国石化广东石油分公司宣布,首批实施国五柴油置换的珠三角 14 市中国石化油库已完成油品置换,7 月 1 日前将完成其余 7 市的柴油升级,实现向全省供应国五柴油,比国家规定时间提前两年半。

2015 年 3 月 5 日,由曹发展集团、三亚长丰新能源投资有限公司联合主办的“曹妃甸 2015 天然气峰会”在河北省曹妃甸隆重召开,会上表示曹妃甸将建中国北方最大天然气交易平台。

2015 年 3 月 8 日,国内首座最大的 20 万立方米 LNG 储罐——江苏 LNG 项目二期工程 T-1204 储罐一次升顶成功,标志着中国石油大型 LNG 储罐建造技术取得重大突破。

2015年3月9日，中国石油天然气集团公司公布，由中国石油集团海洋工程公司承建的俄罗斯亚马尔项目MWP4&FWP5工程在山东青岛海工建造基地正式开工。

2015年3月11日，海南省政府与中国海洋石油总公司在北京签署深化战略合作框架协议。根据国家“一带一路”战略布局，双方决定在2006年战略合作框架协议基础上进一步深化合作。

2015年3月16日，中国石油和化学工业联合会发布了研究报告《未来十年世界石油化学工业发展趋势和中国创新发展机遇》。

2015年3月18日，国家环境保护部审议并原则通过《石油炼制工业污染物排放标准》《石油化学工业污染物排放标准》《合成树脂污染物排放标准》《无机化学工业污染物排放标准》《再生铜、铝、铅、锌工业污染物排放标准》五项排放标准及部分建设项目环境影响评价报告审查意见。

2015年3月18日，我国首批纯LNG动力示范船在盐城市江苏勤丰船业有限公司开工建造。

2015年3月22日，中国石油化工股份有限公司公布截至2014年12月31日止年度业绩。由于石油、石化产品价格下跌，公司实现营业额及其他经营收入人民币28259.14亿元，同比下降1.9%。

2015年3月25日，中国企业洲际油气股份有限公司发布公告称，公司与International Mineral Resources IIB.V.签署了框架协议，拟通过在哈萨克斯坦证券交易所以公开交易方式购买克山(KoZhan)公司100%股份，基础对价为3.5亿美元。

2015年3月25日，艾伯塔石油市场委员会首席执行官理查德曼森(Richard Masson)确认，中国海洋石油总公司已经停止在北美地区代理其他能源生产商进行原油交易的业务。

2015年3月25日，国土资源部印发《关于开展2014年度石油天然气矿业权年度报告备案工作的通知》。

2015年3月25日，国土资源部办公厅印发《关于开展2014年度石油天然气(含煤层气、页岩气)矿业权年度报告备案工作的通知》，启动2014年度石油天然气(含煤层气、页岩气)矿业权年度报告备案工作。

2015年3月26日，第15届中国国际石油石化技术装备展览会在北京开幕，65个国家(地区)的1800多家企业纷纷展示油气装备行业的最新技术和产品。

2015年3月27日，卡塔尔投资发展集团及哈马德·本·苏海姆企业集团

(Hamad Bin SuhaimEnterprises)表示，两家公司已与中国山东东明石化集团签署初步协议，前者将以50亿美元收购后者49%权益。

2015年3月30日，新西兰商业、创新和就业部宣布正式启动2015年石油勘探许可证出售招标。涉及的陆上和海上探区面积超过42.9万平方千米，是新西兰政府迄今为止对外提供的最大探区。

2015年3月30日，国务院发布的“深化标准化工作改革方案的通知”(提出，到2020年，基本建成结构合理、衔接配套、覆盖全面、适应经济社会发展需求的新型标准体系。

2015年4月

2015年4月1日，根据国家发展改革委网站2月28日发布的《国家发展改革委关于理顺非居民用天然气价格的通知》(发改价格〔2015〕351号)，自4月1日起，增量气最高门站价格每千立方米降低440元，存量气最高门站价格每千立方米提高40元(广东、广西、海南、重庆、四川按与全国衔接的原则安排)，实现价格并轨，理顺非居民用天然气价格。

2015年4月1日，巴西国家石油公司(Petrobras)与中国国家开发银行签订了一份价值35亿美元的融资交易协议。

2015年4月2日，我国首个省级天然气运行监测管理信息平台——河北省天然气运行监测管理信息平台投入运行。

2015年4月3日，燕山石化成功将EVA18F3新产品打入四川成都市场，首批产58吨产品已于4月3日由铁路发往成都添彩化工有限公司，填补了西南地区国产EVA膜类产品的空白。

2015年4月6日，中国海油“海洋石油981”钻井平台顺利完成海外首口深水井钻井作业，于当日6：00启航回国。

2015年4月7日，中缅天然气管道(缅甸段)当达分输站向敏建门站开阀输气。至此，包括皎漂、仁安羌、曼德勒3个分输站在内，按照合作协议所设定的该管道的4个分输站已全部投用，每年可为缅甸供应天然气4.73亿立方米。

2015年4月8日，国内首个页岩油气全产业链项目——青岛页岩油气智能装备研发产业日落户青岛高新区。

2015年4月9日，中国石油和化学工业联合会主办的2015石化产业发展大会在北京召开。

2015 年 4 月 10 日，《国家海洋局海洋石油勘探开发溢油应急预案》。该预案适用于中华人民共和国管辖海域内发生的海洋石油勘探开发溢油事故。

2015 年 4 月 13 日，从神华集团了解到，使用由神华集团和中国航天科技集团共同研制的液氧煤基航天煤油的火箭发动机整机热试车，在中国航天科技集团六院火箭发动机试验区获得成功。

2015 年 4 月 13 日，国务院办公厅印发《关于加强安全生产监管执法的通知》，要求健全完善安全生产法律法规和标准体系，依法落实安全生产责任，创新安全生产监管执法机制，严格规范安全生产监管执法行为，加强安全生产监管执法能力建设。

2015 年 4 月 14 日，中石化华北局在鄂尔多斯区域开钻以天然气为动力的天然气井，标志着我国天然气动力钻井产业正式进入商业化运营。

2015 年 4 月 16 日，国土资源部召开的新闻发布会，2014 年我国天然气新增探明地质储量总量超过 1.1 万亿立方米，创历史最高水平，呈快速增长态势。

2015 年 4 月 17 日，全球领先的电力和自动化技术集团 ABB 宣布与中国石化炼化工程(集团)股份有限公司签订战略合作框架协议，建立全球战略合作伙伴关系。

2015 年 4 月 20 日，中国与巴基斯坦两国在中国国家主席习近平访问期间签署了 51 项合作协议和谅解备忘录，达成总值 460 亿美元的能源、基础设施投资计划。

2015 年 4 月 20 日，石油物探专业标准化委员会 2015 年标准初审会在南京召开。

2015 年 4 月 20 日，中共中央政治局常委、国务院副总理、中俄能源合作委员会中方主席张高丽在北京与俄罗斯副总理、俄方主席德沃尔科维奇进行中俄能源合作委员会双方主席会晤，旨在为两国元首 2015 年 5 月莫斯科会晤做能源合作方面的准备。

2015 年 4 月 28 日，国务院总理李克强主持召开常务会议，确定加快成品油质量升级措施，确定加快成品油质量升级措施，推动大气污染治理和企业技术升级。

2015 年 4 月 29 日，由中石化外事局组织的《BP2035 能源展望》视频介绍会在总部举行，详细解读全球能源市场供需趋势，预测了中国未来 20 年能源发展情况。

2015 年 4 月 30 日，国家能源局网站发布《国家能源局 2015 年市场监管工作要点》(国能综监管〔2015〕121 号)。

2015 年 5 月

2015 年 5 月 2 日，俄罗斯总统普京签署有关协议，批准通过中俄东线天然气输气管道向中国供应天然气。

2015 年 5 月 4 日，中国三大石油公司领导人同时调整。原中国海洋石油总公司董事长、党组书记王宜林任中国石油天然气集团公司董事长、党组书记。原中国工程院党组副书记、副院长王玉普任中国石油化工集团公司董事长、党组书记。原中国海洋石油总公司总经理杨华任中国海洋石油总公司董事长、党组书记。

2015 年 5 月 4 日，由四川富瑞德能源开发有限公司在四川省宜宾市筠连县投资建设的页岩气发电厂近日正式运行，这是我国首个页岩气发电项目。

2015 年 5 月 5 日，国家标准委批准发布了第五阶段乙醇汽油、生物柴油和普通柴油国家标准，同时启动了第六阶段成品油系列国家标准制修订工作。

2015 年 5 月 7 日，中国石油工程建设公司（CPECC）与阿布扎比陆上石油公司（ADCO）签署曼德油田 EPC 总承包项目合同。

2015 年 5 月 7 日，国家发改委网站发布《关于印发〈加快成品油质量升级工作方案〉的通知》（发改能源〔2015〕974 号）。方案提出 2016 年 1 月 1 日起，车用汽、柴油国Ⅴ标准执行。

2015 年 5 月 11 日，国家财政部、工业和信息化部、交通运输部共同发布了《财政部工业和信息化部交通运输部关于完善城市公交车成品油价格补助政策加快新能源汽车推广应用的通知》（财建〔2015〕159 号）。

2015 年 5 月 18 日，贵州省国土资源厅发布消息，“贵州省页岩气调查评价”项目成果获得最终验收，贵州成为全国首个完成页岩气资源系统评价的省份。

2015 年 5 月 19 日，国务院日前印发《中国制造 2025》，部署全面推进实施制造强国战略，这是我国实施制造强国战略第一个十年的行动纲领。

2015 年 5 月 20 日，国务院日前印发《关于推进国际产能和装备制造合作的指导意见》，提出了推进国际产能和装备制造合作的指导思想和基本原则、目标任务、政策措施。

2015 年 5 月 20 日，根据国务院有关文件精神和《北京市安全生产条例》的有关规定，经北京市政府同意，在北京市重点行业领域开始建立安全生产责任保险制度的试点工作。

2015 年 5 月 20 日，经过四年多建设，中国海外首个世界级 LNG 生产基地柯蒂斯项目建成投产，这也是我国首次参与海外 LNG 项目上、中、下游全产业链。

2015 年 5 月 21 日，由中国石油和化学工业联合会主办的“2015 中国化工园区与产业发展论坛”在重庆开幕。

2015 年 5 月 26 日，中国石油集团官方网站宣布，长庆油田以提交 1 亿吨致密油探明地质储量为标志，在陕北姬塬发现了我国第一个亿吨级大型致密油田——新安边油田。

2015 年 5 月 29 日，国家发展改革委网站公布《国家发展改革委关于做好〈石化产业规划布局方案〉贯彻落实工作的通知》(发改产业〔2015〕1047 号)，旨在通过科学合理规划，优化调整布局，提高发展质量，促进民生改善，推动石化产业绿色、安全、高效发展。

2015 年 5 月 30 日，中国海油日前在南海东部获得一个中型石油发现——流花 20-2 发现。

2015 年 6 月

2015 年 6 月 1 日，按照国务院批准文件，北京市重型柴油车全面实施《车用压燃式、气体燃料点燃式发动机与汽车排气污染物排放限值及测量方法(中国Ⅲ、Ⅳ、Ⅴ阶段)》(GB17691—2005)标准第五阶段排放控制要求，北京市成为全国首个全面实施国五阶段机动车排放标准的城市。

2015 年 6 月 1 日，伊朗通讯社报道，伊朗与中国签订以商品和服务换石油的协议。伊朗接受中国以商品和服务抵扣 65%的对华出口石油款项，剩余 35%的款项以现金支付。

2015 年 6 月 2 日，中国石油举行首个《中国石油绿色发展报告》发布会并宣布，按照国务院提出的最新油品质量升级计划，中国石油将加大投入，计划实施升级改造项目 32 项。

2015 年 6 月 2 日，中国石化发布消息称，公司要求旗下所属炼厂比国家规定时间早 3 个月完成升级项目，并同时在 6 家企业提前布局 13 个升级“国Ⅵ“项目。

2015 年 6 月 3 日，由中国国家能源局与美国能源部共同主办市委第四届中美可再生能源产业论坛在美国华盛顿召开。

2015 年 6 月 3 日，由集聚区和省物产集团牵头组建的浙江石油化工交易中心揭牌仪式在舟山大宗商品交易中心举行。

2015年6月4日，国家能源局发布《保障天然气稳定供应驻点京津冀专项监管报告》，报告总结了天然气供应、“煤改气”项目实施、保障天然气稳定供应工作的情况，分析了存在的问题，提出了监管意见。

2015年6月5日，石油输出国组织(欧佩克)召开原油量产会议，决定继续维持原有日产3000万桶原油的限额不变。

2015年6月7日，河北省重点建设项目——计划总投资85亿元的秦皇岛联彩石油储备库暨能源交易中心项目在秦皇岛经济技术开发区奠基并揭牌。

2015年6月7日，中国地质调查局召开了页岩气资源调查评价座谈会，同时发布了《中国页岩气资源调查报告(2014)》，报告显示，2014年全国页岩气总产量达13亿立方米。

2015年6月7日，中国石油宝鸡石油机械有限责任公司(宝石机械)与阿联酋国家钻井公司(NDC)签订的第3批18.8亿元钻机项目进入图纸设计、审批及外购设备采购阶段。

2015年6月9日，中俄原油管道漠河—大庆段工程(简称漠大线)在黑龙江省大庆市通过中国石油管道建设项目经理部的初步验收。

2015年6月10日，国家能源局发布《关于推进简政放权放管结合优化服务的实施意见》(国能法改〔2015〕199号)，提出要再砍掉一批投资审批事项，进一步减少国家层面能源项目核准。

2015年6月10日，国务院法制办公布了由财政部、税务总局、环保部三部门联合起草的《环境保护税法(征求意见稿)》，并向社会各界征求意见。

2015年6月11日，中国石油集团发布消息，中国石油与腾讯已在北京签署战略合作协议，将在“互联网+”领域进行合作。

2015年6月12日，“中国石油装备走出去”新闻发布会在陕西宝鸡举行。中国石油装备制造营销网络覆盖全球市场，境外营销服务机构达到68个，分布在53个国家和地区，辐射全球近90%的千万吨以上产油国。

2015年6月15日，由中国社科院研究生院国际能源安全研究中心与社会科学文献出版社共同举办的《世界能源蓝皮书2015》发布会在京举行。

2015年6月16日，巴布亚新几内亚(巴新)石油和能源部长尼克松·库班在伦敦表示，巴新可能重新分配其所有能源许可证中的20份能源许可证，这20份能源许可证中的大部分许可证涉及上游业务，国际能源巨头准备抢购这些许可证。

2015 年 6 月 18 日，国家能源局公布，根据国务院印发的《国务院关于取消非行政许可审批事项的决定》，国家能源局取消 1 项非行政许可审批事项；取消 1 项代发改委实施的非行政许可项目。

2015 年 6 月 19 日，国家发改委发布“关于印发《输配电定价成本监审办法(试行)》的通知(发改价格〔2015〕1347 号)”。《办法》旨在扎实推进输配电价改革，建立对电网企业的成本约束机制。

2015 年 6 月 19 日，财政部、国家发展改革委、环境保护部三部委联合印发《挥发性有机物排污收费试点办法》，自 2015 年 10 月 1 日起施行。

2015 年 6 月 24 日，国务院常务会议通过了《“互联网+”行动指导意见》，明确了推进“互联网+”，明确了智慧能源等 11 个能形成新产业模式的重点领域发展目标任务。

2015 年 6 月 26 日，由我国自主研发的“海底 60 米多用途钻机”日前在南海 3109 米海底海试成功并顺利通过国家“863 计划”项目海试验收专家组验收。

2015 年 7 月

2015 年 7 月 1 日，上海石油天然气交易中心启动。启动初期，中心投入试运行的主要有管道天然气(PNG)和液化天然气(LNG)两个现货交易品种，未来还将推出 LNG 接收站接转能力品种的交易。

2015 年 7 月 1 日，最新公布的沙特一季度外贸统计数据显示，中国名列其第一大进口来源国，进口额总计 247 亿里亚尔(约 66 亿美元)，同比增长 31%。

2015 年 7 月 2 日，珠海 BP 化工有限公司精对苯二甲酸(PTA)三期正式投产，项目设计年产能为 125 万吨，是目前世界上单系列最大的 PTA 装置。

2015 年 7 月 3 日，工信部发布了《京津冀及周边地区工业资源综合利用产业协同发展行动计划(2015~2017)》。

2015 年 7 月 6 日，国土资源部发布《关于油气资源合理开发利用“三率”最低指标要求(试行)的公告》(2015 年第 16 号)。

2015 年 7 月 7 日，国家发展改革委发出通知，决定将汽、柴油价格每吨分别降低 95 元和 90 元，测算到零售价格 90 号汽油和 0 号柴油(全国平均)每升分别降低 0.07 元和 0.08 元。

2015 年 7 月 7 日，国土资源部发布消息，为尝试吸引多元化投资，中国将允许国内民营企业投标位于新疆远西地区的 6 个油气区块。

2015 年 7 月 10 日，中国石油管道局承建的中亚(哈)天然气管道 C 线项目通过哈萨克斯坦国家验收，至此，中亚(哈)天然气管道工程 C 线项目划上了圆满句号。

2015 年 7 月 14 日，伊朗核问题六国(美国、英国、法国、俄罗斯、中国和德国)与伊朗达成了历史性的全面解决伊朗核问题的协议，解决了持续 12 年的争端，对伊朗原油出口的限制将逐步解除。

2015 年 7 月 14 日，中石油塔里木油田完钻井深 8038 米的克深 902 井在未进行储层改造的情况下，在目的层位测试求产，用 5 毫米油嘴放喷，获日产天然气 30 万立方米，是迄今为止我国陆上试获工业油气流最深的一口井。

2015 年 7 月 15 日，渤海钻探公司首次实现动态负压射孔联作测试技术与同轴双空心抽油杆循环加热排液一体化技术联合应用，成功完成华北二连油田乌兰花凹陷兰 6X 井测试施工，标志着测试射孔排液一体化技术再获新突破。

2015 年 7 月 17 日，第六届(2015)石油化工设备检修技术交流会在浙江宁波召开。

2015 年 7 月 22 日，巴基斯坦石油和自然资源部长沙希德·阿巴西宣布，巴基斯坦日前已开始建造一条全长 700 千米用于从中国进口 LNG 的管道，项目将由巴基斯坦和中国共同出资。

2015 年 7 月 24 日，中国人民银行发布公告，对境内原油期货交易跨境结算作出具体规定。

2015 年 7 月 25 日，据媒体介绍，中国“海洋石油 982”目前已开工建造，预计于 2016 年下半年建成并交付使用，这是中海油田服务股份有限公司自主投资建造的第一座深水半潜式钻井平台。

2015 年 7 月 28 日，中国石油集团钻井工程技术研究院钻井液研究所自主研发的“水替油”革命性利器——高性能水基钻井液，日前在复杂易塌的黄金坝地区现场试验取得成功。

2015 年 7 月 30 日，美国参议院能源委员会投票通过了一份关于取消原油出口禁令的议案，议案要求允许出口美国国内生产的原油，以增加国家收入。

2015 年 7 月 30 日，国务院批复同意设立河北省张家口可再生能源示范区。

2015 年 8 月

2015 年 8 月 1 日，伊朗石油部长赞加内表示，伊朗已经确定在 2015 年年底的伦敦会议上，对总价值 1850 亿美元的 50 个能源项目进行招标。

2015 年 8 月 3 日，奥巴马公布了《清洁电力计划》(Clean Power Plan) 最终方案，称这是美国迄今为应对气候变化而迈出的“最大、最重要的一步”。

2015 年 8 月 4 日，国家安全总局 84 号令，公布了《油气罐区防火防爆十条规定》。

2015 年 8 月 6 日，中石化节能环保工程科技有限公司在湖北省武汉市正式揭牌成立，这是中国石化首家节能环保工程公司。

2015 年 8 月 11 日，日本九州电力公司对外宣布，川内核电站 1 号机组成为日本首座通过审查、符合新安全标准的反应堆，日本由此结束了 1 年零 11 个月的“零核”状态。

2015 年 8 月 11 日，秦皇岛能源交易中心正式运营。秦皇岛东奥集团、蓬莱市海达石油有限公司、德雷西(莱州)国际贸易公司、京海石化(天津)有限公司、联合安能石化有限公司和沙特 Princess Noura & Partners 集团 6 家首批会员企业与该能源交易中心正式签约。

2015 年 8 月 14 日，美国政府通过了与墨西哥的原油出口互换申请，这表明美国向原油出口禁令取消跨出了里程碑式的一步。

2015 年 8 月 18 日，美国参议院财政委员会通过了一项法案，恢复生物燃料税收抵免政策，以激励先进生物燃料的生产。

2015 年 8 月 18 日，英国政府表示，将在首轮陆上油气许可证招标活动中向企业提供 27 个许可证，这是过去七年英国的首轮陆上油气许可证招标活动。

2015 年 8 月 20 日，海关总署网站发布海关总署公告 2015 年第 40 号《关于开展原油期货保税交割业务的公告》，明确了海关对原油期货保税交割业务的监管要求。

2015 年 8 月 24 日，中国海油发布消息称，由“海洋石油 981”承钻的我国首口深水高温高压探井——陵水 25-1S-1 井顺利完钻，表明我国已攻克系列难题。

2015 年 8 月 28 日，国土资源部发布《关于做好矿业权设置方案审批或备案核准取消后相关工作的通知》(国土资规〔2015〕2 号)，要求全面停止矿业权设置方案审批或备案，将相关内容纳入矿产资源规划统筹考虑，统一管理。

2015 年 8 月 31 日，由中石油管道局五公司承建的中石油首个页岩气场站——四川黄金坝集气脱水站 8 月 31 日投产运行。

2015 年 9 月

2015 年 9 月 1 日，委内瑞拉与中国签署协议并取得 50 亿美元贷款，用于提高委内瑞拉石油产量。

2015 年 9 月 3 日，丝路基金与俄罗斯亚马尔液化天然气一体化项目的最大股东诺瓦泰克公司(Novatek)，在北京签署了关于丝路基金购买亚马尔项目 9.9%股权的框架协议。

2015 年 9 月 3 日，中国规模最大的废旧油管再制造生产线日前在新疆克拉玛依投产。

2015 年 9 月 6 日，国家发改委发布公告，批准山东垦利石化集团有限公司、山东利津石油化工厂有限公司、宝塔石化集团有限公司、中化弘润石油化工有限、东营市亚通石化有限公司 5 家地方炼厂进口原油使用权的申请。

2015 年 9 月 7 日，中国企业联合会发布的一份研究报告预计，中国节能环保产业规模将达到 4.5 万亿元，并成为国民经济新的支柱产业之一。

2015 年 9 月 7 日，中墨合作双方在上海宣布，由中国企业制造的全球首座自升式天然气压缩平台即将由山东龙口离港运往墨西哥湾，预计在 2015 年年底前投入使用。

2015 年 9 月 9 日，经国土资源部审查和批准，中石油日前在四川盆地的威 202 井区、宁 201 井区和 YS108 井区内增加了 207.87 平方公里新的含页岩气探区。

2015 年 9 月 11 日，新疆商务厅发布关于编制《成品油分销体系“十三五”发展规划》的通知，对城区、国道、省道、县乡道公路以及高速公路沿线加油站设置都做出具体要求，进一步加强新疆自治区成品油行业宏观调控和微观管理。

2015 年 9 月 13 日，中共中央、国务院近日印发《关于深化国有企业改革的指导意见》公布，提出要建立健全优胜劣汰的市场化退出机制，充分发挥失业救济和再就业培训等的作用，解决好职工安置问题，切实保障退出企业依法实现关闭或破产，加快处置低效无效资产，淘汰落后产能。

2015 年 9 月 14 日，国家税务总局发布《关于中外合作开采石油天然气有关非居民税收问题的批复》(税总〔2015〕494 号函)。

2015 年 9 月 14 日，由中国化工学会、中国化工信息中心主办的“2015 中国芳烃产业链发展大会”在北京召开。

2015 年 9 月 14 日，国家发改委副主任连维良在国新办发布会上表示，2015 年将发布油气改革计划，到年底还将公布一个混合所有制改革计划，在能源(石油、天然气、电力)等进入门槛较高的领域，要向非国有资本推出符合产业政策、有利于转型升级的项目。

2015 年 9 月 15 日，位于芒市帕底工业园区的高达化工 CNG 加气母站顺利通气投产。

2015年9月16日，由国家能源局与美国能源部、商务部联合主办的第十五届中美油气工业论坛在重庆举行。

2015年9月16日，由中国石油和化学工业联合会主办的2015(第十四届)中国国际化工展览会在上海开幕。

2015年9月16日，加拿大超准能源控股有限公司(超准能源)宣布，其钻井承包商中海油田服务股份有限公司日前已开始为位于中国东海33/07区块LS23-1-1勘探井的钻井作业动员钻机。

2015年9月17日，美国国会众议院能源委员会以31对19票投票通过了取消美国原油出口禁令的提议，这一长达40年的禁令距离正式取消又进一步。

2015年9月17日，上海石油天然气交易中心管道气(PNG)日交易量一举突破1亿立方米，达到1.00622亿立方米，创下交易中心试运行以来最大日成交量。

2015年9月22日，中国石油子公司中国华北石化分公司首次加工了进口原油，预计华北石化每年进口500万吨外国原油进行加工。

2015年9月28日，全国首个天然气分布式能源和江水热源泵复合能源站项目，在弹子石CBD投运。

2015年9月28日，我国继续对原产于美国、韩国、日本和台湾地区的进口聚氯乙烯征收反倾销税，实施期限3年。

2015年10月

2015年10月9日，国务院办公厅印发《关于加快电动汽车充电基础设施建设的指导意见》，部署加快推进电动汽车充电基础设施建设工作。

2015年10月9日，中国石油集团与上海汽车集团股份有限公司在北京签署战略合作协议。

2015年10月11日，由中国能源报社主办的“2015全球新能源企业500强发布会暨新能源发展高峰论坛”在京举行。

2015年10月12日，经过四年建设，中国首个超深高含硫气田元坝气田将于年底全面建成投产，届时年产天然气将达34亿立方米。

2015年10月15日，湖北恩施来凤首个页岩气压裂平台规模化施工正式启动。

2015年10月15日，国务院发布《关于推进价格机制改革的若干意见》，再次提出要尽快全面理顺天然气价格，加快放开天然气气源和销售价格，按照“准许成本加合理收益”原则，合理制定天然气管网输配价格。

2015 年 10 月 15 日，国家发改委正式核准了中国石化新疆煤制气外输管道工程项目，标志着该项目已经具备开工建设条件。

2015 年 10 月 16 日，中国国务院副总理张高丽在北京与俄罗斯副总理德沃尔科维奇举行中俄能源合作委员会第十二次会议。

2015 年 10 月 17 日，2015 年度中国石油流通协会年会在京举办。

2015 年 10 月 19 日，国家发展改革委发出通知，决定将汽、柴油价格每吨均提高 50 元，测算到零售价格 90 号汽油和 0 号柴油(全国平均)每升均提高 0.04 元，调价执行时间为 10 月 20 日 24 时。

2015 年 10 月 20 日，国内最大单体海相碳酸盐岩整装气藏——安岳气田磨溪区块龙王庙组气藏在四川全面投产，预计年产气能力 110 亿立方米。

2015 年 10 月 21 日，国土资源部发布《中国矿产资源报告(2015)》显示，2014 年中国地质勘查投入 1145 亿元，新发现大中型矿产地 249 处，页岩气首次探明地质储量 1068 亿立方米。

2015 年 10 月 21 日，2015 第十七届中国国际矿业大会在天津开幕。

2015 年 10 月 24 日，来自北京、天津、河北等地的 8 个化工项目正式与曹妃甸签约，投资总额达到 560 亿元。

2015 年 10 月 26 日，由韩国石化协会和中国石油和化学工业联合会共同主办的第十三届中韩石化会议在首尔召开。

2015 年 10 月 27 日，国土资源部公示了此前在北京进行的新疆石油天然气勘查区块招标出让项目评标结果。北京能源投资有限公司拿下了 4 个区块中的 3 个第一名，胜利油田下属的山东宝莫生物化工股份有限公司拿下了剩下 1 个区块的第一名。

2015 年 10 月 27 日，普氏能源资讯揭晓 2015 年“全球能源企业 250 强排名”，中石油、中海油和中石化分别位列第五位、第四位和第十一位，位列前三的分别是埃克森美孚、雪佛龙和壳牌。

2015 年 10 月 29 日，中国石油天然气股份有限公司在北京召开中俄原油管道漠河—大庆段工程竣工验收会议，标志着历经 1 年半建设、试运近 5 年的中俄原油管道漠大线工程通过竣工验收。

2015 年 10 月 29 日，上海石油天然气交易中心完成了西南地区的首笔管道天然气线上交易。

2015年11月

2015年11月3日，新华社受权发布《中共中央关于制定国民经济和社会发展第十三个五年规划的建议》。

2015年11月4日，中国(成都)国际页岩气、石油天然气技术与装备展览会(简称CING)将于在成都举办。

2015年11月6日，中国海洋石油总公司启动了国际招标出售原产地为澳大利亚的LNG船货。

2015年11月7日，国际能源变革论坛在江苏苏州闭幕，并发布旨在促进与会各方共同推动能源转型战略和发展的《苏州宣言》。

2015年11月9日，国家能源局在京召开全国“十三五”能源规划工作座谈会。

2015年11月11日，山东东明石化集团与英国石油巨头BP于签订长期原油供应协议。这是原油进口权及原油进口使用权放开后，国内首次有民营企业与外企签订原油供应协议。

2015年11月17日，国家发展改革委发出通知，决定将汽、柴油价格每吨分别降低85元和80元，测算到零售价格90号汽油和0号柴油(全国平均)每升分别降低0.06元和0.07元。

2015年11月18日，国际能源署2015年部长级会议上，中国成为国际能源署联盟国。

2015年11月18日，全国石油化工和科技创新大会在北京人民大会堂召开。

2015年11月18日，国家环境保护部印发了《石化行业VOCs污染源排查工作指南》及《石化企业泄漏检测与修复工作指南》。

2015年11月19日，国家标准委批准发布11项温室气体管理国家标准，既有通用规则《工业企业温室气体排放核算和报告通则》，又有行业标准，包括发电、钢铁、民航、化工等10个重点行业温室气体排放核算方法与报告要求。

2015年11月20日，国家发展改革委发出通知，根据《中共中央国务院关于推进价格机制改革的若干意见》精神，经国务院批准，决定从本月20日起，将非居民天然气的最高门站价格每立方千米降低700元(0.70元/方)，并由现行最高门站价格管理改为基准门站价格管理，供需双方可在基准价格上浮20%、下浮不限的范围内协商确定具体门站价格。

2015年11月20日，由北京能源协会主办、主题为“能源转型，为全面建成小康社会加油”的2015北京能源论坛举行。

2015年11月23日，中国油气控股有限公司在港交所发布公告称，该公司旗下山西三交煤层气项目的整体开发方案(ODP)已获得中国国家发展和改革委员会的正式批复。

2015年11月23日，商务部研究院、国务院国资委研究中心、联合国开发计划署驻华代表处在北京联合发布《中国企业海外可持续发展报告2015》。

2015年11月24日，中国海洋石油总公司与国家开发银行在京签署了开发性金融合作协议。

2015年11月24日，第二届中国石油和化工行业供应链发展大会在上海召开。大会旨在探讨中国石油和化工行业供应链管理的现状和提升办法。

2015年11月25日，美国《石油情报周刊》(简称PIW)公布了2015年世界最大50家石油公司综合排名。中国石油排名继续保持第3位，中国石化排名第19位，中国海油排名列第32位。

2015年11月25日，国家能源局发布通知，正式批准并发布《页岩气藏描述技术规范》等96项能源行业标准(NB)，涉及煤炭行业、页岩气开发、水电、抽水蓄能电站、生物质发电等。该批标准将于2016年3月1日起实施。

2015年11月25日，据中国石油公告称，董事会批准中油勘探对中亚管道公司进行内部重组，同意出售内部重组后中亚管道公司的50%股权给曼松控股，交易价格约为150亿~155亿元人民币的等额美元。

2015年11月27日，以“亚洲天然气市场未来发展之路”为主题，第四届亚洲天然气市场论坛在京举行。

2015年11月27日，新疆能源民企广汇能源公告称，公司控股子公司新疆广汇清洁能源科技有限责任公司(以下简称广汇科技)与乌鲁木齐高铁枢纽综合开发建设投资有限公司(以下简称高铁开发)、中石油新疆公司签定投资合作协议，三方同共出资设立合资公司，运营加油加气站项目。

2015年12月

2015年12月1日，中国石油管道公司宣布，经过两个月的联合调试，天津港—华北石化原油管道工程正式投产。

2015年12月3日，中国海洋石油总公司已与哈斯基石油作业(中国)有限公

司就南海15/33区块签订了产品分成合同。15/33区块位于南海珠江口盆地，区块面积155平方公里，水深80~100米。

2015年12月4日，交通运输部发布《珠三角、长三角、环渤海(京津冀)水域船舶排放控制区实施方案》，提出在珠三角、长三角、环渤海(京津冀)水域设立船舶排放控制区。

2015年12月9日，中海油田服务公司表示，因市场面临严峻的挑战，公司预计明年的投资支出为35亿~45亿元(5.44亿~7亿美元)，比今年的投资支出大幅削减逾40%。

2015年12月10日，“2015非常规油气合作伙伴峰会暨非常规油气产业联盟年会”在北京召开，提出包括建立页岩气特别试验区、将致密油气划归为非常规油气、报废煤矿瓦斯抽采等建议。

2015年12月11日，美国化工业巨头杜邦公司和陶氏化学公司正式宣布合并，合并后的公司将被命名为陶氏杜邦公司，双方各持50%的股份，总市值约1300亿美元。

2015年12月12日，晋煤集团国内首个煤层气工厂化钻井平台在我国最大的煤层气井田——沁水煤层气井田晋城寺河区块投入使用，这是我国在煤层气开采模式上取得的又一新突破。

2015年12月14日，国内第一艘LNG单燃料船——泰鸿1号经过157公里航程，由重庆涪陵珍溪顺利抵达合川通益码头，开始投入商业运营。

2015年12月15日，中国海洋石油总公司与荷兰皇家壳牌公司签署了一份重大条款协议，扩建双方位于广东省惠州市已有股比为50∶50的合资企业。按照该协议，待经政府批准，壳牌将参与正在建设中的中国海油项目，在现有南海石化联合装置近旁参资兴建另一套石化联合装置。

2015年12月15日，中国海洋石油总公司与壳牌集团在广州举行《关于增进在大亚湾合作的重大条款协议》签署仪式。

2015年12月15日，涪陵国家级页岩气示范区建设于已通过专家组验收，标志着涪陵页岩气田建成国家级页岩气示范区。

2015年12月15日，恒力石化2000万吨炼化一体化项目日前在大连长兴岛经济区正式开工建设。

2015年12月16日，美国国会就结束美国原油出口禁令达成一致。众议院和参议院领导人就结束长达40年的原油出口禁令达成一致；议员们还在考虑支出和税收议案。

2015 年 12 月 17 日，中国石油化工股份有限公司宣布，中石化收购俄罗斯西布尔公司 10%股权的交易完成交割。

2015 年 12 月 17 日，在中国国务院总理李克强和俄罗斯联邦政府总理梅德韦杰夫的共同见证下，中国石油集团董事长王宜林与俄罗斯天然气工业股份公司总裁米勒在北京签署了《中俄东线天然气管道项目跨境段设计和建设协议》和《中国石油和俄气石油合作谅解备忘录》。

2015 年 12 月 18 日，中国政府批准荷兰皇家壳牌石油公司以 700 亿美元收购英国天然气集团。

2015 年 12 月 24 日，中国石油天然气股份有限公司董事会批准以中石油管道有限责任公司为平台对中石油东部管道有限公司、中石油管道联合有限公司以及中石油西北联合管道有限责任公司进行整合，建立统一的管道资产管理运营及投融资平台。

2015 年 12 月 28 日，中国石油股份有限公司表示，公司已经同意以 148. 3 亿元人民币(22. 9 亿美元)的价格向旗下天然气经销子公司昆仑能源公司出售未上市的昆仑燃气公司业务。

2015 年 12 月 28 日，增资后的中国石化销售有限公司首届董事会、监事会第一次会议在京召开，会议组建了销售公司首届董事会和监事会。

2015 年 12 月 29 日，中国石化发布消息称，页岩气开发取得重大进展，国家级页岩气示范区——中国石化涪陵页岩气田顺利完成 50 亿方/年产能建设目标。这标志着我国首个实现商业开发的大型页岩气田一期正式建成投产，

2015 年 12 月 29 日，2016 年全国能源工作会议在京召开。国家能源局局长努尔白克力在会上作了题为《勇于担当奋发有为努力建设清洁低碳安全高效的现代能源体系》的报告。

附件 2　2015 年国内外油气产业相关数据

附表 1　2015 年中国全年石油石化主要产品产量

单位：万吨、亿立方米

名称＼月份	1	2	3	4	5	6	7	8	9	10	11	12	合计	同比/%
原油	1797.1	1617.9	1806.5	1750.0	1813.6	1811.6	1810.3	1816.7	1774.0	1808.7	1766.0	1815.4	21387.8	1.7
天然气	120.0	104.7	111.5	94.0	98.7	99.3	101.0	104.2	95.8	103.9	111.1	124.7	1268.9	2.9
原油加工量	4294.0	3969.5	4468.9	4313.3	4392.4	4334.5	4353.7	4434.4	4243.1	4424.7	4392.1	4583.1	52203.7	3.8
成品油	2732.8	2505.4	2882.9	2795.9	2872.9	2842.8	2838.7	2887.4	2774.7	2837.0	2826.2	2945.9	33742.6	6.1
汽油	967.4	889.1	1013.8	1006.3	1033.6	1015.5	1035.7	1048.2	1007.2	1025.9	1013.7	1060.5	12116.9	9.4
煤油	279.3	276.0	311.5	290.6	300.7	300.9	313.0	312.5	308.0	317.8	313.4	335.0	3658.7	21.9
柴油	1486.2	1340.2	1557.6	1499.0	1538.6	1526.4	1490.1	1526.7	1459.4	1493.2	1499.1	1550.5	17967.0	1.4
润滑油	43.6	39.1	50.8	47.5	54.5	51.4	49.4	46.4	47.6	49.0	44.3	46.7	570.3	-2.9
燃料油	199.9	175.0	219.0	202.8	207.4	198.9	192.0	207.9	208.1	199.9	199.9	245.3	2456.1	-6.7

数据来源：中国石油与化学工业联合会

附表 2　2015 年中国全年石油石化主要产品表现消费量

单位：万吨、亿立方米

名称＼月份	1	2	3	4	5	6	7	8	9	10	11	12	合计	同比/%
原油	4613.3	4122.4	44154	4734.4	4128.2	4756.5	4847.8	4454.2	4644.0	4214.5	4303.9	5108.9	54736.8	1.7
天然气	174.2	164.2	156.1	142.7	139.1	143.8	148.6	148.5	138.8	147.3	147.2	189.3	1855.1	2.9
成品油	2376.0	2728.3	2734.3	2646.2	2733.1	2640.9	2699.8	2699.0	2517.1	2567.5	2551.1	2686.2	31634.7	6.1
汽油	954.4	858.0	955.2	957.6	995.7	965.9	996.3	985.0	945.6	897.5	874.8	979.0	11530.7	9.4
煤油	295.4	184.7	229.1	225.7	235.1	215.5	267.9	242.3	222.6	163.8	179.6	229.6	2769.6	21.9
柴油	1331.0	1480.8	1550.1	1462.9	1502.3	1459.4	1435.7	1471.6	1348.8	1506.2	1496.7	1477.4	17334.3	1.4
润滑油	61.1	70.0	79.0	69.9	81.9	77.0	78.5	65.0	71.7	60.2	65.2	48.1	836.9	-2.9
燃料油	246.8	266.2	290.1	250.0	239.8	318.0	171.0	250.4	276.3	227.2	273.8	140.2	2816.3	-6.7

数据来源：中国石油与化学工业联合会

附表 3　2015 年中国全年石油石化主要产品进口量

单位：万吨、亿立方米

名称＼月份	1	2	3	4	5	6	7	8	9	10	11	12	合计	同比/%	依存度/%
原油	2798.1	2555.3	2680.8	3028.6	2324.5	2949.2	3070.9	2659.3	2795.0	2635.2	2733.8	3318.6	33549.1	8.8	60.8
天然气	59.5	58.4	46.2	51.2	39.7	49.2	50.9	47.4	46.2	49.9	50.7	67.2	616.5	3.4	31.5
天然沥青、页岩及砂	0.5	0.6	0.7	0.7	1.2	1.0	0.6	0.5	0.8	0.2	0.4	1.6	8.9	-71.3	
成品油	40.6	47.5	55.3	35.7	29.7	27.2	29.9	26.9	39.6	21.0	20.2	34.8	408.3	-12.7	-6.8
汽油	0.0	9.3	3.6	3.7	0.0	0.0	0.0	0.0	0.0	0.0	0.0	0.3	17.0	401.7	-5.0
煤油	37.1	38.1	28.4	22.5	29.4	26.6	29.8	26.2	39.2	20.7	20.0	30.5	348.5	-16.4	-32.1
柴油	3.5	0.1	23.3	9.5	0.2	0.6	0.0	0.6	0.4	0.3	0.2	4.0	42.8	-9.7	-3.9
润滑油	30.7	20.3	29.6	25.1	27.8	26.5	26.4	19.5	25.2	17.2	20.8	23.4	292.5	-4.1	33.2
燃料油	129.2	157.1	148.3	136.0	137.9	182.1	109.6	118.5	125.1	112.0	80.9	119.4	1556.2	-12.7	17.9
石脑油	31.3	39.9	49.4	44.3	32.1	65.5	66.8	60.7	73.4	46.6	59.2	95.4	664.8	79.8	19.0
石油气	70.4	75.3	81.5	103.3	88.5	93.3	135.8	116.3	112.6	125.9	104.6	137.8	1245.4	67.6	
石蜡	1.8	1.8	3.2	2.8	2.6	3.2	3.0	2.3	2.6	2.0	1.9	2.7	29.9	38.0	
石油焦	46.2	37.4	54.9	52.4	35.2	61.5	62.7	50.9	52.6	42.2	25.6	67.2	588.7	10.0	12.2
石油沥青	53.8	73.8	144.5	201.3	210.2	164.5	209.5	194.9	188.1	128.1	104.5	138.7	1811.9	111.6	35.7

数据来源：中国石油与化学工业联合会

附表 4　2015 年中国全年石油石化主要产品出口量

单位：万吨、亿立方米

名称＼月份	1	2	3	4	5	6	7	8	9	10	11	12	合计	同比/%
原油	16.6	16.1	74.6	44.3	13.4	4.3	33.4	21.8	4.9	0.0	32.0	25.1	286.6	377.4
天然气	2.5	1.8	1.8	2.5	2.5	3.0	3.2	3.1	3.5	3.0	2.7	3.2	235.2	24.4
天然沥青、页岩及砂	7.7	2.7	6.6	7.4	2.3	3.0	3.1	1.8	6.7	3.8	2.9	6.1	54.0	-1.0
成品油	130.5	91.5	202.2	185.3	169.4	228.5	168.8	215.4	297.1	248.1	284.8	322.1	2543.7	30.3
汽油	31.0	22.4	61.4	52.4	37.9	49.6	39.4	46.7	61.5	42.6	57.0	87.9	589.9	18.4
煤油	92.9	57.5	110.8	87.3	95.0	111.9	74.9	96.4	124.6	113.5	136.8	135.8	1237.5	17.4
柴油	6.6	11.5	30.0	45.5	36.5	67.0	54.4	72.3	111.0	92.0	91.0	98.4	716.4	79.2
润滑油	1.4	1.0	1.8	1.1	1.2	0.9	1.3	1.1	1.0	1.0	1.2	1.5	14.6	-2.0
燃料油	75.3	72.9	78.9	84.8	73.2	76.1	130.3	94.8	56.8	78.8	122.5	108.3	1052.8	12.0
石脑油	0.0	0.0	0.0	0.0	0.0	0.0	0.0	0.0	0.0	0.0	0.0	0.0	0.0	
石油气	10.2	6.3	10.3	6.4	12.3	25.6	10.2	12.1	9.4	11.4	15.1	15.1	144.3	-0.2
石蜡	7.0	3.7	6.4	4.3	5.1	5.4	5.5	3.8	6.8	4.9	4.2	5.6	62.7	27.5
石油焦	20.0	13.2	21.0	21.6	31.3	21.5	16.9	17.4	16.4	21.6	23.5	17.7	249.1	-0.9
石油沥青	3.0	0.4	2.9	0.6	3.5	2.6	2.9	3.9	1.2	1.8	1.4	5.2	29.3	38.3

数据来源：中国石油与化学工业联合会

附表 5　2015 年中国全年石油石化行业主要经济指标完成情况一

单位：亿元、个

行业名称	企业数/个	资产总计	主营业务收入	利润总额	亏损企业亏损额
石油天然气开采业	296	23422. 8	9460. 4	850. 0	529. 0
精炼石油产品制造业	1408	16435. 2	29392. 3	765. 6	262. 8
化学工业	26505	76558. 9	88418. 0	4603. 4	938. 9
专业设备制造业	1556	4233. 9	4164. 1	265. 8	29. 3
石油和化学工业合计	29765	120650. 8	131434. 8	6484. 8	1760. 0

数据来源：中国石油与化学工业联合会

附表 6　2015 年中国全年石油石化行业主要经济指标完成情况二　单位：%

行业名称	销售利润率	成本费用利润率	资产负债率	销售费用投入产出比
石油天然气开采业	9. 0	10. 0	47. 1	0. 5
精炼石油产品制造业	2. 6	2. 7	60. 0	0. 7
化学工业	5. 2	5. 5	56. 6	2. 4
专业设备制造业	6. 7	7. 1	48. 9	2. 2
石油和化学工业合计	4. 9	5. 2	55. 0	1. 8

数据来源：中国石油与化学工业联合会

附表 7　2015 年中国全年石油石化行业固定资产投资完成情况表

单位：亿元、个

行业名称	计划投资/亿	实际完成/亿	施工项目/个	新开工项目/个	竣工项目/个
石油天然气开采业	5460. 2	3424. 9	827	615	610
石油产品制造业	7013. 4	1855. 9	1163	785	844
化学工业	35683. 6	15728. 7	16462	12322	12582
专业设备制造业	2130. 7	1205. 1	1264	952	959
石油和化学工业合计	50721. 3	22340. 3	19876	14785	15116

数据来源：中国石油与化学工业联合会

附表 8　2015 年中国全年石油石化行业进出口总额及贸易差情况表

单位：万美元、%

行业名称	进出口贸易总额	同比增减/%	贸易顺(逆)差	同比增减/%
石油天然气开采业	15580046. 0	-38. 6	-14975142. 0	-40. 2
原油加工和石油制品	4879686. 0	-23. 1	-619185. 0	-13. 5
化工产品	31213196. 0	-10. 5	-810300. 0	-66. 8
专业设备	955489. 0	-0. 6	185675. 0	-1493. 7
石油和化学工业合计	52628417. 0	-22. 1	-16218952. 0	-42. 5

数据来源：中国石油与化学工业联合会

附表 9　2015 年全国主要石油石化产品进口平均价格 单位：美元/吨

日期	原油	液化天然气	航空煤油	5~7 号燃料油	润滑油	石油沥青
2015 年 1 月	466.9	579.6	664.9	350.9	2726.4	465.2
2015 年 2 月	379.2	540.0	556.2	326.0	2577.1	404.0
2015 年 3 月	405.5	527.9	589.3	348.7	2576.5	370.2
2015 年 4 月	400.6	424.1	575.8	344.6	2551.4	388.6
2015 年 5 月	429.1	461.7	585.7	360.2	2431.4	406.3
2015 年 6 月	453.2	496.4	626.2	379.7	2501.2	410.4
2015 年 7 月	452.8	392.2	611.4	361.0	2460.2	400.1
2015 年 8 月	426.8	370.1	555.4	315.2	2377.4	395.6
2015 年 9 月	367.9	384.5	475.9	258.7	2453.5	373.6
2015 年 10 月	354.5	416.9	481.9	255.9	2469.3	349.0
2015 年 11 月	353.6	413.5	483.1	259.8	2449.3	339.3
2015 年 12 月	316.6	399.3	463.8	232.4	2345.8	315.1
年均价	399.9	452.4	558.6	321.8	2490.5	382.9
比上年增减/%	-46.0	-26.5	-40.9	-46.9	-9.0	-32.6

数据来源：中国石油与化学工业联合会

附表 10　2015 年国内主要汽柴油月平均价格 单位：元/吨

日期	90#无铅汽油	93#无铅汽油	97#无铅汽油	0#柴油	-10#柴油	燃料油	液化石油气
2015 年 1 月	7521	8026	8489	6453	6763	3660	3690
2015 年 2 月	7290	7764	8213	6219	6533	3360	4210
2015 年 3 月	7771	8269	8746	6695	7057	3390	4070
2015 年 4 月	7702	8206	8677	6639	7016	3280	4350
2015 年 5 月	8124	8643	9142	7045	7439	3310	4320
2015 年 6 月	8136	8662	9158	7066	7474	3190	3950
2015 年 7 月	7948	8457	8942	6879	7289	3040	3710
2015 年 8 月	7450	7925	8336	6393	6759	2930	3680
2015 年 9 月	7216	7679	8123	6165	6536	2880	3690
2015 年 10 月	7295	7767	8217	6244	6616	2830	3800
2015 年 11 月	7178	7649	8092	6133	6496	2760	3740
2015 年 12 月	7065	7531	7970	6020	6373	2570	3720
年均价	7558	8048	8509	6496	6862	3100	3911
比上年增减/%	-18.7	-18.6	-18.6	-21.0	-20.8	-31.5	-33.9

数据来源：中国石油与化学工业联合会

附表 11　2015 年国际原油现货市场月平均价格　　单位：美元/桶

日期	西德克萨斯中质油/WTI	布伦特	迪拜	辛塔	大庆	胜利
2015 年 1 月	44.99	47.86	45.57	44.83	43.12	43.74
2015 年 2 月	50.51	57.81	48.98	47.63	46.43	48.71
2015 年 3 月	47.80	55.90	54.62	52.51	51.14	51.89
2015 年 4 月	54.33	59.73	58.47	56.20	55.17	55.18
2015 年 5 月	56.47	58.19	60.53	58.18	57.02	58.14
2015 年 6 月	59.81	61.69	61.79	58.26	57.24	57.50
2015 年 7 月	50.89	56.54	56.17	50.00	49.21	49.39
2015 年 8 月	43.01	44.23	47.58	40.32	39.53	40.72
2015 年 9 月	45.47	47.67	45.41	40.77	39.77	39.38
2015 年 10 月	46.26	48.56	45.84	41.13	39.99	38.13
2015 年 11 月	38.69	44.31	39.78	36.33	35.68	33.83
2015 年 12 月	37.26	36.48	34.59	31.79	30.52	29.33
年均价	47.96	51.58	49.94	46.49	45.40	45.49
比上年增减/%	-48.50	-47.92	-48.30	-51.03	-51.73	-51.52

数据来源：中国石油与化学工业联合会

附表 12　2015 年国际市场主要油品月平均现货价格

普氏现货报价，单位：美元/桶

日期	95#无铅汽油	柴油	航空煤油	石脑油	燃料油(180)*	燃料油(380)*
2015 年 1 月	57.42	62.67	63.66	45.23	279.63	272.58
2015 年 2 月	70.13	70.76	72.85	57.15	344.01	331.91
2015 年 3 月	73.80	70.68	69.97	57.39	327.42	315.93
2015 年 4 月	75.42	72.31	72.00	59.43	348.08	335.32
2015 年 5 月	79.75	74.31	73.99	59.08	371.48	354.85
2015 年 6 月	83.97	74.73	74.56	60.89	362.08	356.67
2015 年 7 月	75.95	65.08	65.81	53.15	309.55	303.90
2015 年 8 月	66.00	56.81	56.81	45.30	246.00	239.13
2015 年 9 月	65.20	59.47	58.96	46.83	237.86	234.22
2015 年 10 月	64.23	59.63	59.84	49.26	245.49	238.17
2015 年 11 月	55.71	54.20	54.12	46.25	215.28	210.45
2015 年 12 月	55.66	46.86	47.66	45.68	178.49	173.78
年均价	68.60	63.96	64.19	52.14	288.78	280.58
比上年增减/%	-38.16	-43.26	-42.96	-44.80	-48.54	-49.38

数据来源：中国石油与化学工业联合会

附表 13　2015 年北美市场天然气 NGI 现货月平均价格

单位：美元/百万英热单位

日期	纽约	路易斯安那州亨利	芝加哥	液化天然气
2015 年 1 月	7.31	2.98	3.08	3.06
2015 年 2 月	16.67	2.86	4.22	2.73
2015 年 3 月	3.77	2.78	2.90	2.64
2015 年 4 月	2.36	2.59	2.59	2.56
2015 年 5 月	2.65	2.79	2.78	2.82
2015 年 6 月	2.29	2.77	2.74	2.82
2015 年 7 月	2.09	2.83	2.84	2.94
2015 年 8 月	2.44	2.75	2.84	2.89
2015 年 9 月	2.27	2.62	2.67	2.79
2015 年 10 月	2.20	2.34	2.42	2.55
2015 年 11 月	1.86	2.09	2.16	2.39
2015 年 12 月	1.73	1.93	2.03	2.38
年均价	3.97	2.61	2.77	2.71

数据来源：中国石油与化学工业联合会

附表 14　2005~2014 年全球主要国家和地区的石油探明储量

单位：十亿桶

年份 地区	2005	2006	2007	2008	2009	2010	2011	2012	2013	2014
委内瑞拉	80.0	87.3	99.4	172.3	211.2	296.5	296.5	297.6	298.3	298.3
沙特阿拉伯王国	264.2	264.3	264.2	264.1	264.6	264.5	265.4	265.9	265.9	267.0
伊朗	137.5	138.4	138.2	137.6	137.0	151.2	151.2	157.0	157.0	157.8
伊拉克	115.0	115.0	115.0	115.0	115.0	115.0	143.1	150.0	150.0	150.0
俄罗斯	104.4	104.0	106.4	106.4	105.6	105.8	105.7	105.5	105.0	103.2
科威特	101.5	101.5	101.5	101.5	101.5	101.5	101.5	101.5	101.5	101.5
阿拉伯联合酋长国	97.8	97.8	97.8	97.8	97.8	97.8	97.8	97.8	97.8	97.8
利比亚	41.5	41.5	43.7	44.3	46.4	47.1	47.1	48.0	48.5	48.4
尼日利亚	36.2	37.2	37.2	37.2	37.2	37.2	37.2	37.2	37.1	37.1
哈萨克斯坦	9.0	9.0	30.0	30.0	30.0	30.0	30.0	30.0	30.0	30.0
中国	15.6	15.6	15.5	14.8	14.8	14.8	14.7	17.3	18.1	18.5
经济合作组织(OECD)	244.7	241.0	239.8	234.4	236.0	235.0	234.7	238.3	248.8	248.6
石油输出国组织(欧佩克)	927.8	936.1	954.0	1028.8	1068.6	1167.3	1196.3	1169.9	1214.2	1216.5
欧盟	7.3	6.9	6.7	6.1	6.4	6.8	6.7	6.8	6.8	5.8
全球总计	1357.0	1364.5	1404.5	1475.4	1518.16	1622.06	1652.61	1668.9	1687.9	1700.1

数据来源：2015 年 BP 能源统计年鉴

附表 15　2005~2014 年全球主要国家和地区的石油产量

单位：百万吨/年

地区＼年份	2005	2006	2007	2008	2009	2010	2011	2012	2013	2014
沙特阿拉伯王国	524.9	512.4	492.4	513.5	462.7	466.6	525.8	547.0	542.3	543.4
俄罗斯	470.0	480.5	491.3	488.5	494.2	505.1	511.4	526.2	531.4	534.1
美国	313.3	310.2	309.8	304.9	328.6	339.9	352.3	394.9	446.2	519.9
中国	181.4	184.8	186.3	190.4	189.5	203.0	203.6	207.5	208.1	211.4
加拿大	144.9	153.4	158.6	155.9	156.1	164.4	172.6	182.6	193.0	209.8
伊朗	205.1	207.9	209.6	213.0	204.0	207.1	205.8	174.9	166.1	169.2
阿拉伯联合酋长国	137.3	145.5	140.7	142.9	126.3	130.8	150.1	154.1	165.7	167.3
伊拉克	90.0	98.1	105.2	119.5	120.0	121.4	136.9	152.4	153.2	160.3
科威特	130.4	133.8	129.9	135.8	121.0	122.7	140.0	152.5	151.3	150.8
委内瑞拉	154.5	151.2	152.1	154.1	149.9	142.5	139.6	139.7	135.1	139.5
墨西哥	187.3	183.3	172.9	157.6	147.4	146.3	145.1	143.9	141.8	137.1
经济合作组织(OECD)	933.4	912.9	898.0	863.7	864.0	868.1	866.7	903.0	951.0	1039.7
石油输出国组织(欧佩克)	1679.8	1689.3	1679.4	1736.6	1613.6	1645.9	1695.9	1778.4	1740.1	1729.6
非石油输出国组织(NON-欧佩克)	1659.5	1639.2	1625.3	1601.3	1611.1	1641.3	1640.1	1669.6	1711.6	1814.0
欧盟	125.7	114.6	113.1	105.4	99.0	92.7	80.9	73.0	68.4	67.0
全球总计	3916.4	3929.2	3928.8	3965.0	3869.3	3945.4	3995.6	4118.9	4132.9	4220.6

数据来源：2015 年 BP 能源统计年鉴

附表 16　2005~2014 年全球主要国家和地区的石油消费量

单位：百万吨/年

地区＼年份	2005	2006	2007	2008	2009	2010	2011	2012	2013	2014
美国	939.8	930.7	928.8	875.8	833.2	849.9	833.6	819.9	831.0	836.1
中国	327.8	351.2	369.3	376.0	388.2	437.7	461.8	483.7	507.4	520.3
日本	244.4	237.1	228.7	220.9	198.3	200.3	201.4	218.2	208.9	196.8
印度	119.6	120.4	133.4	144.1	153.7	156.2	162.3	171.6	175.2	180.7
俄罗斯	123.2	130.8	123.6	129.8	124.8	128.9	136.0	147.5	153.1	148.1
巴西	93.8	95.0	100.7	107.9	108.0	118.0	120.7	125.6	132.7	142.5
沙特阿拉伯王国	87.5	91.7	97.4	106.1	115.4	123.2	127.8	129.7	135.0	142.0
德国	122.4	123.6	112.5	118.9	113.9	115.4	111.5	111.5	112.1	111.5
韩国	104.6	104.7	107.6	103.1	103.7	106.0	106.0	108.8	108.4	108.0
加拿大	100.3	100.5	103.8	102.5	97.1	102.7	103.1	104.3	103.5	103.0
经济合作组织(OECD)	2301.5	2290.6	2277.5	2208.9	2097.8	2118.0	2092.0	2072.8	2059.9	2032.3
非经济合作组织(NON-OECD)	1600.1	1653.6	1727.5	1778.3	1811.1	1913.9	1967.0	2057.7	2125.1	2178.9
欧盟	720.1	722.2	706.5	705.6	667.7	662.8	645.9	611.3	605.2	592.5
全球总计	3901.7	3944.2	4005.0	3987.3	3908.9	4031.9	4059.1	4130.5	4185.1	4211.1

数据来源：2015 年 BP 能源统计年鉴

附表 17　2005~2014 年全球主要国家和地区的炼油能力

单位：千桶/日

地区＼年份	2005	2006	2007	2008	2009	2010	2011	2012	2013	2014
美国	17339	17443	17594	17672	17688	17594	17730	17388	17818	17791
中国	7165	7865	8399	8722	9479	10302	10834	11547	12598	14098
俄罗斯	5392	5471	5484	5405	5382	5491	5663	5754	6027	6338
印度	2558	2872	2983	2992	3574	3703	3804	4099	4319	4319
日本	4531	4588	4650	4650	4630	4291	4274	4254	4123	3749
韩国	2598	2633	2671	2712	2712	2712	2783	2887	2887	2887
沙特阿拉伯王国	2100	2100	2100	2100	2100	2100	2110	2122	2122	2822
巴西	1916	1916	1935	2045	2093	2093	2116	2000	2093	2235
德国	2322	2390	2390	2366	2362	2091	2077	2 097	2522	2060
意大利	2515	2526	2497	2396	2396	2396	2331	2200	2062	1984
经济合作组织(OECD)	45204	45469	45688	45789	45752	44989	45426	44686	44704	43583
非经济合作组织(NON-OECD)	40823	41879	42807	43535	45193	46627	47578	47 845	50225	52931
欧盟	15811	15857	15784	15658	15553	15229	15234	14797	14736	14218
全球总计	86027	87347	88495	89324	90946	91616	93004	92531	94929	96514

数据来源：2015 年 BP 能源统计年鉴

附表 18　2005~2014 年全球主要国家和地区的天然气探明储量

单位：万亿立方米

地区＼年份	2005	2006	2007	2008	2009	2010	2011	2012	2013	2014
伊朗	27.6	26.9	28.1	29.6	29.6	33.1	33.1	33.6	33.8	34.0
俄罗斯	30.3	30.3	30.4	30.4	31.1	31.1	32.9	32.9	31.3	32.6
卡塔尔	25.6	25.5	25.5	25.4	25.3	25.0	25.0	25.1	24.7	24.5
土库曼斯坦	2.6	2.6	2.6	8.1	8.0	13.4	24.3	17.5	17.5	17.5
美国	5.8	6.0	6.7	6.9	7.7	8.2	8.5	8.5	9.3	9.8
沙特阿拉伯王国	6.8	7.1	7.3	7.6	7.9	8.0	8.2	8.2	8.2	8.2
阿拉伯联合酋长国	6.1	6.4	6.4	6.1	6.1	6.1	6.1	6.1	6.1	6.1
委内瑞拉	4.3	4.7	4.8	5.0	5.1	5.5	5.5	5.6	5.6	5.6
尼日利亚	5.2	5.2	5.3	5.3	5.3	5.1	5.1	5.2	5.1	5.1
阿尔及利亚	4.5	4.5	4.5	4.5	4.5	4.5	4.5	4.5	4.5	4.5
中国	1.5	1.7	2.3	2.5	2.8	2.9	3.1	3.1	3.3	3.5
经济合作组织(OECD)	15.1	15.1	15.5	16.9	17.4	18.1	18.7	18.6	19.2	19.5
非经济合作组织(NON-OECD)	157.2	158.2	161.0	168.2	169.9	178.0	189.7	168.6	166.5	167.6
欧盟	3.0	2.8	2.6	2.5	2.5	2.3	1.8	1.7	1.6	1.5
全球总计	172.3	173.2	176.5	185.1	187.3	196.1	208.4	187.3	185.7	187.1

数据来源：2015 年 BP 能源统计年鉴

附表 19　2005~2014 年全球主要国家和地区的天然气产量

单位：十亿立方米/年

年份 地区	2005	2006	2007	2008	2009	2010	2011	2012	2013	2014
美国	511.1	524.0	545.6	570.8	584.0	604.1	651.3	681.4	687.6	728.3
俄罗斯	580.1	595.2	592.0	601.7	527.7	588.9	607.0	592.3	604.8	578.7
卡塔尔	45.8	50.7	63.2	77.0	89.3	116.7	146.8	157.0	158.5	177.2
伊朗	103.5	108.6	111.9	116.3	131.2	146.2	151.8	160.5	166.6	172.6
加拿大	187.1	188.4	182.7	176.6	164.0	159.9	160.5	156.5	154.8	162.0
中国	49.3	58.6	69.2	80.3	85.3	94.8	102.5	107.2	117.1	134.5
挪威	85.0	87.6	89.7	99.3	103.7	106.4	101.4	114.9	108.7	108.8
沙特阿拉伯王国	71.2	73.5	74.4	80.4	78.5	87.7	99.2	102.8	103.0	108.2
阿尔及利亚	88.2	84.5	84.8	85.8	79.6	80.4	78.0	81.5	78.6	83.3
印度尼西亚	71.2	70.3	67.6	69.7	71.9	82.0	75.6	71.1	70.4	73.4
经济合作组织(OECD)	1078.6	1091.5	1100.9	1130.9	1121.9	1148.2	1168.1	1211.5	1200.0	1248.2
非经济合作组织(NON-OECD)	1691.8	1777.9	1838.4	1916.4	1834.0	2030.0	2108.1	2152.5	2169.8	2212.4
欧盟	212.0	201.3	187.5	189.4	171.5	174.9	155.0	149.6	146.8	132.3
全球总计	2770.4	2869.4	2939.3	3047.2	2955.9	3178.2	3276.2	3363.9	3369.9	3460.6

数据来源：2015 年 BP 能源统计年鉴

附表 20　2005~2014 年全球主要国家和地区的天然气消费量

单位：十亿立方米/年

年份 地区	2005	2006	2007	2008	2009	2010	2011	2012	2013	2014
美国	623.4	614.4	654.2	659.1	648.7	673.2	690.1	722.1	737.2	759.4
俄罗斯	400.3	408.5	422.1	416.0	389.6	414.1	424.6	416.2	413.5	409.2
中国	46.8	56.1	70.5	81.3	89.5	107.6	130.7	143.8	161.6	185.5
伊朗	105.0	108.7	113.0	119.3	131.4	144.6	153.3	156.1	162.2	170.2
日本	78.6	83.7	90.2	93.7	87.4	94.5	105.5	116.7	116.9	112.5
沙特阿拉伯王国	71.2	73.5	74.4	80.4	78.5	87.7	99.2	102.8	103.0	108.2
加拿大	97.8	96.9	96.2	96.1	94.9	95.0	104.8	100.7	103.5	104.2
墨西哥	56.1	60.9	63.2	66.1	66.2	67.9	68.9	83.7	82.7	85.8
德国	86.2	87.2	82.9	81.2	78.0	83.3	72.5	75.2	83.6	70.9
英国	95.0	90.1	91.1	93.9	86.7	94.0	80.2	78.3	73.1	66.7
意大利	79.1	77.4	77.8	77.8	71.5	76.1	71.3	68.7	64.2	56.8
经济合作组织(OECD)	1425.6	1425.7	1477.3	1499.2	1451.4	1536.2	1534.6	1588.3	1596.5	1578.6
非经济合作组织(NON-OECD)	1341.1	1398.6	1453.1	1505.9	1479.2	1616.9	1688.4	1726.1	1751.1	1814.3
欧盟	494.8	487.8	482.0	491.3	460.1	496.9	447.9	443.9	438.1	437.9
66.7 全球总计	2766.7	2824.3	2930.4	3005.1	2930.6	3153.1	3222.9	3314.4	3347.6	3393.0

数据来源：2015 年 BP 能源统计年鉴

参 考 文 献

[1] 彭元正，董秀成. 中国油气产业发展分析与展望报告蓝皮书(2014-2015)[M]. 北京：中国石化出版社，2014.

[2] 武盈盈. 中国自然垄断产业组织模式演进问题研究[D]. 山东大学，2009.

[3] 刘超. 矿业权行使中的权利冲突与应对——以页岩气探矿权实现为中心[J]. 中国地质大学学报(社会科学版)，2015，02：23-36.

[4] 刘满平. 为新疆试点点赞[J]. 中国石油石化，2015，15：30-31.

[5] 尹硕，张耀辉. 页岩气产业发展的国际经验剖析与中国对策[J]. 改革，2013，02：28-36.

[6] 张福良，崔笛，靳松，阎国馥. 典型国家矿业权管理经验对我国矿政管理的启示[J]. 中国矿业，2015，03：21-27.

[7] 胡光辉. 国际石油价格波动对中国经济的影响：理论、机制与对策[D]. 河北大学，2013

[8] 郝赢赢，贾建华. 谈中国石油进口定价权缺失及对策建议[J]. 经济研究导刊，2012，16：152-155.

[9] 罗磊. 关于我国石油安全的进口贸易战略研究[D]. 东北财经大学，2011.

[10] 安蓓. 成品油质量升级提速引发四大关切[J]. 化工管理，2015，16：46-47.

[11] 王华荣，孙梅，冯连勇，陈龙. 世界物探行业突破合同制加快多用户模式发展[J]. 中国石油和化工，2007(1)：48-49.

[12] 周志斌，周怡沛. 中国天然气产业链协调发展的基础、前景与策略[J]. 天然气工业，2009，29(2)：1-5.

[13] 胡奥林，董清. 中国天然气价格改革刍议[J]. 天然气工业，2015，04：99-106.

[14] 殷建平. 论我国天然气价格改革的深入与完善[J]. 价格理论与实践，2014，03：13-16.

[15] 刘力昌，李宏亮. 国内天然气定价机制改革研究及建议[J]. 经济问题探索，2015，06：31-38.

[16] 罗惠霞. 完善我国天然气价格形成机制研究[J]. 价格理论与实践，2013，09：52-53.

[17] 蒋耘莛. 对深化天然气价格改革的思考——从产业链角度分析[J]. 价格理论与实践，2011，03：27-28.

[18] 刘小丽. 中国天然气市场发展现状与特点[J]. 天然气工业，2010，30(7)：1-6.

[19] 李伟，陈燕，粟科华，寇忠. “十三五”期间我国天然气行业发展环境分析[J]. 国际石油经济，2015，23(3)：5-10.

[20] 孙宁. 全球天然气市场格局及定价机制演变趋势[C]. 2015 年油气市场形势研讨会文集，2014.

[21] 刘勇，赵忠德，李广，王占黎，杨义，张高杰. 我国城市燃气行业天然气利用现状与展望[J]. 国际石油经济，2014，30(9)：79-85.

[22] 郝新东. 中美能源消费结构问题研究[D]. 武汉大学，2013.

[23] 薛俭，谢婉林，李常敏. 京津冀大气污染治理省际合作博弈模型[J]. 系统工程理论与实践，2014，34(3)：810-816.

[24] 胡奥林. 新版《天然气利用政策》解读[J]. 天然气工业，2013，33(2)：110-114.

[25] 李伟，杨义，刘晓娟. 我国天然气消费利用现状和发展趋势[J]. 中外能源，2010，15(5)：8-12.

[26] 孙仁金，邱坤，马杰. 我国城市燃气市场的竞争格局与对策[J]. 天然气工业，2009，29(7)：116-118.

[27] 贾承造，张永峰，赵霞. 中国天然气工业发展前景与挑战[J]. 天然气工业，2014，34(2)：1-11.

[28] 李君臣，董秀成，高建. 我国天然气消费的系统动力学预测与分析[J]. 天然气工业，2010，30(4)：127-129.

[29] 陆家亮，赵素平. 中国能源消费结构调整与天然气产业发展前景[J]. 天然气工业，2013，33(11)：9-15.

[30] 蔡流. 我国天然气供需格局演变及影响因素分析[J]. 地域研究与开发，2014，33(2)：41-45.

[31] 黄伟强. 城市燃气企业在"十二五"期间面临的挑战与机遇[J]. 天然气工业，2012，32(5)：59-61.

[32] 王建. 我国城市燃气产业价格管制研究[D]. 江西财经大学，2012.

[33] 赵国泉. 国外页岩气产业政策及其对我国的启示[J]. 中国煤炭. 2013，39 (9)：23-7.

[34] Agampodi TC，Agampodi SB，Glozier N，Siribaddana S. Measurement of Social Capital in Relation to Health in Low and Middle Income Countries (LMIC)：A systematic review[J]. Social Science & Medicine. 2015，128 (3)：95-104.

[35] Van Oorschot W，Arts W，Gelissen J. Social Capital in Europe Measurement and Social and Regional Distribution of A Multifaceted Phenomenon[J]. Acta sociologica，2006，49(2)：149-167.

[36] 刘慧芳，安海忠，梅 洁. 美国页岩气开发状况及影响分析[J]. 资源与产业，2012，14(6)：81-87.

[37] 卢景美，高文磊，刘学考. 页岩气开发的环境影响和环保策略[J]. 天然气与石油，2014，32(3)：76-80.

[38] 赵学明，王轶君，徐 博. 国外天然气管道管理体制演进及对我国的启示[J]. 中国能源，2014，36(5)：15-21.

[39] Neši ć S. Key Issues Related to Modelling of Internal Corrosion of Oil and Gas Pipelines - A Review[J]. Corrosion Science，2007，49(12)：4308-4338.

[40] 曾少军，杨 来，曾凯超. 中国页岩气开发现状，问题及对策[J]. 中国人口·资源与环境，2013，23(3)：33-38.

[41] Hu D, Xu S. Opportunity, Challenges and Policy Choices for China on the Development of Shale Gas[J]. Energy Policy, 2013, 60(9): 21-26.

[42] 孙仁金，刘文超. 对我国油气管道建设运营的战略思考[J]. 油气储运. 2015, 34 (2): 139-144.

[43] 赵林. 浅谈我国石油化工行业的环保现状及治理技术[J]. 化工管理，2014，03：218.

[44] BP. Statistical Review of World Energy; 2014; BP: London, UK, 2014.

[45] 陈英超等. 美国奥巴马政府新能源战略及其特点[J]. 中国能源. 2013, 35(9): 16-21.

[46] National Research Council. Hidden costs of energy: unpriced consequences of energy production and use. National Academy of Sciences Press, Washington, 2009

[47] Howarth R. W., Santoro R., Ingraffea A., Methane and the greenhouse-gas footprint of natural gas from shale formations. Climatic Change, 2011, 106(4), 679-690

[48] 肖钢，美国页岩气发展的监管之道[J]，中国石油企业，2011(6)：62.

[49] 丁贞玉等. 美国页岩气开采的水环境监管经验研究[J]. 油气田环境保护，2014，24(8)：5-8.

[50] 康玮，页岩气资源税费制度研究[D]，北京：中国地质大学(北京)，2012.

[51] 冯相昭. 从气候变化角度审视页岩气开发[J]，环境经济，2013(Z1)：49-53.

[52] 鲍健强等. 美国页岩气开发的环境评估与保护对中国的启示. 未来与发展，2004(8)：55-60.

[53] Anifowose B; Odubela M. Methane emissions from oil and gas transport facilities-exploring innovative ways to mitigate environmental consequences. Journal of Cleaner Production, 2015 (92): 121-133.

[54] 田磊等. 美国页岩气开发环境风险控制措施及其启示[J]. 天然气工业，2013，33(5)：115-119.

[55] 田春秀，冯相昭. 重视环境和气候风险推进页岩气产业绿色低碳发展[J]，环境与可持续发展，2013，2：12-14.

[56] 侯佳儒，曾媛媛等. 天然气开发过程中甲烷排放监管制度的多国比较与启示[J]. 天然气工业，2013，33(9)：126-130.

[57] 李健，闫淑萍，苑清敏. 论循环经济发展及其面临的问题[J]. 天津大学学报(社会科学版)，2002(3)：223-227.

[58] Anderson E, Weitz B. Determinants of continuity in conventional industrial channel dyads [J]. Marketing Science, 1989(8): 310-323.

[59] Lowe Ernest A. Creating by product resource exchanges for eco-industrial parks [J]. Journal of Cleaner Production, 1997(4): 34-36.

[60] 周新迁. 中国石化产业可持续发展模式研究——基于循环经济视角[D]. 福建：福建师范大学，2007.

[61] 伊丽红. 福建省石化产业链建设[J]. 福建化工，2005(4)：50-51.

[62] 岳立，高新才，张钦智. 基于熵值法的区域循环经济发展评价——以甘肃省为例[J]. 软科学，2011(10)：74-77.

[63] 刘琳琳，杨力. 煤炭企业循环经济评价指标体系的构建[J]. 统计与决策，2013(17)：172-175.

[64] 王晓光. 发展循环经济的基本途径与对策研究[J]. 软科学，2003(1)：31-33.

[65] 彭金栓，邵毅明，倪健. 基于 DHGF 方法的道路交通安全评价[J]. 山西建筑，2007(12)：12-13.

[66] 徐维祥，张全寿. 信息系统项目评价 DHGF 集成法[J]. 计算机工程与应用，2000(5)：60-62.

[67] 郭鹏，王敏，王莉芳. 基于 DHGF 算法的水资源定价模型研究[J]. 环境保护科学，2012(1)：45-49.

[68] 刘辉，王红，陶海印，等. 基于 DHGF 算法的对空情报雷达装备技术保障能力综合评判[J]. 舰船电子对抗，2008(2)：72-75.

[69] 贾承造. 关于中国当前油气勘探的几个重要问题[J]. 石油学报，2012，S1：6-13.

[70] 傅津. 高效的研发战略管理推动世界油田技术服务公司发展壮大[J]. 国际石油经济，2007，03：54-58.

[71] 柯昌清. 企业技术获取模式及选择的研究[D]. 华中科技大学，2010.

[72] 朱颖超. 我国石油工程技术服务企业技术创新战略探讨[J]. 石油科技论坛，2009，01：32-36.

[73] 刘炜辰，吴德彬，方小翠，李振金. 斯伦贝谢公司技术创新能力建设[J]. 石油科技论坛，2012，01：40-44+70-71.

[74] 赵元雷，张益铭，蒋浩泽，孙晓波. 哈里伯顿公司技术创新组织与管理[J]. 石油科技论坛，2012，02：56-59+76.

[75] 蒋浩泽，孙晓波，张轩睿，赵元雷. 贝克休斯公司技术创新组织与管理[J]. 石油科技论坛，2012，01：45-48+71.

[76] 盛晓萍，杨尚东. 企业集团研发项目管理模式研究[J]. 科技管理研究，2011，11：171-174.

[77] 赵星，司云波，徐金红，张丹，李春新，赵欣. 全球油气领域专利布局统计分析[J]. 石油科技论坛，2013，02：45-49+68.

[78] 陈红陵，蒋晓慧，马枝顺，李颖华，刘新行. 规范完善石油企业内部市场探讨[J]. 河南石油，2003，05：71-72.

[79] 杨国峰. 我国石油企业技术研发项目组织管理问题研究[D]. 东北石油大学，2010.

[80] 徐小杰，吴康. 2014 至 2015 年国际油价趋势分析[N]. 中国石油报，2014-11-25：002.

[81] 王丽忱，甄鉴. 全球海洋油气勘探开发投资趋势[J]. 国际石油经济，2014(9)：34-37.

[82] 德勤有限公司. 北美能源变革的主要影响[J]. 国际石油经济，2014(10)：76-79.

[83] 胡颖，王蒙. 页岩气勘探开发现状及发展趋势[J]. 广东化工，2014，22(41)：69-70.

[84] 王琳，毛小平，何娜等. 页岩气开采技术[J]. 石油与天然气化工，2011，40(5)：400-502.

[85] 姜福杰，庞雄奇，欧阳学成等. 世界页岩气研究概况及中国页岩气资源潜力分布[J]. 地学前缘，2012，19(2)：198-201.

[86] 赵先良，潘继平. 中俄油气合作重大进展及其潜在风险与对策[J]. 国际石油经济，2014，10(10)：29-32.

[87] 姜睿. 大油气需要大数据[J]. 中国石油石化，2012(12)：24-29.

[88] 李金诺. 浅谈石油行业大数据的发展趋势[J]. 价值工程，2013(29)：172-174.

[89] 蒋隅琼. 油价跌出中国企业并购良机[N]. 上海证券报，2014-11-19：F02.

[90] 刘锴. 我国石油企业跨国并购定价风险成因与控制策略[J]. 财会月刊，2012(5)：41-43.

[91] 田晓耕. 借鉴国际经验建立我国石油储备体系研究[J]. 辽宁工学院学报(社会科学版)，2007(4)：19-21+45.

[92] 庞昌伟. 五国石油战略储备火热进行中[J]. 中国石油和化工(综合版)，2007(1)：28-30.

[93] 张磊，郑丕谔等. 基于美日英法石油战略储备的中国石油安全储备的分析与对策研究[J]. 未来与发展，2009(10)：40-45.

[94] 董秀成. 完善国内石油资源保障战略的思考[J]. 中国石油和化工经济分析，2014，(8)：19-21.